近代日本と変容する陽明学

山村奨［著］

法政大学出版局

まえがき

本書は、近代日本における陽明学理解のあり方を考察することを、目的としている。議論を始めるにあたって、どうしても言っておかなければならないことがある。日本思想史研究者の故・荻生茂博氏のことである。この「まえがき」で荻生氏に触れる理由は、二つある。まず「なぜ近代日本の陽明学なのか」という疑問に答えるためには、荻生氏の研究に言及する必要があるためである。そして、本書の元になった博士学位論文が完成に至ったのは、荻生氏の先行研究に依るところが多く、そのことに感謝の意を示すためでもある。

これまで、近代日本思想史に関する研究は大変な蓄積がある。その中にあっても「陽明学」を扱った本書の議論は、異質といえる。なぜ、近代日本の「陽明学」なのか？

本書の議論でも度々登場する荻生茂博氏は、近世儒教の研究者であると同時に、東アジア地域の陽明学についても、斬新な研究を重ねてこられた。その成果の一部は、荻生氏が鬼籍に入られたあと、有志によって編まれた書籍『近代・アジア・陽明学』に収められている。中江藤樹や大塩平八郎といった陽明学者の動向を丹念に調査し、近代日本、近代東アジアの陽明学の姿を明らかにしようとした荻生氏の、壮大な計画の一端が分かる名著である。

本書の研究も、やはりこの名著から始まるものであった。荻生氏が近代日本の陽明学について提示した枠組みは、次のようなものである。国家主義者の井上哲次郎及び、井上の弟子の高瀬武次郎は、陽明学を「国家主義的」に解釈した。それに対して内村鑑三などが「個人主義的」な思想として陽明学をとらえ、井上らに相対した。荻生氏は「個人主義的」な陽明学の系譜が近世の大塩平八郎に始まり、中江兆民らにつながるものと考えた。そしてその先に位置するのが、社会主義にも傾倒した石崎東国という人物だと氏は分析する。ここまで書けば何となく勘づかれたかもしれないが、荻生氏にとって近代日本における陽明学は、一種の反体制性を有する思想であり、井上などはそれをゆがめたことになる。

こうした構図は、整理の仕方として全く間違っているとはいえない。井上や内村らにそのような傾向があることは、確かである。しかし、本当にそれでよいのであろうか？　彼らの言説を詳しく調べていくと、必ずしも右のような理解だけでくくれない側面が多々見つかった。その結果、近代日本における陽明学理解は、二つの対立する解釈が並存していたのではなく、むしろある理解の仕方に変容していくと考えた方がよいことが明らかとなった。それは、陽明学が精神修養の思想に変容していく流れである。官対民の構図に近代の思想史を閉じこめてしまうことは、ときにその実態の把握をさまたげてしまうこともあるように思う。

よって本書では、荻生氏の議論を出発点としながら、近代日本思想史における陽明学理解を出来るだけ、当時の議論に即しながら明らかにすることに努めた。このように書くとまるで、荻生氏の研究の批判ばかりするような印象かもしれない。本書に、そうした要素があることは否定できない。しかし、この研究が荻生氏の先行研究なしには成立しえなかったことも、紛れもない事実である。

荻生氏が泉下の客となられたのは、筆者がまだ大学の学部二年次だったときである。当時、筆者は哲学科で中国思想を専攻し始めたばかりであった。そのため、当然筆者と生前の荻生氏には、一面識もない。にもかかわらず、筆者は不思議な縁によって荻生氏に導かれたことを感じざるを得ない。

あれは、筆者が博士論文の執筆中、新しいアルバイト先で働き始めたばかりのことである。そのアルバイト先の近くに、長松寺という寺院があることを発見した。そこには近世儒学の巨人・荻生徂徠の墓がある。その筋の研究者の間ではよく知られたことではあるが、荻生茂博氏は、徂徠の直系の子孫であった。よって長松寺は、荻生家の菩提寺でもある。

論文の執筆中ということもあり、ご挨拶の意味も兼ねて長松寺を訪ねることにした。少し時間があったので、先に図書館で文献の調査を行っていると、全く偶然に荻生氏の追悼特集の記事に遭遇した。他の文献を調べる予定であったが、思わずそれに見入ってしまった。そこには初めて拝する荻生氏の御尊顔と、経歴などが記されてあった。氏に背中を押されたような気分で、その後の御墓参りも済ませることとなった。残念ながら、生前に御目にかかることは叶わなかったが、荻生氏には今でも深い敬慕の念を抱いている。

筆者が訪ねた初夏の長松寺は、都心にあるとは思えない、静かな森の様な雰囲気であった。近代日本思想史研究も、未だ誰も探求し尽くしていない、深く大きな森である。本書がその中の一枝ともなれれば、望外の喜びである。

近代日本と変容する陽明学——目次

凡例

・括弧の用法

『　』……書名、雑誌名
「　」……引用語句、雑誌論文の題名、強調語句
（　）……生没年、書誌情報、補足事項等
〈　〉……括弧内の補足事項

・留意したい事柄

一、引用文献の語句は、題名も含め、旧字体を新字体に、旧仮名づかいを新仮名づかいに改めて掲載する。また、読解を円滑にするために、本文の意味を変えない範囲で適宜、句読点を補った上で表記する。

二、年号の表記は、日本での事柄及び、日本人の生没年を表記する際には西暦の後に括弧内に対応する和暦を付し、外国での事柄及び、外国人の生没年を表記する際には西暦のみを付す。なお、日本でかつて用いられていた旧暦の年号と、西暦の年号は必ずしも対応するものではないが、本書では便宜上、厳密には考えないこととする。

序章　日本の儒学研究における陽明学

本書の目的は、明治期以降において陽明学を学んだ者たちが、前近代との関係を保ちつつどのように陽明学を変容させたかの系譜を、主に三人の人物の陽明学観を分析することで明らかにすることにある。その三人とは、井上哲次郎・高瀬武次郎・石崎東国である。またその他に、近代日本における陽明学に関する主な言説を分析する。それらの作業によって、明治期以降の日本において、陽明学がどのように理解されたのかを考察する。

陽明学は無論、明代の官僚である王陽明にはじまる儒学の一派である。[1] しかしその研究史では、しばしば時代を移して後代との関連、あるいは場所を移して日本や朝鮮半島での展開が議論されてきた。その重要な論点のひとつは、陽明学がどのように、近代と関わっているのかということである。

もっとも話題を提供し、現在でもなお影響を保っているのは、島田虔次の『中国における近代思惟の挫折』（筑摩書房、一九四九年）、及び『朱子学と陽明学』（岩波書店、一九六七年）である。島田は前者で、王学左派とされる李贄（李卓吾）（一五二七―一六〇二）が、人欲を肯定する点で、中国の近代化の契機になったと論じている。それを受けて後者では、まず朱子学から続く「新儒学」の流れの中で、個人の内面を重視する「内面主義の展開」[2]があり、必然的に良知を説く陽明学にいきつくものとした。島田によれば、中国明代にこそ、「内面」の重視という近代性の萌芽がある。その変化は、外から与えられたものではなく、陽明学の思想自体の展開に由来する内発的なものであるとした。その点を認めるか否かで、島田の論説は議論を喚起した。

溝口雄三は島田を批判的に摂取して、『中国前近代思想の屈折と展開』（東京大学出版会、一九八〇年）を執筆した。溝口は、明代に至って士大夫層を頂点とする既存の体制が、動揺したとする。そして陽明の思想を、動揺に対する「再編・補強」であると考えた。溝口はそれを「反明代専制的再編」[3]と位置付け、陽明自身は意図していなかったものの、近代の萌芽になったと見る。島田は、陽明学における近代性への志向が、結局のところ挫折せざるを得なかったと考えた。しかし溝口は李贄に受け継がれた思想が、中国独自の近代化の元になったことを説く。その主な理由を朱子学的な理観の限界に応じて、明代に「各自の内なる道徳的主体」[4]が重視されたことであるとする。島田・溝口のいずれも、陽明学が朱子学を批判する形で登場し、内面を重視する姿勢が近代性を帯びていたという見解をとっている。[5]

このように中国思想における陽明学は、近代化の源流が見出されるかどうかということが、論点のひとつになった。この議論には、肯定的・否定的な意見が双方ある。例えば、「理」と「気」の問題がある。「理」と「気」の概念は中国思想において、多様で複雑な意味を持つが、ここではひとまず「理」を道徳など世界の観念的な面、「気」を物質的な面と考えることにする。山井湧は明清期の思想家に対して、「理」より「気」が優位になり、欲望を肯定するという意味で「気」の重視が見られると結論づけた。[6]山井の説は近代の即物的な世界観を起点として、そこに向けた発展段階として前近代を見ているという点が批判を受けている。いわば、「近代」を基準と見る史観への偏重が指摘された。[7]

前近代の思想の内に近代思想へつながる内発的な胎動を読み解くか、それともそれは、「近代」を中心とした観点に過ぎないか。このような問題は、日本思想史学においても共有されている。[8]斯界において最も有名なところでは、丸山眞男がいる。丸山は日本思想の近代性が、江戸期に展開した反朱子学の思想に由来すると考えた[9]。丸山はまず、江戸期の幕藩体制を支配していた思想が、朱子学であると規定する。朱子学が、「自然」の内に見られる秩序と、社会の秩序を相即させることで、社会体制が「自然」に由来するものとみなした。これが、幕藩体制を支える根拠になったと述べる。その上で丸山は朱子学を通した儒教観に異を唱えたのが、山鹿素行・伊藤仁斎・荻生徂徠であると考える。特に徂徠の「古文辞学」は、中国古代の先王が具現化した「道」という概念が、体制統治のための「作為」であるとした。朱子学の「自然」が幕藩体制を正当化したのに対して、「作為」の概念が「道」もまた統治の道具に過ぎないと対象化させたという。丸山の理解では、反朱子学としての徂徠学こそ日本近代の萌芽であったという。

丸山の構図については既存の研究で縷々批判されているが[10]、日本における儒学と近代化の問題は、その後も平石直昭[11]、子安宣邦[12]らによって展開される。彼らが用いた論理は全体として、日本近世の儒学者による朱子学への反発こそ近代と接続することを主張するものといえよう。それは、丸山の議論の延長線上にある。

また日本における儒学の理解に近代化の萌芽を見出す向きに対して、別の角度からの考察も出てくる。日本特有の儒学解釈の実態はどうであったのか、明らかにする研究である。例えば尾藤正英は、朱子学の日本における意義に着目して、近代化の前提を探る[13]。尾藤は、仁斎や徂徠によって儒教の内容が変容させられ、江戸時代の「役の体系」が出来上がったと説く。そこでは誰もが、己の職分によって生きることが要求される。ところが本居宣長に至って、その日本化された「儒学」を批判の矛先として、本来の儒教までもが「漢心」として攻撃されたとする[14]。同様に、渡辺浩による宋学の日本化の全体像を明らかにしようとした業績もある[15]。彼らは日本に独自の儒教解釈が、明治期へとつながる関係を読み解こうとしている。

日本における儒教の変容は、儒教と近代化の問題とあわせて大きなテーマのひとつになっている。これについても丸山は、「歴史意識の『古層』」という論考を書いている。丸山は、歴史に内在する目に見えない「勢」を問題とする。その「勢」が、幕末に儒仏老荘の諸観念を日本的に変えてしまった。その意味で、日本における外来の思想には「変通」が見られたと述べる。[16] 日本における儒学の展開、及び近代との関わりは派生した新たな展開の多いテーマでもある。[17] 前者については先の尾藤の研究のほか、「敬」から「誠」へ儒学の中心点が推移してきたとする議論、[18] 儒学が兵学として受容されることで江戸期に展開したとする見解もある。[19] 儒学と近代化を巡る議論は、やがて日本文化の独自の形を探求する方向へ舵を進める。[20] なお中江兆民は、儒教的な文脈と近代化の関係を論じる上で近年特に注目されている人物でもある。[21]

では何故、近代日本における陽明学研究が意義を持つのか。その理由はいくつかある。まずこれまでの議論から分かるように、日本における儒学史の研究は丸山の議論をはじめとして、江戸期の朱子学とそれ以外の学派という構図が注視されてきた。その点で、本書で取り上げる陽明学は重要な意味を持つ。これまで朱子学や古学は、日本独自の展開と近代との関わりが多く議論されてきた。一方で日本における陽明学については、そのような文脈での論証は比較的なされていない。数少ない例としては、幕末の志士たちが反朱子学としての陽明学を奉じていたとする指摘がある。

しかし、これにも問題が残る。なぜなら、明治期になってはじめて盛んに言及された見方だからである。[22] それ自体、近代以降の見方であることを指摘しなければならない。陽明学が日本において反朱子学の思想として展開されたことで、近代が導かれたという見方だけが語られるべきではない。それは、丸山の議論の焼き直しに過ぎない。よって陽明学が近代日本において、どのような意義があったのかを考察する必要がある。

そもそも日本の歴史において、儒学が個別の思索や伝記ではなく、学術として体系的に記述されるようになったのも明治になってからである。[23] 陳瑋芬は、学術史として記述されるようになったために、明治期に日本の儒学史は「ターニング・ポイント」を迎えたとする。その代表者として、田口卯吉・井上哲次郎・久保天随を挙げる。[24]

経済学者の田口卯吉（一八五五〈安政二〉年―一九〇五〈明治三十八〉年）が一八七七（明治十）年から刊行した『日本開化小史』（全六巻、出版社不詳）は、儒学に的を絞った著作ではないが、江戸期の儒学に言及がある。田口は儒学が「忠孝」を重視したことが江戸期の体制に寄与したことを述べた上で、維新に貢献した思想が水戸学と神道であると述べている。[25] 田口においては明治以降における儒学の意義は、高く見られてはいない。井上の儒学研究はのちほど扱うので、ここでは割愛する。中国文学者の久保天随（一八七五〈明治八〉年―一九三四〈昭和九〉年）による『日本儒学史』（博文館刊、一九〇四年）は、江戸期以前の上古・中世における漢学の輸入と展開を扱っている点が前二者と異なっている。[26]

他にも町田三郎は明治期における日本の儒学史の記述が、主に東京大学に創設された「古典講習科」に関わる人々によって、なされたとしている。その教師陣には、井上哲次郎（史学及び東洋哲学史）や三島毅（後述・漢文学）もいた。[27] 陳は明治期におけるこれらの論述には、「国民道徳」と関連して日本固有の価値を高める意図があったと評価している。[28] 井上哲次郎は、その筆頭といえよう。明治以降の儒学を考察することは日本の近代におけるものの見方が、どのように影響を与えたかを明らかにすることでもある。

例えば近代日本ならではの中国思想に対する見方が分かるのは、中村正直（一八三二〈天保三〉年―一八九一〈明治二十四〉年）の小論である。中村正直（敬宇）といえば、スマイルズの『自助論』（原題：Self Help）を訳して『西国立志編』（須原屋茂兵衛など刊・一八七〇年〈明治三〉年刊）として刊行したことが有名で、いち早く西洋の考え方を日本に紹介した人物とされる。しかし同時に漢学についての造詣も深く、一九〇四（明治三十七）年には「漢学不可廃論」を発表する。正直は西洋の学問を学ぶ者が、漢学の素養を身につけるべきと説いている。同論は、当時漢学の重要性を主張する人物たちに、歓迎されたようである。[29]

しかし正直の論旨を詳しく見ると、漢学が重要であるのは洋学を学ぶのに効果的であるから、というのが理由になっている[30]。西洋思想を学ぶために、漢学が有用であると説いている。このように功利的な学問観によって漢学の重要性を説くことが、中国思想に対する新たな考え方として出てきた。その中にあって、陽明学は近代との関わりが充分に議論されているとはいえない。

陽明学を論題にする理由は、ほかにもある。日本における儒学理解を明らかにする流れの中で、一国のみの展開にこだわりすぎる点を批判する動きが出てきた[31]。そうした研究が、陽明学に着目しているためである。

例えば同様の観点に立って、日本の儒学史を相対化することは澤井啓一がおこなっている。澤井は中国における儒教が仏教など他の思想を受容するための「器」として機能し、その受容の過程で自ら変容していったとする。その例が、仏教を取り込んだ朱子学であるという。そうした性質のために、儒教は東アジアに普遍化したと説く[32]。

同様に陽明学に注目した日本思想の相対化の試みは、荻生茂博も論じている。荻生は徂徠の遺した「クルワを出よ」という言葉を引用して、近代日本の文脈に即した思想を再考することを試みている。その過程において大塩平八郎（中斎）（一七九三〈寛政五〉年―一八三七〈天保八〉年）や、明治・大正期の陽明学の展開を重視している[33]。本書でも述べるが佐久間象山は大塩の乱に際し、大塩の奉じた陽明学を批判した。それに対して荻生は象山が朱子学を正統とする前提に立って、「陽明学＝体制破壊の学とレッテルを貼ったにすぎなかった[34]」と評している。陽明学は幕末において、反体制の学という先入見が与えられていた。

陽明学に見られる右のような先入見は、井上哲次郎にも影響を与えている（第一章を参照）。幕末の志士とのつながり、体制破壊の学という認識など日本の近代に影響を与えたと見られる陽明学観は独特である。こうした明治期の状況を考慮した上で、陽明学の展開を見ていくべきである。その作業が日本発祥の古学・国学が朱子学に対抗したという構図に対する、異なる角度からの接近になる。

このように陽明学理解における日本の特殊性を明らかにする研究は、同時代の他国の思想史との関連につながる。例を挙げれば、井上の陽明学理解を梁啓超（一八七三年―一九二九年）が参照していた[35]。それは、明治維新をなしとげた日本という視点からであった（第一章を参照）。また、清末民国初期の革命家である宋教仁（一八八二年―一九一三年）が陽明学を重視したことは、梁が唱えた明治維新という革命と陽明学の関係にも影響を受けているであろう[36]。

ただし本書は日本近代の陽明学を論じるといっても、必ずしも東アジア規模で論を構想するものではない。右のような流れに対して、今度はかえって『「一国」の中の『一潮流』思想史』[37]を構想する立場も出てきたからである。こうした見解は時計の針を逆戻りさせるものではなく、安易に「東アジア」と銘打ちながら日本の思想史の枠組みの中に中国を取り込もうとすることを防ぐためである[38]。将来的に他国との思想的交流の様相を正確に把握するためには、まず一国の状況を丹念に追っていく作業を、ひとまず完結させるべきと考える。また一国の状況を丹念に追うという意味では、時代を「分割」する方法も有効である[39]。本書で「近代日本の」陽明学を設定することは、そこにおいても意味を有する。

日本近代における陽明学を考察する上で、留意しなければならない点がいくつかある。まずひとつは先述のような近代の発想を基準とした発展史観ではなく、前近代から近代への変遷として思想を論じることである[40]。本書では、幕末から明治期にかけての近代的な発想を有した知識人たちの陽明学の受容の仕方こそが、陽明学の変容をもたらしたと考える。陽明学に近代的な思考が入り込んだために、そこに近代の萌芽があったかのように見えている。そのことを考察するために、井上哲次郎に着目している。

本書では井上を論証の中心に置くが、それは彼が明治期の陽明学研究において重要な業績を遺したためである[41]。とはいえ必ずしもオリジナルな仕事ではなく、それ以前の蓄積がある。三宅雪嶺は、近代日本の陽明学研究の嚆矢ともいえる『王陽明』（一八九二〈明治二十五〉年）を出版した。その数年後に、三宅は大塩を題材にした知人の著作に序文を寄せた。その中で「平八郎が猛然崛起したるは当を得たるの事、何の不敬か之れ有らん」[42]と述べ、それに続けて王陽明の「狂」に関する記述を紹介した後、次のように書いている。

陽明も亦た人に狂を以て目せられ、己れ亦た狂を以て居らざるべからざる旨を述べり。然れども陽明の行動は寧ろ平穏なりき、これ陽明の器局宏大なりしにも由るべけれど、若し当時民を救うに急なること一層甚だしきものあるに於ては、更に一歩を進めざるべからざりしなり。平八郎の行動は頗る激にして、君子の風を欠く。陽明の大国的気　風ありしに似ず。然れども其の忍びに忍びて一たび思い立ちては共倒れに倒れずんば止まずと決し、獅子奮迅の勢を以て突進せし所、是れ大和男児の特色を示すものならずや。[43]

そして大塩に対する賛辞を並べた後、次のように結論づけた。

彼れは自然に社会主義を得たるもの、而して竟に主義の為めに斃れたるものなり。故に平八郎はたとえ人品に於て陽明の下に出づるとするも、其の知行一致の点に至りては確かに之より一歩を進めたるものなり。[44]

大塩が救民の目的で立ち上がったことを過激な行動であったとしつつ、陽明の「狂」の思想と結びつけている。本書でも述べるが、日本近代における陽明学理解には大塩への理解が重要な点となっている。

大塩は幕府に反旗を翻したという点で、近代を準備したという評価がされることもある。[45] そこには、志士たちの思想的背景に陽明学があるという見方とも通じる点がある。反乱者＝陽明学の徒という見方である。しかし日本における陽明学自体に、近代思想の萌芽を無理に見出す必要はない。陽明学に、近代における新たな思想が入り込んだに過ぎないためである。右のように近代における社会主義の隆盛が大塩への関心を呼びおこし、陽明学の重視に結びつく。このように近代的な要素が明治期の陽明学に流入したのであれば、近代思想との関連が見出せるのは必然といえる。

以上のことは、近代日本の陽明学を考察する際にもう一点気をつけるべき点を呼び起こす。近代における伝統思想の在り方を扱うからといって、必ずしも西洋思想との関係を基軸にする必要はないということである。ルソーの思想を漢文で既述した中江兆民に見られるように、これまで近代の人物における儒学の影響は、西洋思想の理解に対してどのような意味を有するかに焦点が当てられていた[46]。前近代と近代は当然連続しているので、明治の人間が儒学の受容に際して仏教・老荘思想・国学など、他の伝統思想から影響を受けている可能性は想定できる[47]。それは西洋思想の影響を全く問わない訳ではなく、いわば、西洋思想を脇に置いた近代日本思想史が可能ということである。そのため本書では明治期の人物の陽明学理解が、それ以前の思想とどのような関係にあるのかを考察する。例えば小島毅は近代日本において、陽明学が水戸学と関連して受容されたことを主張しているが、具体的な論証にやや乏しい[48]。そこで本書では井上哲次郎を例にして、近代日本における陽明学がどのように水戸学との共通点が見受けられるのかも明らかにしたい。

すなわち近代日本における陽明学の実相を明らかにする本研究は、既存の日本儒学史に対して二重の意味を持つ。一つは、朱子学に対抗した日本独自の古学・国学という構図とは異なる近代思想史の様相が見える点。もう一点は、江戸期の思想に近代への萌芽が内包されていたという史観ではなく、幕末から明治期にかけて他の思想を受容して陽明学が変容したと考えられることである。

本書の第五章で取り上げる三島由紀夫（一九二五〈大正十四〉年―一九七〇〈昭和四十五〉年）が言及したように、丸山眞男は日本の陽明学に対してほとんど見解を示していない[49]。しかし日本の儒教思想の問題を考える時、朱子学だけでなく陽明学に配慮することは必要である。それはこれまで見てきたように、近代思想にとっても重要な意義がある。ここまで、なぜ近代日本の陽明学の状況を明らかにすべきか、及びその際にどのような点に配慮しなければならないのかについて、述べてきた。

そこで次に、日本の近世から近代にかけての陽明学受容の特徴を三点挙げる。それによって近代日本で、陽明学がどのような意識を持って受け入れられたかを見る。そこから浮かび上がってくる未解決の問題が、本書の課題となる。

まず中国において朱子学は宋代、陽明学は明代に生じた学派であるが、日本においては一部の禅僧が朱子学を受容した点をのぞいて両者の典籍が混在して流入したことである。中国本土における陽明学は、それまで多大な蓄積があった朱子学への反発を原動力にして生まれた。それに対して日本では、そのような歴史的展開を直接経験せずに江戸期に朱子学と異なる見解を説く陽明学が受け入れられた経緯がある[50]。

この朱子学と陽明学を同時期に受容したという構図が、近代日本にまで影響を与えていると小島毅は述べている[51]。たしかに中江藤樹は若い頃朱子学に傾倒していたが、かといって日本における陽明学の学派が必ずしも朱子学に対抗して成立した訳ではない。よって近代日本において陽明学が理解される時には、歴史学的な研究を別とすれば中国明代における歴史的な構造ではなく、思想の内容が主に問題とされたことが分かる。すなわち歴史的な変遷によって主流となる思想が交代した訳ではなく、一度に入ってきた思想の内、どれを取捨選択するかという個人の問題に帰せられた。

そのことは、日本の陽明学受容についての第二の特徴を喚起する。歴史的経緯に関わらずに学ばれたために、その社会における意義も変容した。中国での陽明学といえば、やはり儒学の一派としての「経世済民」の思想である。また科挙受験の正典として形骸化した朱子学への批判として生じた、という意味も持ち合わせていた。

しかし、日本での条件は異なる。たしかに朱子学は体制教学とされたことで、江戸期の社会との関係を構築した。一方で陽明学には、日本の近世においてそのような状況が生じることはなかった[52]。そこにおいて陽明学は、体制とは関わらない個人の修養の一環として学ばれた[53]。この日本における陽明学の役割は、明治になってからも続く。

そもそも本来の陽明学は、儒学の一派としての「修己治人」の学であり、王陽明も官僚であった点でそれは変わらない。しかし近世の日本では中江藤樹や佐藤一斎など、必ずしも政治に主体的に関わる者ばかりではなかった。小島毅はその理由を、開かれた科挙制度の中国と異なり「世襲身分制度が強かったため、個々人が政治に参画する機会は最初から閉ざされていた[54]」ためとする。日本において陽明学が政治と関連を持たせられるようになったのは、むしろ近代以降の言説においてである。

本書で取り上げる井上哲次郎においては、陽明学が国民における道徳として解釈されていた。小島毅はこれら両様の視点について、井上が属する学界では「道徳哲学に限定してデフォルメされた理解が、国体論・皇国思想の支柱として利用されていった」とする。そして「一方、大学の外においては、『朱子学は体制教学』という表象の定着とあいまって、在野の政治運動を支える理念として陽明学がもてはやされた[55]」と述べる。

しかし小島はそこまで踏み込んで言及してはいないが、これらの観点は同じ発想に由来する。旧体制を変革に導いた思想が陽明学であるなら、維新が成功した明治の世において、今度は陽明学が現体制を支える思想的根拠になる。改革の背景とされた思想は、改革後には新たな体制を護持する立場に変容しうる。それが一面では、井上のように体制を擁護する道徳の思想への援用につながる。また「革命」を導く思想という面に着目すると、大塩への称賛のように社会改革を求める発想へと通じる。両者の視点は相反しているように見えて、命脈がつながっている。よって本書では陽明学が国家を志向する道徳として理解された面、及び現行の社会を改革する思想として着目された点も論じる。これらの点を具体的に論証する作業は、未だおこなわれていない。

そして右のような日本の歴史の中で解釈された陽明学は、第三の特徴とつながる。前述したように、戦後の近世儒学の研究において丸山眞男は大きな影響力を持っていた。丸山は近世の儒学の内、日本の近代を導いたのが朱子学に反発した徂徠らの思想であるとした。丸山の福沢諭吉（一八三五〈天保六〉年—一九〇一〈明治三十四〉年）への評価も、福沢が前近代の儒教の近代における価値を否定した点に由来する[56]。そこからは、朱子学が近代において打破されるべき体制思想であるという見解が生じる[57]。

右のような事情から近年では丸山に反論する形で、近世儒教思想の近代における積極的な意義を主張する論説が目立つようになった（第一章を参照）。一方で陽明学の近代における意味は、現在に至るまで特定の構図が存続している。それは体制に反抗して、改革を促す思想であるという理解である。近代日本の陽明学の実相を、一貫した歴史として明らかにしなければならない。

以上の点によって、近代日本において陽明学がどのような意義を有していたのか論じることができる。本書では近代日本における陽明学が、国家における道徳、社会改革の思想、個人の修養という流れで展開した様子を描く。井上哲次郎は陽明学を国家主義的に解釈した人物とされているが、前近代からの論理を多分に引き受けている（第二章を参照[58]）。井上の弟子の高瀬武次郎は井上の継承者と評価されているが、むしろ陽明学を個人の修養と現行の社会の改革との関連で見ていた部分が見受けられる（第三章を参照）。また石崎東国は、社会改良の意義を強調した（第四章を参照）。三人の陽明学観は一見大きく異なるように見えるが、井上を出発点として陽明学が変容していった歴史として捉えることができる。この近代日本における変容が、本書のタイトルを『近代日本と変容する陽命学』とした理由のひとつである。

なお近代の儒教思想という観点から眺めた場合、右のように国家や社会との関係で考えられる場合が多かったといえる。たしかに、「教育勅語」に儒教思想が反映されているといった事情もある。しかしながら精神修養としての命脈も保たれており、内村鑑三はそのことにも関心を寄せている（第五章を参照）。さらに森鷗外は、大逆事件の数年後に『大塩平八郎』を書いている（第五章を参照）。また、陽明学の影響を受けているとされる西田幾多郎も見逃せない（第五章を参照）。なおかつ、近代日本の陽明学の帰結に三島由紀夫と安岡正篤を置いた（第五章を参照）。両者の視点は相対しているように見えるが、近代日本の陽明学における右のような見方は決して二項対立で語られるべきではない。

以下本書では、具体的に本章で名前を挙げた人物を取り上げ、彼らの陽明学理解を考察する。儒学が近代においてどのような意義を有していたのか、儒教思想だけ追っていたのでは、あるいは儒教思想と西洋思想との相克だけでは見えてこない部分に光を当てたい。それによって陽明学が近代において変容した様子を描き、これまであまり議論されてこなかった日本思想の視角を開拓することを期する。

第一章　近代日本の陽明学について

第一節　近代日本の陽明学とは何か

1・本書の課題

本書で具体的に論証する点は、日本の明治期以降における陽明学理解において、三つの視点が重視されていたことである。その三つとは、陽明学を道徳として考える点、現行の社会の改革に援用しようとする点、及び陽明学を精神の修養に資するとした点である。ただし両者は互いに排他的な対立関係にあるわけではなく、関係しあっている。

かつて近代日本における儒教の位置づけは、福沢諭吉らから反発を受けた旧時代の思想か、あるいは西洋思想を吸収して同時代に適合させようと試みられた思想であった(1)。また、儒学の思想的蓄積がむしろ近代思想の構築に貢献したのではないかという説は、ことに近年になって多方面から唱えられてきている(2)。

しかし儒学の中でも陽明学に着目すると、そのままで近代に移植されたわけではなく、幕末から明治への時代を通過する上で変容させられた歴史が見えてくる。すなわち儒学が近代日本において受け入れられたのは、同時代の思想を吸収したためである。

以下まず第一章では、近代日本の陽明学について先行研究に依拠しながら解説しつつ、本書の前提となる事柄について詳説する。

第二章では、明治期の陽明学研究の中心ともいえる井上哲次郎の理解を確認する。井上は陽明学が国民道徳の理解に援用できること、及び体制秩序を護持することを重視していた。井上にとって陽明学は、そのために用いる思想の一環に過ぎなかった。さらに井上の陽明学観は、前近代の水戸学からの影響を受けている。

第三章では井上の教え子であり、その陽明学理解を踏襲した高瀬武次郎を中心に考察する。高瀬は井上の追従者のようにとらえられているが、明治期における陽明学の意義を井上と異なる視点から考えた。井上の陽明学理解を学びながらも、個人の修養、さらに国家体制の重視とは異なる意味で社会への貢献も重視していた。また高瀬は、第四章で取り上げる石崎東国とも親交が深かった。

それを受けて第四章では、陽明学に対して井上とは異なる特殊な理解を示した石崎東国に着目する。石崎は社会主義に関心が深く、陽明学による穏健な社会改革を求めていた。その石崎の陽明学理解は、やはり大塩や水戸学の影響の下にあった。

そして第五章では、そのほかの陽明学関連の思想に考察を加える。とりわけ自己の内面の陶冶との関連で陽明学が重視された流れを視野に入れ、三島由紀夫や安岡正篤に言及する。その上で、近代日本の陽明学の帰結を論じる。

本論に入る前に、まず井上哲次郎の経歴について、簡単に触れたい。井上哲次郎〈一八五五〈安政二〉年—一九四四〈昭和十九〉年）は、大宰府に生まれた。少年期に中山徳山、長じては中村正直（敬宇）の下で、漢学を学ぶ。[3]東京大学で哲学、政治学を専攻。一八八四（明治十七）年から、ドイツに都合六年間の留学をする。第五章で述べるが、同時期のドイツには、森鷗外も留学しており、両者は親しく交流した。帰国後は帝国大学（東京大学から改称）教授、学習院講師などを務める。東洋思想の研究のかたわら[4]「教育勅語」の公定解説書（『教育勅語衍義』敬業社刊、一八九一年）の執筆、国民道徳論の宣揚（『国民道徳概論』三省堂書店刊、一九一二年）などをおこなった。また、正直は井上が著した『教育勅語衍義』の監修者でもあった。井上は一九〇〇（明治三十三）年に、大部の陽明学研究書である『日本陽明学派之哲学』を公刊する。同書の中でも語られるが、井上は陽明学を国民のための道徳に援用することを意図していた。また、その陽明学観には水戸学や大塩に対する意識の影響が見られる。

以下では、各人物に即して陽明学理解の特色と異同を追う。近代日本すなわち明治以降の陽明学理解の仕方は、江戸期までのそれとはやや異なる。当時の人々が陽明学に対してどのように接してきたのかに関する先行研究は中国明代以降及び、江戸期のそれに比べて未だ充実しているとは言い難い。戦後の嚆矢としては山下龍二の一連の研究、近年では小島毅や荻生茂博、大橋健二の単著、吉田公平の人物研究のほか、単発の論文が散見される。[5]本章ではそれらの貴重な成果を参照しつつ、近代日本の陽明学について、本書の前提となる点をまとめる。また本書では、近代日本の陽明学理解の流れを分かりやすくするために、記述をなるべく時系列にする。そのため、次節では三宅雪嶺（一八六〇〈万延元〉年—一九四五〈昭和二十〉年）から触れたい。

2・三宅雪嶺『王陽明』について

三宅は、加賀に生まれる。本名は雄二郎。東京大学で哲学を専攻。一八八八（明治二十一）年に政教社を設立して、雑誌『日本人』を創刊する。表層的な欧化主義に反発して、旺盛な執筆活動で国粋主義の主張を展開した。主な著作に『真善美日本人』、『王陽明』などがある。三宅雪嶺は明治期の陽明学研究の先鞭をつけた著作『王陽明』において、王陽明の思想を西洋思想と対比させている。(6)

三宅は「心即理」の章では「心」と「理」の意味するところを陽明の文言から考察した上で、それがヘーゲルの思想と通底すると主張する。

彼れ(引用者注・陽明)素好んで正反の二者を取り、即時を以て之れを契合せしむ、心即理の如き其の一例なり。これヘーゲルが関係の郡会して開発せるもの、即ち思想なりと立てたると一帰ならずんばあらず。(7)

本書『王陽明』を通じて見受けられる特色は、王陽明の思想と西洋思想の共通性を強調していることである。前述の点以外にも「良知」の理解において、カント・シェリング・ショーペンハウエル・ハルトマンの思想との類似性を指摘している。

また直接陽明学についての説明にはなっていないが、「儒教」の章ではこう書いている。

孔孟以外に立て一家の言を立つる者ありとするも、其論究する所毎に道徳に拘泥して真理を研究するの旨を得ずと謂うか、哲学が目的とする所と遠く相距たると謂うか。論究する所道徳にありとするも、道徳にして人生の体認を必すべき者とせば、其目的は尚真理に向う者にして、儒教が考究する所、真理の外にありとすべからず。(8)

儒教の徒が道徳を探求する姿勢を、哲学が目的とする真理の探究と異なるところがないと考えている。三宅は儒教思想の記述において、西洋思想をかなりの程度意識していたといえる。

三宅は『王陽明』の刊本を、都合十五版まで出版しており、それを通して若干の内容の補訂を行っている。最初の出版は一八九三（明治二十六）年の十一月二十八日発行、その目次は以下の通りである。

伝
　族譜
　前半生
　中年
　晩年
教学
　儒教
　陽明前の儒教
　陽明の学説
　心即理
　知行合一
　良知　上
　良知　下
　陽明の志望

内容は「伝」の章で陽明の生涯を詳細に紹介し、「教学」の章では各々のタイトル通りに、陽明の学説とその周辺を陽明の文言を引用しながら記述している。さらに巻末には、陽明がものした文章が原文のまま転載されている。着目すべきは、「教学」の中の章名である。陽明の学説の内容を「心即理」、「知行合一」、「良知」などの用語を列挙して説明している。管見の限りでは、こうした章立ての仕方は江戸期までには見られない。

たしかに、儒学の用語を列挙して解説した『語孟字義』のような著作もある。しかしそれはあくまで「天道」「理」「道」など、文献に登場する語句をそのまま取り出して説明する作業であり、伝統的な儒学の注釈の作業にのっとっている。しかし「知行合一」など文献には直接語られていない言葉を、いわば陽明学を理解する「キーワード」のように列挙して、ましてそれと西洋思想との関連を論じた著作は、それ以前に例がないと思われる。すなわち、今日私たちが陽明の思想を紹介する時に用いる右記の簡潔な用語の使用は、明治前半期に端を発するといえる。

無論、右記の用語がいずれも陽明学を考える上で重要な概念となりうることは、三宅の『王陽明』以前の書物における説明の中でも変わらない。しかし「心即理」、「知行合一」、「良知」といった事典の項目立てのようにして陽明学の研究成果を記述することは、方法論以上の態度の変化といえる。

三宅のこうした記述は明治期における陽明学の受容にとって、どのような意味があったのであろうか。この問題を検討する上で、興味深い文章がある。歴史学者にして文筆家の木村鷹太郎による「三宅雄二郎氏ノ『王陽明』ヲ評ス」である。(9) 内容は題名の通りであるが、木村はほぼ全編にわたって三宅の論述に異を唱えている。以下で挙げる木村の引用は、全て右記の小論からの引用である。

冒頭近くで目を引くのは、次の一文である。

何トナレバ書中陽明書ノ原文ヲ白文ニテ引用シ、タダ漸ク句読アルノミ。而テ引用ノ原文甚ダ多ク困難ヲ感ズルコト少ナカラズ、一般ノ読者ハ無上ノ不便不快ヲ感ズベシ。殊ニ巻末ニ添エタル詩文抄ノ如キ句読ナク訓読ナク、全クノ白文ニシテ、加之細字ナリ。之ヲ読マンハ又一層ノ難事ナルベシ。

陽明の言葉を白文で引用していることに対して、「困難」「一般ノ読者ハ無上ノ不便不快」を感じるものだと批判している。現代に生きる我々は、明治期に出版された書物にこうした白文の引用を見ると、「当時の知識人たちは、これらを何の苦もなく読んでいたのか」という感慨に耽ることもあろう。しかし明治二十六年の時点で、同時代人に既にこのような感想が成立する状況が生じていたことは面白い。

それはさておき木村は『王陽明』の論に対して、「儒教素ヨリ道徳ヲ重ンズ、然リト雖モ哲学ト道徳トハ自ラ異レリ」と述べてこう書いている。

今若シ儒教ハ哲学ナリトセンカ、必ズヤ組織的調和的普遍的ニ説明シ得ルモノナラザルベカラズ、吾人ノ儒教ニ求ムル所ハ果シテヨク此等ノ条件ヲ充セルヤ否ヤニアリ而シテ吾人ノ三宅氏ニ問ワント欲スル所ハ、王陽明ハヨク之ヲ為セルヤ否ヤニアリ。三宅氏ノ『王陽明前ノ儒学』ハ単ニ陽明前ノ儒教史ヲ記スルニ止ル、故ニ余ハ之レヲ可否セズ、然リト雖モ其陽明ヲ以テショペンハウエル、ハルトマン等ト対比シ、相似タル所アリトノ言ニ至ラバ少ク不明瞭ノ所ナキニ非ズ。

もし儒教を哲学であると説明するならば、「組織的調和的普遍的ニ説明」できるものでなければならないと述べる。無論木村の主張は、そうできないからこそ儒教ないし王陽明の思想は「哲学」ではないということにある。さらに三宅が陽明学を西洋思想と似ているところがあると述べたことについても、疑問を呈している。木村の見解は結局、陽明学と西洋の哲学を対応させて考えることに対する反論である。

しかし同書における眼目のひとつは、既に確認したようにそこにある。三宅は「心即理」の項目でヘーゲルの思想を用いて説明し、「良知」をカント・シェリング・ショーペンハウエル・ハルトマンの思想と対比させている。木村による三宅の論の批判を、いくつか挙げてみる。

王陽明ノ「心」ノ多義曖昧ナル、何ゾ此ノ如ク甚シキヤ。三宅氏此等ノ点ヲ論ゼザルニ非ズト雖モ、氏ノ指摘分類明晰ナラズ、従テ陽明ノ如何程マデニ曖昧ナルヤヲ十分ニ読者ニ知ラシメ能ワザル可シ。哲学ノ系統トシテハ衝突スル所多ク、不精密、多義曖昧錯雑ニ富タリト謂ウ可シ。余ハ王陽明ヲ以テ善良ナル哲学者ト云ワンヨリ、多論ナル哲学者ト言ワント欲ス。

木村は三宅の議論が陽明の思想の「曖昧」である点を見逃しており、そのために「哲学」として論ずることはできず、「分類明晰」ではないという。しかし三宅はむしろその「曖昧」な点を見逃したからこそ、「哲学」などの西洋思想と比較対照ができたといえる。

三宅の執筆の目的は、決して旧来の思想の紹介だけにあったとはいえない。西洋思想と陽明学の比較も重要な要素であった。その理由を、例えば柳田泉は以下の点に求めている。

『王陽明』は、一見、直接日本に関係のない中国の哲人を論じたもののように受け取れるが、これを執筆した趣旨は、常時は勿論西洋崇拝熱の残っていた際で、学問的にもすべて西洋を偏重し、東洋を悪貶する気味がつよかったのに抗して、ここに偉大な一人の東洋的哲人の評伝を書いて、東洋にも西洋と同じく世界的に哲学として取り上げるべきものがあり、西洋思想のカント、シェリング、ヘーゲル、ショッペンハウエルと肩を並ぶべき大哲人のあることを世人に教えて、その学問的の自尊自重を促したものである。[10]

三宅にとって重要なことは陽明学の解説に西洋思想を用いることではなく、西洋思想を論じる土俵に王陽明の思想を引っぱり上げることであった。それを通して、東洋思想も西洋思想と比較できるに耐えうる思想であることを見せた。「心即理」や「良知」に新しい知識である西洋の思想との対比がおこなわれることで、西洋思想に対して東洋思想も有意義な思想であることを主張した。それは旧来の陽明学や儒教の受容のされ方に、変更を迫る作業でもあった。

この点で参考になるのが、澤井啓一による儒教の特質についての前出の議論である。澤井は「土着化する儒教と日本」[11]の中で、儒教にはある異質なものに対して「すでにある素材、自分たちが慣れ親しんでいる素材を用いて」代替品を作り上げてしまう力学が内在するとしている。近世中国において儒教が「真理の探究」という教説を採り入れることで、他の思想の「器」として機能した。それによって仏教の代替品として成立したのが、朱子学であったと述べる。そのような性質のために、儒教は東アジア広域に広まることができたと説く。さらに日本では「神道」や「国学」の方が儒教の代替品とされたと同時に儒教そのものも社会に浸透していき、近代に至って儒教の役割も変容したという。[12]

他の思想を採り入れた上での儒教の変容という考察は、重要な点である。明治期の日本において、西洋の思想という異質なものを吸収する「器」として陽明学が機能した側面がある。すなわち西洋思想との比較を施すことで陽明学がそれに合わせていき、新たな内容を付与されたといえる。三宅は西洋思想との対比のために、陽明学の思想を辞書的な分類によって考察する手法を採用した。このような項目を立てて分析することが、伝統的な儒学思想に取り入れられた。これは、少し後の井上も同様である。

中村春作は陽明学に限らず、近代の儒教を対象とする時に重視されるべき視角を端的にまとめている。

江戸期儒教と明治初期知識人との間の知的な連続、不連続についても、そうした観点から、すなわち、儒教のテクストの読みや具体的な読まれ方、社会的「知識」の普及のあり方などを含めた、知的制度・機制が交錯する「場」の多面的解析から総体としての「知」の変質が読み解かれなければならない[13]。

そこに徳川政権の崩壊と新体制への移行という「御一新[14]」を経た日本人の意識が、新たに加わることも着目される。象徴的な例は、明治期に生じた陽明学への二つの態度である。

3・明治期における二つの陽明学

明治期に生じた、陽明学に対する二つの見解がある。その一つは幕藩体制の崩壊を経験した日本で、陽明学がその革命の精神を支えたという発想である。内村鑑三は『代表的日本人』の中で西郷隆盛にその例が見られるとして、陽明学の価値を称揚している。内村は同様に、高杉晋作の次の言葉に着目した。

「これは陽明学にそっくりだ。帝国の崩壊を引き起こすものだ」。こう叫んだのは維新革命で名をはせた長州の戦略家、高杉晋作であります。長崎ではじめて聖書を目にしたときのことでした。そのキリスト教に似た思想が、日本の再建にとっては重要な要素として求められたのでした[15]。

内村は高杉の発言から陽明学をキリスト教と類似の思想であるとして、日本の体制変革に貢献したと称賛している。

実は、内村の解釈には少し問題がある。同じ言葉を、井上哲次郎も『日本陽明学派之哲学』で引用している。

彼（引用者注・高杉）嘗て長崎にあり、時に耶蘇教の書を閲し、慨然として嘆じて曰く「其言頗る王陽明に似たり。然れども国家の害寧ぞ之れに過ぎるものあらんや。其城を傾け国を覆すこと豈に大碩巨儆のみならんや」と。耶蘇教の我国体の精髄を蠱毒すること真に東行の言の如し。東行亦卓見の士と謂うべきなり[16]。

小島毅によると、攘夷派の論客だった高杉の右記の発言は一般にキリスト教により国の秩序が乱れる危険性を見抜いたものとされていたという。小島は、内村が高杉の言を次のように解釈したとする。

内村はその主語と述語を逆転させ、『陽明学はキリスト教に似ている』ということの証拠にするとともに、高杉が日本に革命をもたらす懼れありとしたキリスト教に先だって、旧来からある陽明学が、明治維新という、高杉もその運動に参加した革命運動を支える精神になっていたことを力説している。つまり、高杉がキリスト教の危険性を言うために陽明学を引き合いに出したのに対し、内村は陽明学の優秀さを主張する証拠

に高杉発言を利用しているのだ。[17]（傍点強調は引用者による）

小島に従うならば、高杉は陽明学がキリスト教と同様に日本の秩序を紊乱する可能性を示唆していたといえる。しかし内村のように、新たな体制が成立した明治期から見れば旧来の社会秩序であった幕藩体制に変革をもたらした思想は、肯定的な評価を下されるべきという意識が働いていたのであろう。ここに、明治期における陽明学理解の要点がある。明治維新という革命を導いたとされる陽明学は、新たな社会体制にとって意義のある思想である。内村にとって陽明学は、西郷や高杉など維新に貢献した人物が学んでいたという「事実」を根拠として革命を促した思想として称賛されるものであった。

明治維新の思想的背景に陽明学があるとする見解には、大きく分けて二種の系統がある。ひとつは右の内村の例のように、志士達が陽明学を奉じていたという認識である。この考え方は、井上も肯定している。[18]ただし同じく陽明学と明治維新の関係性を説く記述でも、徳富蘇峰は吉田松陰に対して必ずしも陽明学との関係を明言している訳ではない。[19]また岡倉天心は陽明学の他に徂徠学や国学の影響も考慮するなど、[20]必ずしも直接的な関係を説く共通の認識があった訳ではない。

陽明学と明治維新の関連を示すもうひとつの意見は、幕藩体制の側が奉じていた学問としての朱子学に対抗したのが陽明学であるという認識である。以下は、高瀬武次郎の『日本之陽明学』に書かれた井上の序文である。

幕府の教育主義は始めより朱子学にして、殊に寛政年間公然異学を禁じ、朱子学を奉ぜざるものをして尽く屏息せしむ、然れども陽明学は内部より精神を奨励するの学也、如何んぞ根柢より之れを撲滅するを得ん、切に之れを考究するものありて綿々として命脈を伝えたり、唯夫れ権勢の為めに抑せられたるを以て、其伝播すべき進路に於て幾多の障碍に遭遇するを免れざりき、今や自由思想の天地なり、諸学競い起り、異説争い生ず、此の時に際して、豈に独り陽明学をして鬱屈して伸びざらしむべけんや。[21]

王陽明が朱子学の批判をおこなったことは確かであるが、陽明学が朱子学に相対するという見解は、明治期だからこそ受け入れられたといえる。[22]林羅山以来、幕藩体制が奉じてきたのは朱子学であったという見解が現在まで語られている。幕藩体制の側が奉じてきた思想を朱子学とすれば、それに対抗する陽明学こそが倒幕後の社会にふさわしいのが陽明学であるという構図である。

陽明学と明治維新の背景に実際に思想的関連があるとする見解は、今日に至るまで明確には論証されていない。これは、陽明学が現体制を肯定する思想であると認識している点で、内村の見解と同様である。

明治期の陽明学観に共通していたことは、陽明学こそ同時代の社会に意義のある思想という理解である。それには、朱子学＝圧政を行った幕府の学問、陽明学＝朱子学に対抗した思想という見方が影響を与えていた。社会体制の転換が、陽明学という伝統思想の理解にも影響を与えていることは確かである。澤井啓一は、右のような同時代の状況を分析して、「近代陽明学」に定義を与えている。

「近代陽明学」とは、近世東アジア社会を支配した朱子学への対抗的な儒教と位置づけられ、より能動的で人間味に溢れた儒教であるという新しい意義が付与されたものを指す。[23]

「近代陽明学」を、「朱子学への対抗的な儒教」と述べている。澤井は東アジア全般を視野に含めているが、内村らの明治以来の解釈に既にその一端は見られた。

また小島毅はこのような明治期の人物たちの陽明学理解が思想史研究的には「誤り」であると断った上で、以下のように結論づけている。

> 彼らが求めていたのは、王陽明その人の教説に原理的に忠実に生きていくことではなかった。彼らが置かれた時代背景の中で、生活指針となりうる過去の思想的遺産であった。それは「彼らの陽明学」であった。[24]

ここに、「近代日本の陽明学」へのもうひとつの示唆が現れている。日本の近代において理解された陽明学とは、過去の営為とは異なると同時に多義的な認識が許された「彼らの陽明学」である。そのため、同時代における意義を有する中での多様性であることを念頭に置くべきである。

そのほかに明治期に陽明学が注目された理由として、明治初期には西洋思想の流入に対して「儒教復活論」が漢学者を中心として叫ばれていたことがある。日清戦争から辛亥革命の時期にかけて日本国内の中国への関心が高まりを見せて、漢学復興の機運が盛り上がっていた。[25]この「儒教復活論」とは正確には「儒教的な道徳思想の復活論」であり、やがて「教育勅語」の発布を経て明治末には井上らの「国民道徳論」につながるという研究がある。[26]一九〇〇（明治三十三）年出版の『日本陽明学派之哲学』での井上の記述は、その過渡期に位置づけられる。

そもそも日本における陽明学は、一般に江戸初期の儒学者である中江藤樹（一六〇八〈慶長十三〉年—一六四八〈慶安元〉年）に始まるとされる。その後は熊沢蕃山（一六一九〈元和五〉年—一六九一〈元禄四〉年）、三輪執斎（一六六九〈寛文九〉年—一七四四〈寛保四〉年）、佐藤一斎（一七七二〈安永元〉年—一八五九〈安政六〉年）などが、代表的な陽明学者として挙げられている。明治期に出版された『伝習録』の刊本は、三輪執斎が註を施した『標註伝習録』（一七二年刊)、もしくは、佐藤一斎の註を元にしている。一斎の記した註は『伝習録』本文と併せる形で、一八九七(明治三十)年になってから『伝習録　佐藤一斎欄外書付』(啓新書院刊)として刊行された。執斎・一斎の『伝習録』は、当分の間『伝習録』が出版される際の底本となる。全く新しく解説を施した『伝習録』の公刊は、雲井龍雄編の刊本に杉原夷山が標註を施した一九一一(明治四十四)年刊行のものであろう[27]。

編者の杉原夷山(一八七七〈明治十〉年―一九四四〈昭和十九〉年)は漢学者であり、書画や美術方面の著作も多いが、幕末の偉人たちの評伝を次々と刊行して話題になった多才な人物である。陽明学関係の著作もあり、特に一九〇九(明治四十二)年には相次いで『陽明学精神修養談』、『陽明学座右銘』、『陽明学実践躬行録』、『陽明学神髄』(以上、すべて大学館刊)を刊行する。同じ年に杉原が公刊した『吉田松陰精神修養神髄』は、吉田松陰の言行と思想について解説した著作である。同書には、吉田松陰が陽明学や大塩の思想を学んでいたと紹介されている。さらに高杉晋作が『伝習録』の巻末に記したとして、「王学振興聖学新　古今雑説修沈湮　唯能信得良知字　即是義皇以上人」という詩文を引用している[28]。

同年の『西郷南洲精神修養談』では、西郷隆盛があるとき大久保利通、海江田信義、長沼嘉平(嘉兵衛)とともに、陽明学に長じている伊東茂右衛門[29]の下を訪ね、教えを乞うたことを記している[30]。さらに杉原は『陽明学神髄』の中で、西郷の言葉が『伝習録』など陽明の文章のどの部分に由来するかという考察まで行っている[31]。本書では明治期の陽明学理解の考察として井上や高瀬など官立の大学で学んだ知識人を主な対象とするが、こうした在野の学者が同時代の陽明学に対する認識に寄与した面も重要である、そのため、石崎東国という人物も取り上げている。

次節では近代日本の陽明学に関する重要な視点に関する先行研究を取り上げて、本書の主軸となる視点について説明する。

第二節　近代日本における「ふたつの陽明学」

1・先行研究における「近代日本の陽明学」

山下龍二は日本における明代思想史研究の中で、近代日本の陽明学にも焦点を当てた。山下は陽明学の基本性格を「反官学的、庶民的、野党的」と規定しており、明治期の陽明学理解について、二つの在り方を示した。一つは井上哲次郎らが、陽明学の「反権威・反官学的傾向」を捨てた「国家主義的倫理観」としての陽明学。もう一つは、先述のように、内村鑑三に代表される明治期のキリスト教の信徒が陽明学に着目したことを踏まえた「個人主義的倫理観」としてのそれだという。前者の理解の内容は「倫理的・国家主義的・日本主義的」であり、後者は「宗教的・個人主義的・世界主義的」であると山下は評している。(32) 例えば前出のように、内村鑑三による西郷や高杉と陽明学との関係を説く記述は、その証拠ということになる。

この構図を前提として荻生茂博は近代日本の時代状況における前者の意味に着目しており、内村もまた井上と同様に、『ふたつのJ』すなわちイエスと『日本』を敬っていた」と述べている。(33) その上で荻生は山下の「個人主義的」陽明学の系譜として、大塩中斎（平八郎）、宮城公子によって「儒教の内面化による近代思想への接近(34)」を指摘された中江兆民、植木枝盛、本書の第四章で取り上げる石崎東国らに着目している。(35) 彼らは荻生にとって、「反官学・野党的」という陽明学の特色を証明する人物ということになるであろう。また後述するように、荻生は井上の教え子である高瀬を「国家主義者」とみなして石崎との対立の構図を分析している。

日本の近代において、国体護持の思想を展開するために陽明学が援用されたことは岡田武彦も指摘している[36]。井上が儒教的徳目を国民道徳との関連から論じていることなどから、そのような側面があったことは確かであると考えられる。以下は、井上の『日本陽明学派之哲学』の序文の中の文章である。

若し我邦に於ける国民的道徳心のいかんを知らんと欲せば、其国民の心性を鎔鋳陶冶し来たれる徳教の精神を領悟するを要す、即ち此書叙述する所の日本陽明学派の哲学の如き、豈に此に資する所なしとせんや[37]。

陽明学の思想が、国民道徳の理解を助けることが述べられている。井上が陽明学に関心を寄せたのは、国民のための道徳の一環として陽明学を援用しようとしたためである。井上は陽明学によって、国民の精神を陶冶することを考えていた。井上の国家主義的な言動は、明治から大正期にかけてしばしば構築された[38]。

ところで、山下と荻生は「国家主義的」という用語を具体的な説明をせずに用いているが、この場合の国家主義とはどのように考えればよいのであろうか。

三谷博は、「国家主義」を「ナショナリズム」と対比させて論じている。三谷は明治維新論において、ナショナリズムに次のような定義を与えている。

私はこれを、『『ステイシズム』』が、エリートのみならず、庶民まで浸透すること」と定義し、さらに「ステイシズム」を、「既存であれ、期待されたものであれ、ある国家を単位として、「内部」と「外部」を峻別し、「内部」を均質化しつつ、「外部」の排除や従属をはかる思考習慣」と定義したい[39]。

さらに別の著作で「ナショナリズム」が「国家主義」とは反対に、現代日本で肯定的な意味合いで使われることが多いことを指摘した上で、このように述べる。

これに対し、「国家主義」は、より鮮明な意味を持つ。肯定・否定を問わず、ある「国家」の外部に対する露わな利益追求や、内外の個人・団体に対する優越性の主張、すなわち国家利己主義や国家本位の主張を指していることは、間違いない。(40)

三谷は「国家主義」に対して他国と比べての自国の優越性を主張し、他国からの搾取を肯定する立場と考えているようである。三谷は「国家主義」と「ナショナリズム」について、本質的な差を設けていない。すなわち「内部」とそれ以外の「外部」を区別し、「外部」を排除する思考が「庶民まで浸透すること」である。

井上哲次郎にも、陽明学に対してそうした意識が見られる。井上が陽明学に関心を寄せたのは、国民のための道徳の一環として陽明学を援用しようとしたためである。井上はキリスト教の日本への流入に強く反対していたが、それは国内の秩序が乱されるためであった。外国の思想による国内の混乱を防ぐという点で、井上の態度も内外の峻別に基づいている。井上にとって「国家主義」は内外の峻別をつけると同時に、天皇を中心とする体制の秩序を護持しようとする意識であると定義したい。

一方「個人主義的」陽明学は、山下・荻生の構図では「反官学・野党的」という意味で「反体制性」と関連づけて考えられている。しかし、必ずしも国家体制を否定するものではない。例えば、陽明学が旧幕藩体制の教学である朱子学に反発したという理解は、陽明学が明治維新の思想的背景にあるという見方と関連しており、むしろ明治の国家体制と親和性が高い見方であろう。体制の変革を導いた思想こそ、体制の転換後はその体制を支える根拠となる。陽明学を「国家主義的」に解釈するにせよ、「個人主義的」な解釈を施すにせよ、伝統思想である陽明学を明治の社会に援用しようとする姿勢は同様である。

本書では「国家主義的」陽明学と「個人主義的」陽明学を二項対立と捉えるのではなく、明治期に受容された陽明学の視点の違いであると考える。陽明学が現行の社会にどのように援用されるかについて国家を重視する立場が前者であり、より広く社会への援用を求めたのが後者である。その点で、両者の立場に共通する考え方を探ることが重要な課題となる。

「個人主義的」陽明学の理解の特徴のひとつとして、「宗教」の枠組みで論じられたことが挙げられる。山下は「個人主義的」陽明学の例として内村鑑三らキリスト教徒に言及して、その理解の特徴を「宗教的」と述べている。日本近代における陽明学と宗教との関係でキリスト教徒による受容に早くから着目したのは、山下のほかに隅谷三喜男がいる。隅谷は『近代日本の形成とキリスト教』の中で、以下のように言及している。

キリスト教を受入れるようになるについては、之に対して精神的並に社会的な準備をしたものがあることも亦無視してはならない。その最大の要素となっているものは一方では陽明学的教養であり、他方では明治五年以降の開明的風潮であった。[41]

隅谷は同書で、陽明学が「反封建闘争において積極的な役割を演じた」という明治以来の解釈を認めつつ、陽明学の特質にキリスト教を受け入れやすくさせた要素があると推察している。

良知（良心）を強調した陽明学は、それによって倫理を内面化し、天理を人格化して「主の道を備え」たのである。[42]

ここには陽明学が良知（良心）を説くことで、個人の精神的な面に影響を及ぼす思想であったという意識が見てとれる。

日本の江戸期までの陽明学理解の仕方は、とりわけ「心」の修養が重視されていたことは溝口雄三や岡田武彦が指摘している。[43]特に溝口は山下とは別の意味で、近代日本の陽明学に「二つの陽明学」があると指摘している。溝口は中国の陽明学には「理」を重視する伝統があるのに対して、日本の陽明学理解には精神修養としての「心の無限的活用」があるとした。[44]日本の陽明学における「心」の重視とは、「心の究極の正しさあるいは純粋さ」に比重があることを意味すると溝口は相良亨とともに説いている。[45]溝口は日本の陽明学が心における修養を重視する点を、古くは熊澤蕃山に見ている。[46]

なお岡田は別のところで、日本の陽明学の歴史について「中江藤樹の門から熊沢蕃山と淵岡山が出たが、蕃山は陽明学を経世に活用して功業を挙げ、岡山は内省を重んずる陽明学を説いた」と述べている。[47]岡田の言に従うならば、日本近代における陽明学の流れは既にこの時点で胚胎されていたことになるかも知れない。

また荻生が「個人主義的」陽明学の具体例に含めた大塩も、宮城公子によって「主観唯心論」[48]と定義されている。同じく「個人主義的」陽明学の系譜に挙げられた石崎東国は、大塩の事績や学問を研究するために「洗心洞学会」を設立するほど大塩に私淑しており、また後に「陽明宗」[49]という造語を使用して、陽明学を宗教とみなす独自の理解を示している。[50]

石崎やキリスト教徒らの例が示唆するように、個人の内面を対象とした陽明学による修養の思想は、宗教的な観点から陽明学を理解するという形をとることもある。これらの点を考慮する限り、明治期の陽明学理解には山下の唱えた意味での「個人主義的」な側面があったということができる。よって荻生らの理解に従う限り、「国家主義的」な理解によって陽明学を見る見方に宗教という視点を感じとることは困難になるであろう。

しかしここで着目すべきは、東大での井上哲次郎の教え子にあたる高瀬武次郎である[51]。詳しくは第三章で述べるが、高瀬は井上の国家主義を忠実に受け継ぐ人物とされながら陽明学に宗教的な観点をもって臨んでいた。当時の陽明学者・陽明学研究者の立場を「国家主義的」と「個人主義的」とに分けるとしても、各々に区分しきれない事例が残される。

そもそも当時陽明学が「体制」に反抗するとみなされる際の「体制」とは、既に崩壊した旧幕藩体制のことであった。そのことによって、明治期の体制が否定される訳ではない。自己の内面に向かい「反封建」であると目された近代日本の陽明学は、旧体制に変革をもたらしたという意味で明治期の社会体制を擁護する思想であった。従来の研究では両者の視点を二項対立で捉える発想があり、根本的な理解は同じであることを見逃していた。

近代日本の陽明学が「反封建」の思想であるという理解は、明治期に生じた見方を一般化したものに過ぎないといえる。明治期において陽明学は、幕藩体制を打倒に導いた思想として改革の思想であると認識されていた。よって陽明学に「反体制」の性質があるという見解は、幕末から明治にかけての体制変革を根拠として生じたに過ぎない。そうした限定を有した理解であることが検証されないまま、近代日本における陽明学は「反権力」の思想であると理解されてきたことになる。

2・吉本襄と東正堂の『陽明学』

本節では三宅以外の明治期の陽明学研究の潮流として、何人かの人物の動向を紹介する。三宅が『王陽明』において陽明学の思想の解説に主眼を置いていたとするならば、一方で陽明学の紹介と普及に努める向きもあった。

明治期において陽明学を主題として公刊された雑誌は、確認されている限りでは吉本襄（のぼる、号・鉄華）が編集した『陽明学』が最初である。吉本の生年は、明らかではない。福島成行の「吉本襄と森田馬太郎」[52]によると、吉本は高知に生まれて奥宮慥斎の弟子の中尾水哉に学び、陽明学に通じたという。その後炭鉱の事務員として九州に派遣されていたが、炭鉱の現状を暴露するとともに会社の責任を追及する文章を雑誌に発表する。そのことが遠因となって退社した後、東京に移住して雑誌『陽明学』を編集する。同時に、勝海舟の知遇を得る。吉本は今日、勝の談話録である『氷川清話』の最初の選者（日進堂書店刊、一九一四年）としても名前が残っている。晩年に「米国の移住民」のための雑誌を発行する目的で現地に赴くが、船中で病に倒れて帰国する。「大正の初年」に没したという。

『陽明学』は、一八九六（明治二十九）年七月五日に創刊された。原則毎月五日と二十日に発行することになっていたが、必ずしもこの規定は守られていない。内容は主に、王陽明や日中の陽明学者の紹介。そのほかに、陽明学関連の文献の分割掲載と内容の解説である。文献とは『伝習録』、『古本大学』、平八郎の『洗心洞箚記』などである。ほかに井上哲次郎や高瀬武次郎、先に少し触れた三島毅も寄稿している。四年後の一九〇〇（明治三十三）年に終刊するが、その際の「廃刊の辞」で吉本は本誌発刊の動機が「『伝習録』の掲載」にあったとして、その役目が終わったので終刊する旨を述べている。[53]しかしこれは、最終号で吉本が一言触れているに過ぎないので注意する必要がある。むしろ創刊当初の本誌の関心は、別の方向にあったといってよい。第一巻一号の冒頭に掲載された「発刊の辞」と題された短文の後半に、次のような記述がある。

蓋し一人の精神は、千万人の精神也。個人の任務を竭《つく》すは、国家の任務を竭す也、一人の精神剛毅なれば、一国の士気安んじて発強活発ならさるを得んや。随て一人暴戻なれば、一国暴戻に、一人不仁なれば、一国亦不仁に陥る、其影響する所、豈少小〔ママ〕ならん哉。而して個人の涵泳修養は、主として知行合一に在り。知行合一の教は、主として陽明学に待つある也。陽明学は、今日の人心を陶冶し、一代の風気を革新せる一大興奮剤也。今や、我国は、東邦新興の一大雄国として、其任務を竭さざるべからざる位置に立てり。然れども事物の日に軽便に赴くに随い、一国の風気漸く卑下に傾き、文物の愈々進歩するに随い、一国の風俗益々浮薄に陥り、機関の次第に完備するに随い、一国の士気漸く萎靡するを見る。而かも偉人傑士の起って以て世道人心を風動するものなし。是れ豈社会風教一大猛省を発せざるべからざる時に非ずや。

吾人の陽明学を今日に研究するは、心学修養、人才陶成の為めに外ならずと雖も、天下の人々をして個人本来の任務あるを知らしめ、延て以て一代の風気を革新し、国家に裨補する所あらば、則ち洵に吾人発刊の本意也。(54)

吉本が本誌を創刊した動機は単に陽明学の普及にあるのではなく、国家を視野に入れていることが分かる。陽明学による個人の「人心の陶冶」が、国家に利益をもたらすことが説かれている。当時が日清戦争勝利の翌年という時代の空気も関係しているであろうが、陽明学を主題とした近代最初の雑誌が、個人の精神を修養する先に国のための精神を涵養することに目的を置いていたことは興味深い。ここで「知行合一」とは、どのような意味であるか述べられてはいないが、こうした国家的な意義を有する自己の修養と関連していることは確かであろう。ちなみに吉本は、一八九九（明治三十二）年の帝国党第一回大会で帝国党評議員に推薦されている。(55)「発刊の辞」における文章は、陽明学の修養を積んだものが、社会に役立つことを求める姿勢ととれる。吉本の『陽明学』は明治期における陽明学の価値が、先述のような二分法でのみ理解されるべきではないことを示している。

ここで、近代に発行された陽明学を主題とした雑誌を概観する。以下の五点である。各々の雑誌の刊行元の後に附された括弧内は、冊子体（復刻版を含む）の書誌事項である。

『陽明学』吉本襄編　一八九六（明治二十九）年―一九〇〇（明治三十三）年、鉄華書院刊（『陽明学』〈復刻版〉一―八十号、木耳社、一九八四年）。

『王学雑誌』東敬治編　一九〇六（明治三十九）年―一九〇八（明治四十一）年、明善学舎刊（岡田武彦監修『王学雑誌：明善学社本』一―七号〈復刻版〉文言社、一九九二年）。

『陽明学』東敬治編　一九〇八（明治四十一）年―一九二八（昭和三）年、陽明学会刊（『陽明学』一―一九六号、明善学社、一九〇八―一九二八年）。

『陽明』（三号までの誌名は『小陽明』）石崎東国編　一九一〇（明治四十三）年―一九一八（大正八）年、大阪陽明学会刊（『陽明』四―八十三号、大阪陽明学会、一九一〇―一九一八年）。

『陽明主義』石崎東国編　一九一九（大正八）年―一九二八（昭和三）年、大阪陽明学会刊（『陽明主義』八十四―一四七号、大阪陽明学会、一九一九―一九二五年）。

なお吉田公平の調査によると、「陽明学」という呼称を機関誌に用いたのは、吉本の『陽明学』が最初だという。(56)東正堂（ひがし・せいどう、本名・敬治）も、自身の創刊した『王学雑誌』を二年ほどで『陽明学』と改称している。吉田によれば井上の『日本陽明学派之哲学』の例に見られるように、この後は「陽明学」という名称が一般的になったという。(57)

東正堂は一八六〇（万延元）年、岩国に生まれる。父親は陽明学者の東沢瀉（本名・正純）。一八九九（明治三十二）

年に東洋大学の講師となり、漢文などを教えるかたわら、吉本の『陽明学』などに寄稿。一九〇六（明治三十九）年に陽明学顕彰団体である王学会を組織し、『王学雑誌』を主宰。陽明学の資料紹介や、陽明学者の研究に尽力する。二年後には王学会が陽明学会に、『王学雑誌』が『陽明学』へと改称する。前記『王学雑誌』の三巻八号が、正堂版の『陽明学』の一号にあたる。陽明学会には、井上哲次郎も評議員として参与していた。正堂は、一九三五（昭和十）年に死去する。主な著作に『伝習録講義』、『陽明学要義』などがある。[58]

正堂が吉本の『陽明学』に寄稿した文章の中に、「王学此より勃興せん[59]」と題する論説がある。そこには幕末に朱子学が弱まり、維新以来自由な世の中になったおかげで陽明学が勃興したという主旨の記述がある。先述の井上の文章の引用でも、朱子学に対抗する思想として陽明学が認識されていた。同様の理解が、ある程度広がりを見せていたことが分かる。

また『王学雑誌』には発刊の当初から「王陽明学と神道[60]」、「徳育論[61]」などの論題が散見される。尊王や忠孝を主題とした論稿が掲載されており、同誌の立場が国家への志向に傾いていたことが分かる。『王学雑誌』を改題した『陽明学』の創刊第一号の冒頭に掲げられた「発刊の辞[62]」では、以下のように述べられている。

> 近時道徳退廃し、風俗澆季、浮華を尚び、軽佻に赴く、有識者の常に憂ぅる所、其一因にして足らずと雖、要するに心性修養の至らざるによらずんばあらざるなり。本会の陽明学を標〔ママ〕して之れを鼓吹する、則ち其精神の修養に取るあるなり、古来の賢者夙に陽明学の簡易直截にして尤も時弊を匡済する、之れに若くなしとなす、詢に以ある哉、抑方今の如き複雑煩多なる世にあっては、則ち浩瀚の経書を研鑽し、深遂の学案を講究するは、維日も足らず、陽明の所謂端的に心学を修養するを以て、尤も其所を得たるものと断言するを憚らざるなり。

この後話題は日露戦争に転じ、勝利をもたらしたのも、戦士の日頃の精神修養であると述べる。そして「列強の班に入り、世界の大国民」である日本は、「心性の修養」によることで士気や人格を高めなければならないと説く。

その上で末尾近くに記された以下の文章は、明治期の陽明学について考える時に興味深い。

若し夫れ天地幽玄の理を闡き、国家の経綸の志を行う、斯学の本領、吾輩敢て賛せず、但方今の世道人心を扶植し、知行合一以て名教を維持し、節義を磨励し、聊か国家に貢献する。

世間の人心を涵養し、国家に貢献することを陽明学奨励の目的としている。ここに書かれたことは吉本の『陽明学』の発刊意図と同じく、人々の精神の修養を国家への利益へとつなげて考えることである。[63] 同時に、そうした目的に陽明学を援用することを表明する文章でもある。

なお正堂の門弟には、東京高等師範学校教授を務めた亘理章三郎（わたり・しょうざぶろう）（一八七三〈明治六〉年―一九四六〈昭和二十一〉年）がいる。亘理は今の兵庫県篠山市に生を受け、明治末に『王陽明』を著した。内容は詳細な王陽明の評伝であるが、亘理が執筆の際に国民道徳論を意識していた点も垣間見える。[64] 井上のほかにも正堂・亘理のように、陽明学に言及して国体に関わる論を展開した研究者たちがいたことになる。陽明学の修養と国体を関連づける発想は、一定の層があった。

亘理についてもう二点、指摘しておくべきことがある。一点目は亘理が『王陽明』において、陽明の「人格」の発展を研究することで「以て人格修養上の教訓を得んと欲する」[65] としている点である。亘理が陽明学に対して内面の人格を修養するために援用できる思想とした点には、高瀬武次郎の陽明学観（第三章を参照）との共通点も伺えるが、亘理と高瀬の関係は分からない。ただし明治期に「人格」という言葉を創出したのが井上哲次郎であったということは、既に指摘されているところである。[66] ちなみに亘理は、井上が東京大学の教壇に立っていた時期に同校で学んでいる。

もう一点は『王陽明』の「凡例」において、亘理が述べている次の見解である。

世に陽明の学説を唯心説、直覚説、主観説などと称し、西洋の哲学上の分類又は用語を以て説明するものがある。此等はもとより一理の存する所であるけれども、ややもすると彼の学説の真髄を誤解せしむる恐がある。概して東洋の学説は西洋の哲学上の分類に入れ難いものであって、其処に又其の特色特長もあるのである。故に本書は此の点にも意を用いた。[67]

先述したように三宅雪嶺は、王陽明の思想を数多くの西洋の哲学者の思想と対照させていた。また井上哲次郎に至っても、中江藤樹の学説を「一元的世界観」や「唯心的」と解説している箇所はある。[68] それに対して亘理の右の文章は、陽明学を「西洋の哲学上の分類」によって説明することに批判的である。むしろ、それと異なる枠組みで理解すべきことを主張している。同様の考え方を有していた研究者は、三宅雪嶺に反論した木村鷹太郎などほかにもいたが、反論という形ではなく、右のように明言したことは卓見といってよいであろう。

3・三島毅と渋沢栄一の陽明学

さらに、三島毅（みしま・き、号・中洲）にも触れておく。三島毅こと三島中洲は一八三〇（天保元）年、備中で現在の倉敷市のあたりに生まれる。十四歳で山田方谷の塾に入門して、後に佐藤一斎にも教えを受ける。若い頃は朱子学を修めていた。長じて、備中松山藩に出仕する。また吉田松陰とも面識があった。黒船来航時に、横浜にある米使謁見の施設に様子を伺いにいった中洲は、顔見知りの松陰に出くわしたものの無言のまま別れたという。[69] 明治以降は司法官僚の道へ進み、東京裁判所の判事、大審院の判事などを歴任した。判事の職を退いた一八七七（明治十）年、漢文を教授する二松学舎を設立する。一時は同校で中江兆民や、十代の夏目漱石も学んでいた。[70] その後は東京師範学校、創設後間もない東京大学和漢漢文科に出講したほか、東宮侍講の職も得た。さらに一八九〇（明治二十三）年、奥羽越列藩同盟に参加して壊滅的な被害を被った越後長岡藩に、執政の河合継之助の碑文が建立された時、「儒ヲ学ビ戦を善クスルコト、文成（王陽明の諡号）ニコレ似タリ」（原漢文）という文を撰した。[71] 中洲は一九一九（大正八）年、数え年で九十歳の天寿を全うする。[72]

中洲は、陽明学そのものを説くことには熱心でなかったという見解がある。[73] また中洲は一八八六（明治十九）年、三十七歳の時に「義利合一論」と題する講演をおこなった。人が生きるために「利」を求めるのは当然であり、人を害してまで追求するのがよくないとしている。このように中洲は必ずしも漢学の教授だけに終始していた訳ではなく、独自の思想も展開していた。福島正夫によると、この「義利合一論」の議論には二松学舎で学んだ中江兆民の「公利私利を論ず」という文章との類似性が見られるという。[74]

中洲の漢学観を端的にいえば、「有用性」と表現できる。それは中村正直が、洋学を学ぶために漢学の素養を身につけるべきであるという功利的な学問観を説いていたことに通じる。中洲が書いたとされる『二松学舎舎則』には、漢学の目的として「己ヲ治メ人ヲ治メ、一世有用ノ人物トナルニ在テ、記誦詞章ノ一儒生トナルニ在ラズ」[75] とある。中洲は漢学を、現実に活かすための思想として意識していた。

また、中洲の三男である三島復（みしま・ふく。または、また、号・雷堂）（一八七八〈明治十一〉年―一九二四〈大正十三〉年）も陽明学研究者であり、二松学舎などで教鞭をとった。遺作として一九三四（昭和九）年に、『王陽明の哲学』が出版された。しかし同書が東京帝国大学に提出するための学位論文として完成したのは、一九〇九（明治四十二）年である。王陽明の事績や思想を丹念に記述した労作である。この中では陽明の「知行合一」をソクラテスの哲学と比較させて、ソクラテスが「知」を重視するのに対して陽明が「行」を重んじる立場であるとみなしている。陽明学の内容を西洋思想と比較するのは、三宅雪嶺の手法と同じである。三島復は『陽明学講話』の中で「実行を奨励する所謂知行合一の旨」という言い方をして、「知行合一」を実行の重視を唱える思想であるという認識を示している。(76)これは後述するように、井上哲次郎が示した見解である。

陽明学において中洲と関連の深い人物が、渋沢栄一（一八四〇〈天保十一〉年―一九三一〈昭和六〉年）である。(77)渋沢は現在の埼玉県の豪農の生まれで、攘夷思想に傾倒して後に幕臣を務めた。明治以降は官職にも就いたが、主に実業の振興に力を尽くし、多くの会社・団体の設立に関わることになる。その渋沢の陽明学理解は、三つの段階に分けることができる。

最初は、陽明学の教説への興味である。渋沢は自身が創設した修養団体である「竜門会」が発行した『竜門雑誌』に、次のような文章を載せた。

孔子の教は何処までも実行を重んじたもので別に高遠難渋な処がない。それを後世の学者が註釈を加えて種々と六ヶしい説を並べ立て、聖人というものは、全然仙人か仏菩薩なんどの如く普通人の迚も及ばぬ別種族にして仕舞った。是に於て学問と実行と分離して全く別々のものとなったのであるが、朱子学などは殊に此弊がある。処が朱子学の後に現われた王陽明の知行合一説は、この学問実行分離の弊を矯正したのであるから、其説いた処が誠に面白い。それで余は精神修養の糧として陽明学を推薦したいと思う。(78)

渋沢は陽明学が朱子学と異なり、学問と実行を分離して考えない思想であると考えた。そのために、「知行合一」を唱える陽明学を支持している。また同じ文中で、「学問即ち事業、事業即ち学問、事業を離れて学問を求めるに及ぶまい。陽明の知行合一は此点について最も味があると信ずる」[79]と書いている。渋沢は陽明学が実行を重視するという説を学んで、それを自身のおこなう事業に近づけて考えたのであろう。なお渋沢は漢学の素養こそ豊富であったものの、陽明学に関心を寄せたのは晩年に近づいてからと思われる。右の文章を発表した時点（一九〇八〈明治四十一〉年）で、渋沢は六十八歳ほどである。その陽明学観は自らがおこなってきた実業に、思想的な後付けをするような意味があった。

この後渋沢は、陽明学研究者と積極的に交流することになる。彼は自身の古稀七十のお祝いとして、洋画家の小山正太郎から絵を贈られた。その絵は論語の本が重ねられた奥に算盤が置いてあり、さらにその奥に刀とシルクハット、白い手袋があるという構図である。その場に居あわせて絵を見た三島中洲が、文章を書いた。その「題論語算盤図画渋沢男古稀」には、「論語ノ利ヲ見テ義ヲ思フノ説ニ合ス。是算盤中ニ論語有ルナリ。算盤ト論語トハ一ニシテ二ナラズ」[80]という一節がある。この時中洲は渋沢に、「其の算盤を持つ人が斯くの如き本を充分に論ずる以上は、自分も亦論語読みだが算盤を大に講究せねばならぬから、お前と共に論語と算盤を成るべく密着するように努めよう」と語ったと、渋沢が述懐している。[81]「論語と算盤」といえば、渋沢の最も流布した著作の題名にもなっており、経済活動を道徳に準じて行うことを主張した渋沢の代名詞ともいえる言葉である。その場で渋沢と中洲は意気投合して、互いに交流を図るようになった。[82]中洲は先述のように「義利合一論」を唱えたが、渋沢がこの説に影響を受けた訳ではない。実際に、渋沢は中洲と知り合う前から、富の追及は「道理」によるべきであるとの説を展開している。[83]

また渋沢は、東正堂が一九〇六（明治三十九）年に明善学社を創設して、『王学雑誌』を発行した時から懇意にしていた。[84] 後に正堂の陽明学会の役員となり、運営が傾いたときには金銭を出資して助けてもいる。この頃から陽明学に興味を懐いていた渋沢は、中洲の説が自分の「義利」の説と通じている点を発見して、本格的に陽明学を学ぶ気になったと推測できる。また一九一一（明治四十四）年からは毎月一回、家族とともに中国思想研究者の宇野哲人から論語の講義を受けている。

陽明学の勉強を通して渋沢は、陽明学が実行を重視する思想であり、その実行とは実業を意味するのであるという思いを強くしていく。[85] 渋沢のこの考え方は、儒教そのものにも適用される。[86] 渋沢が儒教は実業を重視するという思いを強くしたのは、陽明学に触れた影響が考えられる。注意すべき点は、朱子学はそれと異なるという主張である。渋沢は「孔子の教は何処迄も実行を重んじたもので、彼の老荘等他学派の人々の説の如き高遠迂闊な処がない。何人にも解り、何人にも直ちに実行され得る真に実践的の教である」[87] と述べた上で、朱子学がそれをおかしくしてしまったと説明する。渋沢は「学問と実行」が分離した弊害を改めたのが、王陽明であったと述べた。すなわち渋沢の論理は、本来学問だけでなく実行とあわされていた儒教を朱子学が改悪してしまったが、陽明学が元に戻したということである。[88] 渋沢は、近代日本の知識人の例に漏れず朱子学を嫌い、それに対抗した意味での陽明学を顕彰していた。渋沢の陽明学観は、同時代の影響の下にあったといえる。[89]

渋沢は八十歳を超えてもなお、陽明全書講読会に定期的に出席している。この講読会は正堂の陽明学会が主催して、一九二二（大正十一）年から正月などを除いて月一回開かれた。翌年に関東大震災が発生したことで中断したが、一九二七（昭和二）年からは丸ノ内にあった渋沢事務所で再開されている。渋沢は前述のように陽明学会の運営費も拠出しており、また同会に賛助会を設けることを提案している。渋沢の発想が、実行を重視すると考えられた陽明学に近い点があったのであろう。[90] 一九三一（昭和六）年の渋沢の葬儀では、東正堂の後を承けて陽明全書講読会の主任になった山田準も追悼の辞を述べている。

三島復の遺作『王陽明の哲学』の校閲者を務めた山田準（一八六七〈慶應三〉年―一九五二〈昭和二十七〉年）は、字を士表、号を済斎という。備中松山藩の生まれで、上京して中洲の二松学舎に入る。十代で山田方谷の孫娘と結婚して、山田家の家督を相続した。東京帝国大学で学び、当時夏目漱石も赴任していた熊本の第五高等学校で漢文科の主任を務めた。晩年には二松学舎の学長となり、『山田方谷全集』の編纂もおこなった。[91]

山田準は一九三二（昭和七）年に『陽明学精義』（三友社書店刊）を、一九四三（昭和十八）年に『陸象山王陽明』（岩波書店刊）を著す。後者の中で山田は「知行合一」について「要するに、知とは実行のための準備行動であって、これのみでは未完成であり、真知は実行してはじめて真知といい得るのである」[92]と述べている。「知行合一」に対して、実行を重視することを説く。また、次のようなことも書いている。

畏れ多くも御勅語に「克ク忠ニ克ク孝ニ」と仰せられてある。我々の眼の前には、聖上陛下と両親とがお出で遊ばす、これに向って忠義と孝行とをするのが忠孝の学問で即ち事上練磨である。[93]

右の文章には、本書が出版されたのが太平洋戦争中の一九四三年であるための影響も見られる。「知行合一」が実行を重視する思想であることとあわせて、後に言及する井上哲次郎が既に明治期に同様の内容を書いている。

同じように山田は徳川幕府が朱子学以外の学問を抑圧するなどして、陽明学は本領を発揮できなかったとする説[94]と、大塩の行為のために陽明学が危険視されていることにも言及している。[95]これらも井上の著作で述べられており、三島復と山田準の著述は、日本近代の陽明学研究においていかに井上の影響力が後の世代まで影響を及ぼしたかということを証明している。[96]

本章でこれまで取り上げた人物たちはみな陽明学を単なる学問としてではなくて、どのようにして現実の国家や道徳との関係を持たせられるかを考えていたといってよい。その一例が、中洲が主張したような現実的な陽明学の援用である。[97] また中村正直の功利的な漢学の援用とも、通じる点がある。前述した三宅雪嶺が『王陽明』の中で、陽明学の思想と西洋思想を比較することで東洋思想を奉じる日本の発揚を図ろうとしたことも、その好例といえる。明治前半期において陽明学に関心を寄せた人物たちは、現実の国家における陽明学の意義を模索していた。内面の陶冶に援用されるのは、そこに役立つ点においてである。

以下次節では、井上哲次郎の陽明学理解を見ていくことにする。前述のように井上は、「国家主義的」な陽明学観を持つとされる。その井上の陽明学観の中でも、「宗教」を意識した考え方に言及する。それによって、井上の陽明学理解の内実を見ることにする。

第三節　国家主義と陽明学——前提

１・「宗教」としての近代日本の陽明学

前節で引用した山下龍二の論文中には、次のような見解がある。山下は井上が「孝」を重視していることから、井上にとっての陽明学が「祖先教」であると認識している。その上で、井上と内村鑑三の相違を「祖先崇拝を中核とする国体論宗教と、唯一神信仰を中核とするキリスト教との対立ととらえる」と述べている。[98] 山下は、儒教の重要な要素である「祖先崇拝」を根拠として、井上の陽明学観を「国体論宗教」として位置づける。そこでは祖先崇拝としての「孝」が、国家主義的な「忠」に結びつけられるという。[99]

山下は藤樹における「孝」を井上が重視していたことも、「忠孝」を重視する観点から読み解いている。[100]その井上に、興味深い記述がある。

陽明学は基本を言えば、明の陽明に出づと雖も、一たび日本に入りてより忽ち日本化し、自ら日本的の性質を帯ぶるに至れり。若し其顕著なる事実を挙ぐれば、神道と合一するの傾向あり。拡充して之れを言えば、国家的精神を本とするの趨勢あり。藤樹已に此徴候を現わし、蕃山の如きは、学は儒をも学び、仏をも学び理豊かに心広くなりてかりかされざるの吾神道を立つべきなり」といいて、大に神道の根拠たるべきを主張せり。大塩中斎も亦深く伊勢の大廟を崇敬し、乱をなしし時旗に「天照皇太神宮」と記せり。奥宮慥斎が神道と王学との一致を期せるが如き、亦吾人の注意を要する所なり。之れを要するに、陽明学が日本化せるは疑うべからざる事実なり。[101]

奥宮慥斎（一八一一〈文化八〉年―一八七七〈明治十〉年）は土佐の儒学者であり、佐藤一斎に陽明学を学んで、土佐勤王党の支援も行った。陽明学の日本化とは、神道との合一が特徴であるという。井上はそのことについて、「国家的精神を本とするの趨勢あり」としている。また大塩について伊勢神道との関わりを指摘しており、同時代の国家神道を意識した記述と見ることができるであろう。国家神道は「神社を通して天皇制ナショナリズムを国民に教化しようとする戦前の社会体制[102]」と定義される。井上が日本の陽明学は神道と合一すると主張するのは、陽明学が国民道徳の理解に役立つと考えていたことと同質である。すなわち、神道という宗教や国民道徳が陽明学と接続するという議論は、陽明学を同時代の天皇制国家を支える思想として捉える発想である。[103]

また、島薗進は会沢正志斎・大国隆正の例を挙げて「アヘン戦争後の状況で、儒教側・神道側双方から神仏習合的思考が歩み寄り、現実的な『国体』具現の方途を探り当てようとした」[104]と、幕末期の状況を述べる。井上が会沢ら幕末の水戸学者の神道観と共通点を持つことは、次章で述べる。井上によって明治期に解釈された陽明学は、神道とのつながりという点で「国家主義的」な視点を内包したという言い方もできる。そうした場合、神道と陽明学はともに国体護持の思想となりうる。

同様に陽明学を国家体制と通じる「宗教」とみなす視点は、明治期に日本に亡命した梁啓超にもあったと指摘するのは李亜である。李は「王学（即ち、陽明学）が最上等の宗教であり、明治維新の成功も陽明学によるもの」と認識した梁の文章を紹介する。一方で梁が日本の維新の原動力だと考える「幕末の陽明学」を発見したのは、井上から受けた刺激によるところが大きいと考察している。[105] 梁と井上、両者の陽明学観が近似していることはほかにも指摘がある。[106] さらにいえば、梁啓超の言葉では陽明学と明治維新の関係が指摘されている。[107] 井上が陽明学と神道をつなげて考えていたのは陽明学が維新を導き、明治の国家体制を準備したためであるとする発想が影響していた可能性がある。

井上が神道と陽明学を国家主義に結びつけて考えたのは、陽明学が国家体制を支える思想としたことの例である。井上にとっての陽明学は、天皇制国家の中での意義を説くものであった。よって井上における「宗教」は、国体論と関わる宗教である。明治期において陽明学が宗教と親和性を持つとはどういうことであったのか、井上の例によって示したい。

2・井上哲次郎における宗教と陽明学

井上は、キリスト教に対して嫌悪感を懐いていた。一八八〇年代のドイツ留学からそれ以降にかけて、キリスト教の日本流入に対する批判を含む『内地雑居論』（哲学書院刊、一八八八年〈明治二十一〉年）、及び『内地雑居論続』（同、一八九一年〈明治二十四〉年刊）を執筆する。しかし留学以前に書いた「耶蘇弁惑序」[108]において、井上のキリスト教批判の論点は既に提出されていた。その骨子は、以下の四点に集約される。

一、国民がキリスト教を信仰すると、国を重んじなくなり「民心が分離」する。
二、キリスト教は、キリストのための戦乱を起こし流血の事態を招く。
三、「カインとアベル」の殺人の話など、キリスト教には道徳上の好ましくない点が見られる。
四、キリスト教の迷信は真理を隠し、「愚夫愚婦」を惑わして国に害をなす。

一八九一（明治二十四）年の「教育勅語」奉読式で内村鑑三が最敬礼をしなかった問題について、井上が非難の中心人物となったことはよく知られている。明治天皇の署名入りで下賜された「教育勅語」の奉戴式が、同年の一月九日に第一高等学校で挙行された。教官であった内村も、当然の如く参加する。ところが、ほかの教官が勅語の額に対して最敬礼をしたにもかかわらず、校長から数えて三番目の拝礼者であった内村が会釈のみしかしなかった。これが、後に問題として表面化する[109]。

このいわゆる「不敬事件」に際して井上は、「宗教と教育との関係につき井上哲次郎氏の談話」（一八九二〈明治二十五〉年）でキリスト教が「教育勅語」の精神に反しており、「無国家的」であると断じた。またキリスト教徒に「民心の統合一致」を破る点があることを根拠として、キリスト教が日本の国家を破壊する可能性すら指摘する[110]。右に挙げたキリスト教への批判の四つの論点でも、日本国民が信仰することで「民心が分離」する上に国に害をなすことが説かれている[111]。

「民心の統合一致」という言葉に象徴されるように、井上のキリスト教批判の眼目は国民の秩序が精神的な面から混乱することを懸念していた点にある。そのため井上による批判はキリスト教自体というより、キリスト教が日本に流入することで引き起こされる混乱を対象としていた。[112] 以下は「不敬事件」の後に発表された、井上の文章である。

一切の愛国心を極端的絶対的にして拒絶するを以て高尚なる理想として羅馬帝国滅亡の一原因となりしこと、疑なきなりと、若し厳にして耶蘇教の教旨を実行せば、我国は羅馬の覆轍を履むの恐れなしとせず、我邦人の猛省すべき所実に此にあり。[113]

井上はキリスト教が、日本の国家の秩序を破壊する可能性を危惧していた。そして現に日本に流入しつつあるキリスト教に、反発していたといえる。井上が陽明学を国民のための道徳としたのは、キリスト教観と通じている。次のような文章は、井上がキリスト教は国民の精神的統一を害すると考えていた例である。

古来、我国、民心を結合し来りたる所の宗教は遂に敗北絶滅して異分子、異宗教、其の間に混入し、其、一致統合を害するは最も恐るべしとなすなり。[114]

こうした批判は井上の中で、後に宗教の性質上の問題へと発展していく。

井上は中国で勃発した排外運動・義和団事件（一九〇〇〈明治三十三〉年）について、以下の様に述べている。

宗教上の偏見は種々なる争乱の本なるが故に決して軽々に看過すべきにあらず、之れを東西の史乗に徴するに宗教上の偏見に起因せる戦争の如きは、殆ど屈指に遑あらざるなり、殊に吾人の眼前に横たわれる北清事変の如きも、基本を尋ぬれば、全く宗教上の偏見に起因すること実に顕著なる事実というべし。(115)

この論は義和団の反乱の原因が、宣教師によるキリスト教の布教に中国人が抵抗を示したことにあると主張する。後述するように、それを例として井上は個別の宗教が騒乱の原因になるという論を導く。こうした意識からやがて、既存の宗教の枠にとらわれない新たな宗教の形を模索することになる。

井上がそこまでキリスト教による国の秩序への影響を危惧していたのは、畏怖の感情の裏返しでもある。

我国に於て内地雑居を実行するとせんか。欧州人は文学上、宗教上、同一の考を有するが故に彼れは一体をなして、我れに加うべく且つ、我が国体も彼れの如く左程強固ならざるが故に思うに遂に不快の極に達し、なお彼れに敵すること能はざるがために恨を呑て口を緘することとなるべし。(116)

独逸帝室の安全強固は一に宗教の力に之れ拠る。（中略）茲に宗教の力ありて帝室を神聖のものとせり。故に其皇室は殊に寺院を尊信して宗教の統一を尊ぶこと極めて大なり。(117)

欧州に比べて「国体」による統一の弱い日本に外国の宗教が流入することに、危機感を表明している。井上にとって一国の精神的な統合の度合は、国の強度を左右することを意味していた。よって、日本に外国の人種・文化が混在することに反対を唱えている。言い換えれば、キリスト教が国家の秩序に致命的な影響を与えると考えたことは、それが国民を精神的に統合する力を認めていたことの表れでもある。井上のこのような宗教の影響力への畏怖は、単に外国の文化の流入に反発する頑迷固陋なものではなかった。むしろ留学によって、当時の欧州と日本の国力の差を知悉していたからこそできた分析といえる。

井上が儒教的な徳目の上に国民の統一を主眼とする倫理を据えたといえるのは、先述の通りである。しかし井上が陽明学を国民道徳の理解に役立つとしたことが、陽明学を維新後の社会に適用させようとしたために生じた論理とするのは早計である。井上が主眼を置いていたのは、天皇制の秩序を護持することである。その根底には対外的な危機意識から、国内の安定を図るために儒教思想を道徳として用いる意図があった。その意図が、井上の陽明学観を構築した。井上は、明治期の社会に陽明学を援用するという明確な意志を有していた訳ではない。天皇制を護持するという自身の志向のために、合目的的に陽明学を利用したと評するのが適切である。

また井上にとって外国の脅威に対抗するために、国民の精神を統一する思想はやはり国民道徳であった。井上は日清・日露戦争後においてロシア、アメリカ、中国に対して警戒すべきことを説いた上で、「国民道徳を除いては植民地のようになって仕舞う[118]」と述べた。井上は諸外国の脅威に対抗するには国民道徳による国民の統一が重要で、その理解に陽明学が援用できると考えていた。

井上は、キリスト教の流入が「人心の統合一致」を破壊する可能性を述べていた。井上がキリスト教の流入に反対するのは、国民を統合する力が強大なためである[119]。日本にはそうした強力な宗教がなかったために、井上は国体にこだわった。このジレンマが井上に、宗教の倫理的な側面に着目した新たな宗教の形を模索させることになる。

此の如き道徳は将来の宗教にして一切の特殊性を離れ、何等の迷信をも帯びず、人類今後の進化発展を催促するに足るものなり。乃ち知るべし、過去の歴史的宗教は漸次に消滅の途に就くべきも、倫理的宗教之れに代わりて興るべきを。[120]

将来、道徳が宗教の役割を果たすと説く。ひとつ注意すべき点は井上が宗教に代わり、道徳が台頭すると考えていた訳ではなかったことである。宗教上の統一が、西洋の国の連帯を強固にしていたと考えた井上は、宗教の倫理的な要素にそれを期待していた。そのため個別の宗教を「歴史的宗教」と呼び、それが衰退する代わりに、各宗教の倫理的な要素だけを整合した「倫理的宗教」が勃興すると盛んに説くことになる。[121] 井上は人類が「倫理的宗教」をともに奉じることで、宗教による対立も克服できると考えた。

若し道徳の実行を期する倫理的宗教を以て仏教若しくは基督教に換うるときは、東西洋を通じて毫も扞格する所なく、反りて人類の世界的統一を催促するの効あること疑なし。[122]

なお宗教の倫理的な要素のみに着目するという「倫理的宗教」という考え方は、井上が活動初期に編纂した倫理学の教科書にも既にその片鱗が見られる。

倫理ハ到底宗教ト分離シ難シト、故ニ議論往々宗教上ニ到ル所アリ。[123]

井上にとって倫理は、宗教において実現されるという側面があった。

また井上が説くところでは「倫理的宗教」が「歴史的宗教」と異なる点は、迷信的な教義を持たないために合理的な精神と調和するということにあった。

　歴史的宗教は啻に迷信を付随するのみならず、又意味なき儀式を有すること少しとせず、将来の宗教は一切是等を脱却せん、今日にありては教育あるものにして寺院若くは会堂に之くもの割合に少し(124)。

以上の「倫理的宗教」の有する特徴は、いずれも初期の井上のキリスト教批判と通じるものがある。井上の中でキリスト教流入への批判は同時代の宗教への否定感、及び「倫理的宗教」への期待とつながっていた。井上にとって「歴史的宗教」への批判は、ほぼキリスト教への批判から説き起こされたものである。そうであるならば個別の宗教の代わりに興隆すべき「倫理的宗教」とは、井上にとって国内の精神的な混乱をおさえて秩序維持を図るための手段であったということができる。井上が「倫理的宗教」を主張したのは、国民の精神面での統一を図るためであった。

　国民の精神的な統一という目的のために、井上は儒教にも着目した。明治前半期の井上は、ことあるごとに「歴史的宗教」を強く批判して「倫理的宗教」の利点を強調する。そして「道徳の実行を期する倫理的宗教」の参考になるとして、儒教に着目することになる。ただし明治の世において、儒教が「倫理的宗教」の役割を果たせるとは必ずしも考えていなかった。

　倫理の宗教に代わり得べきは、儒教其的《〔ママ〕》例を示せり、儒教は一種の徳教にして、今日の所謂実践倫理なり、拾も過去の時代に於て儒教が彝倫道徳を維持せしが如く、今後は倫理学によりて供給せられたる結果を基礎として、実践倫理を攻究し、此れに由りて彝倫道徳を維持且つ助長すること最も合理的の所為なり、というべし。[125]

ここで井上は、儒教を「実践倫理」であるとしている。過去に儒教が道徳として機能した役割を述べることで、今後は倫理が重要になると主張しようとする。その意味で井上にとって儒教は宗教というよりも、道徳や哲学に近い意味を有しているであろう。以下の文章は、そのことを裏づける。

西洋に云う哲学に比すれば孔孟の教は、只其区域の狭隘なる迄にて矢張り哲学の一種なり。孔孟教は倫理哲学政治哲学と名く可くして、而して殆ど一定の大趣旨なりしが如し。[126]

井上はキリスト教の流入に反発した上で、哲学としての儒教を注視していたことが分かる。

また井上が「不敬事件」への批判において、「教育勅語」とキリスト教の精神が相反すると述べたことは前述した。同じ意味のことを、「教育勅語」と儒教の親和性を強調する文脈においても言及している。

勅語の精神は、孔孟の主義と同じく、重きを現世に置き、未来の事は一切問わざる所なれば、此点に於ても、勅語の精神と、耶蘇教の精神とは、頗〔ママ〕趣きを異にせざることを得ず。[127]

井上が儒教を「実践倫理」だとしている先には、既存の宗教を否定した「倫理的宗教」があると考えてよい。しかし同時に儒教が過去の道徳で、同時代の倫理に用いられることを期待していなかったともいえる。むしろ儒教は「歴史的宗教」の衰退や、「教育勅語」の重視という自説のための道具立ての域を出ていないといってよい。

すなわち儒教が「実践倫理」であるとした考え方もまた、国家の秩序という志向に向けた合目的的な解釈であった。[128]

なお井上が右のような「倫理的宗教」の成立を主張するに至ったのは、ハーバート・スペンサー（一八二〇年―一九〇三年）の影響かと思われる。スペンサーの著作は日本でも、明治十年代から複数の翻訳が刊行されている。実際に井上が、スペンサーの学説について「現存スル宗教ヨリ猶オ一層高等ニシテ万国ノ共ニ奉ズベキ宗教ノ基礎ヲ査出セントセザルハナシ」[129]と解説している文章もある。[130]

また井上はスペンサーの学説を、東京大学においてアーネスト・フェノロサ（一八五三年―一九〇八年）から吸収したということができる。フェノロサは一八七八（明治十一）年から一八八六（明治十九）年まで、東京大学で講師を務めている。一方で井上が同校に在籍していたのは、一八七七（明治十）年から一八八〇（明治十三）年までの間である。井上はフェノロサが哲学の講義の中で、ヘーゲル、J・S・ミル、及びスペンサーに重きをおいたと述懐している。[131]さらに井上は学生の時に、フェノロサの講義録の翻訳も引き受けている。[132]フェノロサの講義録の中には、以下のような宗教の有する力についての記述もある。

> 同一ノ宗教或ハ共同ノ政府ノ下ニ同一ノ目的ヲ達センガ為ニ戦闘スル人種ハ、必ズ結合力ニ乏シキ人種ニ克チ、未来ヲ計リテ予メ之レガ備ヲ為シ得ル人種ハ、必ズ現在ヲ知テ、未来ノ計ヲ為スヲ知ラザル人種ニ克ツコト明ナリ。[133]

これは先述したように、同一の宗教を奉ずることで一国の国民の統合が強固になるという井上の意見と同趣旨である。井上が宗教の精神的な結合力の強さを認め、かつ宗教の倫理面だけを整合させるという主張に至った背景には、かつて師を通じて学んだスペンサーの影響が確実にある。なお井上は、帝国大学で初めてお雇い外国人でない日本人の哲学教授となった人物である。井上が西洋の思想や哲学を摂取した時期は、日本人がその成果を受けて、自らの思想を構築しようとする時代と重なっていた。

以上のように、井上にとって宗教の意義は二重にあった。ひとつは、「国体」のためである。これは、「神道」や天皇制の重視に結びつく。もう一点は、国民の「民心の統一」のために道徳に特化した宗教を立てること。それは儒教とは異なるが、井上は儒教が日本の社会において果たした役割を重く見ていた。そのため、井上にとって儒教は「実践倫理」であった(134)。

3・井上哲次郎における国家と陽明学

では井上の陽明学解釈は、右のような宗教観とどのような関連が見られるのか。井上の「国家主義的」な陽明学観が散見されるのは、一八九〇年代から一九〇〇年の『日本陽明学派之哲学』刊行を経て後、数年の間に集中している。この十数年の期間が、井上の宗教観、「教育勅語」などに基づく国家観を表明する時期と重なることは注視されてよい。

すなわち井上が「民心の統一」への意識のために、儒教の徳目を援用して論を展開した時期と重なることは、陽明学にも合目的的な解釈を施した可能性を示唆している。井上に「民心の統一」による秩序への志向があったことは明らかであるが、必ずしも初めから「教育勅語」や天皇を頂点とする国家の権威に個人がただ従属することを求めていた訳ではない。井上は、下記の文章を記している。

人は分れ分れになって社会の各方面に行いて人の見て居らぬ処に於いて種々の悪事が行われる、暗き所、曖昧なる所に於いて種々の不徳が行われる、其時には他律的の道徳はいかぬ、何の効力もない、されど道徳は暗き処を律する力がなければならぬ、内界より徹底する所がなければならぬ、即自律的で無ければならぬ。(135)

忠君愛国の道徳は、国家的道徳である所からして、どうしても他律的となるのであります、自律的とはならない、何故なれば、自ら進んで忠君愛国の実を挙げるものは是は別論でありますけれども、そう云うものは国民全体に就て之を云いますれば誠に少数である、忠君愛国を実行せぬものは、是は国家の権勢あるものが、外部より之を強うる外はないのであります、外部より之を強うると云う事は是は他律的であります、決して個人々々が内部より自ら進んで之を実行しようと云うような工合に、一般に効力あるものではありませぬ、と云うは如何なる権勢あるものも、日夜間断なく個人々々を監督する訳に行かぬからの事であります。(136)

ここで「他律的」とは「外部より之を強うる」こと、「自律的」とは「個人々々が内部より自ら進んで之を実行しよう」とすることだとしている。井上は、個人の内面における「自ら進んで実行する」道徳を勧奨していた。それはそのまま、自身の陽明学観に通じるものがある。なお、本文中の片仮名の部分は原文によった。

如何なる人にあっても良知と云うものは存して居る、唯だ色々気の為に動かされて此良知が暗まされる事はあるけれども全く失うことはないと云う考である、それだから此良知と云うものハ其心を次第に明かにさえすれバ必ずおのずから発達して来てそうして理に違ワぬやうになって往く者と考えたで御座います、王陽明は此良知を次第に講究して始て人間交際の中に色々道徳主義を立って往くものと見做し。例えバ孝悌忠信

と云うようなことハ此良知を明かにしてそうして此孝悌忠信と云うものが実際行ワれて往く。(137)

陽明学に対して、個人を内面から律する道徳として期待していたことが伺える。井上にとって陽明学は国民道徳の理解に援用できる思想であると同時に、個人の精神を律するための思想であった。ただし「自律的」の道徳が「一般に効力あるものではありませぬ」として、必ずしも世間への普及に積極的でなかった。

如何なる害悪をも沈黙して之れを忍耐し、恰も奴隷の如くに服従し、毫も己れが権利の伸長を図らざるは卑屈の然らしむる所にして、固より吾人の取らざる所なり、然れども己れが権利の侵害せられざる範囲に於て服従するは美徳なり、服従は社会の安寧秩序を保持する所以なればなり。(138)

井上は自身が重視していた社会の秩序の保持のための、服従を奨励している。それは具体的には、日本国内の「民心の統一」を含意しているであろう。(139) 井上の中で日本人の「民心の統一」は、個人の内面を道徳によって律することによって達成できるものであった。

井上にとって「倫理的宗教」の役割は、国家の精神面での秩序維持にあった。そこで井上は儒教に、人々に実践を求める「倫理哲学」としての意義があるとしている。井上の関心は「宗教」より「倫理」の方に移っている。一方で、陽明学にも同様の価値を認める。

王陽明の学問全体を評しますと云うと先ず支那一般の哲学者と同様に倫理学と云うのが重なる〔ママ〕もので御座います。(140)

井上にとっての儒教は「倫理的宗教」の要素として重要であり、それは、「宗教」よりも「倫理」に主眼が置かれている。

なお井上は現行の宗教が、各宗教の倫理的な要素だけを残した「倫理的宗教」への過渡的段階にあるという希望的観測を抱いていたとする研究がある。[141]以下のような井上自身の言葉は、それを示唆する。

世界の自然の傾向が倫理的宗教の発達を催促しつつあるなり、歴史的宗教の衰退と共に之れに代わるべき実践倫理の必要を喚起しつつあるなり、此時に当りて倫理的宗教の道は偶々有意識的に此世界の自然の傾向を公言するに過ぎざるなり。[142]

井上が陽明学に求めていた意義も、宗教としてではなく国民道徳の理解に役立つ倫理としてであったと見てよい。神道への言及にあったように、井上は陽明学を宗教に接近させてもいた。それもまた「倫理的宗教」のように、あくまで国家を中心とした発想である。井上にとって陽明学は、国民を精神面から統合する秩序維持に援用できるものであった。[143]

また井上にとって、より国家的な視点への志向が強かったのが「教育勅語」をめぐる言説であろう。国の秩序維持という観点から、「教育勅語」の重要性とキリスト教流入への反発が井上の中で結びつけられていたことは既に言及した。儒教の内容も、そこに関連づけられることになる。

また井上はドイツ留学からの帰国後にほどなくして、「教育勅語」の公定解説書である『教育勅語衍義』の執筆をした。同書では「教育勅語」の内容を、キリスト教の問題と絡めて論じている。

耶蘇教ニハ忠ト云ウ考ハ、徹頭徹尾ナイデ御座リマス、支那カラ日本ニ掛ケテハ、非常ニ忠孝ガ大切ナ徳義ニナッテ居ル事ハ疑ナイ、支那ハ忠孝ト云ウ事ハアッタガ、然シ忠ト云ウ事ハ之ヲ実行スル事ガ六ヶ敷カッタ、朝廷ガ屢々変換シテ、日本ノ様ナ工合ニ忠義ヲ純粋ニ行ッテ来タ様ナ訳ニハ往カナカッタ。(144)

キリスト教に国家への「忠」という概念がなかったことと対比させて、日本に忠が実行されてきたことを語っている。その点で井上は、右にあるように中国と比べても日本の「忠」の実行は優れていると述べる。(145)井上は「忠」という考え方がない点において、キリスト教を批判する。そして中国に対しては、王朝が次々と交代したために日本のように純粋に忠義をおこなうことができなかったと説く。その上で、中国と日本の「忠」の違いについて述べる。日本は朝廷が倒されることなく続いてきたことで、純粋に「忠」の実行ができるというのが井上の主張であった。

このように王朝が打倒された経験がないことで日本の価値を称揚する姿勢は、幕末期の尊王を説く議論を意識したものといえる。藤田幽谷(一七七四〈安永三〉年—一八二六〈文政九〉年)は『大日本史』に対して、その書名に異を唱えた。その理由の一つとして、「中国と異なり易姓革命のないわが国では、史書に国号を冠するのがそもそも誤りであること」を挙げている。皇統が途切れることなく続いてきたことを根拠として中国と日本の政治体制の違いを語ることは、明治期にまで影響を及ぼしている。(146)井上においては、それがキリスト教流入への批判と結びついていたといえる。

さらに井上は「忠」と「愛国」の違いについて、以下のように述べている。

愛国ト云ウ事ト忠君トイウ事ハ決シテ同一ノ事デ無イ、成程忠君即チ愛国ト云ウ場合モアルデ御座イマス、併ナガラ君主ハ一人ダカラ君主ニ忠義ヲ尽スト云ウノハ尚ホ一個人ニ対スルノ徳義ト謂ワナケレバナラヌ、併シ愛国ト云エバ国民全体ニ対スル所ノ徳義デアルカラシテ最早個人的倫理デ無クシテ社会的倫理ノ方ニ属スルデ御座イマス。(147)

ここで説明されている違いは、日本の近代における「国」の重視という主張をうかがわせる。そのため第一に重んじられるのは「忠」ではなく、「愛国」であった。明治期における陽明学が井上によって宗教との親和性を説かれたのは、体制の転換を経験した国家において秩序を維持する「倫理」が求められたためである。それは必ずしも内的な修養ではなく、「民心の統合一致」のための精神面での倫理に陽明学を援用した。

第四節　井上哲次郎の陽明学理解と研究の展望

近代日本の初期において伝統思想である陽明学はもはや独立して受容されるほどのつよさを持ちえず、宗教（国家主義においてはその先にある国家）という、より大きな枠組みに絡めとられた。「教育勅語」にせよ「国民的道徳心」の問題にせよ、幕藩体制の時にはなかった近代的な道徳の問題を象徴している。

その象徴が、井上哲次郎であった。井上は天皇を中心とした体制のもとで国民を精神的に統合することで、社会の秩序維持を求めた。そのために、キリスト教の日本への流入を批判した。やがて井上は、各宗教の道徳的要素を合わせた「倫理的宗教」を主張する。道徳が日本人の統合に有用なことを、伝統思想である儒教の例を挙げて説明している。井上にとって儒教は、道徳という意味で着目される思想であった。それは、国の秩序維持に援用できる合目的的な解釈である。陽明学もその一環といえる。幕藩体制の朱子学に反発したとされた陽明学は、明治期にとって意義のある思想であった。井上が日本の陽明学は神道と親和性を持つとしたのも、そうした意識の反映といえる。

また当時の知識人たちが儒教思想に対してとった態度という観点からは、西洋思想との対比で反発を覚えた進歩的な人物か、あるいは伝統への共感が強かった旧時代的な人物という切りとり方がされやすかったという問題もある。

近代における儒教の役割を否定した代表格といえば福沢諭吉であるが、その逆には例えば西村茂樹（一八二八〈文政十一〉年―一九〇二〈明治三十五〉年）がいる。西村は、日本における道徳を儒教にすべきと主張する。ただし儒教にも現状と合わない部分があるので、新しい道徳には西洋思想も採りいれるべきとする折衷案を説いている。たしかに西洋思想の流入というのは伝統的な儒教思想になじんだ人間には衝撃が強かったであろうが、単に西洋思想への反発と伝統への郷愁という意味合いからはすくいきれない部分がある。

このように考えると、井上は新たな体制に見合うように国民の精神を統一する方法を模索していたといえるであろう。次章ではそうした井上の思想を陽明学に特化して、より詳細に分析する。その際に重視すべき点は、主に二つある。

まず井上の陽明学理解が、陽明学だけからは生じ得なかったことである。井上の陽明学観は一見近代的に思われるものの、水戸学や大塩の理解が重要な点になっている。その点で井上は、前近代との関連を密接に保っていた。

第二章では井上の陽明学観と、水戸学の関連について触れる。山下・荻生は論じていないものの、陽明学を国家主義的に論じることは水戸学との関係を想起させる。水戸学の近代における影響を考える時、総じてそれは

「国体論」、あるいは天皇制をとる政治形態の背景となったことが主な論点となってきた[148]。その状況は、現在に至るまで大きく変化してはいない[149]。その水戸学が儒教を受容して成立したことはよくいわれることであるが[150]、水戸学がその後の儒学の展開に逆輸入されて、影響を与えた事態も想定することができる。

そして二つ目は、井上が後に陽明学に対してむしろ国の秩序を乱す可能性の方を重く見るようになったという点である。井上はその例として、大塩の行動を挙げている。この二つ目の点が、日本近代における後の陽明学理解の展開で注目を浴びるようになる

第二章　国家主義と陽明学

第一節　国家主義者としての井上哲次郎

前章では井上哲次郎の陽明学理解の仕方について、簡単に考察した。井上にとって明治期における陽明学とは、国民道徳の理解に援用できる思想としての意味を有していた。井上がそのように考えた理由は、陽明学が神道や「国家的精神」と関連づけられ、明治期の国家体制を支持する思想になりえたためである。そのため井上にとって陽明学は、国家秩序の維持につながる思想であった。

山下・荻生は「国家主義的」陽明学と対比させて「個人主義的」陽明学を指摘したが、両者は互いに排他的ではない。井上は、国内の秩序を乱すキリスト教が日本へ流入することに反発しており、新たな「倫理的宗教」の成立を期している。国民の内面を秩序に向かわせる「倫理的宗教」と同じ役割を、井上は江戸時代における儒教に認めていた。

また井上は、陽明学が明治維新と関連するという説に与していた。一つは、幕末の志士達の思想的背景に陽明学があること、もう一つは、陽明学が体制教学である朱子学に対抗したということ。両者は一見、陽明学に「反体制」の性質があることを裏づけるように思われる。しかし維新が成功した後の時代から見れば、幕藩体制を打倒して維新を導いた思想は現体制を擁護する思想になりうる。よって陽明学が国家体制を支えるという主張には、陽明学が明治維新の精神的背景であったという理解も与っていたであろう。

井上は家永三郎によって「封建的国家主義的な哲学」と評され、「市民的個人主義的な哲学」とされる大西祝（一八六四〈元治元〉年―一九〇〇〈明治三十三〉年）と対比されて論じられた。[1] 井上の著作に、『教育勅語衍義』や『国民道徳概論』などがあることとの影響も大きいが、儒教史研究の観点からも、井上は同様に位置づけられてきたことは前章で確認した。井上は例えば、「儒教の長所短所」と題する講演で「維新以来の徳教は、儒教ではないが、儒教の形式と一致してきている。教育勅語もそう」[2] という発言を残している。

一八九〇（明治二十三）年に公布された「教育勅語」では「克ツ忠ニ克ツ孝ニ」などの文言に見られるように、儒教に基づく教養が多く息づいていることは定説となっている。「教育勅語」の成立過程をたどると、当初起草された元田永孚（一八一八〈文政元〉年―一八九一〈明治二十四〉年）の案は、儒教的色彩が強すぎたために特定の道徳思想に傾くことを避けたい井上毅（一八四四〈天保十四〉年―一八九五〈明治二十八〉年）に良く思われなかったようである。[3] しかし実際の「教育勅語」にも、儒教に基づく伝統思想の影響は少なくない。[4]

井上哲次郎は『日本陽明学派之哲学』で、陽明学を「徳行其れ自身が即ち唯一の学問なり」[5] と評した。この「徳行」という言葉を井上は、「教育勅語」の文言の解説書『教育勅語衍義』の序文でも用いている。

蓋シ勅語ノ主意ハ、孝悌忠信ノ徳行ヲ修メテ、国家ノ基礎ヲ固クシ、共同愛国ノ義心ヲ培養シテ、不虞ノ変ニ備ウルニアリ、我ガ邦人タルモノ、尽ク此レニ由リテ身ヲ立ツルニ至ラバ、民心ノ結合、豈ニ期シ難カランヤ。[6]

儒教的徳目に基づく「徳行」が、国家の秩序維持につながり、「民心ノ結合」にも結びつくと述べている。そのことは井上が、陽明学と国家をつなぐ線を想定する場合、神道という宗教が媒介として用いられていたこととも関連するであろう(7)。

そうした井上の発想は、陽明学が有する「反体制」の性格とも関わっている。先述のように、陽明学が旧体制に革命をもたらした思想であるなら、その後に成立した現体制を擁護することも可能である。両者は井上の中で、矛盾していない。井上は、明治維新を導いた陽明学が幕藩体制側に異を唱えた「反体制」であると肯定した上で、現体制の擁護に援用したといえる。それは事実上、陽明学から「反体制」の性質を抜くことにほかならないであろう。

第二章では、一見近代的に見える井上の理解が、前近代の論理を踏襲していた点を確認する。また、前章では井上が陽明学を肯定的に見た点を中心に考察したが、本章では井上が陽明学に対して批判をしていた点も分析する。この点には、大塩の乱、及び大逆事件の影響が見られる。その上で井上の陽明学理解の内容を、「知行合一」「心即理」「致良知」といった用語に即して考察する。

水戸学は従来、近代の天皇制や国家主義に影響を及ぼした点が主に論じられてきた。また水戸学が、儒教を採り入れて成立したことも指摘が多い。そうであるならば、儒学と関係が深い水戸学が、その後の儒学理解と共通項を持つことも想定できる。とりわけ井上のように、儒学と国家主義の関わりを論じていた人物なら、なおさらであろう。そこで次節では、井上の陽明学観と水戸学との共通項を見たい。

第二節　井上哲次郎における水戸学の理解

1・井上哲次郎の論と水戸学の共通性

井上における国家主義とは、言い換えれば「天皇を君主とする日本の国家の体制が、古代以来不変であり、その体制の秩序は絶対的に尊重しなくてはならない、とする見解」(8)を護持する態度である。その理由は、水戸学と井上の論理の比較を通して考えると、明確に見えてくる。

井上は、神道と儒教のつながりを指摘したが、同様のことを、水戸学の代表ともいえる会沢正志斎も認識していた。

其の書は堯・舜・周・孔も道を言い、其の国は神州に隣して風気相類し、其の教は天命・人心に本づき、忠孝を明らかにして、而して帝に事え先を祀るを以て、天祖の彝訓と大同なり。(9)

会沢は、神道と儒教をともに尊崇の対象としていた。同時にここでは、キリスト教に対して、日本の秩序を破壊する可能性があると危険視している。

井上が一八九一（明治二十四）年の「教育勅語」奉読式で、第一高等学校の内村鑑三が最敬礼をしなかった問題について、批判の中心人物となったことは先述した。このいわゆる「不敬事件」に際して井上は、キリスト教が教育勅語の精神に反し「無国家的」であると断じた。またキリスト教徒が「民心の統合一致」を破る点が認められることから、国家を破壊する可能性すら指摘した。(10)

会沢も同じく、キリスト教の流入に対して、「民志を一にする」ことを重視している。

> 忠孝は一に出づ。教訓俗を正せば、言わずして化し、祭は以て政となり、政は以て教となる。教と政とは未だ嘗て分れて二と為らず。故に民は唯天祖を敬し天胤を奉ずることを知るのみ。郷《むか》う所一定して、異物を見ず。是を以て民志一にして天人合す。(11)
>
> 妖教を用いて以てその民を誘う。民心皆一なれば以て戦うに足れり。(12)

会沢にとってキリスト教は、西洋諸国の国内への侵略の象徴でもあった。同様に井上も、キリスト教が民心の一致を破壊する点を危惧している。

また、右の会沢の文章では「民志一にして」「民心皆一なれば」という文言がある。井上の著作でも、「民心」を「統合一致」させることの重要性が説かれていた。国民の間に精神面で一定の秩序を求める思想は、水戸学と共通すると見てよい。中村春作は『大日本史』執筆の事業と区別される後期水戸学において、「民心一致」や「民志一」という用語が多用されることを指摘して次のように述べている。

> 西洋文明の本質をキリスト教の一点に集約して、それに対抗し得る「われわれ性」を求めようとする議論はこの時期多く見られるものであったが、その求心〔ママ〕的に求められる「われわれ性」を語ることばとして、同時に浮上してきたのは、やはり儒教的用語である「民心一致」「民志一」といったことばであった。そして、これらの用語が重なり合い用いられる過程で、「国家」「国民」といった新概念に相当する中身が把握される

ようになるのである。(13)

西洋からのキリスト教の流入に対抗する意味で、「民心一致」が水戸学によって重視され、近代の議論にまで影響を及ぼしたとしている。対外的な危機感に由来して、民の心を一つにするという意識が国内の統一を図る意図のもとに形成された。その点で井上は、会沢の課題を引き継いでいる。民の心を一つにするという意識が、キリスト教に象徴される外国勢力の流入によって引き起こされた。井上のキリスト教批判もまた国内の民心が乱れてしまうことを恐れており、幕末の問題意識を脱していないことが分かる。

この『新論』の議論で会沢は、キリスト教の危険性について以上のように考察していた。芳賀登によれば、会沢は次のように考えたという。「天下の人心を統一するために『天下は一人の天下』なりと説いた。そして真の公武合体は『天下を一和』――挙国一致させて、天朝に随順して攘夷を実行し、天皇の心意を安んじて果たされるものだと説き、結果において公武合体論は、幕府の公武合体にしかならず、『天下を官にする』ためのものでありえないと規定した」という。(14)『新論』に見られた議論は国の統一を図るという課題に理論的な支柱を提供したばかりでなく、天皇を中心とした体制を構築するという志向を懐いていた。その意味において、維新以降も影響力を有していたといえる。井上もその一人であった。

西洋の戎虜に至りては、則ち各国耶蘇の法を奉じ、以て諸国を呑併し、至る所祠宇を焚毀し、人民を誣罔《ぶもう》し、以て其の国土を侵奪す。其の志尽く人の君を臣とし、人の民を役するに非ずんば、則ち慊《あきた》らざるなり。(15)

会沢はキリスト教の発想が、君主や民を下に置く点で人心を惑わすと説明している。こうした指摘は、キリスト教が平等主義を志向することで国の秩序を破壊する方向に進むものであることを示唆している。

安丸良夫は、会沢の意識を時代状況と関連させて説明している。

日本国内だけで考えれば、宗教のこの反秩序性は、信長や家康によるきびしい禁圧と統制とによって、現実に秩序をおびやかすほどの意味をいまはもっていないともいえよう。しかし、そとからあたらしい力が加わるなら、宗教というものがもっている身分制秩序との原理的な敵体制は、現実に秩序をおびやかすものとしてふたたび活性化してくるだろう。このように考える『新論』にとっては、幕藩体制のもとで、諸宗教がきびしく統制されているという事実だけでは、すこしも安心できない。[16]

キリスト教が有する「反秩序性」が日本への流入によって幕藩体制を脅かすのではないかという懸念が、会沢の議論に見られるという。それは外国の脅威に現実的にさらされていた時代のために生じた、同時代的な不安によって引き起こされたといえる。

会沢は神道と儒教を共に尊崇の対象としていたが、それに対してキリスト教は日本の秩序を破壊する可能性のある点で危険視していた。[17]同じくキリスト教の流入に反発していた井上も、「民心」の「統合一致」を志向していた。それは、幕末から続くキリスト教による秩序の動揺への不安とつながっている。[18]井上の国家主義に基づく儒教観も、水戸学の影響下にあるといえる。その陽明学に対する解釈も、国内の秩序維持のために援用される儒教という意味でここに連なる。

以下の尾藤正英の論考では、会沢の議論が近代国家への意識とどのように接続するのか言及している。

やがて幕末の開港以後にいたり、この『新論』などの影響下に展開された尊王攘夷論がかえって幕府に対する攻撃の武器となるにいたったのも、危機的状況の中で国家意識が高揚するとともに、その国家の統合と威信とを保持してゆく能力が、既に幕府には失われていることが露呈された結果であって、何ら思想の本質が変化したことを意味するものではなかったであろう。従って当然にも明治新政府による中央集権的統一国家の成立以後においても、この思想は生命をもちつづける。たとえば明治政府によって採用された神道国教化政策のかなり明瞭なプラン、あるいは教育勅語に示された国民道徳思想の原型などを、私たちは本書に見出すことができるのである。[19]

大政奉還がなされた後も、国家主義へと連なる神道の問題や国民道徳思想に『新論』に代表される尊王攘夷論がつながったとする。圧倒的な差のある西洋諸国に対して、「国家の統合と威信とを保持してゆく能力」こそが日本の課題であった以上、その対外関係は短時日で変化するものではない。維新後も国家主義の展開という形でそれが存続したのなら、井上がその影響の下に自身の思想を構築したことは半ば必然に近いといえる。[20]

以上のように近代特有の国家主義を唱道したと見られていた井上の対外意識は、幕末の水戸学の論理と共通している。井上の目的は、国家の秩序を維持することにある。キリスト教への対抗から国民の精神的な統一を志向しており、そのために国民道徳を用いることを主張していた。その国民道徳の理解に援用するために、陽明学に関心を寄せていたといえる。

会沢の水戸学の系譜は西洋のキリスト教に対抗するために国民の精神的な統合を求める点で、井上につながっている。井上は、国民道徳を重視していた。それは会沢が国内の精神的な統一を主張したことと、同様の課題を井上が有していたために生じたといえる。

ただし井上は、陽明学と水戸学の両者を明確に区別していた。以下は、『日本陽明学派之哲学』における文章である。

> 藤田幽谷及び其子東湖の如きは、いずれも蕃山を追慕し、多少蕃山に得る所多かりしが如し。幽谷嘗て熊澤伯継伝を作りて其人材を称揚せり。東湖に就いては小楠評して曰く「其人弁舌爽に、議論甚だ密、学意は熊澤蕃山、湯浅常山抔《など》にて、程朱流の窮理を嫌い、専ら事実に心懸けたる様子なり」と。藤田父子の学風、以て知るべし。然れども直に以て陽明学派中に列するは大早計なり。寧ろ水戸学派の人として論ずるを妥当なりとす。[21]

藤田幽谷と東湖が熊澤蕃山を慕い、かつ朱子学（程朱流）に距離を置いていたことを示唆している。それでも井上は彼らが奉じていたのはあくまで水戸学であるとして、陽明学とすることに反対している。井上が陽明学を国民道徳の理解に役立つとしていたのは、水戸学と同一視していたためではない。陽明学が水戸学と同様に、明治維新を導いた思想と考えていたためである。井上は両思想が「国体」と関連したために、維新の変革を導いたとみなしていた。そのために、国民道徳と関連すると説いた。

井上は幕末の段階における「国学」や「徂徠学派」の影響を低く見た上で、盛んになったのは「水戸学」や「陽明学」であると語る。

> 盛に出て来たのは水戸の学派、又は闇斎学派、或は陽明学派、そう云う学派から出て来た。それ等の学派から出た人は危急存亡の秋に際してナカナカジッとして居れない。水戸学派と云うのは何う云う学派であるか

と云うと、重〔ママ〕に朱子学である。けれども此の朱子学派と云うものは国体と結ぼれ〔ママ〕た朱子学派である。それのみならず寧ろ国体を主として、朱子学を国民道徳の助けとしたものである。[22]

井上にとって水戸学と陽明学は、国の危機に瀕して立ち上がる志士の精神性を養うものであった。井上は両者を、天皇制を奉じる国民道徳につながる思想であるとみなしていた。ただし井上はここで朱子学に対して、打倒されるべき体制思想であるとはみなしていない。むしろ水戸学と関係して「国体」に通じた点で、現体制に資する思想であった。井上にとって陽明学が近代日本の体制と関わるのは、反朱子学であるためばかりでないことは興味深い点である。井上は陽明学を、必ずしも反体制とは考えていなかった。

井上が水戸学と陽明学を同列に論じたのは、明治維新という変革を経験したことが大きな理由であった。井上は維新を導いた思想的背景として、次のように述べている。

それから陽明学派からは色々の人が出て来た。佐久間象山、橋本佐内、横井小楠、西郷南洲と云うような人は皆陽明学の系統の人であります。それからそうで無くとも陽明学の感化を受けた人は随分あります。それ等は姑《しばら》く措いて、兎に角陽明学の系統からして、人数の少い割合には大勢人物が出て居ります。所が陽明学と云うものは中江藤樹以来此の日本の精神と結ぼれ〔ママ〕て一緒になって居ります。ズッと此系統を調べると云うと、重〔ママ〕なる陽明学派の人は皆日本の精神を採って、そうして陽明学と一緒にして出て来た。維新の際に起った志士は皆日本と云うことが頭脳にあって其の為にジッとして居れない。それで彼等は一命を擲《なげう》って出て来た。[23]

「日本の精神」という言葉に、井上の意識が表れている。井上は水戸学とともに、陽明学もまた国を意識して行動を起こすための思想であると考えて、水戸学との共通項を論じた。

井上が、会沢と自らの論理が近しい関係にあることをどの程度まで意識していたかは確認できない。井上は日本の水戸学を、陽明学ではなく朱子学との関連で述べている。『日本朱子学派之哲学』の中で井上は、水戸学の国体を重視する考え方が、朱子学と近いことを認めつつも次のように述べている。

> 陽明学派は少くも二種の相反せる傾向を有す、一は省察的方面にして、一は事功的方面なり、力を省察的方面に用うるものは、自反慎独を主とする道学者の態度を取り、或るものは、禅僧の如き枯淡なる状態に陥り、之に反して力を事功的方面に用うるものは、政治家経済家若くは社会改良家として現れ来れり、是等は仮令い功利主義を主張せざるも功利主義の実行者に外ならざるなり、陽明学派には此の如き異種の傾向ありて自然に対比を成すに、朱子学派には異種の元素比較的に少し、殊に人数の多き割合より之を言えば其単独にして変化に乏しき、実に予想の外に出づるものあるなり、固より朱子学派にも竹内式部、山県大弐、藤田東湖あれども、是等は朱子学の精神に因りて活動せしにあらずして、寧ろ神道若くは国体の観念に駆られて活動せしものなり。(24)

陽明学者の多様性と対比させて、朱子学者が「変化に乏し」いことを述べる。一方で藤田東湖らの活動の源泉を、「神道若くは国体の観念」に帰している。先述のように井上が陽明学に神道との合一を見た理由は、陽明学が維新の変革を導いたという論理によって明治期の体制との関連を論じたためである。

井上は、水戸学が朱子学に近いと指摘して陽明学とは区別した。しかし実際に井上の論理を考察する限り、水戸学と陽明学はともに神道と通じ、維新に貢献した人物たちの精神的背景となった点で非常に似ていると認識している。水戸学と陽明学の思想が通底しているのではなく、幕末期における水戸学と陽明学の意義が共通しており、それが明治期の体制構築に貢献したと井上は考えた。それは幕末期の現実というわけではなく、明治期の国体を護持する志向を有していた側から過去を眺めたために生じた論理である。

なお井上は幕末維新に活躍した人物たちの思想の傾向として、二つを挙げている。一つは「水戸学派」。もう一つは、井上が「武士道学派」と呼んだ系統である。井上はこの「武士道学派」を山鹿素行から吉田松陰に至る学統と捉えた上で、陽明学と酷似していると述べる。

此学派は陽明学派と余程能く似て居る。吉田松陰みずから驚いて居られる。幽室文稿を見ますると一ヶ所斯う云うことがあります。自分は陽明学派では無いが陽明の本を読んで見ると自分の考と一致して居る。そう言われたのも無理はない。陽明学が矢張り知行合一の学問であって何処までも意志を本位として敢然之を実行するのであります。それで似て居る筈だ。(25)

右の文章は、一九〇八(明治四十一)年に開かれた「松陰先生五十年記念大会」での講演を採録したものである。井上は松陰自身の言葉をとりあげて、維新に貢献した松陰の学派が陽明学と共通していることを説いている。井上は水戸学と陽明学に思想的関連があると考えてはおらず、朱子学と通じる水戸学を陽明学と区別していた。しかし同時に両者は維新の志士たちの精神的背景となり、維新の改革を導いた思想として重視していた。水戸学と陽明学を並列させて、維新後の体制にとって意義のある思想としている。

すなわち井上にとって、明治維新をもたらして明治期の体制を築いた重要な思想は一つは朱子学に基づいた水戸学であり、一つは陽明学ないしそれに近い思想である。井上は山鹿素行と吉田松陰の学問について、次のように述べる。

徹頭徹尾大和魂の発露である。学問は必ずしも一学派に拘泥して無い。陽明学もやり朱子学もやるが、主とする所は国民道徳である。それは確かなことである。(26)

井上の考える維新を導いた思想は陽明学にせよ水戸学にせよ、国民道徳につながっている点で国体に貢献する思想である。井上は体制の変革に貢献した思想が、その後の社会体制を護持する思想に通じるという論理を有していた。

また井上は大塩に神道との接点を見ていたが、同時に乱という行為のために陽明学に疑問を呈している。次節では、井上が陽明学を批判していた点について考察する。

第三節　井上哲次郎の陽明学批判

1・陽明学と社会主義

井上は『日本陽明学派之哲学』の中で、陽明学と社会主義の関係性について以下のような意見を残している。

但王学の結果は一視同仁の平等主義となるの傾向なしとせず。藤樹の如く分明に平等主義の観念を有せり。故に中斎が暴挙の如き自ら社会主義に合するものなしとせざるなり。[27]

大塩の行為を社会主義として、社会秩序を乱す可能性のある点で問題視していた。すなわち井上は陽明学と社会主義に共通性を見て、陽明学には距離を置いていたことが分かる。

井上は東京大学（一八八六〈明治十九〉年に帝国大学に改称）を卒業後、しばらく東洋思想の講義と史料の編纂に従事していた。一八八四（明治十七）年からドイツ留学を経験した後には、「東洋哲学」研究の必要性を実感する。[28] その成果の一端が、一九〇〇（明治三十三）年に出版した『日本陽明学派之哲学』、一九〇二（明治三十五）年の『日本朱子学派之哲学』、一九〇五（明治三十八）年の『日本古学派之哲学』である。これらはまとめて、「江戸儒学三部作」とも呼ばれる。[29]

日清戦争から辛亥革命の時期にかけて、「儒教復活論」が漢学者を中心として起こったことは先述した。この「儒教復活論」と、井上が主導した「国民道徳論」にも関連が見られる。明治以降の儒教では、「教育勅語」に代表される「道徳」としての理解も着目された。『日本陽明学派之哲学』序文において、井上が同書の意義について説いた文章はそれを裏づける。

維新以来世の学者、或は功利主義を唱導し、或は利己主義を主張し、其結果の及ぶ所、或は遂に我国民的道徳心を破壊せんとす、是れ固より其学の徹底せざるに出ずと雖も、亦国家の元気を挫折し、風教の精髄を蠱毒するものならずんばあらず。[30]

井上が陽明学を、西洋思想の流入によって破壊されようとしている「国民的道徳心」の考究の一環として論じていることが分かる。これ以前に井上は、陽明学に対して「倫理学が中心である」と評した[31]。西洋思想との連想から進んで、国民道徳の問題と関わる思想として陽明学を考えたともいえよう。

また井上は『日本陽明学派之哲学』において、「陽明は其祖述せる陸子と同じく徳行を先きんじ《ママ》、学問を後にせり。否、徳行それ自身が即ち唯一の学問なり[32]」と述べている。この「徳行」という言葉を、『教育勅衍義』の序文でも用いている[33]。こうした体制秩序における道徳への志向を、井上は儒教研究において意識していた。その発想は、一面で朱子学に近いともいえる。

とはいえ維新後の社会において旧体制の教学であった朱子学は、少なくとも意識的には否定されるべき性格を有していた。前章では井上が旧来の朱子学に対抗する思想として、陽明学を考えていたことを確認した。井上の陽明学観はあくまで「反体制」ではなく、精神面からの国家の秩序維持を志向するものであった。その井上が陽明学に社会主義との共通性を感じた時、距離をとるのは自然なことといえる。

2・大逆事件と陽明学

井上は『日本陽明学派之哲学』執筆の時から陽明学と社会主義の親和性を指摘して、陽明学に批判的な眼を持っていた。それが表立って問題を起こしたのは、大逆事件に際してである。事の発端は一九一〇（明治四十三）年五月に天皇暗殺の計画を立て、そのために爆発物を製造したとして宮下太吉らが逮捕されたことにある。その後八月にかけて幸徳秋水ら社会主義者が多数検挙され、大逆罪という罪により翌年一月には二十四名に死刑判決、二名に有期懲役刑が下された。死刑判決のうち十二名は恩赦により、後日無期懲役に減刑。秋水ら十二名がその月のうちに死刑に処された。当時の新聞は、秋水らを「逆徒」「逆賊」と呼んで非難した。[34] その後の研究で、天皇に危害を加える目的で爆発物の製造に関わったのは、実際には逮捕者のうちのごく一部の者で、秋水などは関与していなかったことが分かっている。

井上は処刑が行われた直後の講演で、主犯とされた秋水、奥宮健之らの社会主義者と陽明学の思想との関連を語った[35]。その根拠は、秋水の師の中江兆民が陽明学を修めていたこと、健之の父、慥斎が陽明学者であったこととなっている。これを契機にして陽明学を奉じる人物、あるいは陽明学研究者からの反論が巻き起こる。それは主として、先述の東正堂の創設した陽明学会の関係者によって展開されることになる[36]。また高瀬武次郎や石崎東国も反論を唱えたが、その点は次章以降に譲る。

國學院大学で開かれたこの講演会には井上のほかに、南条文雄、渋沢栄一、三宅雪嶺、花田仲之助が登壇した。当時の新聞に掲載された記事によると、井上の講演の内容は次の通りである。

> 文学博士井上哲次郎氏は「傍聴に来たら飛入を頼まれた」と云って幸徳が仏国革命思潮と中江兆民から受継いでいた事、幸徳は土佐陽明学者佐藤一斎の弟子奥宮《ママ》象斎の弟子で奥宮健之は此三男だと云う事を並べ陽明学と仏国革命思想と、社会主義の危険な事を述べて引下がる。[37]

一月二十四・二十五日の被告らの処刑を受けて二月五日に開かれたこの講演会には、背景がある。会の以前に、徳富蘆花が後に「謀叛論」という題で活字化された講演をおこなっている[38]。主催したのは、第一高等学校の弁論部である。当時、弁論部の三年生委員だった河上丈太郎（後の社会党委員長）によると、事前に演題は知っていたが内容が内容だけに講演が中止に追い込まれることを案じ、当日も舞台の袖には直前まで「演題未定」と書いていたという。開始数分前になり、初めて「謀叛論」の題名が発表された。この時、入場できない者が出るほどの盛況振りだったという[39]。この講演で蘆花は、「西郷隆盛や吉田松陰のような革命家だって、元は謀反人だろう。謀反人となることを恐れてはならない」という主旨を述べる。大逆事件の被告を擁護するような弁論を展開して、なおかつ政府の裁判に対する姿勢を非難した。その会場が内村の不敬事件の舞台になった一高だったこともあり、問題が表面化する[40]。当時一高の校長であった新渡戸稲造が、譴責処分を受けるという事態にまで発展した[41]。

そして井上らが参加した大会はその蘆花の主張に反対するために、いわば政府側の立場として講演者の一人でもある花田によって企画された講演会であった。ちなみに蘆花の講演が二月一日。その四日後の五日に大会が開かれていることから、いかに素早い反応だったかが分かる。この講演会で三宅以外は全員秋水への批判、または社会主義への危機感を表明した。この点で、蘆花の反政府的な講演に反論するという主催者の花田の意図に沿っていたといえる。

三宅以外は全員事件や秋水を非難したが、三宅だけがそれに与しなかった。三宅は「政府の思想弾圧、裁判の非公開性を批判した」という。新聞記事によると三宅は「君側に奸者が在って優遇を擅《ほしいまま》にする」と激烈な表現を使い、政府や裁判所の姿勢を批判。来賓の一人であった代議士の荒川五郎がこれに憤慨して、壇上に出てくる。すると「会場は騒然、総立ちの状態になった」。この後に、先の井上の講演があった。その講演が終わった時には既に荒川が自分にも演説をさせるよう主催者側と押し問答をしていたという[42]。だが最後は、聴衆が沸き立ち『雪嶺博士万歳！』で幕が下りた」とのことである[43]。

そうなると井上が「傍聴に来たら飛入を頼まれた」というのは混乱を収めるまでの間、ひとまず場つなぎを頼まれたと考えられる。そう仮定して、先の井上の講演の内容を見てみる。すると事件と陽明学との関連について、秋水が奥宮慥斎とつながっており共犯の奥宮健之がその息子であることを根拠にしているのは、いささか急ごしらえの強引な議論という感がある。おそらく社会主義の問題を考える時、井上の念頭には『日本陽明学派之哲学』で記述したような陽明学との思想的関連があったと思われる。まして、三宅の講演による混乱の最中である。政府側を擁護する講演会で突然講演を依頼されたこともあり、それが出てしまったというのが真相であろう。

井上は陽明学が「徳行」を重視する思想だとみなし、「国民的道徳心」の問題と関連させた。しかし陽明学を現行の社会に適用することには問題点を感じており、明治三十年代以降盛んになる「国民道徳論」の議論に陽明学を吸収することはなかった。道徳の問題を論じる際に儒教及び陽明学に着目はしたが、明治期の井上にとって陽明学研究は道徳の問題から派生した研究に過ぎなかった。

また井上の主張が問題視される前年の段階で、既に大塩の行為も議論の対象となった。その主な争点は、「大塩が謀叛人かどうか」ということである。井上の講演がなくとも、大逆事件が起きた当時から陽明学と謀反の関わりに敏感になっていた。このテーマは盛んに議論された。主な舞台となったのは、正堂の雑誌『陽明学』である。「大塩の法律無視の行いは陽明学の罪人であり、知行合一ではない[44]」、また「大塩を謀反人とは大仰に過ぎる[45]」などの活発な意見が誌上で交わされた[46]。

また大塩を通して陽明学に異を唱える考え方は、大塩の乱が起きた当時から既にあった。例えば佐久間象山は大塩の乱に接して、陽明学に対し本来の儒学と対比させる形で次のように述べている。

> 則ち其の心を正しくするに在りと曰い、則ち非礼は視聴言動するなかれと曰う。彼の陸王の学則ち然らず。義理を剝落させて、惟だ其の一心にのみ是れに任じ是れを師とす[47]。

陽明学が、社会体制に危害を及ぼすことを批判している。象山は「天下を易んと欲する所は余姚之学也[48]」と、体制への危険性を述べている。謀反の原因が陽明学にあるとみなした象山は、師の佐藤一斎の講義に出なくなったという[49]。ただし右の書簡で象山が大塩の学を危険視しているのは、陽明学が心の修養のみに注力して儒学本来の「礼」を重視していないためとされており、井上の論旨とやや異なる。

さらに、雑誌『陽明学』を発行した東正堂の父である陽明学者の東正純は、自ら「程朱の学」であると主張し[50]、大橋訥菴も「黒船前後に陽明学への関心を打ち消すようにわざわざ朱子学を標榜[51]」したとされる。松田宏一郎は、訥庵や横井小楠の朱子学への関心について「時代の要請ゆえに朱子学を再発見するものも少なくなかった[52]」と分析しているが、大塩が奉じていた陽明学への忌避感も作用していたであろう。また第五章でも言及するが、森鷗外が小説「大塩平八郎」執筆時に参考にした幸田成友の『大塩平八郎』（一九一〇〈明治四十三〉年刊）では、「幕府から言えば平八郎は平和攪乱の逆賊で、墓石を建つることすら出来ぬ[53]」と述べている。大塩に対するこのような評価が当時まだ息づいていたことを考えれば、大逆事件という大きな謀叛が生じた時、社会主義とも結びつけて語られる大塩との関係は自然に思い起こされるものであった。

井上の大塩の行為への批判も、大塩の学問の基礎としての陽明学への批判に通じる限り、佐久間象山の非難と同じ問題意識の下にあるといってよい。この点で井上の陽明学批判は体制の秩序を混乱させる側面を大塩に見るという、前近代から続く議論の枠組みを出ていない。

3・近代日本における陽明学批判の源流

とはいえ象山の陽明学への問題意識が、そのまま井上に受け継がれたとするのは早計である。そこで、井上とも親交があった西周（一八二九〈文政十二〉年—一八九七〈明治三十〉年）に焦点を当てたい。西は井上以前に、陽明学に関していくつか言及している。

マア天下国家ヲ治メル制度典章ナドノ論ハ余派ナ論トシテ、生理ノ論ヨリ人々ノ心ヲ攻メル教訓ガ盛ンニナッタデゴザル、爰カラ見ルト程朱ナドノ学ハ、『大学』ノ始メニ平天下と云ウ語ヲ出シタトハ違ッテ、一個ノ教門ト称シテ宜イデゴザル、中々夫デ天下ガ治マル事ハ思イモ寄ラヌコトデゴザルガ、仕方ヲ少シ替エタナラバ人々ヲ説諭スル手立ニモナルデゴザロウ、夫ヨリ陸象山カラ血筋ヲ引イタ陽明ニ至ッテハ、程朱ニモ輪ヲ掛ケタ全然タル教門デゴザッテ、其知行合一トカ良知良能トカ、専ラ心ヲ師トスルノ説ガマアドウシテ治国平天下ノ用ニナルデゴザロウカ。(54)

『百一新論』は一八六六(慶應二)年に執筆され、一八七四(明治七)年に刊行された。西洋思想がどのような構図に基づいているか、解説した書物である。その中で西は、陽明学について右のように批判的な目を向けている。朱子学も含めた宋学に対して「人々ヲ説諭スル手立」としてはよいが、政治の用には立たないと大胆な説を展開している。注目すべきは、「専ラ心ヲ師トスル」という言葉である。佐久間象山も、同じ言葉で陽明学を難じている。前述したように佐久間象山が陽明学を非難していたのは、大塩の乱が一因となっていた。それは、西においても同様である。

唯ダ書籍手寄りの学にして、己レ書籍を役すること能わず、却て是が奴隷となりて役使せらるるなり、かく弊あるを除かんとて、後チ陽明の如き人ありて、学は実知にありと論説せり。即ち其説に主心とて学は心を主とするにありといえり、又云ク、良知良能と、此の如く学は心を主として実知にありと雖も、其知たる五官より発する所の知にあらずして、唯己レが善シと知る所を以て推し及ぼすが故に、其弊害ある又大なりとす、我が大塩平八郎の如きは即ち其余波なり。(55)

『百学連環』は、一八七〇（明治三）年に刊行された。(56) 西周による陽明学の「心を主とする」という批判は、大塩への態度に結びついていた。西は陽明の「良知良能」という思想が、自らの心にのみ従い外部の知識に関わらないことを問題視した。それが、大塩の乱という行為につながったと考えている。西は象山と同様に、大塩の行為を通じて心を主眼とする思想が危険であるとしている。いずれも、陽明学が政治の安定に援用される思想ではないとする立場である。西の非難は、乱の動機を陽明学と結びつけていたために生じた。象山と西の批判に見られるように、大塩の乱を契機とした陽明学が政治的秩序を乱すという発想は、近代まで連続していた。それが井上において、陽明学と社会主義に共通性を見るという態度に結実したといってよい。(57)

なお陽明学が社会主義と通底するという見解は、井上が最初ではない。三宅雪嶺も『王陽明』の中で、陽明学が社会主義に通じる点を感じとっている。以下は、『王陽明』第一版（一八九三〈明治二十六〉年十一月二十八日発行）における三宅の王陽明評である。

天下の人心皆な吾の心、天下疾痛する者あれば、吾亦た疾痛す、狂奔尽気、奮然として徒手白刃を握るが如きことあるも、念じ得て切実、発して度に中せば毫も疑議を容るべきなし、或は事此に至ては、一転して激烈なる社会主義に陥るの恐ありと謂うも、激烈なる社会主義も、世の情勢に依りて、又必ずしも全然排撃せざるべからざる者とも限らざるべき歟。(58)

この文章で重要な点は、三宅が単に陽明学と社会主義思想に共通項を見出していたことのみではない。最後の一文は陽明学ではなく社会主義に対しての三宅の意見になっており、本書が陽明学の概説書として限定されるような性格を有してはいないことが伺える。

さらに同書の第二版（一八九五〈明治二十八〉年四月二十一日発行）で三宅は、わざわざ「社会主義」と題した短文を補っている。その題目の下には小さいポイントの文字で、以下の記述がある。

陽明は主として人心を開拓せんとせり、而も其の国家の組織に望む所は甚だ社会主義に類するに似たり、近世の社会主義は歳月を追て益々盛ならんとする者。(59)

その内容は冒頭の「社会主義は、今日に在て頗る稚弱を免れずして、其完美の域に達せんには、猶お幾多の歳月を要することならん」という言葉に始まり、世界における社会主義の現況についての分析をおこない、以下のやや熱のこもった文章で終わる。

今やかの土に在て、既に先づ之を始むるの政府あるを見る、宜しく人民の之に饗応して之を成長発育せしむべきが若き也、然して其の然る能わざるは何ぞや、衣食に乏しからざるの民、猶お権力を握り、而して邁然として此主義に従うや、乱民逸惰の徒、乗じて而して社会の秩序を壊乱せんことを恐るればなり。抑も趨勢の遏むべからざる、乱民横行の毒を辞として之を避くるに遑あらず、陰々の際に積む者、昨日とくらし、今日と過ぐる中には、莫大の勢力を形成し、而して数十年の後、社会の態度は、実に人意の表に跳出す、唯だ明者は則ち微に睹て而して著を知る。(60)

先述したように井上が陽明学と社会主義の関連性を指摘したのは、それが社会秩序を乱す点で共通性を見出したためである。三宅は同じ理由を、むしろ社会主義が日本に普及しない原因とみなしている。同時代批評も含んだ三宅の社会主義観の披瀝の様相を呈している。ここでは無論、大逆事件の直後とその十五年ほど前という状況の違いも加味する必要があるが、陽明学を論じる際に社会主義との関連を考慮する風潮は既に存在していたといってよい。

明治期における陽明学の特異性は、体制変革の思想としての意識にある。その上で「民心の結合」を求める井上の論理によって体制への反抗という面を批判され、体制擁護に援用されたといえる。以上のことは、大塩の行為によって広まった「陽明学は反秩序の思想である」という意識が、姿を変えて明治期の思想に影響を与えたことも意味している。[61]

また、大塩の乱はその後、軍事講釈の題目や歌舞伎となって熊本や長州で上演されるなど、庶民の間で大塩の存在は人気を博していた。[62] 明治になっても「勧善懲悪の芝居や講談、少年読み物」が、大塩を題材にして作られた。[63] 大塩の乱を題材にした劇の上演も、明治から大正期にかけて盛んであった。[64] 一八七九（明治十二）年に出版された『古今民権開宗　大塩平八郎言行録』（井上仙次郎著、有恒堂刊）は、自由民権運動の興隆において大塩の民衆救済の行動を評価した書である。[65] 一八九六（明治二十九）年になると、国府種徳による『大塩平八郎』が書かれた。同書には、三宅が序文を寄せている。

なお第五章で紹介する森鷗外による小説『大塩平八郎』も、その流れに位置づけられると思われる。大塩は幕府に反旗を翻したという点で非難されながらも、庶民の間では一定の支持を保っていた。この謀反人に対する二通りの評価が、井上哲次郎による大塩の議論に影響を及ぼしていた。井上は大塩の行為を批判しながらも、民を救済する心情には理解を示している。

中斎が兵を挙げたるは、固より其忿怒の余に出で軽率の訾《そしり》を免れずと雖も、其窮民を愍むの心あるに至りては、未必《〔ママ〕》しも非難すべきものあるを見ず。(66)

大塩の行為は社会主義とも通じており非難の対象となるが、その「救民」という動機には理解を示している。陽明学は近代以前より幅のある解釈が認められるようになった明治以降において、社会でどのような意味を持つかという視点で扱われることが多くなった。その一端は井上に代表される「国家主義的」な立場によって担われてきたが、一方で陽明学と社会主義とに関連性を見る発想に結実したことが指摘できる。

その端緒が、三宅による社会主義についての論評であった。ところがその後陽明学と社会主義思想との通底は井上らの手で否定的な意味で援用されることで、再生産されていった。三宅が『王陽明』において社会主義のほかに西洋思想と陽明学を比較してその価値を称揚したのは、旧来の思想も西洋思想に対抗しうるとみなしていたためであろう。それは雑誌『日本人』を創刊し、表層的な欧化主義に反発して旺盛な執筆活動で国粋主義の主張を展開した三宅の像と重なる。

両者の共通性を肯定するにせよ否定するにせよ、「陽明学の思想が社会主義と関連する」という話題は彼らの間に共有されていくことになる。それは一方で、陽明学に社会的な意義を持たせて援用する姿勢を強化する。陽明学の研究が具体的にどのような点で活かされるのかという「実学」(67)的な視点が、陽明学への認識のパターンを社会との関係性の中で変化させていったといえる。

その明治期の陽明学の中心に位置したのが、井上哲次郎である。会沢正志斎らは神道と儒教を共に尊崇の対象としていたが、それに対してキリスト教は日本の秩序を破壊する可能性のある点で危険視していた。それらが井上の論理に吸収されていることを鑑みれば、井上の儒学観の根柢には西洋のキリスト教による秩序の動揺への不安があったことが分かる。それは幕末から続く大塩の陽明学に対する批判、すなわち秩序破壊への危機感と裏表の関係である。井上における陽明学は、国の体制を導いたと同時に、秩序破壊の危険性も秘めた思想であった。

第四節　井上哲次郎の陽明学理解の特徴

1・「知行合一」

本節ではこれまで考察してきた井上の陽明学観を踏まえて、具体的に井上の陽明学理解の特徴を「知行合一」「心即理」「良知」という項目に即して考察する。

李亜は「幕末の陽明学」が明治期においてどのように認識されたのかについて、概ね三種類に分けられると書いている。一つ目は、「良知」の思想が幕末の志士達に影響を与えたとする説。二つ目は、「知行合一」の思想が影響を与えたとする説。三つ目は、「日本陽明学」の「強大なる意思力」、「敢為強行、万難を排して進むの気概」という特質が、志士に受け継がれたとする説である。李はこの三番目の説が、井上哲次郎と弟子の高瀬武次郎に代表されるという[68]。

三種の説はいずれも、志士達が摂取した陽明学が明治維新を成功に導いたという見方に影響を受けている。以上のように幕末から明治期にかけての陽明学は、現実の行動を重視する「実践」の強調を主張する。例えば内村鑑三が、西郷隆盛に陽明学とキリスト教の影響があるとして「それをことごとく摂取して、あの実践的な性格を作りあげた西郷の偉大さをも、物語っているのであります」と述べたこととも通じる[69]。

また「知行合一」説は、正に実践との関わりが深い。新渡戸稲造は陽明学の知行合一説と武士道に親和性を感じ、次のように書いた。

武士道はかかる種類の知識を軽んじ、知識はそれ自体を目的として求むべきではなく、叡智獲得の手段として求むべきであるとなした。それ故に、この目的にまで到達せざる者は、注文に応じて詩歌名句を吐き出す便利な機械に過ぎざるものとみなされた。かくして知識は人生における実践躬行と同一視せられ、しかしてこのソクラテス的教義は中国の哲学者王陽明において最大の説明者を見出した。(70)

新渡戸は「知識はそれ自体を目的として求むべき」ものではなく、「実践」と同一視することを説く。同様に岡倉天心は、陽明学が「儒教をふたたびその本来の領域、実践道徳の領域へとひきもどした」ことが明治維新と関連すると主張した。(71) その理由を、陽明学が「行動することを教える」(72) 思想であったためとする。このように明治期に理解された陽明学の思想は、明治維新を達成したことと関わる点で実践論という面が注目された。

このように明治期に理解された「知行合一」の思想は、明治維新を成し遂げたことと関わる点で、実践論という面が注目された。明治維新と関わりのある知行合一の思想は、実践を強調する思想として受容された。井上においても、それは例外ではない。また幕末の水戸学における実践の重視は、明治維新を導いたと目される陽明学を実践強調論とした論調と共通している。

陽明学が行動を重視する思想であるという解釈は、井上もとっている。それは、陽明学の重要な思想である「知行合一」への解説の中で述べられている。井上は王陽明の思想を説明して、以下のように述べている。

朱子は先ず知りて後、行うべしとすれども、陽明は知行の先後を言わずして、知行一致を主張せり。故に朱子は学理を重んじ、陽明は実行を尚ぶの異同あり。此れに由りて之れを観れば、朱子学と陽明学とは、一長一短、何ずれを其れとも定め難し。然れども朱子学は能く博学多識の士を出だせども、動もすれば即ち人をして固陋迂腐ならしむるの弊あり。之に反して陽明学は往々浅薄の訾を免れざれども、学者をして短刀直入、其正鵠を得せしむるの一点に至りては、確に朱子学に優れり。(73)

井上は「知行合一」に対して、陽明学が「実行を尚ぶ」思想であることを意味するとしている。井上は「知行」を「学理」と「実行」であると解釈して、陽明学が「行」の方を重視する思想であると考えていた。井上の陽明学理解も、得られた知識を実際におこなうことを重視する「実践」の強調という認識を示していた。

また右に引用した文章中の少し後で、井上はこのように書く。

又熊澤蕃山の如き、大塩中斎の如き、佐久間象山、吉田松陰、若くは西郷南洲の如き、皆事功の観るべきものあり。苟《いやしく》も姚江（引用者注、王陽明）の学派に接したるものを見れば其人物の多き、実に顕著なる事実なりというべきなり。果して然らば陽明学の人物陶冶に功あること決して疑なきなり。(74)

陽明学が「実行」を重んじるという場合の「実行」とは、やはり井上の中で明治維新に貢献した志士達と関連している。井上もまた、陽明学の「知行合一」の思想を維新の変革と関わる実践強調の思想であるとした。

陽明学が実行を重視する思想であると井上が考えていたことは、次のような観点からも語られる。

但陽明派の人、著書多からず、而して理論亦乏し。故に哲学として之れを観れば、余りに寡少に余りに浅疎なるものなり。然れども其実行に資すべき者の多きは断乎として疑うべからず。陽明派の人、論著甚だ少きも、彼等の行状は著書に代わるべきもの、而して著書よりも反りて人に教うること多しとす。知行一致が彼等の主義なるが如く、彼等は其知る所を実行せり。故に彼等の行状は彼等の知る所を発言するものにて、実に彼等の論著を代表するに足るものなり。[75]

井上が「知行合一」の思想に対して「行」を実行と捉えて、知識だけではなく実行しなければならないという考え方であるとみなしていたことは、明らかである。[76]

以上のように、井上は「知行合一」の思想の「行」を知識の実践という意味において重視した。この見解は、高瀬武次郎などほかの陽明学研究者も踏襲している。[77]

現在では「知行合一」の説を「実践強調」とする見解は、ほぼ否定されている。吉田公平による次のような説が出されている。

ただ、陽明学が朱子学に比較してより実践的思惟であると理解されがちなのは、陽明学が知行合一説を説いたことが一因である。この知行合一説を実践強調論であると誤解している向きがまだあるのは残念なことである。陽明学がより実践的思惟であると理解されるのは、現在に実存する者が「日用」の場で安心を求めることに切実であるからに他ならない。[78]

陽明学の「知行合一」を知ったことはおこなわなければならないという実践強調論としたのは、たしかに当時の誤解に基づくものである。本来陽明学の知行合一論において重視されていたのは「行」ではなく、「知行」を合一させるための「心」への注目である。[79]また第一章で述べた溝口雄三の見解にもあるように、本来の王陽明の思想で重視されていたのは、むしろ「理」であるといえる。[80]

とはいえ、それならばなぜ陽明学の「行」が実践を促す思想として明治期に受け入れられたのかが問題とされなければならない。端的にいえば、大塩以来幕末にかけて陽明学を奉じたものにとって、体制への反発と社会の変革こそが目の前にある現実であったということである。現実の行動を重んじる「実践」の強調とは、その時代状況の中で陽明学に加えられた思想であった。

たしかに徳川の幕藩体制が奉じたものとしての儒学は、社会秩序の安定に役立たせるための思想であった。源了圓は『近世初期実学思想の研究』の中で、実学思想の根柢には「有用性」があり「その有用性というのは儒学の場合には治国平天下という経世済民のために役に立つこと[81]」と述べている。実学は徳川幕府成立の初期では、現実の政治的秩序への儒教の適用という意味を帯びていたといえる。しかし、幕末における学問の「実践」の意味はむしろ変革への実践を意味していた。そのことを、次に説明する。

2・「知行合一」と「実学」

前章で見たような見解に対して、福沢諭吉の唱える「人間普通日用に近き実学[82]」が、儒教的教養の価値を徹底的に否定したことは多言を要しないであろう。[83]丸山眞男は日本における実学の伝統が、近代まで『倫理』を中核とする実学」にあったと述べている。以下は丸山による、その説明の一部である。

社会的秩序は自然現象の間に見出される整合性との対応のうちにその正当性の根拠を持っている。それは自然の秩序に相即するがゆえに、まさに自然的秩序と観ぜられるのである。しかも重視されねばならぬのは、かくの如く、社会秩序を基礎づけるべき「自然」のうちに実は社会の秩序的価値を最初から忍び込ませていることである。(84)

さらに「倫理」を基礎として学問と日常をつなぐ場合に、社会的な秩序が志向されると丸山はいう。そこからは「自己に与えられた環境から乖離しないことが即ち現実的な生活態度であり、『実学』とは畢竟こうした生活態度の習得以外のものではない(85)」という態度が生まれる。丸山の論理はそれを福沢諭吉が「物理」を中核とする実学に転回したという主張であるが、この構図に従うならば井上は、前近代の『倫理』を中核とする実学」を秩序を志向する点で陽明学に適用した人物ということになるであろう。

丸山は、「社会秩序を基礎づけるべき『自然』のうちに実は社会の秩序的価値を最初から忍び込ませている」と語った。「実学」といった場合それが意味する「実」とは、幕末の西洋思想の流入を別とすれば、多分に統治という名の政治的意義を含むものであった。安定的な統治のために、社会の秩序が自然に根拠を有するとする発想である。このように、江戸期における体制維持のための儒学思想は、たしかに社会秩序の存続を前提として、その意味で「実学」であった。

しかし幕末から明治への体制変革の中で、新たな意味が加えられたといってよい。陽明学は明治維新を導いたとされたことを根拠の一つとして、実践を重視する思想であると考えられた(86)。こうした理解は、前述のように本来の陽明学の発想とは異なっている。体制側が主に奉じたのが朱子学であるとしても、江戸期の陽明学に体制否定の論理は本来なかった。実際に井上も、その点は留意している。井上は幕府が朱子学を奉じたために江戸期は陽明学を公然と唱えることはできず、果ては陽明学を「謀反の学」とする向きも出てきたが、「然れども陽明学の謀叛の学にあらざるは弁ずるまでもなきことなり」[87]と述べている。幕藩体制側の朱子学に対抗したのが陽明学であったという理解は、維新を経験した後の明治の文脈における解釈である。明治における陽明学の「実践」が意味する体制変革とは、江戸幕府への対抗という意味を持つ。

そこで着目すべきは、会沢の『新論』に匹敵する水戸学の重要文献、藤田東湖の『弘道館記述義』である[88]。水戸藩の学問所である弘道館において、建学の精神を後進に示すための範としたのが「弘道館記」である。「弘道館記」そのものは極めて短い文章であるが、中には「尊王攘夷」、「神儒一致」、「忠孝無二」など明治の国家体制と関わりの深い言葉が散見される。その「弘道館記」の末尾近くに以下の記述がある。

学問事業、其ノ効ヲ殊ニセズ[89]。（原漢文）

『弘道館記述義』では、この文言が次のように解説されている。

臣彪謹ンデ案ズルニ、学ハ道ヲ学ブ所以、問ハ道ヲ問ウ所以ニシテ、事業ハ其ノ道ヲ行ウ所以ナリ。諸ヲ工匠ニ譬ウルバ〔ママ〕、必ズ先ズ規矩ヲ学ンデ、然ル後経営ニ従事スル[90]。

このことを橋川文三は「学」が「道を学ぶこと」であり、「問」が「道を問うこと」、「事業」が「その道を実地に行うこと」であると理解している[91]。これは先述の「知行合一」説に対して「知」を「学理」、「行」を「実行」

として、「行」を重視すると解釈した井上と共通性がある。さらに東湖は、次のように説明している。

学問事業ノ一ニシ難キハ其ノ故多端ナリ。而レドモ大弊四アリ。曰ク躬行ヲ忽《ゆるがせ》ニス、曰ク実学ヲ廃ス、曰ク経ニ泥《なず》ム、曰ク権ニ流ル(92)。

この内「躬行ヲ忽ニス」については、「学者或ハ礼儀ヲ修メズ、甚シキハ則チ徳ヲ失イ行ヲ汚《けが》シ」と説明されている。この内「躬行ヲ忽ニス」については、「学者或ハ礼儀ヲ修メズ、甚シキハ則チ徳ヲ失イ行ヲ汚《けが》シ」と説明されている。そして「実学ヲ廃ス」の説明では、「或ハ委瑣自ラ用イ、或ハ風流に耽溺シテ、民隠ヲ恤エズ(93)」といわれる。東湖は「学問」と「事業」が一致しない原因を、現実に役立つ実践を軽んじるところにあると分析した。ここでも、実践の重視が眼目となっている。

陽明学は西郷や松陰が学んでいたという事実とあわせて、維新を導いた思想であるという理解につながった。ともに日本近代の体制構築に関わる思想と理解され、その点で水戸学と陽明学の明治における意義は共通している。なぜ水戸学の内容が井上において陽明学における実践の内容と通じるかといえば、井上にとって幕末期における陽明学と水戸学の意味が似ていたためであるといえよう。ともに、幕藩体制の変革に関わると認識されたと同時に実践を重んじる思想とされている(94)。

また井上が、中江藤樹の学問を評して述べた次のような言葉も興味深い。

其行為は即ち其学問の実行にして、其学問は即ち其行為の研究なり。其行為にして、其学問に本づかざるなく、其学問にして、其行為に関せざるなく、所謂知行合一の旨意に合するものなり。是故に藤樹の善行及び特化は、其学問の結果にして、此れを外にして、其学問の価値を了知すること能わざるなり。[95]

藤樹は倫理を以て唯一の学問とし、学問と云えば、即ち倫理を意味するものとせり。均しく倫理と云うも、学理を主とするにあらず、寧ろ実践を主とするものなり。[96]

井上は「知行合一」に対して学問と行為の一致であるとしており、かつ道徳的な「行為」を重視していた。「学問と事業の一致」において実践を軽んじることを水戸学の東湖が戒めていたことと、井上の見解は符合を見せる。植手通有は幕末における「社会的・政治的危機」において、為政者に徳があれば国は治まるという朱子学の観念に人々が安住できなくなったことを指摘して、こう述べる。

こうして、社会的政治的危機の自覚は治国安民への関心を呼び醒まし、治国安民への関心は単なる心構えや心情ではなくて、具体的に人民を安んじ富国強兵を実現するという効果の問題にたいする関心を増大させるのである。「学問・事業、其の効を殊にせず」という「弘道館記」（天保九年）の言葉とともに有名な水戸学の学問観は、こうした思想的傾向と密に関連している。[97]

水戸学の成立に関わる対外的な危機意識が、井上にも共有されていたことは前述した。さらに植手は幕末に興隆した後期水戸学が、右のように儒教の現状に対する批判を含んでいたという見解を述べて次のように説く。

こうした水戸学の批判に一貫しているのは、いわば「専門化」した儒教の学問にたいする批判であるということができる。ここでは、一身上の修養に励むこと自体が直ちに批判されるのでないのはもちろん、「天道」について論じたり、訓詁をおさめたりすることが全面的に否定されるのでもない。問題とされるのは、それらが治国安民の事業から遊離し、自己目的化した形態でなされることである、換言すれば、時勢に無関心で儒教を経世に役立たないものにしている儒者の学問態度が、批判の対象となっているのである。(98)

「治国安民」に関心を払わない儒者の性格を、水戸学が批判したとする。右の文章を言い換えれば、水戸学が当時の儒教に対して現実の政治を安定させていくという内容を含ませたともいえる。水戸学による現実の政治を志向する儒学観を、井上は踏襲している。むしろそのように幕末に隆盛した実践重視の傾向が、井上の実行を重視する陽明学観の構築に貢献した可能性がある。

なお、井上が会沢正志斎の『新論』や東湖の『弘道館記述義』の記述に直接言及した箇所は確認できないものの、水戸学との関連を示唆する文章はある。それは会沢正志斎の『及門遺範』である。『及門遺範』は会沢が藤田東湖の父、幽谷の教えをまとめた書物である。この書物を、井上は『武士道叢書』(博文館刊、一九〇九年)に採録している。『武士道叢書』は井上が有馬祐政とともに武士道に関すると思える古今の著作をまとめ、著者の略伝も附した三巻本である。ちなみに上巻には、中江藤樹と熊沢蕃山の書物も載せられている。(99)その下巻に、東湖の『弘道館記述義』、『回天詩史』などと共に『及門遺範』はある。

その文中には、幽谷が門弟へ授けた教えについて次のような記述がある。

或は古今の嘉言・懿行・礼楽制度・政教・刑兵・措置の得失、君臣父子の名分恩義、四海万国の形勢・変革、華夷内外の弁を談論し、一一指示し、其の憤悱に因りて之を啓発す。其の経を講ずるや、務めて大義を明らかにし、徳行事業を合して一と為す[100]（原漢文）。

ここでは「徳行」と「事業」を合すると述べられている。「徳行」については、井上が陽明学に対して、「徳行それ自身が、即ち唯一の学問なり」と評したことは前述した。「事業」という言葉は先述のように『弘道館記述義』の中で、「其れ本学問事業、其の効を殊にせず」という言葉で使われていた。この言葉と『及門遺範』における「徳行事業」の用語は、対応関係にあると見てよい。いずれも、学んだ内容を実践に活かすことを意味している。

さらに『弘道館記述義』の文中では「学問」と「事業」が一致しない要因のひとつとして、「躬行」をおろそかにすることと述べられていた。井上編纂による『武士道叢書』の中には、『弘道館記述義』も収録されている。井上が「知行合一」を実践重視の思想とみなしたことを考慮すれば、水戸学の実践を重んじる論理と井上の陽明学解釈には共通点が見られる。井上の陽明学観に、それらの記述が影響を与えた可能性はある。

なお、三宅雪嶺もまた著作『王陽明』の中で、陽明学の哲学と実行に自らの姿勢を仮託していたと山下龍二は評している[101]。三宅が同書の中で社会主義と陽明学の親和性を肯定的な眼で見ており、井上が同じ理由で陽明学に距離を置いたことは先述した。同様に陽明学における「実行」の重視という点でも、井上は三宅と異なり積極的に評価する見解ばかりを示していたわけではなかった。

然れども王学亦弊なしとせず。王学は主観的に偏しやすし。主観的に偏するが故に、客観的の事実を軽侮し、動もすれば即ち感情に駆られて、身を誤まるものあり。其故いかん。道徳は主観的には円満の境界に達し得べきものなり。是故に王学者は致良知の工夫によりて主観的に円満なる道徳を実現せんことを期し、単に此一途に奔趨せり。[102]

陽明学が道徳を主観的に実現することを述べた上で、井上は次のように説く。

然れども道徳は単に主観的にのみ完全を求むべきにあらず。又客観的に完全ならざるべからず。客観的に完全ならんと欲せば、客観的知識を開発するに若くはなし。[103]

陽明学が主観的な視点のみで道徳を実現しようとすることの弊害は、井上の大塩の行為への批判に通じる点が感じ取れる。井上は次のように、陽明学を批判している。

王学者が客観的知識を求めずして主観的の一方に偏するは非なりと雖も、是亦其決心をなすに適切なる所以なり。彼等主観的に我れ我心胸を顧れば一点の汚染なし。我れ正道を踏み、正義に由れり。我れ一切の不善を排し、不義を斥けて、我道徳を実行せんのみと。[104]

井上は、このような陽明学者の態度を大塩に見ていた。井上は大塩の行為に対して、社会主義との共通性を感じて批判している。また佐久間象山や西周による陽明学の知識を顧みない「心を師とする」態度への批判は、右の井上の問題提起につながっているといえる。[105]井上の陽明学批判の内容は、陽明学が他を顧みない謀叛に転化する可能性を指摘していた。

ここで再び、陽明学に対して批判的な態度を示していた西周の言説に着目する。小路口聡は「西周と陽明学」

の中で、西が陸象山（九淵）の「当下便是」を批判していたとすることに言及した上で、次のように述べている。

「便是（即是）」とは、前の措辞を、ただちに肯定是認するものである。では、「当下便是」、すなわち「現在」をまるごと肯定する思想とはいかなる思想なのか。それは、今この時、この瞬間における直下の実存、その現象を本体（真実在）としての天性・本心・良知の全体が一挙に顕現露呈したもの（西の所謂「天性之流露」）として、まるごと是認肯定する思想であり、いわば「現象即本体」とみなす思想である。明治期の日本哲学に広く見られる「現象即実在」論の淵源もここにある。[106]

さらに小路口は、「知情意未分化一体の心が事物に感応して発動した瞬間における、外的要因による一切の干渉を受けていない、心の純粋にして、ありのままのすがた（所謂「天真の流露」）を、特に、西は『独知』と呼ぶ」とした上で、このように結論づける。

「独知」としての「良心」「良知」の万能性への危惧、および、その主観性・恣意性に対する懸念が、西が「当下便是」説を認めなかった理由である。[107]

主観的な「良知」にのみよることを批判したのが、西の陽明学観であるとする。自らの心にのみ従うという陽明学の弊害が、大塩の乱に結びついたとする西の見解は先述した。それは佐久間象山が、「心を師とする」ことを問題視した点とも通底する。こうした点が井上に受け継がれたとするならば、井上が陽明学の難点を「主観的に偏する」ことにあるとしていたのも、従来の陽明学批判に従った結果といえる。また、陽明学の他を顧みない態度への批判が、井上の中で大塩を念頭に置いていることは明白である。こうして井上の陽明学への疑義の論点は、幕末から明治期への大塩批判を媒介とした流れとして想定できる。

また、右のように陽明学が実行を促す精神に資するとする見解は、心を重視する点と通じる。

3・「心即理」と「良知」

次に、「心即理」の思想について見てみる。井上の説明では、このように書かれている。

朱子は心と理とを弁別して、心は気に属するものとし、陽明は此心即ち是れ理なりと説いて、唯此心さえ明かにすれば、理は自ら分かるものとせり。是故に陽明にありては、博く外界の事を研究して理を明らかにするを用いず。要する所は、唯此心を明らかにするにあるのみ。[108]

「心さえ明かにすれば、理は自ら分かるもの」と述べている。日本における陽明学の伝統には、「心の究極の正しさあるいは純粋さ」を求める点があるとした溝口らの見解は、先に述べた。陽明学が主観を重視する道徳をおこなうとする姿勢は、井上の右のような見解と通じる点があろう。井上は陽明学が国民道徳に援用できると考えつつも、陽明学による内面の修養に注目していた。

また岡田武彦は、陽明学を心の修養に用いる態度を幕末の陽明学者（林良斎、吉村秋陽、山田方谷、春日潜菴、池田草菴、東澤瀉）たちに見ており、彼らが「真切な反省自覚と深密な体認自得を学の要」としたと述べている。[109] 陽明学の修養において心を清廉に保つことを重視する姿勢は、明治以降も陽明学が精神を鍛える思想であるという意識に連なっているといえる。

新渡戸稲造は『武士道』の中で、陽明学の価値についてこう述べている。

> 彼（引用者注。陽明）の学説は唯我論について非難せらるるすべての論理的誤謬を含むとしても、強固たる確信の力を有し、もって個性の強き性格と平静なる気質とを発達せしめたるその道徳的意義は、これを否定しえざるところである。[110]

この場合陽明学による心の修養は心の純粋さを保つことで、道徳とつながるものであろう。井上においては陽明学における心を重んじる姿勢が、大塩の解説にも見られる。

> 中斎は陽明の学に本づき理気合一の説を主張せり。朱子は心と理とを以て別物とせり。故に我心を明かにすれば我心即ち理なりと説くこと能わず。是を以て其修徳の工夫未だ適切ならざるものあり。是を以て中斎は乃ち理気の合一を説いて、短刀直入、聖賢の域に達すべきことを言えり。[111]

ここにおいて井上は、「理気合一」の説と「心即理」を混同しているようにも見受けられる。井上は、心や理についての明確な定義をおこなっているわけではない。

井上の陽明学観における「心」への態度は、次の文章によく表されていると思われる。

> 王陽明も亦曰く、只心を解するを要す。心明白なれば、書自然に融合す。其の説の是非は姑《しばら》く之れを置き、

読書に耽り、字句に泥《なず》み、毫も精神を取る能わざるの弊を道破せるは、自ら痛快の感なしとせず。中斎も亦大に此に注意し泛観博覧の弊を打撃せり。（学問の目的の説を参看せよ）彼が学問の膚浅なるに拘わらず、道義の一点に於ては当時の学者をして後に瞠若たらしむるに足る者ありしは、全く講学其法を得たるが為めなり。中斎が学は詞章を主とするにあらず、文義を主とするにあらず、唯心をのみ明らかにするを主とす。(112)

井上は書の内容や知識に拘泥するばかりで、「精神」に対する修養をおこなわないことを批判したのが、陽明学であると認識していた。その意味で大塩の学問が、文章に拘泥するのではなく「心をのみ明らかにする」ことを主眼としていたことは、井上の陽明学観を実証する事例となる。井上は『日本陽明学派之哲学』において、中江藤樹の次に大塩の記述に七十頁以上を割いている。大塩が「心」を重視するという意味での「心即理」は、井上にとって内面における道徳の修養を意味する。その場合の道徳とは、「民心」を統一して政治秩序を護持するための思想である。その意味で井上にとっての内面の修養は、国民道徳へと向かう手段である。

そして、井上による「心」の道徳的な修養という理解は、「良知」の認識にも影響を与えている。井上は、大塩の陽明学観を紹介する章で次のように語っている。

良知は各自先天的に之れを有して生れ来たれり。是れ即ち天地の徳の各自方寸の中に宿れるなり。然れども邪念ありて方寸の虚を塞がば、良知の光之れが為めに明かならず。若し邪念を打ち払えば、良知の光自ら明かにして、善悪正邪、其当を得ずということなし。(113)

「良知」は各人が先天的に有しているが、邪念があると暗まされるので心においてそれを払うことが求められるという。この点は、従来の陽明学にも一般的に見られる解釈である。

井上の「良知」に対する記述は中江藤樹において、より特色が見られる。井上は藤樹における「良知」について次のように述べる。

如何なる人も良知を有せざるなし。故に善悪は外界の事実に徹して確定するを須いず。単に我方寸の中に於て之を直感すべきなり。即ち善悪を質すの師は我れにありて存するなり。[114]

ここで「良知」は、自らの心の中における善悪の基準であると述べられている。また別の箇所で井上は、藤樹の良知を分析してこのように書いている。

若し能く良知を養うて拡充するを得ば、即ち聖人となるを得べし。所謂聖人は良知を拡充して之れと合一せるものなり。此れによりて之れを観れば、藤樹の所謂良知は今日倫理学者の所謂良心 Gewissen のことなるや疑なしと雖も、其含有する所の旨趣に至りては必ずしも之れと同一なりと謂うを得ず。[115]

続けて「良心」が単に「経験的」なものであるのに対して、「良知」は「経験的」であることと「先天的」であることを「兼ねる」と説明する。その上で、次のような言説を導く。

其故は良知は我方寸の中にあり。我れ今此良知に従いて日常の行為を規定すれば、其跡は、善のみにて、之れに逆えば必ず不善に陥る。是れ経験の方面なり。然るに此良知は向上的に之れを考察すれば、世界の実在に通じ、世界の実在と同一体たり。果して然らば是れ先天的のものなり。[116]

ここでは「良知」が内面的なものであると同時に、「世界の実在に通じ、世界の実在と同一体」であると理解されている。井上は単に「良知」が精神の修養と関わるだけでなく、自己以外の存在との一体に通じるという宗教的な一面からも考察していた。

実際に井上は藤樹の学問が「耶蘇教に近似せる所少しとせず」と断じた上で、このように分析している。

藤樹は人格的の上帝を崇信し、之れを己れの本体とし、之れと合一するを期せり、然るに彼は之れを己れが方寸の中に発見せり。即ち一切行為の指導者たる良知を以て上帝の降りて我れにあるものとせり。[117]

井上にとって藤樹における「良知」は、「心」の修養と関わるだけではなく、内面に向かう宗教とも通じることが意識されていた。

しかし井上の右のような宗教に関わる態度もまた、国への志向とつながっている。第一章で言及した山下龍二の論考では、内村鑑三と対比した井上の陽明学観の特徴を「祖先崇拝を中核とする国体論宗教」と語っていた。山下がその根拠としたのが、「孝」における重要な点を「祖先教」であると認識していた点であった。これは、井上の次の記述に基づいている。

藤樹は各種の特性中に於て最も孝を重んぜり。是れ亦吾人の顧慮すべき所なり。孝は祖先教Ahnenkultusの綱常なり。孝の最も重んぜらるる所には、必ず祖先教ありて存す。祖先教にして敗頽し了わらば、復た孝の重んぜらるべき理由あるなし。孝は祖先と子孫とを連結する所以にして血族の運命如何は孝の強弱如何による。[118]

井上は藤樹の思想に対して、「孝」を重んじる「祖先教」であると見ている。続けてこの祖先の継承を重視する態度が日本の特徴であると述べた上で、次のように展開させる。

忠は孝を拡充したるものなり。殊に日本にありては、孝を言えば、忠は自ら其中にあり。日本の国家は一の家族制を成せるが故に、家にありて父に対するが如く、国にありては君に対するなり。国は家を拡充したるものにて、家は国を縮小したるものなり。是故に忠孝一本の教を立つるを得るなり。藤樹が忠を以て孝の一端となし、主として孝を論じたる所以、此れに外ならざるなり。[119]

「孝」を拡充して、国における君主への「忠」と同様であるとしている。井上の中では日本における家の制度の延長に、国家の制度がある。この考え方は、近代日本の天皇制国家の成立に際して生じた「家族国家観」と呼ばれる。[120]井上は「良知」を論じる時に内面を重んじる宗教的な側面からも考察していたが、右のような国家主義と関わる主張に沿わせている。井上にとっての国家主義は天皇制を前提として、「民心」の統一のために国民のための道徳を重視する立場である。精神面の修養もまた、それとつながっている。

井上の「家族国家観」は、国家の問題を論じるに際して基底的な考えとなっていく。

国民ノ臣民ニ於ケル、猶オ父母ノ子孫ニ於ケルガ如シ、即チ一国ハ一家ヲ拡充セルモノニテ、一国ノ君主ノ

臣民ヲ指揮命令スルハ、一家ノ父母ノ慈心ヲ以テ子孫ニ吩咐スルト、以テ相異ナルコトナシ。(121)

なおこの井上の見解を、ドイツ留学時に摂取した思想との関連から説く見解もある。(122) 井上は先の引用文（注119）において、「──此れに外ならざるなり」に、すぐ続けて次のように述べている。

藤樹良知の説は、所謂動機論にして、是非の差別を主観的に定むるものなり。是故に今日の利用論とは正反対に立つものにして、経験的事実の比較考察を怠るの傾向あるを免れざるは、必然の結果なりと謂うべし。然れども藤樹は動機論者なるの故を以て、内に自得する所ありて、確然不動の状態あり。換言すれば、外物の為めに動揺せられず、卓として樹立する所あるなり。(123)

忠孝のつながりを述べた文章に続けて、右のように記述したことは興味深い。井上が良知の説における精神の修養を、「忠孝」のつながりのように個人の国家に対する態度と関連づけて考えていたことは間違いないであろう。先述のように陽明学に限らず、井上の儒教に対する見方には個人の精神の志向が国家へと収束していく態度と通じる点がある。そして後の井上は、個人が国家に対する忠誠を求める方向に傾倒していく。その点で井上が個人の精神と国家の関係を論じた例は、枚挙にいとまがない。

然レバ苟モ我ガ邦人タルモノ、国家ノ為メニハ一命ヲ塵芥ノ如ク軽ンジ、奮進勇往、以テ之レヲ棄ツルノ公儀心ナカルベカラズ。然レドモ此ノ如キ精神ハ不虞コトナキニ先チテ、之レヲ鼓舞セザルベカラズ。盗ミ観テ始メテ縄ナワバ、誰レカ其愚ヲ笑ワザランヤ。蓋シ勅語ノ主意ハ、孝悌忠信ノ徳行ヲ修メテ、国家ノ基礎ヲ固クシ、共同愛国ノ養心ヲ培養シテ、不虞ノ変ニ備ウルニアリ。我ガ邦人タルモノ、尽ク此レニ由リテ身ヲ立ツルニ至ラバ、民心ノ結合、豈ニ期シ難カランヤ。凡ソ国ノ強弱ハ、主トシテ民心ノ結合如何ニヨル、苟モ民心結合セザランカ、城砦艨艟モ恃ムニ足ラズ。苟モ民心結合センカ、百万ノ勁敵モ、亦我レヲ如何トモスルコト能ワズ。然レバ、勅語ノ主意ニヨリテ、民心ヲ結合スルノ切ナル、未ダ今日ノ如キハアラザルナリ(124)。

共同愛国ノ要ハ、東洋固ヨリ之レアリト雖モ、古来之レヲ説明スルモノ殆ンド稀ナリ。故ニ余ハ今共同愛国モ孝悌忠信ト同ジク徳義ノ大ナルモノトシテ説明セリ。孝悌忠信、及ビ共同愛国ノ主義ハ、一日モ国家ニ欠クベカラザルコトニテ、時ノ古今ヲ論ゼズ、洋ノ東西ヲ問ワズ、凡ソ国家ヲ組織スル以上ハ、必ズ此主義ヲ実行スルモノナリ。我ガ邦人ノ如キモ、太古ヨリ以来、未ダ曽テ一日モ孝悌忠信、及ビ共同愛国ノ精神ヲ放棄シタルコトナシ(125)。

故に勅語の精神に従えば、一身を修むるも、国家の為なり。父母に孝を尽すも、国家の為なり。我が身は国の為に生まれ、君の為に死すべきように、此世に出て来れるなり(126)。

以上のように陽明学における個人の精神修養や宗教という理解も、国家との関係につながる点で考えていた。このように井上の陽明学に対する理解は、天皇中心の政体を重視する国家主義へと修練していく過程が見られる。

第五節　井上哲次郎における陽明学とは

井上哲次郎は当初陽明学を「倫理学」や「徳行」と関連づけており、道徳としての価値を重んじていた。しかし一九〇〇（明治三十三）年に出版した『日本陽明学派之哲学』では大塩の乱を例にとり、陽明学が社会の秩序を乱す可能性を指摘した。井上にとって陽明学のそのような点は、社会主義と通じていた。陽明学と社会主義の共通性は三宅雪嶺も指摘していたが、三宅はむしろその関係を肯定的に評価している。井上は社会主義とつながる陽明学に、批判的な眼を向けていた。そのため一九〇〇年以降は、陽明学と距離を置くことになる。

やがて「国民道徳論」を展開することになるが、井上にとって陽明学と国民のための道徳の問題は、密接に関係していた。井上は陽明学が神道と合一した点で「日本化」したと述べており、そのことが「国家的精神を本とする」としている。国家を意識して陽明学と神道の関係を語ることは、水戸学と陽明学の幕末期における意義が共通していたという認識と通じている。

井上がキリスト教の流入に反発して、国民の精神的な統一としての「民心の結合」を求めていたことは、会沢正志斎の議論の流れに位置づけられる。また陽明学に対して神道との関わりを指摘していることは、藤田幽谷らへの理解とも通じている。水戸学と陽明学が維新に貢献した思想であるとする井上の理解は、陽明学が国民道徳の理解を助ける思想という考え方をもたらした。

井上が陽明学理解において重視していたのは、国民のための道徳の理解に援用することである。それは陽明学が明治維新の精神的支柱になり、神道や「国家的精神」に通じる点で明治期の体制を護持する思想の理解に役立つためである。そのことは、道徳によって「民心」の統一を求める井上の「国家主義」につながっている。そのために『日本陽明学派之哲学』において、大塩の行為を社会主義と結びつけて批判していた。井上が陽明学を問題視したのは、秩序を破壊する可能性があるためである。後に大逆事件に際して、陽明学を批判する素地が既にこの時点であった。

また井上は「知行合一」の説に対して、「行」を学問の実践であると解釈して重んじていた。ここにも、会沢の「学問事業其の効を異にせず」という「実学」への意識が感じられる。「心即理」や「致良知」については精神の道徳的な修養として見ており、宗教的な側面も感じていた。山下龍二は、井上が中江藤樹に対して「孝」を中心とした「祖先教」であると考えていたと主張する。そのことが、井上の「孝」と「忠」をむすびつける観念とも関連するとしたら、陽明学の中でも精神の修養に関わる論題が国家主義に結びつくことになる。実際に井上は当初より、個人よりも国家を重視する意見に傾倒していた。

愛国ト云ウ事ト忠君トイウ事ハ決シテ同一ノ事デ無イ、成程忠君即チ愛国ト云ウ場合モアルデ御座イマス、併ナガラ君主ハ一人ダカラ君主ニ忠義ヲ尽スト云ウノハ尚オ一個人ニ対スルノ徳義ト謂ワナケレバナラヌ、併シ愛国ト云エバ国民全体ニ対スル所ノ徳義デアルカラシテ最早個人的倫理デ無クシテ社会的倫理ノ方ニ属スルデ御座イマス。(127)

このことで井上を国家主義のイデオローグとする見解も、無理ではない。山下や荻生茂博の見解は、多分にそのことを問題としている。しかし、こうした主張はともすれば井上の主張を近代の中の、それも日本で国家主義が隆盛を極める時代のみとの関連で論じることにつながりかねない。

溝口雄三は『日本陽明学派之哲学』における井上の陽明学理解について、「陽明学の日本的受容の特質をさすもの」であるとした上で、「これを中国のそれの特徴とするのは、いわば中国を日本訓《よ》みするもので、自己の世界を相対化しない思考という点で思想研究として非科学的というほかない」と述べている。[128] この説明は、井上の陽明学観の理解として当を得ている。ただし本書に即していえば問題とされるべき点は、なぜ井上が明治期の日本において、このような形で陽明学を受容したのかということである。

社会的な危機に対して「民心の統一」を求める態度、また先述した植手の議論にも見られるように、既存の朱子学に対して儒学を現実の政治を志向するように変えていくような姿勢を、水戸学の隆盛が与えたと見るべきである。

一方で陽明学に対して秩序を破壊する可能性を危惧していたことは、大塩事件の衝撃が佐久間象山、西周らの陽明学を批判する態度となって受け継がれたことの結果である。彼らの陽明学が政治的秩序の実現に向かないとする態度が、井上において社会主義との通底に結実した。また主観的な心にのみよる態度を問題視する点が、井上にまで受容されたと見ることができる。

井上は陽明学に対して、大塩をめぐる問題、及び水戸学の実践重視や維新と関わるという思潮を吸収することで変容させた。陽明学は国内の秩序を維持し、国家主義的な思想を補完するという点で、澤井啓一の述べるところの「代替品」のような役割であった。水戸学と共通して幕末の志士たちに行動を促した思想であるという理解が、井上の陽明学観を構築した。そのために、陽明学が国民道徳の理解に役立つという主張が生じた。

ここで疑問符がつくのは、儒学において上下の秩序を志向する思想といえば、特に日本の場合、幕藩体制を支えた「名分論」に代表されるような朱子学ではないかという点である。たしかに江戸期を通じて朱子学は、徳川幕府への臣下の忠誠を保つ精神的支柱としての役割を一定程度果たしたといえよう。その点で日本の近代における国民の意識が、朱子学的な感性の広がりによって支えられていたという議論もある。[129] 実際に国学者の本居宣長における尊王論の内容には、朱子学的な感性が認められるという指摘もある。[130] 上下の秩序の維持を求める「名分論」に加えられた道徳は、朱子学的な心性が体制転換後も存続したことを意味する。また井上の道徳に関する主張も、右の「朱子学の名分論化」の流れに位置づけられるかも知れない。

とはいえ維新後の社会において旧体制の教学であった朱子学は、少なくとも意識的には否定されるべき性格を有していた。井上が、旧体制の朱子学に反発した思想が陽明学であったと考えたことは前述した。日本の近代において、天皇を頂点とする体制を護持する国家主義の中心になったともされる井上は、陽明学理解においてもその傾向があった。しかしそれは明治以降に特有の、あるいは同時代の思潮にだけ影響を受けたわけではない。前近代の大塩や水戸学への理解のために、陽明学が変容をきたして受容された事例であるといえる。

井上の目的は、国家の秩序を維持することにある。キリスト教への対抗から国民の精神的な統一を志向していた。それに援用するために、陽明学に関心を寄せていたといえる。よって井上は陽明学に対して、国民道徳との関連を重視する。会沢が唱えた外国勢力に対抗するための国内の精神的な統一という論理は、井上も同様に唱えている。幕末において陽明学がその統一のために役立つという説は生じなかったが、明治になると陽明学も、国民道徳の構築に援用されるようになる。それは陽明学が、国民の精神統一の手段になるという変容をしたことを意味する。その変容をもたらしたのは陽明学が維新に貢献し、明治期の社会体制の構築と関わりの深い思想という理解である。また井上は、水戸学と陽明学が「神道」や「国体」と結びつくことで維新を導いたために、「国民道徳」につながると論じている。井上の主眼は「国民道徳」の構築にあり、陽明学や水戸学の思想がそれに援用しうると考えられていたという関係にある。

以上の井上哲次郎の陽明学理解を踏まえて、次章では井上の東京帝国大学での教え子にあたる高瀬武次郎を中心として考察する。高瀬はその経歴や主張内容から、井上の追従者のようにみなされている。しかしその陽明学観に着目すると、明治期における陽明学の意義を井上と異なる視点から考えていた点が見られる。高瀬は井上の陽明学理解を学びながらも、個人の修養、さらに国家体制の重視とは異なる意味で社会への貢献も重視していた。

第三章　精神修養と陽明学

第一節　本章の課題

本章では井上哲次郎の「国家主義」を受け継いだとされてきた高瀬武次郎を、主な考察の対象とする。高瀬の陽明学理解は前章の最後で見たような解釈だけでくくられるものではなく、陽明学を精神修養に活かそうと考えたものであり、また明治期の陽明学受容の転換点になった。また高瀬の陽明学理解を考える時、朋友であった石崎東国との関係について見るのが重要である。荻生茂博は宮城公子の研究も参考にしながら、明治期の「個人主義的」陽明学の系譜に中江兆民や植木枝盛のほか、石崎東国を位置付けている(1)。石崎は、井上の東大での教え子にあたる高瀬武次郎の帝国主義的な主張に対立した人物として言及されている。

井上哲次郎によって国体を護持するために陽明学が援用されたことは、前章までで述べた通りである。もう一方の側面がある。すなわち、山下龍二が「個人主義的」陽明学と定義した陽明学理解である。荻生はその構図を受け継ぎ、また吉田公平は彼らのような存在を「既存の体制に対する反逆者群像(2)」と定義した。「国家主義的」な理解と「個人主義的」な理解は一見、全く異なるように見える。しかしそれは決して、相互排他的なものではない。陽明学が個人の精神修養に用いられるという見方は、国家への志向に反するように見える。しかし本章で検討するのは、高瀬が陽明学による精神修養を国家の利益に結びつけて考えていたことである。近代日本に生じた新たな陽明学は「国家主義的」な理解と、その対立だけに限定されるものではない。

高瀬に関する専論での先行研究は、後に紹介する吉田公平による年譜が作成されたのみである。既存の研究では、高瀬は井上に附随して取り上げられる程度である。よって、戦前の国家主義的な思想を擁護する立場として描かれていた。そこでは高瀬の陽明学研究も、井上の国家主義・帝国主義の思想を補強するという関係にあった。しかし後述するように、高瀬は井上の陽明学理解を全面的に認めていたわけではなく、批判的に見ている部分もあった。

また高瀬が陽明学関連の著作や文章を盛んに発表していた時期は、明治期の後半から大正期にかけてである。それに対して国家や道徳に関する論題が主体になるのは、大正期の後半からである。[3] このずれは高瀬にとって陽明学研究が、国家主義的な思想を補強するのとは異なる意味を有していたことを示唆する。本章ではそうした高瀬武次郎の思想を、明治期にはじまる陽明学研究の観点から素描する。またそのことが、後の国家主義的な立場と関連することになるのかを確かめたい。

本章は大きく分けて、三つの部分で構成される。まず高瀬の陽明学研究が師の井上を踏襲し、前記の石崎と親しい関係にあった時期をその範囲とする。その中にも、後の高瀬の見解につながる特色が見られる。次に高瀬が、井上や石崎の陽明学理解と対立する時期を取り上げる。それは両者から距離を置いた高瀬の陽明学への理解が、個性を帯びることを意味する。またそれが高瀬の発言に国家主義的な色彩が増してくる時期でもあることは、注目すべきである。そして最後に高瀬の思想が、国家主義的な言説に接近する背景について言及したい。

第二節　高瀬武次郎と陽明学

1・高瀬武次郎の来歴

高瀬武次郎は一八六八（明治元）年、讃岐国に生まれる。帝国大学で漢学を専攻。卒業後は井上の指導の下で東洋哲学、特に陽明学研究に従事した。一八九八（明治三十一）年には『日本之陽明学』を刊行。その後、後述する石崎東国の団体活動に関わり、一九一二（明治四十五）年から三年にわたり中国大陸や欧州に遊学。帰国後は京都帝国大学の教授に就任し、陽明学を中心とした中国思想の研究をおこなうとともに旺盛な執筆活動を展開した。陽明学関連の著作も多い。高瀬の生涯の動向・著述活動については、既に吉田公平が詳細な年譜にまとめている。(5) 本文中で言及される高瀬の活動の記述については特に断りがない限り、この年譜によっている。また高瀬の漢詩文集である『鼓腹集』（洗心洞文庫刊、一九三五年）にも、略伝と著述目録が付されている。

高瀬は陽明学研究の初の著作である『日本之陽明学』に、井上による序文を掲載している。またこの時期の高瀬の著作の陽明学理解は、井上が二年後に出版した『日本陽明学派之哲学』との類似点が見られる。(6) 出版は高瀬の方が先であるが、事実上井上との共同研究の成果とみなした方がよいであろう。荻生によれば、高瀬は「無分別な自国の優越性と侵略戦争を煽動するイデオロギーとなった(7)」「井上的イデオロギー」を継承する人物であるという。事実として高瀬は大正後期には、評論などで「君臣一体」による「忠君愛国」を積極的に主張するようになる。

しかし『日本之陽明学』における記述を読むと、興味深いことが分かる。

其著書中の事例を挙ぐるを見るに、奇異なる事蹟も、信じて之を採れるの跡あり。此の如くなれば彼は精神的教育家として、亦た頗る宗教的性質に富めり。若し機会もありたらんには、彼は必ずや宗教を開始したらん。[8]

陽明子は儒学における唯心論者の首領と仰がるる人なれば、中斎は之を奉じて唯心説を采れり、故に社会は即ち吾が心中の物として、専ら心法を練るべきことを主張せり。[9]

高瀬は、陽明学を宗教や精神修養と関連させる理解に言及している。前章の井上の理解に見たように、明治期における陽明学に宗教性を見る意識が、必ずしも反体制の立場に限定されないことは留意すべき点である。

ところで、溝口雄三によれば日本における陽明学理解は、中国とでは着目すべき点が異なるという。中国では「心」における「理」の意味が重視されるのに対して、日本では「天降って人を貫穿した天が合一して人としてはたらく場は、心であるという面からいえば、この天人合一はさしずめ心を媒介にした合一といえる」とする。「天」と「人」が、「合一」する場としての「心」の役割だけが強調されており、「理」にはあまり注意が向いていない。そこからは、「我欲にとらわれては天をわが心とすることはできない」という、修養における精神的な純粋さを求める発想がおのずと出てくることを溝口は示唆する。[10] 荻生は溝口の論を踏まえて、「心の純粋性を重んじる『心本主義』」の陽明学を「近代に国民国家建設のために作為された言説」とみなしていた。[11] そう考えれば高瀬の右のような記述に、「国家主義的」な陽明学の視点を読み解くこともできなくはない。

しかし高瀬が右のような主張で念頭に置いていたのは、あくまで陽明学が精神修養の思想であるという理解であった。溝口によれば日本の陽明学理解には中国と異なり、「心の無限的活用」という伝統があるという。すなわち中国における陽明学では「理」をめぐる問題として「わが心の現在に理が発現していなくてはならぬということ」で、「理ぬきの陽明学理解にはしることは、つつしまれねばならない」とされる。そのため重要な概念である「天」と「人」との「合一」が、日本では「万物を万物たらしめている天の理（すじめ）がそのまま人を人たらしめている理として人にもあるということをおいてなく、理の媒介なしに天と人とが合一しているというのではない」[12]と説明されている。高瀬の陽明学観には、このような「心の純粋性」を保つための思想という面が見られる。

また高瀬は一九〇七（明治四十）年に石崎が発足させた結社の「洗心洞学会」に招聘されて、毎月の講演会で毎回講師を務めるほどの関係になった。洗心洞学会は名称の通り、大塩の学問を顕彰する目的で発足された団体である。二年後には同会と東正堂の陽明学会（東京で主催）との合同が、正堂の創刊した雑誌『陽明学』の誌上で発表された。このために石崎は、「洗心洞学会」を「大阪陽明学会」と改称することになる。

当初石崎は『陽明学』誌上に記事を掲載していたが、一九一〇（明治四十三）年には独自の機関誌である『小陽明』[13]を刊行。その後一九一八（大正七）年には再び、大塩の事績を研究するために「洗心洞文庫」を立ち上げる。「洗心洞学会」の陽明学会との合同に際し、正堂の側から提示された条件として「大阪陽明学会」への改称などのほかに「従来の高瀬博士の講義の外、更に講師を聘すること」[14]とある。よって石崎は自身の団体に当初講師としては高瀬だけを招いており、両者が蜜月関係にあったことは明らかといえる。また大阪陽明学会は高瀬が欧州留学に出発する直前に壮行会を催して、誌面で記念の特集までしている[15]。

高瀬は石崎の学会に招聘されて講演を始める以前から、陽明学関連の書物を相次いで出版している。

『陽明学階梯――精神教育』（鉄華書院刊、一八九九〈明治三十二〉年）

『王陽明詳伝』（文明堂刊、一九〇四〈明治三十七〉年）
『陽明学新論』（榊原文盛堂刊、一九〇六年〈明治三十九〉年）
『改訂　日本之陽明学』（榊原文盛堂刊、一九〇七〈明治四十〉年）

これらの内容はいずれも陽明学の思想（「知行合一」、「良知」など）や、陽明学関連の人物を網羅的に紹介するものである。

またこの時期の著作には井上の『日本陽明学派之哲学』との共通点が多く見られることを述べたが、高瀬の記述が井上と異なる点は精神修養への関心が目立つことである。井上の著作では本文のほとんどを陽明学者の事績と思想の紹介に割き、陽明学の概括的な話は「叙論」と「結論」の各々十頁分にも満たない箇所に集中している。それも、朱子学との異同など具体的な論題が目立つ。日本の陽明学のことを書くという著作の性格自体も影響しているであろうが、井上は出版以前に「陽明学は倫理学が中心である」[16]と明言している。実際に藤樹の章で事蹟の紹介の次に「善行及び徳化」で一章を設けるなど、井上の関心は陽明学の倫理学的・道徳的な側面に向けられていた。一方で高瀬は、『日本之陽明学』の「例言」で以下のように述べている。

本論に於て、我国に於ける陽明学を詳述す。期する所は、王学の鬱屈を解き、青年の心術を涵養するに在り。[17]

「王学の鬱屈を解き」という認識は前出の井上の「豈に独り陽明学をして鬱屈して伸びざらしむべけんや」という見解に沿うものといえるであろうが、「青年の心術を涵養する」ことを陽明学の研究書を世に問う動機としている点は興味深い。また『日本之陽明学』の翌年に刊行された『陽明学階梯——精神教育』は、題名の通り「夫れ精神は百行の基礎なれば、之が涵養を怠るべからず[18]」という意識の下に陽明学の思想によって精神を鍛えることが主張されている。高瀬の陽明学研究は本来、精神の修養のためという目的を有していたことが分かる。

井上にとっての修養は道徳の実行を目的としていたが、高瀬にとってはどうであろうか。それについては、高瀬の次のような記述が参考になる。

維新前後の偉人豪傑、林子平、春日潜庵、高杉晋作、鍋島閑叟、雲井龍雄、佐久間象山、西郷南洲等皆な此王学を以て其の心術を涵養して大業を成したれば、王学は愈其の効験を知られて、致る所に歓迎せらるに至れり[19]。

世に自己一身を愛して、他人を顧みず、肉体的快楽に溺るる者あるは、則ち良知の霊明を蔽遮するの徒なり。王学は良知の霊明を発揮して、精神的快楽を得んとするに在り。之を要するに、自家の私欲を去りて天理を存し、〔ママ〕正心誠意以て社会の公道を履まんとするのみ。故に之を以て利己主義と為すは、大に誤れり[20]。

前者のような維新と陽明学を関連づける理解が、当時見られたことは先述の通りである。さらに高瀬の場合、陽明学によって「心術を涵養」したことと明治維新を関連づけて考えていることが分かる。後者は利己主義と対比させて、陽明学の精神性を称賛している文章である。維新の要因を陽明学に求めた時それは精神面の涵養に帰せられ、また物欲を満たす利己主義の台頭に対して、陽明学の価値を認めている。すなわち、高瀬は陽明学の同時代における意義を考える際に、陽明学の精神を重視する点に着目したと考えられる。陽明学が精神面を重視するという観点は、志士の精神への賛美や西洋の思想との対比など時代が要請したものであるといえる。

2・高瀬武次郎における陽明学

維新に貢献した志士たちの精神陶冶に陽明学が関わっていたとする見解は、井上の『日本陽明学派之哲学』の「叙論」にも見られた。しかし両者の記述を比較してみると、高瀬の特色が浮かび上がる。以下は、『日本陽明学派之哲学』の記述である。

維新以来世の学者、或は功利主義を唱導し、或は利己主義を主張し、其結果の及ぶ所、或は遂に我国民的道徳心を破壊せんとす、是れ固より其学の徹底せざるに出ずと雖も、亦国家の元気を挫折し、風教の精髄を蠧毒するものならずんばあらず。[21]

ここで井上が「利己主義」と対比させて陽明学の価値を称賛していることは、前出の高瀬の文章との通底を思わせる。しかし井上はやはり陽明学に対して国民道徳の問題、あるいは国家的な規模での倫理の問題を中心に考えている。それに比べて高瀬は、陽明学を学ぶことで精神を鍛える点に、より一層着目している。

また『日本之陽明学』で高瀬は、大塩平八郎を取り上げている。無論、高瀬も藤樹や蕃山、佐藤一斎といった人物に言及している。しかし、本書で高瀬が大塩の記述に割いている箇所は一四七頁から二二一頁。全体で二七〇頁余の著作で三十五人の人物を扱っている中で、実に七十頁以上を大塩の解説に費やしている。また井上も、『日本陽明学派之哲学』において、藤樹に次いで多くの紙幅を大塩の記述に使っている。

これを単に、当時入手できた資料の多寡だけで説明することは困難である。高瀬ないし井上にとって大塩に言及すべき理由を探ることで、高瀬の陽明学理解の一端とすることができる。高瀬の大塩に関する記述の中で、着目すべき点をいくつか挙げてみよう。

世の学者は儒学を目して倫理学とし、或は政治学とし、或は社会学に接せんとす、各説其理由なきにあらず。然れども治国平天下の本は、修身斉家にありとの説なれば、倫理を主とすることは言を待たず。今中斎の学も亦然り、而して倫理学中に於ても、主として個人的倫理に偏して、社会的道徳に論及せず、内省的方法を主とす。是れ中斎は心法を鍛錬するを主とし、唯心論を以て、学説の基礎とすればなり。(22)

儒学が倫理学を主眼とするというのが井上も同じ意見であることは、既に見た通りである。高瀬はここで、大塩の学について「個人的倫理に偏して、社会的道徳に論究せず、内省的方法を主とす」としている。社会的道徳よりも内省を重視する特色があり、その点で大塩は「唯心論」であるという。高瀬は大塩の学が「唯心論」的である点で、陽明の学を継承するものであるとみなしていた。高瀬にとっては内面を重視する姿勢が陽明学の内容であり、陽明学が内省的で「唯心的」であると考えていた。高瀬は、陽明学が個人の精神修養に資する点を中心に見ている。井上も国民道徳と陽明学の関連性を強く主張するわけではないが、井上の場合は国民の精神的な統一を最も重視しており、陽明学もそのための道徳に役立つ点で有用であると考えた。陽明学による精神修養も、あくまで道徳を目的とするものであった。

しかし高瀬が当初陽明学の正統的な在り方と考えていた内容が「唯心的」であったとしても、この時点で高瀬の陽明学観が個人の内省を重視しており、社会的な道徳に関心がなかったとするのは早計であろう。実際に一八九九（明治三十二）年刊の『陽明学階梯――精神教育』で高瀬は、大塩の行為について以下のように述べている。

天保七八年の飢饉を救わんとしたるは、実に社会的道徳心の然らしむる所ならずや。彼ハ社会主義の本領を得たる者、我邦に在て下民の為めに一身を犠牲に供せしもの、前には佐倉宗五郎あり、後には大塩平八郎あり。もし心学者が自家の心性を存養するのみとすれば、社会衆庶の苦痛困厄は、只雲煙眼視せんのみ。中斎子が兵を挙げしことの一条、已に社会的道徳を見るべく、又彼の主義が実行せられたるを知るべし。[23]

佐倉宗五郎とは、下総国佐倉藩主の苛政を四代将軍の徳川家綱に直訴した伝承が残っており、福沢諭吉などにも称賛されていた当時の有名人である。高瀬は大塩の行為に対して、飢饉にあえぐ人々を救おうとしたためであり、「彼の主義」すなわち陽明学の実行の結果であると述べる。高瀬は大塩の行為を、庶民の困窮を救済するという意味で称賛しており、陽明学に由来すると考えていた。

高瀬はこの『陽明学階梯——精神教育』を大塩の『洗心洞箚記』を「骨子」にしたと書いており[24]、大塩への憧憬が伺える。ここで高瀬の大塩への称賛は「唯心的」であることだけではなく、その挙兵という行為に「社会的道徳」が見られることに向けられている。陽明学者としての大塩への高瀬の理解は、個人の内省と同時に社会的な行為の面が並立していた。

よって高瀬が当初述べていた陽明学における「心術の涵養」とは、個人の精神を鍛えることと社会福祉の視点が連続していた。高瀬の陽明学観の根本が、国民の統合を志向する井上とは若干異なっていたことの証左である。それに対して「国民道徳」に関する主張を積極的に説く時期には、国民全体の精神的統一という視点で儒学を捉えるようになる。陽明学研究の成果を世に問い出した明治三十年代、高瀬は個人が陽明学によって「内省」をおこない、社会に資することを目指していた。後に日本が中国大陸への侵攻を強めた時期になって、国民の精神にとって思想が果たすべき役割という視野で考えるようになる。

しかしここで留意しておきたいのは井上が大塩の心情には共感していても、その行為まで擁護している訳ではないという点である。高瀬が大塩に同情しつつも、社会主義と通底する心情を読み解くのはやはり井上と共通している[25]。一方で井上は大塩の行為をあくまで非難の対象としていたが、高瀬は大塩の行為に見られる「社会的道徳」を重視していた[26]。この時期までの高瀬は井上の陽明学理解をおおむね踏襲して自身の研究に活かしており、また石崎とは対立どころか、密接な関係にあった。後に高瀬の陽明学観は、両者と異なる点が目立つようになる。高瀬は初めての陽明学研究の著作に井上の序文を頼んでおり、著作の中でも井上の陽明学理解を踏襲している。荻生が石崎を「個人主義的陽明学」の分類に位置づけるなら、前記の高瀬との対立は正に「国家主義的」陽明学と「個人主義的」陽明学の思想が、摩擦を生じた結果とみなせる。それはすなわち、国家における道徳の問題として捉えられた陽明学に「宗教的・個人主義的・世界主義的」な観点から、異議が唱えられたことを意味する。

しかし荻生は前記の著作でも両者の立場を、必ずしも一方が他方を排斥するものとはみなしていない。そうであるならば、高瀬と石崎の思想にも右記の対立からは見えてこない側面があると考えられる。次節以降でそれに触れるが、その前に高瀬の意識の基となったのは井上の陽明学理解のどのような部分か附言しておきたい。

第三節　井上哲次郎と高瀬武次郎

１・井上哲次郎と高瀬武次郎の相違

大橋健二は荻生と同様に、井上の陽明学理解を「国民道徳の補強材」であり「いわばご都合主義の陽明学にすぎなかった」と記している。[27] その井上が『日本陽明学派之哲学』の序文で、本書執筆の動機を「国民的道徳心」を知るためとしていることは先述した。[28]

「国民道徳」と陽明学の思想を関連づけて考えることは、「修養」を重んじた高瀬もおこなった。[29] 井上もまた、国民のための道徳に援用できる思想として陽明学をみなしていた。その道徳が、天皇制国家を護持する立場であることは既に見た。

高瀬が踏襲しているのは、個人の内面を修養する陽明学が社会とむすびつくという構図にある。しかし、両者は次第に違いを顕在化させる。井上がこれらの著作で具体的に陽明学に言及している訳ではない。『日本陽明学派之哲学』を出版した井上は、高瀬と異なり、その後に陽明学を主題とした著作といえば一九二二（大正十一）年刊行の『日本陽明学』[30] までない。

井上は国民道徳の問題に関心を寄せるのに比例して、陽明学と距離を置いた。それに対して高瀬は、その後も陽明学関連の著作を出版する。たしかに井上が『日本陽明学派之哲学』を出版した頃までの両者は、陽明学観も似ていた。しかし井上が国家の秩序維持に主眼を置いたのに対し、高瀬は宗教的側面にも言及した内面の陶冶、社会的意義を重視するなど微妙な温度差も見えている。少なくとも高瀬は、井上ほどには陽明学と国家との関係を重んじてはいなかった。

次に高瀬の陽明学観が、井上らと異なる特色を見せる事態について考察する。その際に欠かせない出来事が、これまでも言及したように大逆事件である。

先述のように、井上の陽明学と大逆事件の犯人を結びつける講演の内容が問題視された事態があった。その時東正堂の雑誌『陽明学』誌上では、それに反論する文章が掲載された。正堂も、次のような文章を寄せている。

其が自然に鍛錬せる精神はやがて国家精神の中堅ともなりゆくときは、我等が果たしてよく教育勅語の聖旨を服用する所以も、更に他、求むるにも及ばぬことではあるまいか。而して此れ実に陽明学の真髄であろう。[31]

一方で高瀬はこの前年、既に多くの人物が勾留された状況の中で『陽明学』誌上に陽明学が国家体制と矛盾する思想ではないという文章を掲載した。翌年の二月におこなわれた井上の講演を鑑みると、高瀬の主張は事実上井上に反対する態度になる。同論中で高瀬はまず「陽明学は実行を過度に尊重して、前後左右を顧ない」と問題点を指摘する。これは、井上も同じことを『日本陽明学派之哲学』で主張しており[32]、目新しさはない。続いて高瀬は、大塩や西郷のために陽明学が「謀反学という妄評を蒙っている」ことに触れている。そして論の末尾近くで、次のように書いた。

原来陽明学は至誠惻憺の良知を以て君に対して忠、父母に対して孝、朋友に対して信を尽くすが如き倫理綱常を以て主眼骨子とするものなり、之を陽明先生の一生に徴するに其の行動は悉く是忠君孝親信友愛人に外ならず、寧王宸濠の反を平げ諸盗を誅せしは忠君の著名なるものに非ずや、其他家族に対する尊敬親愛の念は其の言に徴して明白なりとす、然れば吾人は王陽明先生の一生の言動を模範として進まば則ち王学の正旨

に合し国家社会における善良なる人となるべし。(33)

右のような文章が書かれた背景には大逆事件があるが、それだけではない。問題点は、陽明学者とされた大塩平八郎である。右の高瀬の小論が掲載された『陽明学』二十六号には、「大塩は謀叛人ではない」「大塩の行為は、陽明学とは関係ない」という主旨の論文も掲載されていた。(34)

天皇制への叛逆とも取れる事件が勃発した中で、反体制を連想させるような人物が陽明学を奉じていたという史実は、非常にまずかった。しかも大塩の乱は大逆事件の当時からさかのぼること、わずか七十数年前の出来事である。(35)次章で取り上げる石崎東国も事件の当時、自身の主幹した雑誌名『小陽明』が大塩の呼称に由来していたために変更を余儀なくされている（第四章で詳述）。また事件が起こる前であっても、徳富蘇峰は『吉田松陰』の明治四十一（一九〇八）年に出版した新版（初版は一八九三〈明治二十六〉年）で、それまであった「革命家としての松陰」「松陰とマヂニー」(36)の項を削除している。代わりに追加された章題は、「松陰と国体」「松陰と帝国主義」「松陰と武士道」である。その中には、次の文言がある。

彼が国体論も、帝国主義も、武士道も自から一串の主義より出で来りたること疑う可らず。其の主義とは何ぞや。皇室中心主義是れ也。(37)

さらに蘇峰は松陰が孔子や孟子も批判していたと述べ、その理由をどちらも自らが仕える国を変えたからだとしている。そして「我邦は上天朝より下列藩に至るまで、千万世にして襲して絶えざること、中々漢土杯の比す可きに非ず」(38)と幕末にも注目された論理を述べる。前近代と近代の日本を思想的により明確につなげる試みは、以前からなされていた。それは明治維新の思想的背景であったとされた陽明学でも同じであり、革命が成功した後となっては、陽明学が現体制に反旗を翻す思想ではないという見方が生じるのは必然であった。

陽明学会において大塩が謀叛人かどうかという議論がされる場合にも、それを否定する見解が大勢であった。大逆事件についての井上の講演に陽明学会が反発したのは、折角陽明学の危険性を否定しようとしているところに、井上が冷や水を浴びせかけたためといえるであろう。当時の同団体に共有される意識はあったにせよ、高瀬は陽明学が国家体制に反発する思想ではないと主張している。

講演の内容によって、井上の陽明学観は高瀬との方向性の違いが明確になったといえる。井上は、陽明学が社会主義と通底するという意見を『日本陽明学派之哲学』で既に述べていた。この時もそれを重視し、距離を置いた。対して高瀬の方は、国家の秩序に反する思想ではないどころか陽明学によって「国家社会における善良なる人」になると考えている。結局この騒動は、『陽明学』の誌面に「陽明学は大逆事件と全く無関係である」と弁明する井上からの私信が掲載されるという形で、一応の決着を見た[39]。

高瀬はあくまで、陽明学が謀反や大逆事件の背景ではないと考えていた。では井上の教え子である高瀬が、陽明学に対して反国家の思想ではないという見解を述べた根拠はどこにあったのであろうか。

着目すべきは先述の『陽明学』に掲載された高瀬の論説の中で、大塩や西郷のために陽明学が「謀反学という妄評を蒙っている」と書いていることである。これを受けて高瀬は、陽明学が忠孝や国家社会を脅かすものではなく、むしろ調和するものという主張を展開していく。この場合、言外に大逆事件という大きな謀反と陽明学との関連性を否定していることは論をまたない。高瀬も井上と同様に、陽明学と社会主義の間に通じる感覚を捉えていた。しかし、それが謀反を引き起こす思想であるとは考えていなかった。高瀬が陽明学と社会主義が関連すると考えていたのは、大塩の貧民救済という社会改革の行動のためである。高瀬にとって社会主義と通じる陽明学は、社会に有益な思想であった。

社会的な視点のほかに、高瀬の陽明学にとって重要な要素がある。それが、内面の修養に援用できる点である。高瀬は井上の講演内容が新聞に掲載された当時の反応について、東正堂宛ての書簡でこう述べている。

井上先生の如く、平生陽明学を宣布し著書に講話に口を極めて其の修養上有力なることを説かるる人にして、之と相容れざるが如き演説は決して、可無之と潜に確信し居候。故に、其頃二三友人よりも、該伝説に対して弁明の必要なきやと忠告されたれども、小生は其都度笑って、新聞紙上、所伝に誤謬あるべきことを以て答え置き候が、果して三月号の貴誌[40]を繙きて小生の先見の妄ならざりしを証せり。[41]

右の文で高瀬は、陽明学と大逆事件との関連性を説いた講演内容が、井上という「其の修養上有力なることを説かるる人にして、之と相容れざるが如き演説」であったと断じている。高瀬は自身の陽明学への認識を、井上も共有しているものと思っていたのであろう。そしてその認識には、陽明学が「修養上有力」であるとの見方があるる。高瀬が井上に反論しなかったのは師に遠慮したためとも取れるが、右のような心情から井上を信頼していたといえる。

ここで言及された「修養」とはどのような意味を持ち、またそれが陽明学とどういう点で関わりを持つのか確認する必要がある。それによって、高瀬が陽明学に対してどのような認識をしていたかが分かる。

2・高瀬武次郎における「修養」概念と陽明学

王成は近代日本における「修養」という言葉の成立過程と、含意する内容を詳細に検討している[42]。王によれば近代における「修養」は、前近代の儒学での「修身」と区別するために作られ「明治二十年代以降は、『修身』を是正、ないしはそれに反発して、精神や人格の向上をはかる概念として、定着した」という。またそれにより「社会に役立つ近代国家の一員として、人格を磨き、精神と身体をともに修練することの重要性が説かれた」と述べる[43]。

また中内敏夫と上野浩道により、「近代の日本では『精神修養』と言われ、この概念は教育勅語や修身を頂点とした公教育の構造となじみやすい性格をもっていた」との指摘がなされている[44]。「修養」とは、精神面の陶冶に国家への志向を持たせる意味を持ち生じた点で、近代的な概念であったことが分かる。

さらに鈴木貞美は、日露戦争後の社会に対して「対戦へ向かう国際情勢、機械文明と競争社会の到来は、魂と地上の救済を求める声をかき立てた[45]」と状況を分析。その時代に、「修養」への熱が高まったとする。また鈴木と王はともに、同時代の「修養」は「禅」と「陽明学」が活況を呈したことに象徴されるという見解を示している[46]。

では高瀬にとって「陽明学」と「修養」は、どのような接点を持つのであろうか。大逆事件の起こる数年前のこと、高瀬が主筆に任じられた『修養界[47]』という雑誌が一九〇七（明治四十）年に創刊されている。その創刊号には「発刊の辞」が、掲載されている。署名入りではないが、表紙に「高瀬武次郎博士主筆」と明記されていることから高瀬の筆によるものと見て差支えないであろう。その末尾はこう結ばれている。

今世軽佻なる青年、自己の煩悶に堪えずして、身を渓瀑に投ずる者あり。其死や哀れむべしとするも、其事や愚の極なり。蓋し煩悶は思想進歩の一段階にして亦已むを得ざるものあるか。要は唯だ之を善導して、一大光明に接触せしむべきのみ。吾人の修養は、煩悶を去って光明に入り、修養し得たる所に依て、社会に活動せんとするに在り。是れ吾人が特に活動的なる王陽明を模範にせんと欲する所以なり。[48]

「自己の煩悶に堪えずして」身を投げた青年というのは、この四年前、一高在学中に華厳の滝で投身自殺をした藤村操（一八八六〈明治十九〉年―一九〇三〈明治三十六〉年）である。彼が一九〇三（明治三十六）年、樹皮に「厳頭之感」と題する字句を遺して自決したことは当時の知識人・言論界にも大きな衝撃を与えたといわれている。[49] 実際この騒動を契機として、高瀬以外にも「煩悶」を主題にした論が展開されることになる。[50] 右の引用文によれば高瀬の考える修養とは、煩悶の状態を去らせることを目指すという。さらにその目的は、修養によって「社会に活動」することにあると述べる。[51] そのことが陽明学の思想とも関連すると、高瀬は考えていた。

なお高瀬には、「陽明学と安心立命」と題された講演の記録がある。

世間での煩悶の結果は華厳の滝や浅間の噴火口と極まって居るが、こんな場所に赴くのはこれは口実として煩悶を用いた迄に過ぎないのである。古来幾多の聖人や賢人でさえ分らぬ宇宙の真理が、二十歳やそこらの青年に分かって溜るものでない。それは吾々は種々考えた末に何等か目的が付いたら、其所でその幹を立て、これに対して、益々枝や葉を茂らするようにするがよい。[52]

高瀬が陽明学を題材にして安心立命の重要性を説くのは、煩悶の問題が念頭にあるためである。高瀬はそれが容易に解決する問題ではないとした上で、修養の重要性を主張する。

然らば吾人が最初より安心立命を得んとしても之は容易に得られぬ筈で、其間に起り来る困難に際して短気を起すは大間違と謂わねばならぬ。之を一言にして云うならば、煩悶必ずしも卑しむべき者でなく、これと同時に良心は尊きものであるとのことである。この感念は必ずしも陽明を俟って然るにあらず。凡ての聖人に於けるも亦然りでありと思う。されば吾人は自己の修養に就て陽明の学説を研《きわ》めまた彼れの記述した文章を読むことは、甚だ適切なことであると信ずる。(53)

高瀬は当時話題になっていた煩悶の問題を取り上げることで、陽明学を精神の修養に用いるべきことを述べている。

では社会に活動するとは、この場合どのようなことなのであろうか。『修養界』一巻三号に掲載された高瀬の「修養と福楽」には、以下のような文言が見られる。

猛烈なる名利心に駆られて成就したる事功は、固より充分の価値を有するものにあらず、古今東西の偉人が高尚なる人格を具て顕著なる功勲を奏し得たるは能く人生の真意義を知りたるに由らずんばあらず。修養の必要なる所以是に至て充分明白ならん。修養の目的が己に人格高進と事業成就との二者を兼ぬるにあれば修養に志す者が万事万物に就て善を為し悪を去るの方針に出ること固より論なし。(54)

修養の目的が、「人格高進」と「事業成就」の双方にあると語られる。事功を立てても、それが「名利心」という動機から出たものであるとしたら価値が低いとされる。ここで修養の具体的内容が、「善を為し悪を去る」ことにあるという。「善を為し悪を去るは是格物」という陽明の有名な四句教の一節を引くあたりは、やはり陽明学を重んじているといえる。すなわち高瀬が修養の必要性を主張するのは、人格的に高潔な人物となるためである。高瀬が修養によって社会に活動することを説く、その具体的内容とは右のような成果を指す。

高瀬がここで用いている「事業」とは、どのようなことを指すのか。そのことを解くための文章が、先に言及した「陽明学と安心立命」である。

現今の世の中では道徳や宗教は無くとも何か大事業に成功した人を以て尊ぶ風があるが、茲に於てこそ陽明の教訓は甚だ利益があるので、彼れの教ゆるままに従えば事業家と雖も正しき心を以て其事業を経営せねばならぬことになる。斯様にして彼は、道徳、宗教、学術を一身に供えた上に大事業を企て得らるると説くのであるが、これは果して今の世に於て行わるることであろうか。現今では誰しも道徳と事業とは相一致せざるものの様に考えて居ることから、中には事業家を以て目せらるる人が随分道徳に背いたことをして居るのを見受くる。併《しか》し、子細に見来れば、これは中途の事業家で、真の大事業家とも謂わるる先輩の云うことを聞けば、矢張り道徳と宗教と相伴うに非ずんば真の事業は挙げられぬと、丁度陽明と同じく其所まで考えが進んで居る。陽明の学にして其価値のあるのは此点である。(55)

ここで述べられている「事業」とは、経営や社会貢献を意味する今日の用法に近いといえる。高瀬は、事業に成功する者が「道徳、宗教、学術」を具えることの重要性を説く。高瀬が求めているのは、社会的な成功を収める人間に対して高潔であることである。陽明学は、そのために有益であるとする。

高瀬は井上と同様に「知行合一」の思想を知識の実践の重視とみなしており、「学問と事業」の一致を主張していた。[56] 陽明学に基づく方針で修養をおこない、人格を陶冶した人間が社会に進出することを高瀬は望んでいた。逆にたとえ社会的な成功を果たしたとしても、個人の精神が修養による高尚さを有していなければ認められないことになる。それならば高瀬の修養の目的とは、第一義には精神面の陶冶にあったといってよい。さらにそのような人間が世間に増えることで、社会に資する可能性も示されている。高瀬には修養による個人の成長ひいては社会へのよい影響が考慮されており、この場合、陽明学的な手法は手段に過ぎなくなる。

『修養界』の主筆を務めた頃の高瀬にとって、陽明学の修養をおこなうことは社会へと向く以前に精神を陶冶することにまず重きを置いている。前出の書簡で高瀬は「其の修養上有力なることを説かるる」と評した井上に対して、「陽明学が大逆事件と関係していることをいうはずがない」と考えた。このことの意味も、判明してくる。陽明学による修養をおこなっている人物ならば、謀叛のようなことを企てるはずがないということになる。高瀬は、陽明学による精神の修養を重視していた。その目的には、社会における成功とともに人格の成長があった。この二つが重なる時、陽明学を修めた人間は社会にとって有害な性格であるはずがない。高瀬にしてみれば『教育勅語衍義』も執筆した井上が、陽明学と謀反の間に関連性を見出すということが不自然な事態に映ったであろう。そのことを象徴するのが、高瀬の用いている「修養」という言葉である。

井上は陽明学が国家の体制にとって不利益となる思想に通じる可能性を指摘して、陽明学から離れた。井上にとって陽明学は、精神面から国家の秩序を護持する目的で援用されていた。一方で高瀬は大塩の解釈に象徴されるように、陽明学の内省的な面と社会的道徳の面の両方に着目していた。高瀬は内面の修養が結果的に社会を益するという視点で、両者を結びつけたといえる。ただし井上とは先に見たような事情で、異なる路線を歩むことになった。高瀬はあくまで、陽明学が危険思想であるとは考えなかった。

ではそうした「修養」を重視した高瀬の国家主義的な側面は、具体的に陽明学をどのように解釈したために形成されたのであろうか。それを考察することで、高瀬の陽明学観のどういう点が、帝国主義に接近する思想につながるのか明らかにする。

3・高瀬武次郎の陽明学と帝国主義

高瀬はまた、陽明学について『日本之陽明学』の中で次のような認識を示していた。

大凡そ陽明学は、二元素を含有するが如し。曰く事業的、曰く枯禅的是れなり。枯禅的元素を得ば、以て国家を亡すべく、事業的元素を得ば、以て国家を興すべし。(57)

陽明学の中に、国を益するか損じるかで正反対の要素があるという。さらに、中国における陽明学は「枯禅的」であると述べている。(58)高瀬は、中国の陽明学に対して否定的な見解を有していた。

明末の王学者を見るに、多くは彼の頓悟の風を仰ぎ、心法を是れ事として事功を顧みず、黙坐調息を以て王学の本領と為せる者の如し、然らざる者も亦外観頓悟を粧うて狂逸を以て高と為し、遂に人倫を蔑如し、道徳に悖反し、媚を権門に納れ、賄賂を公行して、猶お謂えらく是れ末節のみ、未だ我心学を害することなしと、斯かる徒は勿論似而非王学者なれども、滔々相率て此風を醸成せるが故に明末の陽明学は不幸にして天下紛擾の原因の一に数えられ、後人をして漫りに聞くに忍びざるの悪評を為さしむ。(59)

陽明学に基づく「修養」により、国家に有益な人物となることを求めた。そのために、明末の陽明学者たちを「心法」のみに注力する「似而非王学者」と断じた。明末の動乱への影響すら、そこに認める。

その上で高瀬はこう論じた。

　我邦陽明学は、其特色として一種の活動的事業家を出せり。藤樹の大孝、蕃山の経綸、執斎の薫化、中斎の献身的事業より、維新諸豪傑の震〔ママ〕天動地の偉業に至るまで、皆な王学の実ならざるはなし。(60)

高瀬は日本における陽明学を、本来国ないし社会のための事業をなす思想と想定している。それと対比させて、中国の陽明学を貶めている。当時の日清戦争の勝利による優越感も影響していると思われるが、このことを即座に高瀬の領土拡張擁護の意見と結びつけるのは早計であろう。当時の知識人であれば内村のようなキリスト教徒であろうと、社会主義的な傾向を持つ人物であろうと、国家主義的な言説を幾分か論の中に有していることは、珍しいことではない。日露戦争に反対した内村鑑三も、日清戦争を「義戦」と位置付けていたことはよく指摘されている。陽明学に基づく国家主義的な主張が、必ずしも帝国主義容認の思想に直結はしない。

そのことを示す高瀬の文章がある。

　問う、王学が心術涵養に力あるとは既に命を得たり、然らば謂わゆる心術涵養が、我国民道徳に貢献する所幾何うや。曰く、固より貢献する所なしとせず。されど方さに今我国民道徳は、方さに過渡期に際して、未だ確固たる定説なきに似たり、必ずや偉大なる人物起りて、之を確定するの期あらん。吾人は只括目して其一大改革を望まんのみ。但目下、乳臭青衿の小倫理学者が直感的脳裏に描ける空想倫理説は、到底実行せらるべしとは信ぜられず。惟《おも》うに之が改革を成就するは、能く東西古今の倫理説を精研し、我邦目下道徳界の現状を明知する人にして、炎々燃ゆるが如き熱誠を懐き、以て社会を風靡し得る者なるべし。而して王学は根本たる精神を修養するを主とし、日常些細なる説目には説き及ばざるが故に、今後如何に改革することあるも、之に対して力を添うること疑なし。(61)

ここに高瀬の陽明学への態度が、よく表現されている。高瀬は、「過渡期」にある国民道徳に関心を寄せ、陽明学がその確定に貢献できるものと信じていた。ただし、両者の関係を排他的に認めている訳ではない。精神修養を中心と考える陽明学がそれに資するとしているのみであり、国民道徳は種々の思想によって構築されるべきと考えていた。陽明学の思想が、必ずしも国民道徳と直結している訳ではない。

さらに、そのように陽明学が現今の道徳と結びつけられるのは、「根本たる精神を修養するを主とし、日常些細なる説目には説き及ばざる」ためであるという。高瀬は陽明学について、精神の修養が国民道徳の問題とはつながっていても、日常範囲内の倫理や道徳には関わらないと断言している。むしろそのために、国民道徳に対して「力を添うる」と述べている。このことは、石崎との対立を考える上で示唆深い。

石崎が、高瀬の国家主義的な主張に反発したことは先述した。そもそも両者は、なぜ陽明学観において対立するようになったのであろうか。荻生によれば両者の対立は、高瀬の「我国の徳育と孔子教」(62)と題する一九二二(大正十一)年の論説の内容に端を発するという。高瀬はこの論説の中で、辛亥革命後の中国において国民の精神的統一のために儒教を採用することを求めている。これに対して、石崎は反発した。この論説で高瀬は、欧米の人心統一は宗教によってなされてきており、それを日本に適用することに異を唱えている。(63)その上で高瀬は中国において儒教を国教と定めることに対して、意見を述べている。冒頭で言及した荻生は、この部分を引用して次のようにまとめた。

高瀬は、日本の「国民道徳」の基礎は皇室であり、革命後の中国ではかかる国家的結集軸は存在しないから、「支那国民精神統一策の第一要件」として、孔子教の国教化は支持されると主張した。[64]

荻生は引用していないが、高瀬は同じ文中で儒教が「徳教」であるが故に「信教の自由」とは抵触しないと述べている。その上で、「若し憲法の明文の信教自由と抵触すと云うならば、但書を附して両者を並立せしむるも亦た可ならん」と書いた。後述するが、高瀬が儒教の国教化に際して憲法の「信教の自由」の規定に言及している点は石崎と変わらない。それでは、両者の意見の対立はどこにあったのであろうか。

ここに、石崎と高瀬の対立の遠因を考える上で重要な証言がある。石崎が『陽明』から改題した雑誌『陽明主義』[65]に、一九二二（大正十一）年に掲載されたある会員の説明である。大阪陽明学会が「主として東洋哲学の今日の社会に実際に行わるべき創意工夫に重きを置く」のに対して、高瀬の毎月開く経書の訓話が、「現実問題や思想問題に殆ど理解なき事実を暴露されたるものが博士（引用者注・高瀬）の感情に訴えて雑誌の主幹石崎氏との間に爆発したる次第」ということである。[66]

すなわち高瀬の議論が学究的に過ぎることを非難した石崎との間で、両者の関係が悪化したとしている。石崎は同年に「処で吾等が主義といったのは陽明の宗旨を思想的に溶き流して日常の生活そのものの裡に生かそうとする、それは陽明のイム[67]スであり、陽明学の民衆化でなければな（二字脱字）と信ずる」[68]と発言している。石崎が陽明学を普及させて社会に直接活かすことを望んでいたとすれば、右の会員の証言も不自然な説明ではない。[69]

これは、高瀬の議論が「現実問題」に関心がないという指摘である。しかしここまでの高瀬の陽明学への意見を見ると、高瀬は本当に学問としての陽明学にだけ注意を払っていたのかという疑問が出てくる。むしろ高瀬は陽明学の史的研究のほかに、陽明学の思想を援用する対象として国家や国民道徳にまで言及して論を展開していた。精神の修養を陽明学の課題として重視し、その延長上に国家の道徳の問題があるという主張を有していた。そのため陽明学が「精神修養上有力」であることを説く井上が、陽明学と謀反の思想の関連を述べることは、高瀬にとって考えられないことになっていた。

一方で石崎は陽明学を活かす対象として個人以外を設定しているのは同様であるが、両者の見解には確実に相違が見られる。高瀬にとって陽明学の修養は、その延長上での国家は想定できても、「根本たる精神を修養するを主とし、日常些細なる説目には説き及ばざる」ものであった。先述の石崎の態度とは、好対照をなす。そのように考えるならば、石崎の批判が生じた背景も理解できる。

石崎が着目していた意味での「現実問題や思想問題」は、高瀬にとってさほど重視されてはいなかった。詳しくは次章で述べるが、石崎は陽明学を資本主義の席巻などの社会問題を解決する思想とみなしていた。そうした点は、高瀬の主張には見られない。石崎が高瀬の講義の「学究的」な性格を難じたことには、そのような背景があったことが分かる。

そもそも高瀬が石崎の雑誌にも、国家主義的な立場を擁護するような論稿を寄せていることは既に見た通りである。高瀬と当初蜜月関係にあった石崎が、国民道徳への言及を知らなかったとするのは不自然といえる。高瀬が指摘された「学究的」という言葉の裏には、ただ単に現実の問題に無関心であるということではなく、国家とは異なる一般の社会に対して関心が薄いという非難が込められていたのであろう。石崎の批判は高瀬が学問としての陽明学にのみ注力していたためではなく、その現実への適用の仕方の点に遠因があるといってよい。

また「修養」という観点から陽明学と国家への志向が結びつく点で、井上の陽明学観とも微妙に相違を見せる。

高瀬は陽明学を、国民道徳の問題に援用できる思想であるという井上の認識を支持していた。その上で井上は陽明学が謀反と関連するという理由から距離を置いたが、高瀬は陽明学と社会主義が関連しうることは理解していたものの、謀反と結びつける解釈は取らなかった。そして個人の内面的な修養の結果が、国家に貢献しうるとした。両者の相違は、陽明学が国家にとってどのような関係を持つかという意見の違いが顕在化したものといえる。

しかし高瀬が修養の成果をどのようにして現実の社会で実践すべきかについて、具体的に論究している箇所はこの時ほぼないといってよい。国民道徳の問題にしても、それが寄与しうるという可能性を指摘したにとどまっている。高瀬は日本の中国への侵攻に際して人心の結集のため日本における皇室のように、儒教が中国の国教としてふさわしいことを説いた。それと比較して、ここまでの高瀬の陽明学観は具体的な社会への適用に踏み込んで論を展開していない。高瀬において陽明学ないし儒教の問題は国民道徳と結びつくことは示唆されているが、具体性に欠けている。

この時はまだ国家主義を擁護する意見というより、精神上の修養が結果的に反社会的でない国家に有益な人間を作るという内面の改良に力点をおいた思想であったとするのが妥当である。精神面の陶冶が高瀬の主要な関心事であり、帝国主義への展開はまだ高瀬にとって主要なテーマになっていない。

ちなみにここで前出の溝口の主張を思い出してみると、興味深い視点が加えられる。溝口は「天」と「人」が「合一」する場としての「心」を重んじるのが、日本的陽明学の特徴だと論じた。日本の陽明学の伝統が心において「天」に向かうべきことを重視しているとしたら、内面的な修養を基礎とした高瀬にとって、合一すべき「天」とは国家的な秩序という近代的な概念ということになるかも知れない。このことを筆者に示唆してくれたのは、宮城公子の次の文章である。宮城は朱子学においては「本然の性」、陽明学においては「良知」が人が本来的に天命を受けていることの表現だとして、「実学思想」に対して以下のように評した。

「本然の性」、あるいは「良知」といった内面的価値と政治的価値との、一体化をいう「実学思想」も、この「天人合一思想」と無縁でない。治国平天下を達成し、民をしてそのところを得せしめることは万物を生きせしめる天の意志の実現であり、「天地の化育を賛ける」行為であるから。実学思想はいわば、天人合一思想の不可欠の一環であるといえよう[70]。

政治的な経営を図ることが、そのまま儒教的な天の意志を実現することになるという。ちなみに宮城は、こうした天人合一思想や実学思想が「東アジア世界観の根強い伝統である」と続けているが、ここに国家という視点が顔を出すことは無論近代的な儒教解釈であろう。その意味で捉えれば、「心」を志向する陽明学が「近代に国民国家建設のために作為された言説」であるという荻生の主張にはひとまず一致する。

たしかに高瀬は、精神修養としての陽明学が国家にとって有益な人間となることを考えていた。しかし帝国主義を擁護する思想を展開するのは、そうした意識と相即ではない。高瀬にとって明治期における陽明学研究が帝国主義及び国家主義の擁護に展開するのは、精神的な修養が国家に有為な人材を育てる態度の個別的な事例であると考えられる。

以上のような点から、高瀬と石崎の陽明学に対しての意識には、懸隔が生じていたといえる。それは陽明学観の衝突というよりも、陽明学研究の意義に対する見解の齟齬に帰せられる。両者の見解が対立に至る理由には、こうした周辺の事情も考慮されるべきであろう。

とはいえ帝国主義的な領土拡張論を容認する高瀬と、石崎との間に衝突があったことは事実である。両者の価値観の相違について把握するためには、この論争についてもより正確に検討しておかなければならない。

第四節　高瀬武次郎と石崎東国の対立

1・高瀬武次郎と石崎東国の中国観

荻生は先述のように、高瀬が一九一七（大正六）年に掲載した論文が両者の対立を招いたとしている。しかしその前年に石崎が書いた文章によって、既に論争ははじまっていたと思われる。『陽明』五巻十号の冒頭に、石崎の「支那の孔子国教問題」[71]と題する小論がある。それは日本が、中国大陸への侵攻に際して「国民教育は孔子の教を以て修身の大本を為す」と定めたことに対する問題提起という形をとっている。石崎は当地のキリスト教徒が「信教の自由」の立場から、これに反発していることをまず指摘する。石崎もこれを支持し、次のような意見を述べる。

而るに支那の帝政を覆し、共和国を布く。その定むる所の憲政に独り国教を定め之を以て国民を規するは、事実上信教の自由と抵触せること言うまでもなかるべし。

ここで石崎が言及している当時の中国の「憲政」について、確認する必要がある。アヘン戦争から日清戦争の敗北にかけて、中国国内で改革への気運がたかまる。一九〇五（明治三十八）年には時代の波に遅れているとされた科挙制度が廃止され、「立憲大綱」が制定された。その三年後には「憲法大綱」と国会開設の公布がなされる。そして一九一一（明治四十四）年に武昌蜂起があると、「大清帝国憲法重大信条十九条」という立憲制を認める憲法が作られた。共和政が敷かれるものの、総理大臣に任命された袁世凱と帝位を重んじる朝廷の側で調整が難航する。その時諸外国と交渉していた孫文が帰国すると、臨時大総統になることが決定した。なお一九一一年に制定された憲法に関する法律調査では、日本から四人の法律家が派遣されて彼らが起草に寄与している。

その後、袁世凱が総統の座につくと「中華民国憲法草案」(天壇憲法草案)が起草された。これは「孔子の道」を、修身の根本とするものであった。強権的な袁政権は、孫文らの国民党と対立し、彼らの議員資格を剥奪するとともに国会を解散した。孫文は日本に亡命して、東京で「中国革命党」を組織した。当時の中国大陸は、日本も巻き込んで混乱の渦中にあった。[72]

さらに、第一次世界大戦が勃発。一九一五(大正四)年には大隈重信内閣によって対華二十一ヵ条要求が出され、南満州など中国国内における日本の利権の増大が図られた。日本の大陸への圧力が、強まっていた時期でもある。また孫文が一九一二(明治四十五)年一月に出した「臨時大総統宣言書」の中では、「五族共和」が説かれている。これは実質的に漢民族が他民族の支配を強化することにつながった思想とも評価されるが、[73]多民族を統治するための共通の思想としての意義があった。高瀬による儒教の国教化を求める言説は、そのような時代状況に乗じてなされた。当時は、中国の国民を精神的に統一する手段が求められていた時期ともいえる。

「中華民国憲法」は儒教を中国の民衆の精神面の基軸として定めたが、石崎はそれに異を唱えている。その根拠として石崎は、日本の例を挙げる。

我が維新の改革には種々原因あるべしと雖も神道の勃興民心を喚発したるもの其の主なる原因なり、斯れは神道こそ日本の国教と定めて憲法に制定せられんも何等の異議なきにも近かるべきに、而も先帝の欽定憲法は明に其第二十八条に規定して日本臣民は安寧秩序を妨げず及臣民たるの義務に背かざる限に於て信教の自由を有すとありて神道、儒教、仏教も耶蘇教も信教上には同じき待遇なり。[74]

石崎はここで決して、陽明学のみを特別視しているのではないことに着目する必要がある。前述したように石崎は幕末の志士たちの思想的背景に陽明学があったという見解を有していたが、それと右の意見とは矛盾しない。維新の原因には神道があり、志士の精神には陽明学の影響があるという複合的な見方は充分成立する。

「神道の国教化」を考える時、石崎の頭には天皇制の問題があったと思われる。それでも石崎は、「信教の自由」という憲政の立場を支持している。また陽明学や儒教があらゆる場に適用されるべきとは考えておらず、儒教の国教化に反対している。その上で「是れ憲法に規定して苟くも信教の自由と抵触する如き法律の制定をや」と結論する。石崎は憲政上の理由から、中国の民衆の精神面に儒教のみを適用することを避けている。

この号が発行されたのが、一九一六（大正五）年の四月である。その翌年の四月、『陽明』六十三号丁未四月号に「孔子国教論」と題する論説が掲載される。[75] その間に袁世凱が死去。総統府と国務院の対立、軍人による北京占領など不穏な空気がただよっていた。この「孔子国教論」は、高瀬の文章からの抜粋である。付された石崎の跋文によると「支那の孔子国教問題」に対して反論がなかったものの、高瀬の「惺軒苦談」（未詳）に載せらせた文章を発見したので、転載したという。ここで高瀬は、中国に対してこう述べる。

孔子教を以て国教とすることを、最大要件と為すべきなり。何となれば我邦の如き信教自由として一宗教を以て国教とせずとも、国民の帰向尊崇すべき万世一系の皇室あり。皇室は歴史的に万善の府として我邦の中心を形成し、宗教を又は主義の如何を問わず国民一斉に此中心に向えり。[76]

日本には「信教の自由」があっても、国民がよるべき中心としての皇室はあるという。[77] それと同様に、中国にも儒教をあてることを主張する。高瀬にとってそれは「支那国民精神統一の第一要件である」ということは、先述の荻生の論も引用している。高瀬が考える精神面での統合において、「皇室」と「儒教」は同じ役割を担っている。さらに高瀬は「信教の自由」も考慮する。

支那の憲法に明記せる信教自由と抵触せざる程度に於て、孔子教を国教として之を奉じ、孔子を以て教育上の模範人物と為し其教義を以て国民道徳の基礎と為し、之を以て支那全土人心統一の大綱と為さば誠に支那国の幸ならん。(78)

信教の自由に配慮しつつ、儒教を国教と定めることで中国の国民道徳とすべきことを説いている。ここで高瀬が国民道徳の問題に触れているのは、中国の民衆の精神的な統一のためである。高瀬は中国の国民のための道徳を、儒教にすることを提案している。(79) 高瀬が儒教を「徳教」であるとみなしていたために、「信教の自由」には抵触しないと考えていたことは前述した。この点で、石崎とは意見の相違を見せている。両者の対立は、儒教に対する価値観の違いである。また、ここで高瀬の意識に儒教と「国民道徳」の問題が現れ、かつ明確に現実の政治にそれを適用しようとしている。高瀬が陽明学研究の成果を発表した時点で、国家主義的な主張を積極的に展開していた訳ではないことは前述した。それが盛んになってくる時期と、右の論稿が雑誌に掲載された一九一七年は重なる。

ここでは儒教を奉じることによる中国の民心の統合が、国家の秩序を維持する手段と考えられているといえる。高瀬の「修養」という言葉の使い方において、陽明学と国家に資する視点が結びつけられていることは先述した。そこでは陽明学の修養によって内面的に成長することが、国家に有益な人材になることにつながるという意識が見られた。右の高瀬の「孔子教」に対する意見は、そうした見解の延長上にある。儒教を国教として精神面の結集を図ることとは、中国という国家の統治に資すると考えていた。それに対応するのが、日本における皇室の尊崇である。「国民道徳」という言葉をここで高瀬が用いているのは、そのことを如実に示している。先の引用文で高瀬は陽明学が国民道徳の形成に役立つと考えていたが、精神の修養が国民道徳の形成に関わるということを述べただけで、まだ抽象的な内容にとどまっていた。

ここでは高瀬の意識に儒教と「国民道徳」の問題が現れ、かつ現実の中国の政治にそれを適用しようとしている。高瀬は中国の「国民道徳」の基礎を、儒教とするように求める。こうした論理は、「国民道徳」によって国民の精神的な統一を図ろうとした井上に似ている。しかし井上が国民道徳を主眼にしてその理解に援用するために陽明学に着目していたのに対して、高瀬は陽明学が精神の修養に役立つという点を主張する。必ずしも、国民道徳の構築に関心を傾けていた訳ではない。

高瀬が中国の「国民道徳」として日本における皇室のように儒教を推奨したのは、中国の国民の精神的な統一を図るためであった。それより十年以上前まで遡った頃の高瀬は、陽明学が精神の修養に資することを説くものの具体的な社会への適用に踏み込んで論を展開していない。井上は同時期の段階で国民の精神的な統合を志向しており、そのために明治期の社会体制を導いた陽明学も修養すべきと考えた。それに対して高瀬は、「国民道徳」が精神的な統合を目的とすることは同様であるが、陽明学の精神修養との関連をほとんど想定していない。高瀬にとって陽明学は当初、個人の精神修養に用いる思想であった。

井上と高瀬には、右のような違いが見られる。しかし高瀬は時代が下ると、中国の国教を儒教にすべきであるという具体的な提案をしている。さらに「信教の自由」という現実にも気を配っており、実現しようという意図があったことが分かる。高瀬が陽明学と国民道徳の問題を延長線上で考えてから二十年近い月日が経っているものの、少なくとも儒教が人々の内面の道徳にはたらきかけ、それが社会に資するという発想は変わっていない。

その高瀬の道徳観が、中国の人心統一という社会の状況に際して具体的な提案として結実したのが右のような主張であると考えられる。(80)

2・歴史的背景について

ここまで高瀬やその周囲の人物の陽明学をめぐる思想を確認してきたが、以上の問題と関わる点を、本節では思想史的な部分から考察する。井上や高瀬が右のような見解を懐くようになったことに、歴史的な条件はどのように関与しているのであろうか。前章では陽明学の社会への適用という立場からの考察を試みたが、この点をもう少し考えてみると興味深いことがわかる。

日清戦争から辛亥革命にかけて日本人の中国への関心が一時高まりを見せ、漢学復興の機運が盛り上がりを見せていたようである。(81)井上や高瀬の著作も、この時代の気分に乗った所産であるといえる。この対清戦争への勝利という意識は、やはり陽明学にも影響を与えている。

東正堂が一九〇六(明治三十九)年に発刊した『王学雑誌』の発行母体は明善学社という組織であるが、正堂が設立者である。その規則第一条には「本社は、陽明王子の学を振興し以て世道人心の扶植に資するを目的とす(82)」とある。ほかにも後進の教育や有益な著作の刊行が挙げられているが、第一に陽明学の普及が社会にとってどのように有益な効果があるかということが考慮されていたといってよい。

思想を当時の社会へ活かそうとする主張の背景には、井上に見られるように西洋思想の流入に対する東洋思想の対抗意識が感じ取れるであろう。例えば、近代日本の仏教者に関する研究ではあるが、小川原正道は次のような見解を示している。

彼等を支えていたのは、日本が文明国として未開・蒙昧な中国やインド、チベットを開化させていく義務があるといった世界観と、日本仏教に対する大きな自信、そして西洋・キリスト教に対する危機感であった。[83]

この構図は、儒教を奉ずる者にも適用できると思われる。これまで本書で言及してきた陽明学者・陽明学研究者たちのいずれも陽明学が現今の社会に適用できる自負か、西洋思想の普及に対する危機感、あるいはその両方を抱えていたといってよい。

小川原は、当時の中国大陸における仏教布教運動が本格的になることがないまま衰退したことを述べた上で、このような指摘もおこなっている。

ただ、注目されることは、運動の中心になっていた人物には、当時の宗教（特に仏教）に対する批判、とりわけその非社会的有用性に応え、社会的有用性を発揮していかなければならないという問題意識が存在していたことである。[84]

西洋思想の流入と自らの思想が現実との接点を持つという自負の間で、陽明学においてもその普及のために、「社会的有用性」を求める姿勢へと展開していったといえる。三宅の『王陽明』における社会主義擁護の主張、井上による国民道徳との関係もこの系譜に連なる。そうした事情の中で高瀬と石崎の対立は、どのような意味を有するのか改めて検討する。

まず高瀬と石崎の対立が表面化した一九二二（大正十一）年という年であるが、この年日本と中国の関係において重大な出来事があった。第一次大戦中、日本軍は山東半島にあるドイツの租借地であった青島に占領体制を敷いた。さらに一九一五（大正四）年、袁世凱政権に対する対華二十一ヵ条要求で、山東省のドイツ権益の継承を認めさせるなど厳しい要求の大半を了承させた。日本の政策により現地への移民は一九二一（大正十）年の時点で、一万八千人に達したという(85)。

しかしワシントン会議で、かつてのドイツ権益は中国に返還されることが採択された。このワシントン会議が開催されたのが、一九二一年の十一月から一九二二年の二月である。同時にこの会議で日本は米英仏と平和条約を締結し、主力艦を米英の六割しか保持できないことになった。また大戦中には戦時不況が一因となるロシア革命や、日本で物価上昇に伴う米騒動が起こるなど、後の社会主義者たちに大きな影響を及ぼす出来事があった(86)。

このことが本書に関係してくるのは、石崎東国が大戦の終結後の一九一八（大正七）年に、自身が発行する雑誌『陽明』に掲載したある文章であろう(87)。石崎はそこで今回の大戦を、科学的・物質的に発達した文明の行き詰まりであると考えた。その上で、「軍国主義」と「資本主義」に「陽明主義」が相対するとの主張をしている。また二年後には、さらに議論を発展させて以下のように述べている。

> 軍国主義の世界を改造するという、而してその跡〔ママ〕資本主義の世になることを意とせない、彼等は政治をデモクラシーに立つべきことをいう、而も人間をデモクラシーにすることを知らぬ、彼等は覇王の世界を悪む、而も心は功利主義の奴隷となって居る、モ一ツ早く言えば労働問題に熱狂する労働者彼等自らが資本主義気分を以て只機会を利用せんとするだけではあるまいか、学者の道徳を口にする愛国者の忠君愛国を説く、その道徳が口より消〔ママ〕ひ、その忠愛が止むに止まれざる心に根さずしては稔りの時がない、人類社会一切の改造は先ず人類世界の創造から来たらねばならぬ、そは知行の合一に依らずして得らる可きでない、我が陽明主義の改造の哲学といわれる所以である(88)。

石崎は雑誌創刊の以前より労働問題に関心があったが、この後自身の提唱した「陽明主義」なる思想によって、社会主義的、平和主義的な主張を展開していくことになる。[89] またそれ以前に中江兆民に私淑しており、大逆事件に際しても兆民について「人道の為めに活動するに至てはモハヤ陽明家中にも稀に見る発展と云わねばならぬ[90]」と述べている。石崎には大戦以前から、社会主義への傾倒が認められる。

大戦を経た石崎は、陽明学の現実への適用に際して以上のような志向を有していた。石崎による高瀬への批判は、高瀬の陽明学の講義が学究的に過ぎ「現実問題や思想問題に殆ど理解なき事実」が指摘されたものであった。元来、社会主義的な傾向を有していた石崎が第一次大戦やそれに伴う社会不安の影響を受けて、陽明学をより現実の問題を解決する思想として捉えるように深化した。

3・対立の遠因

石崎が陽明学による社会の改良を意図していたとすれば、陽明学を一般社会に活かすための視点であったといえよう。社会主義に関心があった石崎は第一次大戦などの経験を経て、「軍国主義」と「資本主義」の席巻する世界の改良を唱えた。それは陽明学を謀反につなげることではなく、現実の社会に適用させる方途であった。よってこの場合の社会とは国家というよりも、一般の国民の社会及びその生活に近い感覚であろう。その中で石崎にとって高瀬は、どのような存在であったのだろうか。

石崎は、高瀬の議論に対して「現実問題や思想問題に」無関心な点を批判したが、高瀬は陽明学を国家の問題に適用させようとしていた。それに対して石崎が陽明学を活かそうとする際には社会主義的な観点から、一般の社会を注視する姿勢を強くした。高瀬が必ずしも社会問題に無関心であったとはいえないが、少なくとも石崎のような社会主義的な観点とは一線を画していたといえる。やはり井上の直弟子である高瀬は、社会の人心における一定の秩序を志向していた。その思考の具体化が、先の中国の「孔子教」問題である。高瀬は陽明学を含む儒教が、民心の結集に寄与するとした。石崎の想定する「現実問題」が国民の生活ということである限り、高瀬のような視点に反発することは首肯できる。

では一方で、高瀬側からの視点はどうであろうか。荻生茂博は、高瀬が自説を展開した背景について「ヨーロッパ遊学中の第一次世界大戦の経験により井上哲次郎の後継者に思想的に純化したこと」(91)によると説明している。こうした見解はおそらく、当時の高瀬の認識として誤っているとはいえないであろう。しかしそれが、中国に対する帝国主義的な主張と儒学の結合に発展するのはなぜであろうか。

高瀬は陽明学による修養によって、個人が国家にとって有益で社会に資する人物になるべきと主張していた。高瀬にとって儒教は精神面の陶冶に用いられるべき思想であり、その点で国家ともつながっている。そうであるならば、高瀬にとってこの目的にそぐわない点は採用されるべきではないことになる。それは丁度、井上が陽明学に謀反との関連を感じて距離を置いたことに似ている。井上もまた陽明学を論じる際に、個人における道徳の問題を意識していた。そうした意味で高瀬は、井上と意見の対立を見せたものの井上の陽明学観の正当な後継者であったともいえる。両者にとって陽明学は、国家のために個人の道徳に応用すべき思想であった。

辛亥革命による混乱も収拾されず不安定な大陸への懸念が、高瀬の元来有していた精神面と国家のつながりを重視する感覚を現実の政治への関心に発展させていった。高瀬の陽明学は、天皇制という国家主義の論理につながる姿勢も有していた。その意味で石崎が陽明学を社会主義的な発想で捉え、一般社会に活かそうと考えていたのとは異なる。すなわち高瀬と石崎の対立までの両者の文脈を、時系列で整理してみると次のようになる。

高瀬は国民道徳の形成において、陽明学が精神の修養をおこなう思想であると認識していた。それは、井上の態度に近似している。ただし、後に井上の陽明学観とは謀反に関連があるかどうかの相違で路線を異にすることになる。一方で日常の問題に関わるものではないとも考えていただけに、高瀬の論はやや抽象的な内容であった。対して石崎は、社会主義的な傾向を以て陽明学を奉じていた。一九一六年に石崎は「信教の自由」から、儒教の国教化に異を唱える文章を発表している。同時期に高瀬の書いた儒教の国教化論では、日本における皇室と同様に儒教を国民の人心統一の結集軸とすることが提案されている。ここにおいて内面の修養によって国家に資するという高瀬の陽明学観は、具体的な形で展開したといえる。さらに一九二二年になると、高瀬の態度が「学究的」に過ぎるという石崎の指摘で対立が表面化する。それは元来、高瀬が有していた陽明学の修養が国家に直結するという主張に対して、一般社会の改良を企図する石崎が反論したものである。石崎が重視していた「現実問題」とは、日本の社会における民衆の問題であった。

両者の異なる陽明学への態度が、明治末から大正期にわたる日本と諸外国の関係をめぐる状況で、先鋭化していったことは想像に難くない。石崎は社会主義の台頭や経済不安から、より現実の社会への関心を深めた。一方で高瀬は、国家の統治を図ることを個人の精神面から考えた。大陸への侵攻の中で、その思考が中国にも向けられることになる。その目的のために必ずしも陽明学的発想が絶対視されてはいないが、高瀬は井上の影響の下にありながら、その陽明学観を現実の範囲へ適用させるために発展させていったといえる。

両者の態度は、そのような状況下で形成されていった。石崎の高瀬への反発は、国家主義的な主張へ反旗を翻した事例であるとのみ考えそうになる。しかし実態は、国家と一般の社会のどちらに対して陽明学を活かすかという陽明学観の相違に起因し、それが具体的な社会の状況を通じて、意見の対立が徐々に顕在化したことであった。ただこの場合でも、石崎の考えている「社会」という存在がどの程度現実に即していたのかという問題は残されるであろう。(92)その点は、次章で改めて考察する。

第五節　高瀬武次郎における陽明学とは

明治期に陽明学研究に従事した高瀬武次郎は、陽明学が倫理学であり、社会主義と通底する思想とみなすなどの点で、おおむね井上哲次郎の陽明学観を踏襲していた。それは儒学の思想を、既存の秩序を維持するための「倫理」として捉える前近代からの伝統を踏まえているという見方もできる。ただしこの時点で、陽明学と謀反を結びつけて考えてはいないところは若干、井上と異なる。

その高瀬は、洗心洞学会（大阪陽明学会）を創設した石崎東国と積極的に関わり、雑誌に度々寄稿している。高瀬といえば従来は、井上の後継者として、陽明学を国家主義的に解釈した系譜に位置づけられることが主だった。しかし陽明学関連の著作を相次いで出版した時期から見て、帝国主義的な主張が目立つようになるのはもう少し後になる。高瀬は陽明学における「心」を重視する側面にも言及していることと並列して、社会福祉の面にも触れていた。この点で高瀬は幕末以来の論理を踏襲した井上の陽明学観に、新たな視点を導入したと見るべきである。この時点ではまだ高瀬が積極的に帝国主義の主張に与しているとまでは断定できない。高瀬は陽明学研究の成果を世に問い出した明治三十年代、個人が陽明学によって内省をおこない社会に資することを目指していた。国民道徳に関する主張を積極的に説く時期には、国民全体の精神的統一のために儒学を用いようとした。

さらに井上によって、大逆事件の思想的背景に陽明学があるとの見解が示されたことにより、高瀬との意見の違いが明確になった。高瀬は、井上が陽明学に対して「修養上有力」であることを普段から説いていると指摘した。「修養」とは高瀬にとって陽明学による精神面の陶治により、社会に有益な人物となることを意味していた。故に高瀬の考えでは、陽明学が謀反につながることはない。この時に高瀬と井上の立場は、相違が顕在化した。高瀬は陽明学の内省的な面を重視していたが、それは国家の秩序と矛盾するものではなかった。

井上にとって陽明学の思想は大塩という存在、及び社会への意識を持つことによって変容したといえる。後者は、幕末における水戸学の思潮と共通する。陽明学は国内の秩序を維持し、国民道徳の思想を補完する役割を与えられた点で、澤井啓一の述べるところの他の思想をとりいれる「器」のような役割であった。井上にとって明治期における陽明学の意義は、国民の精神面での秩序維持を図る国民道徳に資する点にあった。大塩の行動を非難したのも、そこに由来する。そのための道徳として援用する意図で、陽明学は変容をさせられた。それは井上が、陽明学こそ水戸学とともに維新を導いた志士たちの精神的背景であったと考えたために生じた。

一方で高瀬は陽明学が倫理学であり、弱者の救済を図る点で社会福祉に通じる思想とみなしていた。高瀬は、陽明学による修養をおこなった人物が社会に資することを求めており、右の意見はその発露といえる。井上が、対外的な危機に対抗して国民の統合を求めるという水戸学の課題と共通する主張をしたのに対して、高瀬は精神の陶冶によって社会に有益な人物となることを重視した。この時点ではまだ高瀬が、積極的に帝国主義の主張に与しているとまでは断定できない。さらに大塩の行為に、社会福祉的な陽明学観も見出す。石崎も大塩や社会主義に傾倒していたが、石崎は陽明学を用いた社会改革の面を重視しており、大塩にも社会改革者としての側面を見ていた、それに対して高瀬は、救済の視点を強調する。

石崎東国は、高瀬の陽明学の講義が「学究的」に過ぎることを非難の対象としていた。石崎は陽明学の思想を一般の社会に活かすことを想定しており、高瀬とは陽明学を社会に援用する点では同じであるものの、社会において重視する面は違った。高瀬は陽明学の修養を国民道徳など国家的な規模での人心の問題につなげようとしており、社会問題に関心を寄せた石崎とは、方向性を異にした。

石崎は当初より社会主義的な理解によって陽明学を捉える傾向があり、第一次大戦などの経験を通じて、それを強化していったと思われる。それに対して高瀬は同時期に日本の大陸への侵攻が盛んだったことを踏まえて、混迷する中国の民衆の「精神統一策」を儒教（孔子教）に求めていた。高瀬には、皇室を奉戴する日本を手本にした改革が中国に必要であるとの意識があり、儒教による人心統治を主張したのであろう。両者の対立には、各々が以前から抱いていた陽明学と周囲の現実との関係に対する意見が時代の中で深化し、影響を及ぼしていた。

高瀬は陽明学を個人の精神の陶冶に資する面を根底としており、それを国家へと結びつけていた。陽明学による修養が国家に資するものであると考え、謀反と関連づけた井上とも異なる見解を有していた。その意識は、当初は具体性を欠く点で国家主義との関連を積極的に説くものではなかったが、後に時代の変化に応じて、侵攻した中国を教化するような態度に硬化していった。

高瀬にとって陽明学の修養とは、精神面での陶冶を根本とするものであった。そこには幕末において陽明学を奉じた者たちが、内面の修養によって社会に資する伝統があった。井上も修養を重視する点では大差がないが、当初より井上は「国民道徳」への志向が強かった。井上には、国民の精神的な統一を図るという明確な目的意識があった。陽明学研究は「国民道徳」研究の一環に過ぎず、そのために大塩の反乱行為を重く見た。一方で高瀬が「国民道徳」についての主張を積極的にするのは、現実に中国大陸への侵攻が盛んになったためであり、それ以前は精神を鍛える思想としての陽明学研究が、関心の中心であった。それは社会への視点を有していたが、国民道徳を明確に意識してはいなかった。高瀬と井上はともに陽明学の精神修養の面に興味を懐いていたものの、関心の力点が異なっていたために、陽明学に対する態度も分岐したと考えられる。井上の主眼は「国民道徳」であり、高瀬の場合は陽明学による精神修養と社会への貢献であった。

陽明学は明治期において、維新の変革に貢献した点で変容を見せた。井上はそのために、陽明学に明治期の社会体制との関連を持たせた。一方で高瀬は、個人が精神を修養して社会に資するという意味で陽明学を考える。それもまた、陽明学を社会に適用させるために変容させた例といえる。同時に井上が国民道徳の問題を主眼に据えていたのとは異なり、高瀬は陽明学による精神修養と社会への貢献に力点を置いた。

高瀬の陽明学観は、単に国民道徳に儒教を援用することにとどまらない意義があった。高瀬が重視していたのは、陽明学による個人の内面の修養である。また、高瀬は大塩の意義を積極的には評価していなかったものの、陽明学による社会を改革する視点が見える。同様の態度は、石崎が明確に打ち出すことになる。そして陽明学が個人の修養に資する点、及び社会改革につながる点は日本近代における陽明学の主な潮流となる、その意味で高瀬は単に井上の後継者の地位に甘んじる学者ではなく、明治期の陽明学のあらゆる問題点を包含する稀有な人物であったといえる。そのことは同時に、明治期という時代における儒教思想の意味を克服すべき旧弊として捉えたり、西洋思想への対抗といった図式とは異なる構図で考察する上で示唆を与えるものである。[93]

第四章　社会改革と陽明学

第一節　石崎東国の陽明学

1・石崎東国について

高瀬武次郎と同様、石崎東国に関する専論での研究は極めて少ない[1]。その貴重な成果に共通して取り上げられていることは、まず石崎が大塩平八郎の学問を宣揚するために大阪陽明学会という有志の団体を組織した点である。本書ではこれまで大塩に対する近代日本の陽明学研究者の態度として、井上哲次郎が大塩の行為を乱として批判していた点、及び高瀬武次郎がその「救民」という態度を評価していた点を考察した。大塩の乱が起きたのは、大政奉還の三十年前である。近い過去としての大塩の乱・水戸学の論理は、一見近代とは断絶しているように思われる。しかし明治期の陽明学に、その影響は受け継がれていることが、これまでの論証から分かる。

その点を強く意識していたのが、本章で取り上げる石崎東国である。石崎は、個人の修養と社会改革に援用される陽明学の思想をさらに深化させた。先述した荻生の論に見られるように、石崎の陽明学観は井上・高瀬と相対するようにみなされた。しかし本書で述べるのは、井上の陽明学の延長線上に高瀬が位置づけられるように、石崎の所論は高瀬の陽明学観の延長という点である。

石崎東国は、本名を石崎酉之允（とりのじょう。または、とりのすけ）という。自伝によれば[2]水戸の近郊で生まれ、藩校弘道館に出入りして水戸学を学んだとある。この時既に、陽明学にも触れていたという。水戸藩の政争が起こる中で「革命家」の出入りが激しく、「コンナ土地であるから王陽明の出身靖乱録も水戸学を資する一部として読まれたものである[3]」と述懐している。石崎にとっての陽明学は、水戸学との関連で学ばれている。石崎はやがて大阪に行き、労働問題や新平民の問題に関心を寄せる。それがきっかけとなり「大塩と日蓮を研究した。陽明と日蓮との事業を見た。水戸学と陽明学の吻合を見た。会心の学問が初めて発見された[4]」という。日蓮のことはひとまずおくとして、石崎にとって水戸学と陽明学、そして大塩という三種の思想は社会問題を接点として結ばれたことが分かる。

一九〇七（明治四十）年には、大阪で「洗心洞学会」を旗揚げした。これは前述のように大塩の学問を宣揚するための団体で、二年後には同会と東正堂の陽明学会（東京で主催）との合同が正堂の創刊した雑誌『陽明学』の誌上で発表された。このために、「大阪陽明学会」と改称することになる。一九一〇（明治四十三）年には、独自の機関誌『小陽明』（四号から『陽明』）を発行。その後一九一八（大正七）年には再び大塩の事績を研究するために「洗心洞文庫」を立ち上げ、同時期に誌名を『陽明主義』と改題している。吉田公平の調査では一九二五（大正十四）年まで発行され、その後は石崎の体調不良などの理由で自然消滅したようである[5]。石崎は一九三一（昭和六）年に、この世を去る。

本論をはじめるにあたって、石崎が創刊した雑誌の題名の変遷を次に挙げる。各々の刊行期間は全て吉田公平の調査によっている[6]。これらは改題・号数表記の改定をおこなっているだけで、全てひとつの継続した雑誌と考えてよい。

一、『小陽明』創刊号（一九一〇〈明治四十三〉年七月五日刊）―三号（同年九月五日刊）（現存が確認できない）。

二、『陽明』四号（一九一〇〈明治四十三〉年十月五日刊）―二巻十三号（一九一二〈明治四十五〉年七月五日刊）。その後、一九一二（明治四十五）年八月―一九一四（大正三）年二月まで休刊。

三、『陽明』三巻二号（一九一四〈大正三〉年三月二十日刊）―五巻十一号（一九一六〈大正五〉年十二月五日刊）。

四、『陽明』六十号（一九一七〈大正六〉年一月五日刊）―八十三号（一九一八〈大正七〉年十二月五日刊）。

五、『陽明主義』八十四号（一九一九〈大正八〉年一月五日刊）―一一九号（一九二一〈大正十〉年十二月五日刊）。その後、一九二二（大正十一）年一月―同年六月まで休刊。

六、『復活陽明学』一二〇号（一九二二〈大正十一〉年七月二十五日刊）―一四七号（一九二五〈大正十四〉年九月二十五日刊）まで現存。

右にあるように石崎は一九一八（大正七）年、主幹を務める雑誌『陽明』の名を『陽明主義』と変えた時、新装第一号に「陽明主義宣言」という短文を寄せている。その文章は以下のように結ばれている。

良知の働きや誠なり、愛なり、仁なり、推て之を社会に拡むれば社会人道立ち、拡めて之を充れば天地万物一体仁に化せざるはなし、人に於て良知といい、社会に人道といい、国家に王道という、理は天地一理にして道は古今東西に一貫す、人を救うの教、世を済うの道、只これ陽明主義あるのみ。茲に陽明主義を宣言す。(7)

石崎は、陽明学による社会の救済を重視する。たしかに井上と異なる見解に立つが、「国家に王道という」との文言からいえるようにそれは反体制を意味していない。また同時期に石崎は「洗心洞文庫」という財団法人を立ち上げているが、その設立目的には、「学術ヲ研究シ国民道徳ノ向上ヲ計リ本邦文化ノ進歩発達ニ資スルヲ以テ目的トス」(8)とある。主催者の石崎は陽明学を社会に押しひろめ、国家の利益と一致させる方法を模索していたといえる。井上・高瀬の陽明学観に相対するとされた石崎にも、陽明学の知見を活かす対象としての「国」は想定されていた。

石崎には陽明学の社会への援用について井上と異なる点があるとはいえ、それは反体制を意味していない。石崎は一貫して、陽明学と国家体制が矛盾しないという態度をとる。

元来、良心には裏も表もないのであるから知的は即ち行的で、現実即陽明学、陽明学即理想である、物を以てこそ内と外とは分ち、事に依って名こそ変れ、忠君愛国、総ての道徳的立言、立行、立徳一に良知の発動、知行合一の所作であって、忠君の為の忠君、愛国の為の愛国、道徳の為の道徳ではない。(9)

右の文章では、二つの点が示唆されている。一点目は、「知行合一」が実行を重視する思想であるとしていることである。これは、水戸学の実践重視の意識にも通じる井上と同様の考え方である。もう一点は、陽明学における「良知」や「知行合一」に由来する場合であれば、忠君愛国や道徳は必ずしも否定されないことである。このように考えると、石崎の陽明学観は井上と大差がないように見える。根本にある発想は、陽明学が維新に貢献した点で、明治期の体制を肯定する思想とする見解である。

では石崎にとって陽明学の言説における「国」の重視は、具体的に何を意味していたのであろうか。正確には石崎の姿勢は、陽明学を援用して社会を改善しようという意識に由来する。以下は石崎が、「洗心洞学会」の設立に際して起草した宣言文の一部である。

即ち火鉄的文明は其最高度に到達しつつあるに拘らず、社会人道は破壊と滅亡とに向かって転下しつつあるなり。此時に当て吾人洗心洞学会を組織し、知行合一の学説を研究し、之れに依て精神を修養し、之に依て人道の展開を計り、又進んで社会の革新を計る。庶幾くは洗心洞の精神を闡明し、社会人道に裨益あらん。[10]

陽明学による「人道」への貢献を求めているが、体制に反抗する革命を説く内容は読み取れない。また後に石崎は自身の団体を大阪陽明学会と改称した際に、大塩が「窮民」を救おうとして果たせなかったのは「人道」のためにしたことであり、「塩賊」の名を冠せられてその学術が途絶えたことを激烈な表現で嘆いている。[11] 石崎が唱える社会改革は、「人道」の重視を説いていた。

石崎の「国」に対する態度は一見、井上の論と変わらないように見える。しかし井上が国家体制の護持を強く意識していたのに対して、石崎は当時の天皇制が続くことに特に異を唱えていない。石崎の陽明学観からは、反体制の意思が感じられない。大塩や兆民に傾倒していた石崎は「国家」というより、その存続を前提として社会を改革することを求めていた。

前述のように陽明学は明治維新を経て、「反朱子学」「反幕藩体制」という点で注目された。そのため前述の井上の論のように、体制に危険を及ぼす思想という側面で語られることもあった。一方で石崎は、陽明学に反秩序の側面を認めない。石崎の陽明学への見方は、高瀬に近い点がある。高瀬は井上の陽明学観を基本的に踏襲していたが、陽明学による修養をおこなった人物が社会に資する点を重んじた。

井上は大塩が「謀叛人」であることを重く見て、高瀬はその「救民」の姿勢を称賛した。また、水戸学との関係も重要な要素としてあった。そのため次節では、石崎の水戸学と大塩に対する見方を探ることで、その陽明学理解の特徴を分析する。

2・石崎東国における水戸学と陽明学

石崎は大塩を重視していたが、大塩と藤田東湖の共通性について文章を残している。大塩と東湖は同時代人であるが、特に交流があった記録は確認できない。その点は、石崎も認めている。[12] しかし石崎は、東湖が大塩の名を知っていたとした上でこう述べる。

東湖の施設として計画として重〔ママ〕なるものは学校建設、均田法の実行、軍備の振粛、北海道の開拓策、神武陵の建修案等、当時太平の世に於ける此等の改革、若しくは改革案なるものは其頃水戸家の野心、水戸藩の謀叛とまで流伝されたのを見ても如何に天下の耳目を聳動せしめたかが分る。又東湖が自ら信じて行うときに野心家又謀叛人の名さえ辞せざりしに見るも如何に猛烈な革命家であったかが分る次第で、是の辺の性格に於ても少なからず東湖と大塩との間に相似たるもののあることと信じられる。[13]

東湖が社会改革の計画を実行に移す際に、断固として進んだことを指して「革命家」と称し、大塩との共通点を指摘している。石崎は東湖の社会改革を断行する精神に、大塩との共通性を感じている。

また石崎は同じ文章中で、明の滅亡により日本に渡ってきた朱舜水が徳川光圀と交流する中で、水戸学の成立に貢献したとする。石崎によれば舜水は自分では陽明学と名乗らなかったが、その精神は陽明学に通じているという。よって、「後世の弘道館記中には陽明の血の幾分が交じった者といい得るのである」[14]という。すなわち石崎の論理では陽明学の命脈は舜水を通して水戸学に伝わっており、水戸学と陽明学の接点が幕末にあることになる。[15]

なお舜水と陽明学との関係には、小島毅も言及している。その事例として小島が紹介しているのが、やはり石崎の文章である。[16]東正堂の雑誌『陽明学』の第十号に掲載された「石東国」による「水戸学と陽明学」と題する小論である。「石東国」とは、小島も指摘しているように、石崎のことである。

石崎はこの中で熊沢蕃山の陽明学が、朱舜水による水戸学に影響を与えたと述べている。しかし林羅山が舜水を、山崎闇斎が蕃山を迫害したことで両者は下火になったとする。しかし革命の機運が盛り上がるに従って、水戸学に藤田幽谷、陽明学に大塩が現れたことで再び勃興したと論じていく。そして、以下のように結論づける。

以上吾人は水戸学と陽明学なるものが、如何に緊密なる黙契の下に明治維新の革命を醸成し、鼓吹し来れるかを感ぜずんばあらず。[17]

このように、水戸学と陽明学が石崎の中で同種のものとみなされるのは、それが明治維新を導いたことに関連する。石崎が両者を結びつけたのは、維新という革命の中に水戸学と陽明学の精神があると考えたためである。同時代には、陽明学が明治維新を導いたとする意識があった。大塩に着目して陽明学者が社会改革を志向する態度は、高瀬にも見られる。石崎の陽明学に社会改革を求める方向は、これらの延長にあるといえる。陽明学が時代を変革した思想であるという見解が、大塩への傾倒と相まって陽明学による社会改革への意識を深化させたといえる。

　さらに石崎は、吉田松陰の思想の由来について次のように述べている。

　彼の学問は青年水戸に出て会沢正志斎に国体論を聞き、佐久間象山に陽明学派の経世を聞きたるもの後の邨塾の学風を為す。松陰は就中象山の経世論に服し、その出所を尋ねて陽明学にあるを知り、伝習録、洗心洞劄記の如きは遂に自ら愛読したるのみならず之れを以て書生に授く。東行（引用者注・高杉晋作の号）最も其学を説《とな》う[18]。

石崎は既に成立した明治維新という革命を、水戸学と陽明学に由来するものとした。石崎は、陽明学が維新の精神的背景になったという言説に影響を受けている。ゆえに維新後の社会体制を肯定した上で、変革の思想である陽明学を同時代に活かそうとする。前述したように陽明学が維新を導いたとする発想は、陽明学が現体制を肯定する思想であるという理解につながる。

　石崎もその点は同様であるが、石崎の場合は陽明学が維新の改革に影響を与えたことで陽明学を社会改革の思想と考えるようになった。この点は、石崎に特有の視点といってよい。よって石崎のような意見は、陽明学が維新を導いたという見方の新たな展開といえる[19]。陽明学が改革を導く思想であるとしたのは、大塩の行動と水戸学による感化、及び陽明学が維新を導いたという同時代の思潮によるものといえる。

　右の文章では水戸学と陽明学の経世に関わる論述が、松陰を通じて維新の変革につながったことになる。すなわち石崎にとって陽明学は、明治期の体制を肯定した上で社会改革を志向する思想になる。石崎は改革を断行する強い精神を、大塩や東湖に見出す。

終りに臨んで吾輩は大塩が人道の為めに革命の為めに建てられた謀叛なるものに就て大塩を称するを憚る臆病者を喝破せざるを得ない。今日に於ても或るものは大塩の学問人物には感じながらも謀叛人であると云うような腐儒者の遠吠に恐れて陽《〔ママ〕》わに学風を唱道するを憚るものもある位だから此当時に於ては平生多少の知己を以て許して居た交友さえ極力大塩を悪罵して其交遊であったことを否認しようと力めたものである。これは広瀬旭窓《〔ママ〕》なんぞの遠吠に怖気付いた臆病者であることはいうまでもない。畢竟するに腐儒者どもに活学問がどんなもんか訳《〔ママ〕》らないからで、革命者の心は矢張革命家独り之れを知ることが出来るのである。東湖が彼を伝えることをしたのは東湖が革命の鼓吹者たり又実行者であったからで、それだけ東湖は謀叛なんぞという腐儒者の遠吠を何とも思って居らなかったのである。[20]

広瀬旭荘（一八〇七〈文化四〉年—一八六三〈文久三〉年）は、儒学者広瀬淡窓の弟にあたる。自身も徂徠学派の亀井南冥に弟子入りして、儒学を修める。兄の淡窓の死後に、咸宜園の塾主を務めた。また、幕末の志士や蘭学者とも多く交流をした。[21] 石崎は大塩の行為が「人道」「革命」のためになされたとして、謀叛であるという評価を斥けている。石崎は陽明学を奉じた人間が社会を改革する精神を持つことを称賛しており、水戸学との親和性もそこに認める。石崎の思想は、精神修養を説く点ではたしかに「内面的」であったといえる。とはいえ、関心の中心はあくまで社会の改善にあった。

以上のことから井上と石崎の陽明学観の相違は水戸学者への考え方を通すと、より見通しやすくなる。井上は会沢の論理を受け継ぎ、国家体制を護持するために国民の精神的な一致を求めた。その一環として陽明学を援用しようとしたために、謀反に通じる可能性を批判せざるを得なかった。

一方で石崎は大塩と東湖の社会改革を求める精神に共通項を見出し、陽明学と関わることを示した。石崎が大塩へ傾倒していたとはいえ、陽明学に反国家的な意義を見出していなかったことは明らかである。井上が、明治の現時点から大塩や水戸学の思想を見て評価をしていたのに対して、石崎は彼らが生きた幕末において、改革を実行に移させた思想として称賛している。

石崎は、大塩の思想について以下のように発言している。

大塩先生の時代には未だ日本に科学的学術の輸入されぬ時代で、此の経済思想は、王道仁政の名に於て唱導されたのみで組織的に科学的に之を述べられた著書はない、併しながら良知の衝動から来た此の王道主義は後世之を研究するものに社会主義と名づけらるゝと共産主義と名けらるゝとを問わない、而も今日の社会共産主義が単に物質的に富の分配を制度の上に求めるというものに反して、大塩先生の経済思想には直ちに人間の良心に根幹を押立てた王道より発生したものであるだけ、哲学的根底を有する、宗教的権威を有する、仮令えば支那では堯舜孔孟の如き中心があり、我が日本には天照皇太神神武天皇の如き其の中心である、而して之れと王道が結び付られ、経済思想がそれから派生するだけ、無父無君の個人主義、共産主義、社会主義というものよりは合理的、秩序的、伝統的であるといわれる。(22)

石崎は、必ずしも社会主義を信奉していたわけではない。むしろ陽明学の思想に基づいて、「忠君愛国」や「道徳」に至る可能性も示唆されている。石崎には大塩や兆民への傾倒が認められるが、それは「反逆者」としてではなく、維新の精神を体現するような同時代の社会の改善を図ることを理想としていたためである。また石崎の考える社会改革には「人道」という言葉の多用からもいえるように、弱者救済の側面が認められる。

大塩の行為には反逆ではなく、弱者救済の側面が認められると石崎は考えた。(23) その点は高瀬とも通じる。社会主義に関心があった石崎は、それが社会改革と結びつくと考えた。しかし石崎がより着目したのは、改革を勇敢に進める精神に資する点であった。松陰という志士が、陽明学と水戸学を結びつけたとする考えもそこに関わるであろう。前述したように石崎は水戸の出身であり、若い頃に水戸学を学んでいた。自伝で述べたように石崎は労働者や新平民という社会問題に対して、水戸学と陽明学を活かそうとした。石崎は自分自身を、先人のような「社会改革者」として位置づけていたといえる。

ではなぜ水戸学の内容が明治において、陽明学に関心を寄せる人物に受け継がれたのであろうか。端的にいえば、明治期における陽明学と水戸学の意味が似ていたためである。『大日本史』の編纂事業とは区別される後期水戸学において、会沢や藤田の論理が維新の変革と関係が深かったことは多言を要しない。同様に陽明学も旧体制の教学であった朱子学に対抗した思想として、明治期に認識された。陽明学は西郷や松陰が学んでいたという事実とあわせて、維新と関わる思想であるという理解につながる。石崎にとっては大塩もまた、陽明学によって改革の精神を養った人物ということになる。

ただし水戸学と異なる点は、実証的に維新の変革との関連を指摘できない点である。石崎は水戸学の論理を通して、陽明学を体制の変革と結びつけた。井上は朱子学を旧体制の思想と認識し、藤田東湖らとの関わりを弱いものとした。逆に陽明学に対して神道や国民道徳との関連を認めるのは、そこに水戸学の影を見ているともいえる。

石崎が変革をもとめる精神を養う点を陽明学に認めたのも、同様に明治維新と関わる。石崎は大塩や維新との関連により、陽明学の社会改革を求める性格に着目した。そして水戸学と陽明学の共通性を、改革断行の姿勢に見た。その根拠が明治維新であり、志士達が陽明学を修めていたことである。

これまでの考察で石崎が、陽明学を社会改革思想であるとした理解を考察した。その発想は、陽明学が国民道徳の理解に資するとした井上とは異なるように見える。しかし根本にあるのは陽明学が維新に貢献した点で、明治期の体制を肯定する思想であるとする見解である。次に陽明学を社会改革の思想とみなした石崎東国が、大きな謀反である大逆事件と陽明学についてどのような立場であったのかを確認する。

3・石崎東国と大逆事件

一九一〇（明治四十三）年に、天皇暗殺未遂事件を契機として社会主義者が一斉検挙される大逆事件が起こる。既に見たように、井上が直後の講演で主犯の幸徳秋水、奥宮健之らの社会主義者と陽明学の思想との関連を語った。この講演は、一部の陽明学者から反発を受けることになる(24)。

井上が陽明学を社会主義と結びつけて体制に反抗する側面を強調したのは、ここにつながる。それに対して兆民にも私淑した石崎は陽明学に社会改革の原動力を期待しつつ、危険思想のイメージを薄くしようと努めている。大塩の乱・維新によって、陽明学は体制に反抗する面を持つと語られる背景ができたのが明治の世である。そこで石崎は、陽明学に社会改革という肯定的な意義を認めた。ところが後の時代になると、石崎は大塩の思想について「社会主義」より優れていると分析していた。

共産主義や社会主義が「無父無君」であるのに対して、大塩の経済思想は「宗教的権威」に関わるという。先述のように石崎は、第一次世界大戦後の世界で「軍国主義」と「資本主義」が席巻する世界を陽明学が改造すると主張していた。陽明学により社会を変革する意図を有していたが、社会主義からは距離を置いている。むしろ天皇を中心とする政体がある分だけ、日本における大塩の思想の方が優れていると受け取れる。このようにして、陽明学に社会の改造を求める態度は社会主義からも離れて、国家体制を否定しない改革を説いているといえる。

石崎の姿勢はかつて反発した井上に近づいたように思われるが、二人の間に位置する人物が高瀬武次郎である。高瀬は東大で井上に師事し、国家主義的な意味で「井上哲次郎の後継者に思想的に純化した」[25]といわれるが、石崎が創設した「洗心洞学会」の中心人物でもあった[26]。高瀬は大逆事件に際して、「吾人は王陽明先生の一生の言動を模範として進まば則ち王学の正旨に合し国家社会における善良なる人となるべし」[27]と述べ、陽明学は反国家的な思想ではないと擁護した。この発言は、高瀬が陽明学を国家主義の立場から解釈しているように思われる。

しかし高瀬にとって陽明学が国家と結びつくのは、あくまで個人の修養の結果であり、体制の秩序維持に主眼が置かれてはいない。高瀬が儒教思想の援用による国家主義的な主張を展開するのは、時代が下った後である。その意味で、石崎が陽明学に改革を断行する精神を養う点を見たのと近い。石崎も国家体制や天皇制を重視する姿勢を見せた。

すなわち、井上哲次郎から高瀬武次郎、石崎東国にわたる陽明学理解の変遷は、次のような流れになる。井上は国家体制の秩序維持に援用される範囲で、陽明学を受容した。それは会沢を中心とした水戸学の論理を吸収したためといえる。そのために大塩の行為、ひいては陽明学自体への批判につながった。これは井上が、幕末から続く論理の延長にいたことの証左でもある。

井上の陽明学観を受け継いだ高瀬は、国家体制を擁護する姿勢を見せた。しかし井上と比べた時、むしろ陽明学の思想が個人の修養に用いることができるという態度が強調されている。井上の秩序重視の姿勢からは、相違を見せている。

さらに石崎に至ると、陽明学が明確に水戸学との関連で考えられた。石崎によって、陽明学が現行の社会を改革する思想であることが述べられる。それは陽明学が、改革を断行する精神を涵養するという理解に基づく。なおかつ石崎は、社会にはたらきかける態度を高瀬以上に明確に打ち出している。石崎にとって陽明学による個人の修養は、社会改革をおこなう精神を養うためであった。よって、井上から石崎に至る陽明学理解の変容は、以下の二点への注視として集約できる。

①陽明学が、個人の精神の修養に資する点。

②それが、社会改革を促す点。

なおかつ、このいずれの段階においても陽明学を奉じた大塩が蜂起したこと、及び陽明学が明治維新を導いたとする理解が影響を及ぼしている。

石崎は社会主義に関心を向けていたが、強く傾倒していたとはいえない。中江兆民に私淑する石崎の姿勢は、陽明学を活用して社会を具体的に改善しようという意識に由来する。洗心洞学会は後に、正堂の陽明学会と合同して大阪陽明学会と改称するが、一連の石崎の態度を、吉田公平は以下のように論じている。

> 有志が大阪陽明学会を結成し講学活動を展開しようとするのは、王陽明－大塩平八郎の所謂陽明学を学術思想として究明することが目的なのではない。王陽明－大塩平八郎の精神を汲み上げて社会改革の熱源にしようというのである。(28)

以上のように井上から続く陽明学理解の在り方は石崎に至って、陽明学による社会改革とそのための精神の修養を強く意識するようになる。では石崎は、陽明学による社会への働きかけについて、具体的にどのような形を想定していたのであろうか。

第二節　石崎東国の陽明学理解の特徴

1・石崎東国と大塩平八郎

石崎は大塩の事績や学問を研究するために「洗心洞学会」を設立するほど、大塩に私淑していた。その石崎は「陽明宗」という自らの造語を使用して、陽明学を宗教とみなす独自の理解を示している。管見の範囲では、石崎が「陽明宗」という言葉を用いたのは一九一四（大正三）年以降であるが、その四年前の雑誌発刊前後から既に「陽明学は学問ではなく、宗教である」と同志に語ったという証言があったり、高杉晋作らに対して「陽明信者」という呼称をあてたりしていた(29)。

内村鑑三の例が示唆するように、宗教と対比させて陽明学を理解した者は国家の態勢を重視する立場を強く持っている訳ではない。そうであるならば荻生らの理解に従う限り、「国家主義的」な理解によって陽明学を見る者に、宗教性を感じ取ることは困難になるであろう。しかし、前章で見た高瀬による藤樹の思想の理解にあるように、陽明学を「国家主義的」に解釈していたからといって必ずしも宗教的な視点を欠いていた訳ではない。

注目すべきは、石崎が大阪で労働問題や新平民の問題に関心を有していた時の出来事である。石崎は、次のように書いた。

> 大塩と日蓮を研究した。陽明と日蓮との事業を見た。水戸学と陽明学の吻合を見た。会心の学問が初めて発見された(30)。

石崎はここで水戸学と陽明学の間に関連を見出すと同時に、大塩・日蓮のことを学んでいる。石崎は、日蓮もまた民衆のための社会改革者と見ていた。

石崎はあくまで大塩の思想を受け継ぎ、不平等社会の是正を求めたのだとする研究がある。森田康夫は、右のような態度を見せた人物として、三宅雪嶺と石崎の名を挙げる(31)。森田は「不平等社会の是正」を求めた点で、石崎を思想的に井上と対置させた(32)。また森田は石崎が陽明学にもとづく社会改革を求めたのは第一次世界大戦と米騒動によるとして、石崎による被差別部落民の問題解消への提言にも触れている(33)。

石崎が陽明学の思想により、社会改革を求めていたことは確かである。しかしながら社会問題に対して、具体的な方策は欠いていたといわざるを得ない。石崎にとって陽明学が社会を改革する根拠は、大塩などの歴史上の事例に求められるに過ぎなかった。大塩も陽明学を用いて社会を改革したのであるから、大正期にもそのようにできるはずという論である。しかし石崎は、具体的な行動を考えてはいなかった。その点では高瀬も同様である。高瀬は、改革よりも社会福祉の視点を大塩や陽明学に感じており、具体的な提案はない。ただし高瀬が、内面の修養によって社会福祉的な行動を起こす精神を養うと考えていた点は推測できるであろう。

石崎の所説を読むと大塩を改革者として顕彰する姿勢は、陽明学の言説と深く関わっているかのような印象を受ける。ところが同時代の大塩に対する他の人物の見解を見ると、必ずしもそうではない。次は、その点を確認する。

2・明治・大正期における大塩平八郎

本節では明治・大正期において、大塩の行為がどのように評価されていたのか、大塩の陽明学への意見と合わせて確認する。幸田成友が一九一〇（明治四十三）年に出版した『大塩平八郎』（前掲）は世間の大塩を謀反人だとする説に反論して、大塩を「一代の偉人なり」（同書、序文）としている。幸田に先駆けて、国府種徳によって『大塩平八郎』と題する書が公刊されている。三宅雪嶺は同書に寄せた序文の中で、大塩について次のように書いている。

我が邦古来忠義の士に富む、而も窮民の為めに貪婪の符号を撃たんとして崛起せしもの、独り平八郎に僂《かがみ》せざるべからざるなり、此の如きは空前絶後、古往今来唯大塩平八郎一人あるのみ、彼れは自然に社会主義を得たるもの、而して、竟に主義のために斃れたるものなり[34]。

三宅は大塩の行為を社会主義との関連で見ており、大塩に対して困窮した民衆の救済者とみなしていた。必ずしも大塩の行為は、陽明学との関係を意識して称賛された訳ではなかった。三宅のように、社会問題を救済する英雄として大塩を捉える向きも強かった。

一九〇二（明治三十五）年に出版された高安月郊（一八六九〈明治二〉年―一九四四〈昭和十九〉年）の戯曲『大塩平八郎』（金港堂刊）では、民衆の困窮を見かねて立ち上がる大塩像が描かれていた。同作の冒頭の場面で、町人が「忠臣蔵はもう古い。それよりは佐倉宗五郎、百姓一揆の蓑笠出たち[35]」という台詞を述べる。前章で述べたように、佐倉宗五郎は民衆のために立ち上がった人物で、明治期には人気があった。高安が英雄としての大塩像を描く際に、同時代の流行を意識していたことがいえる。

さらに明治の末に近づくと、状況が変化してくる。一九〇八（明治四十一）年に出版された『偉人研究　大塩平八郎言行録』は、大塩が寛政異学の禁の影響により朱子学との折衷をしなければならなかったものの、彼があくまで「陽明学派の徒」[36]であったとした。その上で、次のように書く。

良知は先哲孟子之れを説いて以来諸儒継承して陽明に至りて最も鮮明せらる。中斎又陽明を祖述して頗る茲に得る所あり。而して彼に従えば良知は吾人先天の性にして善悪の人を論ぜず必ず生れながらに具うるものとなす。されば良知と太虚とは異名なれども、畢竟一たるものにして固より二たるものにはあらざるなり。太虚は霊明些の陰影を止めざる心の状態を指し、良知は所謂道徳的意識にして、善悪を識別する吾人自然の本性を指せるなり。[37]

良知が「道徳的意識」であるとして、善悪を判断する精神に帰せられている。著者の勝水瓊泉は大塩の救民のおこないを中心に書いており、大塩の陽明学が「善悪を識別する」とみなすことで、その行動との関連を持たせている。

元新聞記者で政治ジャーナリスト、衆議院議員でもあった中野正剛（一八八六〈明治十九〉年―一九四三〈昭和十八〉年）は米騒動の最中（一九一八年八月）に書いた随筆「大塩平八郎を憶う」[38]の中で、人々の困窮を救おうとして戦った大塩を称賛している。

全国各地の米穀騒動は、漸く危険なる風潮を伴い来りて、啻に天保八年大阪の変を想見せしむるのみに止まらざるなり。今日此の時天下に一人の大塩なきか。吾人は乱徒としての平八郎を慕うに非ず、誠意一徹、死を以て所信を貫くの中斎を仰ぐのみ。反乱を企つるは尋常時に非ず、可否を論ずるは愚の極みなり、されど乱を成して猶お同胞の救世主たる者あり、賊と為りて猶お国家の守護神たる者あり。大塩中斎の如き、西郷南州の如き、即ち是なり。[39]

右の文章では、大塩の行動を必ずしも肯定しているわけではなく、状況に鑑みて可否を論ずるべきではないとする慎重な態度を取っている。大逆事件の衝撃が未だ尾を引いている感があるが、それでも中野は「同胞の救世主」たる大塩を称賛しており、大正期の米騒動に対して大塩の再来を求める。続いて中野は陽明の「知行合一」説を紹介した上で、次のように述べる。

陽明の説を以てすれば、知は行を併せて始めて全く、行わざれば未だ知れりと謂うべからず。中斎は既に人民の窮困を知れり。知れるが故に之を救済せざれば、誠を尽くせりと謂うべからず。[40]

大塩における「知行合一」に対して、「知った以上は行動を起こさなければならない」と解釈している。これは井上の『日本陽明学派之哲学』の論を参考にしていると思われる。そもそも中野は同書の中で陽明学に対して、「学者をして短刀直入、其正鵠を得しむる点に於て、我が旧幕の官学たりし朱子学に勝ること数等なりしとす」[41]と述べている。この一文は、井上の「学者をして短刀直入、其正鵠を得せしむるの一点に至りては、確に朱子学に優れり」という文章と酷似している。[42]中野は陽明学の記述に際して、明らかに井上の書を参考にしている。以前より英雄視されていた大塩の行為が、次第に陽明学との関連で論じられるようになったことが分かる。また中野は同書の中で、大塩を「後世より論じて社会主義的色彩を帯ぶと称せらる」[43]と分析している。

大逆事件の直後は大塩が謀叛人か否かという議論が噴出したが、大正期も半ばになると大塩は再び偉人として扱われる。中野の記述からは、大塩が陽明学の思想により窮民を救済したと感じたことが読み取れる。むしろ民衆の困窮の深刻化に伴い、大塩の存在が陽明学と社会主義的な要素を結びつける役割を果たしたといえる。なお陽明学を社会主義と結びつけることは三宅雪嶺もおこなったが、中野は三宅の娘婿でもあった。また一九四三（昭和十八）年の東条英機内閣の時代に、中野は政権を痛烈に批判した。後に逮捕され、割腹自殺を遂げる。

石崎は中野と同時期に、「陽明学者としての大塩」を顕彰した。なお石崎も一九二〇（大正九）年に刊行した『大塩平八郎伝』に附した「自序」の末尾に、次のような言葉を書いている。

世は米価騰貴、食糧恐慌、一揆蜂起各地騒擾、京都、大阪、次第に焼打起り、軍隊出動、人心恟々、門外頻りに沙上偶語の人あり、即ち慨然として筆を抛つ。(44)

石崎も大塩を顕彰する際に、同時代の米騒動のことは確実に意識していた。大塩は明治期には民の救済という行為によって称賛されており、後からその思想的基盤としての陽明学が社会を改革する思想として受容された。社会問題の表面化が、大塩の貧民のための行為に注目を集めさせ称賛を高めた。その点で陽明学も救民の思想とみなされ、関心が集まることになる。近代には、大塩を通じて陽明学に民衆救済の思想という価値が見出された。その影響の下に石崎は論を展開したといえる。なお石崎は『大塩平八郎伝』の表紙において、自らを「洗心洞後学」とまで称している。石崎が大塩に着目して、陽明学による社会改革を志向していたことの表れである。

また同じ頃の劇作として、中村吉蔵（一八七七〈明治十〉年―一九四一〈昭和十六〉年）によって書かれた戯曲「大塩平八郎」(45)、真山青果（一八七八〈明治十一〉年―一九四八〈昭和二十三〉年）の「大塩平八郎」(46)などがある。後者の作品では、大塩の発言として次のように書かれている。

> 治国平天下の道は、詮り王陽明先生の所謂、人は天地の心、天地万物は皆我と一体であるという真の理を知って、そして直にそれを行うことだ。天地万物、已に我と一体であれば、天下の人民の苦み悩みは即、我が身内の疾だ。痛みだ、我が身の疾や痛みを知らんのは、是非の心の無い者、良知の無い者と云わねばならぬ(47)。

「天下の人民の苦み悩み」を「我が身内」のこととして引き受けることが陽明学だと、大塩が語っている。そこには大塩が謀叛人だとされて、陽明学の思想とともに危険視されていたのとは大きく異なる理解が見られる。次章で述べるように一九一四〈大正三〉年には森鷗外による小説『大塩平八郎』が書かれ、同作では陽明学にも触れられている。近代には、大塩を通じて陽明学に民衆救済の思想という価値が見出された。その影響の下に、石崎は論を展開したといえる。

　大塩の称賛には、先述したように明治維新の先駆者としての要素も認められる。中村吉蔵も『大塩平八郎――史劇』に附した「悲壮劇の主人公としての大塩平八郎」と題した評論で、大塩の乱について「それが直に明治維新の革命の第一烽火たる徴象〔ママ〕となったものと解釈せられなければならない(48)」と記している。しかしこうした記述は副次的なもので、主眼は大塩による貧民の救済への顕彰にあったといえる。同論に、以下のような記述がある。

> 已に太虚の本体たる天地万物一体の仁を知ったら、直にそれを行う事に理性の命令があり、満足があり、完了がある。平八郎は実に天地万物一体の仁を「知行合一」に依って実現する事に、人生の意義を認め、天地の真理を感じたのである。そこにのみ生命の価値を想像し得ると信じたのである。随って生民の困苦を我が困苦とし、他人の飢渇を我が飢渇とする実感に没入する事が、直に実行の動機であって、そうした実行に没入する事の可能、不可能をする更に疑わなかったのである(49)。

中村の筆は、熱を帯びている。「天地万物一体の仁」という言葉が使われているが、彼の意図は大塩の行為を称賛することにあり、陽明学はその過程で大塩の思想との関連を説かれているに過ぎない。そのことを、中村は次のように表現して書いている。

或は平八郎は王陽明哲学の心読者であり、更にその体達者であると云っても善いが、それを一転して平八郎の本来の気質─彼の独特の性格が、王陽明哲学の息吹に触れて、幹も枝も始めて活々と伸び展り、目も鮮かな緑葉の茂り、紅の焔のような満開の花を着けたのだと云った方が更に適切であろう。即ち平八郎の性格と運命とが王陽明哲学に依って遺憾なく全的に展開されて行ったのである。平八郎が王陽明と共鳴したのは、王陽明が「知行合一」の体現者であった許りではない、儒者であって同時に武人であった経歴の肖似にある。[50]

中村は大塩の行為を、陽明学によって起こされたと同時に大塩本人の資質に帰している。よって、大塩と王陽明の対比もなされている。大塩の顕彰が、必ずしも陽明学と強く結びつけられている訳でないことは、他の人物の記述にもある。歴史学者・法制史学者で、京都帝国大学の教授を務めた三浦周行（みうら・ひろゆき）は、『国史上の社会問題』の中で、大塩の乱に対して、貧民に同情した上での「社会運動」であったと断じた。[51]

以上のように三宅が陽明学と社会主義の関連性を語って以来、井上の著作、大逆事件などにおいて両者の関係は話題に上っていた。そのために、大塩の行為が問題とされることもあった。しかし大正期に至り貧困という社会問題が表面化するに従って、大塩はむしろ称賛の対象になる。そこにおいて陽明学へも関心が向けられたが、必ずしも重視はされなかった場合もある。それは、大塩が貧民の救済をしたという事実の方が主に注目されたためである。[52]ではそうした流れの中において、石崎東国は陽明学や大塩に対してどのような立場であったのか。そのことを次に検討する。

3・石崎東国に流れるもの

石崎の『大塩平八郎伝』は三浦の『国史上の社会問題』と同じ年に、同じ出版社から刊行されている[53]。同書は大塩の事績について幼少の頃から編年体で記述されており、乱後の自害を以て簡潔に終わっている。毀誉褒貶が激しい大塩に対して、史料に基づいて正確な情報を提供しようとの意図が感じられる。石崎は同書の「自序」で、次のように書いている。

先輩既に定論あり。弔民唱義の一学空しく敗れて其鬼未だ祀られずと雖も、其学伝えて幕末には勤王の先駆となり、維新の際には民権の開宗を以て称せられたる。一に先生学術の純正之を啓くにあらざるはなし。而して其説洗心洞箚記以下の遺書に味うべく、年譜に細叙せず。蓋し一小冊子の能くする所にあらずして、著者別に箚記標註の執筆中に属するを以て也[54]。

「民権の開宗を以て称せられたる」という言葉からは、第二章でも述べた大塩と自由民権運動の関連を論じた著作を、石崎が読んでいたことが伺える。また末尾の文からは、大塩が維新の先駆者であるという説を詳述するために石崎が『洗心洞箚記』に標註を施した解説書を企画していたことが分かる。残念ながら、それが実現した事実は確認できない。石崎の大塩顕彰活動の成果は、大塩の事績の紹介まででとどまっていたようである。

明治期には大塩が、明治維新の大改革の先駆であるとする向きがあった[55]。石崎はその説を支持している。陽明学に社会改革思想としての姿を見ていたことが、石崎の文章からは伺える。例えば石崎は中江兆民に対して敬慕の念を懐いており、次のように述べている。

嗚呼兆民先生、先生は我が大塩中斎に次で敬慕すべき陽明家の一人である。世人は晩年甚だ振るわざりし先生を見て不成功の人として居る、成程人間の事業を形の上に就ていうならば或は失敗かも知れぬ。併し吾人が大塩中斎を維新革命の先覚として立派なる光栄ある者とする目には兆民先生も慥に成功者に相違ない。只其種は地に落されたりというだけで未だ毒を吐かぬのであるが併し其種は充分膨れて居る。(56)

大塩が維新の先駆とされているように、兆民を改革者として位置付けている。その改革が成功していないことを石崎は嘆く。右の文章に石崎は、このように続けている。

先生は弘化四年に土佐に生まれた。実に大塩騒動後の十年目である。大塩騒動後恰も瓦斯管の破裂したように陽明の空気が一時に天地に広がった。仮令表向きは厳重に注意されたとはいえ法律や官吏の力で抑え切れたものではない。陽明学派の革命思想は内所という名の下に至る所に吹き込まれた、土佐には奥宮慥斎帷を垂れて教授されて居た、兆民先生は実に奥宮塾に養成された陽明家である。(57)

奥宮慥斎は井上哲次郎によって「神道と王学との一致を期せる」と評価された人物でもあった。(58) 井上は大逆事件後の演説の中で、幸徳秋水の師の兆民が奥宮慥斎に教えを受けたことを挙げて非難していた。石崎は同じことに触れて、大塩に端を発した陽明学が慥斎・兆民と伝播していったことにつなげている。兆民が師を通して学んだのは、「陽明学派の革命思想」であると述べる。日本における陽明学の広がりが陽明や藤樹ではなく、大塩がきっかけであると考えられている。ここに石崎が大塩の行動、すなわち窮民の救済のための社会的な行動を重視する姿勢が表れている。

さらに社会問題に関心を寄せた石崎は、被差別民の問題にも触れる。

兆民先生の大阪に来られたるは新平民に取りては救世主である、彼等は天保度に大塩先生を授けて戦争を敢てしても其地位を回復せねばならぬと奮発した事さい〔ママ〕ある。而も一朝時敗れて五十年何れの世か我等を救うべき英雄やあるとは殆ど彼等が失望的悲観であった。此時先生の為めに召されて其戦士となりし彼等が積年の力を傾注して能く先生を出したのは如何に悲壮の事実であろうか[59]。

新平民の差別に対して、彼らを救う存在として大塩と兆民を同格に見ている。石崎にとって陽明学によりなされる社会の改革とは、このように具体的な社会福祉の意識に基づいていた。その実例が、大塩による困窮する民の救済の行動であった。

また石崎は右のように書いた後、最後に大石正巳という人物が兆民の葬儀に際して読んだという弔辞を引用した。

「然るに人は中江君を恨み〔ママ〕たり憎んだりするものがない。是れ畢竟中江君が徹頭徹尾私心がない私欲がないから此等の直言を聞くものも却て中江君を愛する情念を深くするだけでした」云々、此辺がどうしても陽明仕立の人間にあらざれば出来ぬ所である[60]。

石崎は兆民の名前を大塩と共に挙げることで、陽明学が社会改革を促す思想であると主張している。またそれを明治維新と関連づけているのも、同様であろう。石崎は大正期に書かれたほかの評論と同じく大塩を人々の救済のために立ち上がった人物としており、その系譜は明治維新という社会の一大改革、そして兆民に通じていると考えた。石崎の所論は、社会問題が表面化した同時代の空気にも多分に影響を受けたであろう。[61]石崎は当初から、貧民や新平民の問題に関心があった。そのため改革者としての大塩と兆民に傾倒して、自身が郷里で学んだ陽明学を改革の思想として再発見したといえる。

石崎は同書の中で、日蓮と陽明を対比させて次のように述べている。

陽明は廓然太公、心即理を唱うるや其説甚だ仏師と遠からず、然ども陽明は単に仏師の所謂悟道を以て満足すべき人物にあらず、彼の性質の活動的なると、時代の澆季なるとは彼の実行的希望を捨つること能わず、是に於てか知行合一の説を案出して曰く、知は行の始め、行は知の成るなりと、然れども有ゆる凡百の知必しも行と随伴せざるものにあらず。是に於て良知の二字を拈出して始めて己の頭目とするに至る。[62]

石崎は陽明に対して、「活動的」「実行的希望」を有していたと評している。よって右の文章における「知行合一」の説の引用は、陽明学における実行の重視のことを述べているといってよい。ここでは「良知」に対しても、「行」を伴うための「知」という意味を含ませている。「知行合一」の内容を「知」は実行を伴わなければならないとする解釈は、井上の『日本陽明学派之哲学』にも見られる。荻生らの理解に見られるように、石崎の陽明学観は一見井上と対置するように思われる。しかし国家という視点を重視している点、知識を実行に活かす思想であると考えている点を見る時、石崎の陽明学理解には井上の影響が息づいている。石崎の陽明学観は井上から続く命脈の上に築かれ、社会問題への関心から展開したといえる。

石崎は日蓮と陽明に、共通点があるとしている。それはともに、世に容れられずに配流の憂き目にあった点である。また、両者ともオリジナルの思想を創出した訳ではなく、陽明は陸象山の、日蓮は最澄の説を祖述した点も似ていると述べる。その上で陸象山と最澄とは、当時の勢力に対抗した存在であると語る。彼らが対抗した勢力とは象山の場合は朱熹であり、最澄の場合は空海である。石崎は朱熹と空海に対して、次のように辛辣な評価を下す。

而も彼等を偉大なりといふはよく人生の機微を穿ち、社会の風潮を察し、之を率い之を導く只一個の方便を提供するの秘訣を得たりといふのみ。時代に抗して苟くも社会を向上せしむるが如きは彼等の迂闊として取らざるところ、若し深刻に評すれば偉大なる俗物なりしなり。俗物の事業は多くの時代に於て勝利を得べし。然れども其弊の及ぶ所其主義学術なるものは時代の向上に一箇の価値なきは又止むを得ざるもの、若し夫れ日蓮の如き陽明の如き常世に気骨あるものの俗を蹴て反対に立つは是を真に時代の要求といふべし。(63)

一世を風靡した両者について「俗物」と断じ、象山や最澄がそれに対抗したために不遇であったと述べる。そして陽明と日蓮は彼らの祖述者として、時代に抗した両者の思想を「時代の要求」にあうように精錬した功績があると語る。こうした石崎の記述は単に陽明と日蓮をならび顕彰することのみが目的ではなく、先人の遺志を継いで真に時代を改革したことを印象づけるためであろう。ここにおいて重要な点は、陽明や日蓮が時流に逆らうような改革をしたのではないと理解していることである。

先述したように石崎は社会主義に親近感を懐いていたが、社会に反抗することを意図したわけではない。石崎は同書の中で、熊沢蕃山を同時代の由井正雪と比較している。二人が会見したことに触れて、次のように述べている。

必ずや時事的、経済的談論なしと信ずる能わず、況や又蕃山は当時異学と認められたる陽明家にして、正雪は幕府の持て余しつつある浪人中の頭目を以て居る者、有体にいえば何れも当世の注意人物なるに於いてをや、境遇の同情を交換するに足るもの斯くの如し。(64)

さらに正雪を「兵家」、蕃山を「儒生」と称した上で「兵家は言わん、馬上を以て圧服せる天下は宜しく馬上を以て改革せざるべからずと、儒生は曰わん、天下の革新は宜しく王道を以てせざるべからずと(65)」と述べる。両者がともに社会の改革を図った人物であると評価した上で、「馬上」と「王道」という対比をしている。

その上で石崎は、「蕃山、正雪の天下を見る改革は等しく見て以て一致する所なるも、手段は即ち相反す。正雪は手段に於て過激なり、蕃山は穏健の手段を撰ばんとす(66)」と述べる。蕃山と正雪を並列させているのは、どちらも社会の改革をおこなおうとしたためであった。しかし乱を起こした正雪はその手段が「過激」であり、蕃山の手段は「穏健」であるという。大塩が救民のために行動を起こしたことを石崎は評価していたが、謀叛という行動を肯定していたのではなく、人々の救済のために動くという内面を重んじていた。高瀬による個人の修養と社会的な視点の結びつきを、石崎はより明確に論じたといえる。

すなわち社会問題の表面化が、石崎の陽明学観においてはかえって内面の修養の重視を促したことになる。これまで見てきた明治期の陽明学における流れは、井上・高瀬から石崎に至り、国家重視から社会の改革へという視点に推移している。さらに石崎は、高瀬のように改革を促す個人の内面の修養が重んじられているように見える。

ではこのような石崎の陽明学観は、井上・高瀬からの流れだけに由来するものなのであろうか。石崎が水戸学の藤田東湖と大塩から影響を受けて、改革をおこなう精神を養う点を陽明学に見ていたことは先述した。このほかに石崎の陽明学に対する態度を促したかと思われる点を探るために、ここで幕末の陽明学の状況を概観する。

岡田武彦は幕末の陽明学者の中で、「深い体認自得を旨とした学者」を何人か挙げている。それが「林良斎、吉村秋陽、山田方谷、春日潜菴、池田草菴、東澤瀉」である。[67]この内、吉村秋陽と山田方谷は佐藤一斎の門人であり、林良斎は大塩の門弟であった。また方谷は藩の財政を立て直すという活動に従事し、春日潜菴や東澤瀉のように勤王の立場を表明した者もいた。大塩や吉田松陰に比べて、彼らは大きな影響力を及ぼすような活動はしていない。[68]しかし彼らが幕末において時勢に関心が低かった訳ではなく、むしろ自身の学問を現実に活かす道を模索していたといえる。

岡田は右の陽明学者だけでなく、幕末の朱子学者（大橋訥菴・楠本端山、碩水兄弟）も含めて彼らが明末の東林学派の思想を多く吸収したと認識している。東林学派はその政治的性格から東林党とも呼称される。明末の万暦年間（一五七三年―一六二〇年）に神宗皇帝とそれに追随する一派に反発して、東林書院に結集した人物たちをさす。代表的な人物に顧憲成・高忠憲・劉念台がいる。彼らは陽明学左派（後述）の思想を過激であるとして批判し、朱子学も採り入れた「経世致用」の学を主張したとされる。そのため、時の政治への批判を多くおこなった。[69]岡田は明末の動乱の時代に生じた彼らの現実的な思想が、幕末を生きる人物に影響を与えたと述べる。[70]

ここで、東林学派の反面教師となった陽明学左派について概説しておく。岡田武彦によれば陽明の死後、弟子たちはその主張の相違から大きく区分して三派に分かれるとされる。その分け方も当時の自己認識ではないのである程度は恣意的なものになるが、本筋とは外れるのでここでは論争史に言及しない。分かりやすくするために、ひとまず岡田の提示した区分によって見る。それは良知の求め方の違いによる三派であり、現成派・帰寂派・修証派に分かれる。

まず良知現成派である。この用語の由来は、彼らの主張が「陽明のいう良知は現成であるというにあった」ためであるとする。良知をとらえるための工夫（修業）を避け、「わが心の率直な流露、自然の発露を直ちに本体とし性命とする傾向があった」[71]と解説する。どちらかといえばさかしらな修養を否定して、おのれの心の自由な発露を容認する傾向にある。後に出現する李卓吾は、この系統を受け継ぐという。李卓吾は、心の純粋な発露としての「童心」を肯定している。陽明学の学統の中でも異端の思想を唱え、晩年は獄中で命を落とした。

次に、良知帰寂派である。これは「根本を培養して生意を枝葉に達するといったように、帰寂もって体を立ててこれを用に達すること」[72]、すなわち禅のように「静」を重んじる工夫によって、良知を明かにしようとする系統である。

そして、良知修証派である。これは良知が「そのまま道徳法則、すなわち天理であることをよく識認」[73]したと説明される。すなわち陽明の説いた良知に致るための工夫を、忠実に踏襲することを主張した。

岡田の指摘によれば、帰寂・修証の二派は朱子学に接近する傾向を持っていたために、現成派の思想が明末に隆盛することになったという[74]。この現成派こそ、陽明の思想を過激に展開したために「陽明学左派」と呼ばれる[75]。それに対して帰寂派が「右派」、修証派は「正統派」とされる[76]。

なお荻生茂博は、大塩の学問が「東林系の諸儒」である陽明学修証派、及び帰寂派を「道統」とみなす立場を取ったとみなしている。さらに、大塩が現成派を非難していたことを指摘した。その上で、乱という行為に政治的な実践を重んじる東林派との通底を見出している[77]。ちなみに岡田武彦によれば、「幕末の陽明学者は、概していえば帰寂派または修証派に心を寄せて、現成派に対しては批判的であったが、中には沢瀉のように現成派を好んだものもいる[78]」という。第二章で、岡田が幕末の陽明学者について「真切な反省自覚と深密な体認自得を学の要[79]」としたと述べたが、であるとすれば幕末に陽明学に傾倒した者たちは多く陽明学を穏健な立場で受け取り、心の内省を重視していたことになる。陽明学が内省を重んじて心の修養を図る見方は明治期の高瀬武次郎が積極的に主張するが、幕末期においては陽明学を穏健に受け取る立場に見られたことは興味深い。

ここで幕末の陽明学者たちについて、簡単に生涯・学問の系統を紹介しておく。

吉村秋陽（一七九七〈寛政九〉年―一八六六〈慶應二〉年）は、安芸に生まれた。名は晋。字は麗明。京都で古義学を修めた後、江戸で佐藤一斎の門下に入る。陽明学を学んだ後は「自反」という自己反省の修養を重んじ、朱子学者の大橋訥菴を「弁才」と批判した。学問としては陽明学の修証派を高く評価して、現成派を排した。また後には、帰寂派を認める見解を見せた。

山田方谷（一八〇五〈文化二〉年―一八七七〈明治十〉年）は、備中国に生まれた。名は球、字は琳卿。若い頃は朱子の学問を修めたが、後に陽明や大塩の思想に触れる。江戸で佐藤一斎に学び、陽明学の要点は「誠意」にあるとした。誠意のためには、意の自然に従うのが善であり、それに逆らう不自然なことが悪であるとみなした。聖書に関心を寄せる幅広い面も持っていたが、佐久間象山に対しては洋学であることを理由に批判した。備中松山藩の財政を、改革によって立て直したことはよく知られている。また、三島中洲や河合継之助の師でもある。維新後は、岡山閑谷学校の再興に尽力した。

林良斎（一八〇七〈文化四〉年―一八四九〈嘉永二〉年）は、讃岐国に生まれた。名は久中。字は子虚。家系の家老の職を若くして継いだが、病気のために辞す。その後、弘浜書院を建てて学問を教授した。二十代の後半には大塩に入門。陽明学を学び、藤樹の学問や石門心学にも触れた。訓詁の学を批判して、静坐による「慎独」を重んじる態度を取った。その静坐を旨とする姿勢を良斎は東林学派の劉念台に学んでおり、彼を称揚した。また後には、朱子学と陽明学を折衷するような説を展開している。

春日潜菴（一八一一〈文化八〉年―一八七八〈明治十一〉年）は、公卿の出である。名は仲襄。字は子賛。初めは朱子学に染まるが、二十歳頃から陽明学に傾倒する。大塩の乱が起こった時には陽明学を非難するような風潮に対して、抗弁した。また勤王の思想にも関心を示し、安政の大獄で処罰された。学問では朱子学や陽明学の修証派・帰寂派を広く受容したが、劉念台を最も尊崇して、その「慎独（自訟）」の説を重んじた。西郷隆盛とも交流があり、明治以降は奈良県知事を務めている。

池田草菴（一八一三年〈文化十〉―一八七八〈明治十一〉年）は、但馬国に生まれる。名は緝、字は子敬。京都に出て古文辞学を学んだ後、春日潜菴と親交を結んで陽明学を奉じた。また、林良斎・吉村秋陽とも親しくする。三十代で郷里に青谿書院を開いて、門弟の育成に努める。潜菴との交流から劉念台の思想を吸収し、そこに朱子学を折衷した。陽明は禅から脱していないとして、念台の「慎独」を学の要点とした。学問では帰寂派に惹かれ、維新前後の洋学尊重の気風を批判した。

東澤瀉（一八三二〈天保三〉年―一八九一〈明治二十四〉年）は、岩国に生まれる。名は正純、字は崇一。古学・古文辞学を修め、佐藤一斎に入門して大橋訥菴・吉村秋陽らと交わった。特に秋陽から陽明学を学んだ。これまで紹介したほかの陽明学者とは異なり、陽明学の現成派も重んじた。また勤王思想から倒幕論にも傾倒して、一時流罪の憂き目にあっている。澤瀉塾を開く。陽明学会を組織した東正堂は息子であり、正堂は『澤瀉先生全集』を編纂した[80]。

朱子学者の経歴については割愛するが、一連の朱子学者・陽明学者の態度を、岡田武彦は以下のようにまとめている。

彼らは一般に尊王攘夷論者で、洋学を排斥して国体を護持しようとした。しかし大体大義清議を張目大言したり、意気に駆られ客気勝心に任じて気節を高揚し、功業を大にして世の革新に狂奔するような、いわば行動派のものとは異なる態度を持した。それは宋明心性の学を講ずることを第一義とし、それによって倫理綱常を樹立して世の風教を正すことが真に国難を克服する道であると考えたからである。(81)

そこに「深い体認自得」の修養があったように、内省的な態度によって学問を修め現実に援用しようとする流れは幕末の儒学者の間で既に醸成されていた。石崎のように、水戸学の素養を有していた人物ならなおさらであったろう。大正期において陽明学は、大塩の貧民救済の行動との関連で注目された。石崎は改革を断行する精神を、大塩らの奉じた陽明学に由来するものとした。そのことが、石崎による社会の穏健な改革を関心の中心に据えた態度に結びつく。

同時代において大塩は社会改革者と捉えられ、陽明学もそのための思想として注目されていた。ゆえに石崎も、大正期に社会問題への関心を通じて改革者としての大塩と兆民に傾倒した。明治期には、大塩を民衆救済・社会改革の雄として顕彰する傾向があった。この時点で大塩のおこないは、必ずしも陽明学と結びつけられて捉えられた訳ではない。むしろ、改革者や英雄という大塩像が普及していた。その後で大塩の行為を、陽明学の観点から読み解いて称賛するようになる。幕末から大正期にかけての陽明学への態度は、社会を変えていく思想であるという理解が浸透していく過程でもある。

陽明学への着目は、明治維新との関連から反朱子学と目された面で関心を集めたためもあろう。大逆事件の当時は、大塩に対する批判的な目も強くなり陽明学への逆風も吹いたが、石崎の『大塩平八郎』はその後に公刊されている。彼らの時代の後を受けて石崎は、改革を断行する精神を養う学として陽明学を称賛する理解を育んだ。

第三節　石崎東国における陽明学とは

これまで井上・高瀬から続く陽明学理解が、石崎東国に至る流れを概観してきた。改めて石崎にとって陽明学とはどのような思想であったのかをまとめる。

弘道館に通っていた石崎は、水戸学の素養を身につけた。長じては大塩、日蓮などに傾倒して、大阪に移ってからは貧困や新平民の問題に関心を寄せた。その後、大塩の事績を研究・顕彰するための団体「洗心洞学会」を組織。東正堂の陽明学会と合同して、「大阪陽明学会」と改称した。その背景には、大塩を「謀叛人」だとする風潮を警戒したことがあった。その後、大塩の呼称にちなんだ雑誌『小陽明』を刊行。数度の改題を経て、やがて「陽明主義」を主張するようになる。

この「陽明主義」、あるいは「陽明宗」という石崎が提案した造語について、石崎自身は明確な定義を述べているわけではない。むしろ「陽明主義」が、「資本主義」や「軍国主義」を改良するという意義について積極的に説いている。こうしたことを石崎が唱えるのは、中江兆民に私淑して社会主義に触れたことも要因として考えられる。石崎は、大逆事件に際して井上が陽明学を危険視した主張に反論して、兆民を「陽明学派出身の傑物」と呼んだ。

石崎の立場は、一見して井上と相反するように映る。しかし石崎は、陽明学が反体制の思想であると述べてはいなかった。むしろ国家体制の秩序よりは広い意味で、社会に利益を与えうると考えている。両者の間に高瀬武次郎を置くと、分かりやすくなる。高瀬は教え子として井上の論理を踏襲しており、石崎の団体にも深く関わっていた。高瀬は陽明学による社会の改良を示唆していたが、石崎はそれをより明確に打ち出した。石崎が高瀬と対立したのは、高瀬が帝国主義的な侵略容認の議論を展開したためではなく、それ以前に高瀬の講義が「現実問題」に関心が低かったことを石崎が批判したためである。石崎は高瀬よりも一般の社会に関心が向いており、その意味でも貧民の救済をおこなった大塩を称賛していた。

また石崎は大塩と水戸学の藤田東湖を対照させており、両者が懐いていた改革への志向が吉田松陰に流れることで明治維新が成就したとする。よって石崎は、現行の社会体制を肯定する。陽明学が背景となって旧体制の変革が成功したのであれば、陽明学は明治期の秩序に反抗するものではない。同様の発想が一方では、井上のように国民道徳の理解に資するという見解になり、石崎の場合は陽明学を社会改革の思想とする面に着目した。

ただし高瀬が国家体制の擁護に着目したのとは異なり、石崎は陽明学が改革を断行する精神を養う点を重く見た。社会を改善するための具体的な方策を石崎が検討していたわけではないが、現行の社会においても陽明学によって改革することを唱えていた。それは陽明学が、改革の精神を涵養する思想であると認識していたためである。その意味で石崎の陽明学理解は、内省を重んじていたといえる。ただし、関心の中心ではない。石崎の主眼は維新を導いた陽明学の精神によって、同時代の社会を改善することであった。

石崎は陽明学が変革に資するという面に着目して、同時代の社会の改革を要求した。そのための精神修養をおこなうのが、陽明学であった。高瀬も説いた陽明学による精神の修養は、石崎に受け継がれている。ただし石崎が、高瀬の後継者であると自覚していたのではない。幕末において陽明学を内面の修養に用いて、社会に資するという風潮は既に醸成されていた。それは「反権力」の思想ではなく、陽明学の社会への穏健な援用であった。

また大正期に至って、貧困という社会問題が顕在化したことも関係してくる。それにともない、大逆事件頃まで大塩に対する毀誉褒貶が混在していた論調が変化し、肯定的な評価が中心となった。その時勢は、石崎が大塩に対する「謀叛人」の称号を気にして団体や雑誌を改称したものの、後にまた明確に大塩顕彰に動き出した行動と一致している。石崎は社会問題への関心から大塩に関心を寄せ、そのために陽明学の意義を認めたといえる。

社会問題の表面化により、大塩の救民の行為が着目される。その大塩が奉じていたために、陽明学も同じ視点から語られるようになった。

次章では、これまで考察してきた井上哲次郎・高瀬武次郎・石崎東国の陽明学理解を踏まえて、同時代で彼らとは異なる立場をとった陽明学研究者、及び陽明学に関心を寄せた人物たちの考察をおこなう。また、それに続いて、昭和期において三者の陽明学理解と関連が見られる人物たちの陽明学観を辿ってみたい。

第五章　近代日本の陽明学の派生と展開

第一節　宗教家と陽明学

1・内村鑑三と陽明学

第二章で見たように、井上哲次郎は国内の精神的な秩序維持を重んじる立場から、キリスト教の流入に強く反発していた。また、井上の意見にも見られたキリスト教が儒教の忠や孝をないがしろにするという批判は、中国にも近代以前から伝統的にある。(1)井上のそうした意識には、水戸学におけるキリスト教への批判と通じる点があることは既に確認した。そうした見解と、内村鑑三のようにキリスト教と陽明学の関連を語る姿勢は一見相容れないように映る。

しかしながら井上が国家の体制を護持することを目的としていたように、キリスト教と陽明学の関連を意識していた人物たちも、陽明学の顕彰とは別の意図を持っていたことが考えられる。本節ではそれを明らかにするために、内村及び同時代のキリスト教徒たちの陽明学に対する態度を考察の対象とする。

内村鑑三は、その出自において儒教とも関わりがあったと本人が述べた文章がある。

余の父はりっぱな孔子学者であって、聖人の文章と言葉のほとんど各節を暗唱することができた。それゆえしぜん余の初期の教育はその線にそっていた。そして余はシナ諸聖賢の倫理的政治的教訓を理解することはできなかったにしても、その後の一般的の感じがしみこんでいたのである。封建領主に対する忠誠、親と師に対する誠実と尊敬は、シナ道徳の中心題目であった(2)。

内村鑑三が『代表的日本人』の中で、陽明学とキリスト教の関連に触れていることは先に少しだけ言及した。第一章では高杉晋作の言葉を引いて、「キリスト教に似た思想(3)」である陽明学が、明治維新に貢献したとする内村の文章を紹介した。そこで内村は明治維新を導いた陽明学との関連を語ることで、キリスト教の優秀さを説こうとした。前述したように高杉が陽明学の危険性を述べたとする解釈の方が妥当にも関わらず、内村はキリスト教の顕彰のために陽明学との関連性に言及し、それが維新に貢献した思想であると述べた。なぜ内村はキリスト教の顕彰のために、陽明学に言及する必要性があったのか。

内村は先の高杉の発言を、「西郷隆盛」の章の中で書いている。高杉の発言についての箇所の少し前で、西郷の思想について次のように内村は書いている。

若いころから王陽明の書物には興味をひかれました。陽明学は、中国思想のなかでは、同じアジアに起源を有するもっとも聖なる宗教と、きわめて似たところがあります。それは、崇高な良心を教え、恵み深くありながら、きびしい「天」の法を説く点です。わが主人公の、のちに書かれた文章には、その影響がいちじるしく反映しています。西郷の文章にみられるキリスト教的な感情は、すべて、その偉大な中国人の抱いていた、単純な思想の証明であります。あわせて、それをことごとく摂取して、あの実践的な性格を作りあげた西郷の偉大さをも、物語っているのであります。(4)

ここで内村は陽明学と、「同じアジアに起源を有するもっとも聖なる宗教」としてのキリスト教に共通点があると論じている。さらに西郷に「キリスト教的な感情」が見られるのは、陽明学の影響があるためとする。そして内村は、それらによって「実践的な性格を作り上げた」西郷を称賛する。ここでもやはり内村は維新の革命との関連を意識しているが、それは具体的にどのようなことを意味するのか。

『代表的日本人』における右の西郷の記述の後、高杉の引用の直前に次のような記述がある。

ところで、西郷の一生をつらぬき、二つの顕著な思想がみられます。すなわち、(一)統一国家と、(二)東アジアの征服は、いったいどこから得られたものでしょうか。もし陽明学の思想を論理的にたどるならば、そのような結論に至るのも不可能ではありません。旧政府により、体制維持のために特別に保護された朱子学とは異なり、陽明学は進歩的で前向きで可能性に富んだ教えでありました。(5)

山下龍二は内村の陽明学理解が井上に対置されるものとしたが、右の文を読む限りではそのようには見受けられない。内村は陽明学の思想が、「統一国家」と「征服」に到る可能性を指摘している。ただしこの文で重要な点は、文末で陽明学を朱子学と対比させて述べている点である。このすぐ後に、高杉による陽明学が革命に貢献した旨の発言が書かれている。そこには朱子学を旧幕府の体制に、陽明学を革命後の現体制に象徴させる意図があった。内村にとってキリスト教と陽明学は、どちらも新しい明治の社会を導いた思想である。

また陽明学が西郷の「実践的な性格を作り上げた」としている点には、第二章の井上の考察でも言及したような幕末の「実学」の重視と陽明学との関連を見ることもできる。内村は、陽明学を奉じた西郷の「志士」としての行動に着目していた。内村の用いた「実践的」という言葉は、それを示唆する。源了圓は、幕末における「志士」という言葉の持つ意味を次のように定義している。

従来の志士の用例には広狭二つの用法があったように思われる。一つは、幕末以前の非実践的知識人と比較して性格を異にする実践的・政治的タイプの知識人を総称して「志士」という、いわば広義において志士をとらえるものであり、他は尊攘運動、倒幕運動に従事した政治的実践家たちを志士とする。いわば狭義において、志士を理解するものである。(6)

狭義としての「志士」は当然、広義の「志士」に含まれるであろう。志士を右のようにとらえるならば、西郷もまた「非実践的知識人」とは異なる人物になる。明治維新という革命に貢献した人物を基準として、内村は陽明学を積極的に評価している。

さらに源は、佐久間象山・横井小楠・吉田松陰の名を挙げて「前時代の読書人的・教養人的タイプの知識人から区別されるべき存在であった。学問と事業が二つに分かれない、というのが後期水戸学以来のこの時期の志士たちの共通の学問観(7)」であったとしている。

藤田東湖の唱える学問と事業の一致が井上の陽明学観に通じることは先述したが、内村も同様である。内村は陽明学に、知識だけではなく実践を重視する面を見ていた。その象徴が、西郷や高杉といった志士たちである。

ただし井上が陽明学の秩序を乱す側面を重く見たのに対して、内村は現在につながる革命をもたらした精神を強調している。その点で、第四章で検討した石崎東国の陽明学観に近いともいえる。内村は陽明学に対して水戸学にも通底する維新の革命との関係を見たが、井上の見解とは異なっている。

しかし内村は、陽明学が体制に批判的であったと考えていたわけではなかった。第一章では、内村が「教育勅語」への拝礼を会釈で済ませたことが、井上らによって問題視される「不敬事件」にも言及した。岡利郎は、この事件において考慮すべき点を何点か挙げている。まず第一高等学校の関係者が拝礼を求められたのは、天皇の「御真影」ではなく、署名いわゆる「宸署」に対してであった。これについて岡は「彼が当時カーライルの『クロムウェル伝』を愛読していて、『宸署』への礼拝を宗教的なものと捉え、それはキリスト者の良心に反すると考えたからであった[8]」と述べている。さらに岡は内村が後に一高校長から懇願され、病気療養中の時ではあったが代理の人間に拝礼をさせていることを指摘している[9]。たしかに内村は、現体制を導いた陽明学にキリスト教との親和性を感じていた。その内村は旧幕藩体制が奉じていた朱子学を批判することはあっても、現体制への違和感は有していなかった。

第二章では井上における水戸学の影響としてキリスト教の流入への反発を取り上げたが、同じく水戸学における「攘夷論」に注目してみると、興味深いことがいえる。次の文章は、丸山眞男の水戸学についての論である。

> 後期水戸学に於ける尊王攘夷論を最も明確に体系づけたのはいう迄もなく、会沢正志〔ママ〕の「新論」である。文政八年幕府が打払令を発した前後の騒然たる情勢を背景として成ったこの書は、国体・形勢・虜情・守禦・長計の五項目より成り、国体の尊厳より説き起して、世界情勢と欧米列強の東亜侵略の方策を述べて、之に対する防衛体制を緊急措置と根本対策の両面から論じた頗る組織的な論作で、幕末思想界に驚くべく広範な

影響を与え、一時は幕末志士の聖典視された程であるが、しかもほかならぬこの攘夷論の「聖典」に於て、尊王論の国民主義思想としての「前期」的性格がまざまざと示顕しているのである。その攘夷論の根柢には被支配層に対する根本的不信、庶民層が外国勢力の支援を恃んで封建的支配関係を揺がすことに対する恐怖感が絶えず流れていた[10]。

会沢正志斎の『新論』における「尊王論」を「国民主義思想としての『前期』的性格」と位置づけ、その「攘夷論」は、国内の秩序を揺るがす「被支配層」への不信感と考えている。水戸学のこのような側面は、井上の論理に近い。井上がキリスト教に代表される外国勢力の流入を拒んだのは、国内の「民心」が乱れることを恐れたためであった。

丸山は会沢の議論が基本的に「敬幕論」を伴うものであることを示しつつ、以下のように説いた。

新論を含めて後期水戸学の攘夷論は、広く国民と共に対外防衛に当ろうとする近代的国民主義とはむしろ逆に、動もすれば「民ノ或ハ動カンコトヲ恐」れたのではなかったか[11]。

丸山は大戦中の国体論と民主主義の研究から出発したため、やや注意して見る必要がある。とはいえ、幕末の水戸学の攘夷論が体制秩序を志向する点で井上に受け継がれているとすれば、その明治期における陽明学観にもつながっている。井上にとっては、大塩の例に見られるように体制を揺るがす危険性も重んじられた。

一方で内村は、旧体制に革命を促した思想という側面を賛美している。それは高瀬や石崎に近く、社会改革の精神を涵養する点で評価されるべき思想であったとみなしていた。内村における陽明学は、維新をもたらした人物が学んでいた「事実」からさかのぼって、革命を促す思想としての性格を説かれるものであった[12]。
なお、内村の『代表的日本人』には「中江藤樹」の章もある。その内容を見ると藤樹の半生や人格者としての人物評価に記述の大半を費やしており、陽明学の思想についての話題は少ない。その少ない中で内村が語っていることは、先の「西郷隆盛」における文と同じ論理に貫かれている。

もしも藤樹が進歩的な中国人王陽明の著作に出会うことで新しい希望を抱くことがなかったとしたら、どうなったでしょうか。悲観的な朱子学の圧迫のもとで、もともと消極的な藤樹のような人物に多くみられたように、不健全な隠遁生活に追いこまれていたことでありましょう。私どもは、すでに大西郷について述べたところで、その著名な思想家の話を語る機会がありました。陽明学の形をとった中国文化のお蔭で、私どもは、内気で、臆病で、保守的、退歩的な国民になることはなかったのだと考えます[13]。

このように内村の朱子学嫌い、陽明学好きは徹底している。それも、先述のような陽明学と維新の関係によるところが大きいと考えられる。内村は朱子学を批判することで旧幕藩体制を攻撃し、変革をおこなった陽明学を称えている。内村は陽明学を、社会改革思想としての視点から見ていたであろう。澁谷浩は、内村が「良知」にもとづく思想に由来して社会改良論を唱えたとする[14]。内村にとって陽明学は、朱子学と対比させて「進歩的」な思想として認識された。高杉が、陽明学とキリスト教との関連を喝破した（と内村が考えた）こともあり、明治の新しい体制にふさわしい思想とみなされた。
ただし内村も、陽明学を全面的に賛美していた訳ではなかった。内村の思想の根柢には、無論キリスト教がある。そのことを意識させる一文が、同じく藤樹の評価の中にある。

藤樹の著述をとおして、意気消沈の気配は一点もうかがえません。私どものもつ神や宇宙の思想からみると、陽明学派の藤樹が、どうしてこれほど幸福であったか、想像に苦しむところです。[15]

内村は、神の思想によって人は幸福を得ると認識していた。この点で陽明学は物足りないものであった。内村にとって陽明学の重要な要素は、改革を志向する社会的な視点であった。一方で精神面での修養は、やはりキリスト教によってなされる事柄であったであろう。[16]

以上の点から考えると内村の陽明学への親近感は、キリスト教への帰依を中心として導かれたものであることが分かる。本節の冒頭で、内村の父が儒学者であったとする内村自身の文章を引用した。そこにおいても内村は儒学に特別な感情を懐いている様子は見受けられず、むしろ批判的な目すら向けていた。[17] 内村にとって儒学の思想は、批判すべき対象であった。キリスト教に近いと自らが考えていた陽明学は、むしろ内村には例外的であったといえる。キリスト教の教義を深く学んでいく上で、精神面での修養という内容に陽明学と近い感覚を覚えたのが実情といえる。[18] 内村がキリスト教と通じるとした陽明学の要素は、社会改革及びそのための精神を涵養する側面である。体制護持を志向していた井上とは異なるが、必ずしも対置される訳ではない。内村は現体制を導いた維新を支えた点で、陽明学を称賛していた側面が強い。[19]

よって内村が陽明学とキリスト教の間に感じていた親和性は、儒学を重視するために見出された訳ではない。むしろキリスト教への信仰から、日本の旧来の思想の中に聖書の教えと似た部分を探求した結果といえる。それは西洋の文化に対して、日本の立場を高めようとした意識によるものであろう。内村は自身が主幹を務める英文の雑誌で、次のように述べている。

キリスト教の代表者で、他宗教の中に暗黒を見出して喜ぶ人があるとすれば、彼はキリスト教を少しも代表してはいない。キリスト信者は、仏教であれ、儒教であれ、道教であれ、あらゆるところで、良いものに出会えば喜ぶのである。彼の眼は鋭敏となって光りを見つけ出し、彼は暗きを見ることをいとうのである。それゆえキリスト教がその混じりけない光をもって輝くとき、キリスト教は、世界のうちにある最善なる者の発見者となる。ゆえに本誌の編集者たちは、みずからキリスト教のこの光を見出す能力をもって歩む者となろうと努めてきた[20]。

内村にとって、儒教は特別な関心事ではない。特別であったといえば「キリスト教」がそうである。そのキリスト教と、他の宗教との関連を考えることが内村の課題であった[21]。
また右の論説の引用箇所に続けて、内村はこのように書いている。

本誌編集者のひとりは、日本の代表的人物何人かをとりあげ、その世界的偉大さをはじめて世界に紹介した者であると言えよう。多くの日本人がまだ二宮尊徳や日蓮上人の偉大さを認めるようにならない何年も前に、これら日本の偉人たちを、人類の最も偉大な教師と称するにふさわしい人物として世界に紹介したのである。われわれの信じるキリスト教は、決してわれわれを祖国に対する裏切り者とはしなかった。もししたならば、われわれはとっくの昔にそれを棄てていただろう[22]。

同論説は一九二六年三月五日付の誌面に無署名で発表されたが、内村は自らが執筆した『代表的日本人』の功績を自賛している。内村は、日本の先人たちを顕彰したことはキリスト教と相容れないものではないと認識している。内村の意識には、キリスト教が日本という祖国を裏切るものではない点で称賛に値するという意識があった。内村は『代表的日本人』を刊行したことで、日本の偉人を世界に紹介すると同時にキリスト教への思いも強くしたといえる。

それでは、内村以外のキリスト教徒の状況はどうであったのか。

2・キリスト教徒と陽明学

植村正久（一八五七〈安政四〉年―一九二五〈大正十四〉年）は牧師であり、神学者としても活動した人物である。東京神学社を創設して、伝道者の育成をおこなう。また創刊した「福音新報」では「日本基督協会」の動向などを紹介して、キリスト教の普及に尽力した。植村には「王陽明の立志」と題した小文がある。ここで植村は、「彼が学問も教育も品性も若し其の『立志』を外にすれば、決して知るべからざるなり。立志は即ち陽明の本領なればなり」と述べる。ここで植村がいう「立志」とは、「学んでは聖人たらんことを期し、人を教えては聖人の地位に上らしめんとし、品性を養うては聖人の完域に達せんことを欲す」というものだと説明される。要するに「立志」は、「聖人」を目指す目的でなされるものということになる。

着目すべきは、次のように植村が書いていることである。

> 禅は人をして槁木死灰とならしむ、然れども陽明学は人をして生命の水に潤わしむ。儒学には彼のアスピレーションなし。禅学には彼のアスピレーションなし。アスピレーションは即ち王陽明なり。陽明学は即ち一種の宗教なり。儒学を知らんと欲する者は、朱子を措て陽明を繙くべし。王陽明を知らんと欲する者は、先

づ何よりも其の「立志」を観るべし。[23]

アスピレーションとは、野心、向上心、熱望を意味する。植村は禅仏教ばかりではなく、儒学と対比させて陽明学の長所を述べている。それは陽明学が野心を抱かせる点であるが、そのために陽明学を「一種の宗教」と述べている。

新渡戸稲造は「沈黙の時間」と題した随想の中で「沈黙の時間においてこそ、われわれは自己をもっともよく知ることができる。一人一人が、時に、またしばしば、自分自身の霊と語り合うのは良いことである」と述べている。そしてその「霊」の説明として、次のように書いた。

王陽明はこれを「良知」「良能」ととなえ、日本の陽明学者三輪は、ためらうことなくこれに「人の心に宿れる神」の名を与えた[24]（引用者注。三輪は三輪執齊のこと）。

鈴木貞美は『入門日本近現代文芸史』の中で、明治期には「キリスト教に出発しながら、諸宗に共通する神聖なものへの帰依を目指す動きも起こる[25]」と述べている。キリスト教徒の陽明学への傾倒は、そのような流れの中で起こったといえる。鈴木は例えば、松村介石（一八五九〈安政六〉年―一九三九〈昭和十四〉年）がキリスト教と陽明学に影響を受けたと指摘する。[26] 松村は内村、植村と並んで「三村」と評された近代日本のプロテスタント活動における重鎮である（田村直臣を加えて、「四村」と称する場合もある）。松村は「一心会」（後に「日本教会」に改称）や「道友会」を結成して、日本独自のキリスト教理解を追求した人物である。松村が目指していたのは、キリスト教を「高等批評」の対象として儒教・仏教・老荘思想・西洋哲学・イスラム教も視野に入れた東西両宗教の融和であり、それを説く著作を発表している。[27] 儒学だけを特別視していた訳ではないのは、内村と同様である。また、あらゆる宗教の統合という姿勢は井上の「倫理的宗教」と似ている。[28]

日本メソヂスト協会の初代監督を務めた本多庸一（一八四九〈嘉永元〉年—一九一二〈大正元〉年）は、十代で中江藤樹や熊沢蕃山の思想を学んだとされている。[29] 山路愛山は本多の言として、次のように書いている。

余は唯、酒掃応対の末節に汲々たる朱子学の煩瑣なるに満足する能わざりしのみ。されば余は藩学校の庫中に在りて学生の容易に見ることを許されざりし陽明文集、伝習録等を辛うじて借り得て之を読みたり。余は又同じ理由に依って、熊沢蕃山の集義内外書を読みたり。而して陽明学の朱子学よりもより多く自然なるを喜びたり。[30]

ほかに、新島襄の薫陶を受けて神道にも関心を寄せていた海老名弾正（一八五六〈安政三〉年—一九三七〈昭和十二〉年）は次のように述べた。

吾人の宗教は良心の宗教ならざるべからず。良心は単に是非善悪を知るの心に非ず。茲に宇宙の根帯と一味相通ずるものある也。[31]

海老名は特に、中江藤樹の思想に親近性を感じていた。『六合雑誌』に掲載した文章では、次のように述べている。

藤樹先生は吾教の祖父なり。吾れ弱冠なりしとき道に志すを得たるは蕃山の集義和書の教えし所なり。其後数年を経て基督を尊崇するに至りしも蕃山に負う所浅からざりき。(32)

このように海老名は、キリスト教と藤樹・蕃山の思想を近しいと感じていた。その理由を、藤樹を用いて説明する。海老名は、藤樹の思想の眼目が「大孝」にあるとした。その上で儒教において子が父を敬うのは、キリスト教において神（海老名の用語では上帝）を敬うことと相通じると考えた。海老名は、次のように説く。

藤樹は大孝の人なり。孝子の心は仁なり愛なり敬なり。孝子の愛心豈に上帝の至慈を呼び発すことなからんや。(33)

海老名も内村と同様に、キリスト教の思想を根本に据えて、儒教との共通性を説明している。両者はともに、儒教の素養の上にキリスト教を発見した訳ではなく、陽明学などと親和する部分を説くことで、日本にもキリスト教の考え方が生じていたことを主張する意図があったであろう。

このように、明治期のキリスト教徒には儒教への関心が見られる。工藤英一は、当時キリスト教に改宗した日本人の多くが士族の家系の出身者であったことを指摘している。(34) 内村鑑三・植村正久・海老名弾正・松村介石・本多庸一・新渡戸稲造の父親は、いずれも藩士であった。すなわち彼らは、武士の子弟として本来儒教的教養に親しんでいた人物であった。

さらに工藤によれば、彼らが親近感を懐いた儒教は朱子学ではなく陽明学であったと明言する。工藤は内村や本多を例に挙げて、朱子学の教理に満足できない者が「異端」とされる陽明学に接近したという。(35) しかし、この工藤の指摘は的確ではない。明治の世において、朱子学は既に「正統派」の教養としての地位から脱落していた。むしろ前述したように、陽明学こそ新しい時代を導いた思想として人々の関心を集めていたとした方が正しい。内村が高杉と陽明学の関係に言及したように、同時代人として陽明学に興味を懐くことは不思議ではない。彼らはキリスト教と同時に、新体制を導いた陽明学に関心を懐いていた。

なお、陽明学者によるキリスト教への言及もある程度なされていた。倉田和四生は、山田方谷が漢訳の聖書を読んでいた事実を紹介している[36]。また方谷は、明治になると門弟に英語の習得を勧めて「其英語修学よりして精神的要素を得んとせば基督教の精神に触れねばならぬ[37]」と述べたという。

また井上哲次郎が中江藤樹の思想の論評において、キリスト教との類似性を指摘している。ただし同様に、仏教と藤樹の学問の類似性も指摘している。

> 藤樹の学問の全体の組織を考察するに、極めて仏教に類似する所多し。然れども遂に仏教と混同すべからざるものあり。仏教は厭世的にして畢竟解脱涅槃を期すれども、藤樹の学問は現世的にして、仮令い世界の本体を論ずるも其期する所は人倫の秩序にあり。人倫の秩序を破壊して、別に理想界を建設せんとするにあらず。故に其仏教を排斥するや、峻刻極めたりと謂うべし。然るに藤樹の学問は又耶蘇教に近似せる所少しとせず。先ず其上帝は天父に比すべし。思うに、支那古代の人民は人格的の上帝を信ぜしが如し。詩経書経等によりて証明すべし。宋儒に至りて之れを哲理的に解釈せり。故に其名は同一なれども、意味は頗る変更するに至れり。藤樹は人格的の上帝を崇信し、之れを己れの本体とし、之れと合一するを期せり[38]。

ほかにも同書の藤樹の章には、仏教の経典や聖書の記述を引用して思想を説明している箇所が複数ある。しかし右に見た通り、仏教やキリスト教と藤樹の思想を同一視している訳ではない。仏教については、「人倫の秩序」を重んじる儒学と明確に区別している。またキリスト教の「天父」すなわち神が「人格的の上帝」に対応するとして、先秦の儒教と比較している。井上はその点で、藤樹の思想がキリスト教に類似すると考えている。

鈴木範久の見解によれば、井上の結論はキリスト教の教えが「出世間的」であるのに対して、藤樹があくまで「人倫の秩序」を重んじる点で異なるということである。[39] 井上はキリスト教が「出世間的」であり、藤樹の儒学は「人倫」を重んじると明確に区別している。[40] それのみならず、右の引用にあるように井上は仏教に対しても、「現世的」で「人倫の秩序」を重んじる藤樹の思想と相対すると考えている。

井上の『日本陽明学派之哲学』における藤樹の理解が、宗教と関連していることは確かである。とはいえ、仏教やキリスト教との関連を強く感じていた訳ではない。井上が藤樹に宗教的な色彩を見ていたのは、先述したように「祖先教」という点が挙げられる。[41] 井上は、藤樹が「孝」を最も重んじるという「祖先教」であると述べる。井上がそう考えた理由は、国家をひとつの家族とみなす「家族国家論」を唱えたことと関連する。

井上による国家の秩序を重視する姿勢は、藤樹の思想を「孝」を中心とした「祖先教」とみなす見解とつながっている。それは孝における親への態度を、国における君主の態度に結びつけることを意味していた。日本でのその君主は、天皇にほかならない。[42]

そのため井上は、藤樹の思想における宗教との関係をむしろ神道に見ている。

> 藤樹は深く神道の教義を崇信し、是れ毫も唐土古聖人の道と違背するものにあらずと思惟し、神道大義を著わして、神儒調和説を主張せり。今其要領を挙げんに、夫れ神道は正直を以て体とし、愛敬を以て心とし、無事を以て行とす。然るに正直愛敬無事の三者は彼中庸に所レ謂知仁勇の三者にかよえり。正直は知なり、

愛敬は仁なり、無事は勇なり。[43]

前述したように、井上は藤樹・蕃山・大塩らの思想と神道のつながりに言及していた。[44]ここでも藤樹の著作と井上がみなした『神道大義』に基づいて、神道と儒教の教義が一致することを説いている。[45]たしかに藤樹の遺された思想には、宗教的とも取れる一面がある。山下龍二は藤樹が朱子学で重視される四書よりも、五経を尊んだ理由として「天、上帝、祖先神に対する宗教的信仰がはっきりと示されているからである」と書いた。[46]しかしながら井上は藤樹の思想の解説に仏教やキリスト教の教義を用いていても、それらとの強い類似性は感じていない。井上の記述に見られる藤樹の陽明学における宗教的な要素とは、神道と関わるものである。天皇を中心とする体制の重視がその根幹にあるために、「人倫の秩序」を否定しかねないキリスト教とはむしろ距離を置いた。井上が藤樹の思想に見た「宗教性」とは親への孝を基点として天皇への忠に結びつき、神道とも関連する思想であった。

前述のように井上は国内の秩序維持を図る目的から、キリスト教の日本流入に強く反発していた。それは、水戸学の主張からの影響が考えられる。ただし幕末の陽明学者であった池田草菴も、キリスト教や聖書に対して厳しく批判している。[47]井上と同様、水戸学を中心とした攘夷の流れをくむものであろう。幕末を生きた草菴もまた、そうした時代の雰囲気に影響を受けた存在といえる。

3・西田幾多郎と陽明学

西田幾多郎（一八七〇〈明治三〉年―一九四五〈昭和二十〉年）と陽明学の関連性は、これまで主に『善の研究』を対象としてなされてきた。竹内良知は、西田が同書を執筆していた明治四十年頃の日記に陽明の詩が引用してあることを指摘して、禅学の影響のほかに陽明学とのつながりを指摘した。(48) また、狩野直喜も西田の思想と陽明学の関連に言及しているが、こちらは明言していない。(49) 近年でも、小坂国継や湯浅泰雄が同様の論を書いている。(50) ただし、いずれも陽明学の思想と『善の研究』の記述に近しい点があるという印象論にとどまっている感がある。(51) よって、現在のところ「どう見ても『善の研究』には、儒教的伝統の下にある王陽明の思想を念頭に置いて思索が展開されていると思われるような箇所は認めがたい」(52) とした小坂国継の見解が妥当であろう。

そうした中で呉光輝は、『善の研究』執筆に至るまでの西田の文章に着目している。(53) 呉は西田の一八九七（明治三十）年の日記帖の見返りに、既に「王陽明」の名が記されている事実から説き起こす。さらに一九〇七（明治四十）年の日記に引用された王陽明の文章について言及した上で、『善の研究』の草稿である「純粋経験に関する断章」を取り上げる。

たしかに同文書には、「王陽明が知行合一といったように、充分なる知は実行でなければならぬ。凡ての知識は之を体得して真の知識ということができる」(54) と書いてある。呉はこの一文と、『善の研究』の本編における「王陽明が知行合一を主張した様に真実の知識は必ず意志の実行を伴わなければならぬ」(55) という文言との関連を紹介する。呉は、この「二つの文章の異なりとは明らかに、意志という言葉にある」とする。前者では「知は実行でなければならぬ」と述べられているのに、後者では「意志の実行を伴わなければならない」という言葉に置き換わっている。これについて呉は、三宅雪嶺の『王陽明』において、「知行合一」とショーペンハウアー、エックハルトの「意志」が関連づけられていることを指摘して、陽明学の影響を見る。呉は、西田の次の文章を引用する。

故に真の完全なる知識ならば必ずやそれが実行とならん。陽明、ソクラテスの所謂知行合一なるか。[56]

この後に、呉は以下のような見解を述べる。

このように、西田幾多郎が王陽明の知行合一説に関心を持っているのは、王陽明の学問の魅力のみではなく、陽明学と西洋学問との比較研究を成されてきた明治の思想家たちからの影響、さらに、彼自身もそれに好奇心を持っているからである。[57]

西田が陽明の「知行合一」の説を引いたのは、西洋思想との比較をおこなう明治期以来の伝統のためであるという。呉の結論に従うならば陽明学は、西洋思想の影響で変容をして西田に受容されたことになる。

また陽明学にとどまらず、朱子学を含めた宋学全体の西田の思索への影響を論じたのが井上克人である。[58] 彼は、井上哲次郎の唱えた「現象即実在論」に着目している。陽明学が朱子学に異を唱えたように、「理」の形而上学ではなく「現象」を重視する姿勢が井上哲次郎や西田幾多郎に流れていると説明する。[59] しかし日本における儒学の展開を朱子学とそれ以外の学派という構図に単純化させて、明治期の思想を語ることはやはり違和感が残る。とはいえ現状では、西田の遺した著作や文章から西田が陽明学や『伝習録』に関心があったという事実を追認しているのが実情であろう。この分野のさらなる進展が望まれる。

西田における陽明学の影響とは、陽明学そのものが彼の思想を構築したというよりも、これまで見てきたような陽明学に関心を懐く同時代の空気の下に彼がいたと表現するのがよい。そもそも西田の思想において陽明学は特別視されている訳ではなく、「実行の重視」という実践論においても種々の思想の影響が指摘されている。

例えば吉田公平によると、西田が禅にもとづいた哲学の「研究」をする前の段階で、参禅による「修養」の体験があったとする。[60] 第三章で確認したように、一九一〇年代の時期には「修養」が重視される状況が生じており、高瀬武次郎が陽明学によってそれをおこなうことを主張した。[61] 西田の思弁は、机上の学問だけを重視しない彼自身の心性によって導かれたものである。そのため、陽明学が着目された時代において「実行」の面に関心を寄せた可能性がある。

第二節　森鷗外と陽明学

1・井上哲次郎と森鷗外

大逆事件は天皇を狙ったテロ未遂事件として、近代史にほかには例のない出来事である。本書でもこれまで井上哲次郎によるこの事件と陽明学の関連を語る演説、及び高瀬と石崎による主張について論じてきた。大逆事件に関しては多くの先行研究があるが、本節では井上と対照させる形で、森鷗外（一八六二〈文久二〉年―一九二二〈大正十一〉年）が陽明学と大逆事件の関係についてどのように考えていたかを考察する。

井上と異なり、鷗外が陽明学の具体的な思想や大逆事件に直接触れた文章はほぼ皆無であるといってよい。しかし、事件の少し後に書かれた小説『大塩平八郎』が謀反という題材を扱っているため、大逆事件との関連が度々指摘されている。また同作品の背景に、陽明学の思想があるとする研究も複数ある。これには、大塩平八郎が陽明学を学んでいたことの影響もある。ところが同作品に対して陽明学と大逆事件の双方に視角をあてて、三者の関係性を考察した研究は見当たらない。

本節では、鷗外の『大塩平八郎』における両者のつながりを明らかにする。鷗外の作品には、大逆事件との関連が指摘される作品がいくつかある。井上と鷗外は、ともに大逆事件に否定的な態度を取っていた。ある面で御用学者のように生きた井上と、軍医総監まで昇りつめた鷗外では当然かと思われる。よって事件への評価だけを追っていたのでは、違いは見えてこない。井上と鷗外を比較するのは、両者が陽明学と事件との関係をどの程度認めるかが異なっているためである。井上は陽明学の思想が秩序の破壊に結びつくと考えており、両者のつながりを主張した。しかし鷗外は作品を読み解く限り、両者の関係を否定していたと考えられる。

以下では、陽明学と大逆事件との関係についての両者の意見の相違を確かめる。その前にまず、井上哲次郎と森鷗外の関係についてまとめる。

この井上と鷗外であるが、両者は旧知の間柄であった。井上は鷗外と同年の一八八四（明治十七）年に、ドイツに留学している。帰国は井上が九〇年十月、鷗外が八八年九月であり、同時期を同じ異国で過ごしたことになる。両者はドイツにおいて結成された日本人会「大和会」に出席して、対面している。[62] 井上は当時ハイデルベルクで、法学者の宮崎道三郎から鷗外が訳したゲーテの「盗俠行」の詩を見せられている。井上はこの訳業を高く評価し、『東洋学芸雑誌』に掲載の便宜を図ったという。[63] その後も鷗外は投宿先で井上と何度か顔を合わせ、哲学や文学について意見を交わした。なおこの時期に井上と親交を結んだことで、鷗外の「儒学思想や中国文学への造詣が深められた」と推察している研究もある。[64] しかし鷗外が漢詩文にすぐれていたことは従来から指摘されており、井上から影響を受けた事実は確認できない。また鷗外は「左遷」ともいえる形で九州にいた時期に陽明の言行録である『伝習録』を買い求め、母親に感想を書き送っている。[65] ただし鷗外は陽明学について、具体的に論じている文章をほぼ残していない。[66]

その後、鷗外は文部省に設置された教科書用図書調査委員会に招聘され、一九〇八年（明治四十一）年九月に教科書用図書調査委員会の第一部主査委員となった。鷗外は、没年までその職にあったことが分かっている。[67] 鷗外が関わったのは、小学校用の修身教科書であり、中村文雄によれば「日記からだけでも、会議に三十数回も出席し、第二期第三期国定修身教科書にかかわった」[68]という。そして同じ修身教科書調査委員に、井上哲次郎もいた。[69] 旧知の間柄であった二人が、二十年余りの時を経て同じ役職についたことになる。

しかし、この時点で両者にどの程度の親交があったかは定かではない。この時期の二人の心情を推しはかる、次のような挿話がある。井上が東京帝国大学文科大学長を務めていた時、美学を志望していた高山樗牛に対して海外留学の便宜を図ったとの噂が流れた。樗牛本人は急病のために留学を断念せざるを得なかったが、一連の話が鷗外の耳に入った。すると鷗外は、親友の賀古鶴所に宛てた手紙の中でこう毒づいた。

　高山林次郎（樗牛）は洋行をとり消し文科大学の国文学の教師（講師）になり候。国文学とは随分縁のなき話にて今の文科は井上哲二《ママ》郎に気に入ればどうもなる事と相見え候。[70]

ドイツ留学当時は親交が厚かったものの、この時点で鷗外が井上に対して好感を抱いていたとはいいがたい。留学時の鷗外と井上の交流を丹念に追った小堀桂一郎も、同様の判断をしている。その根拠として、「中年期以降の森の文章の中に井上の名が殆ど現れてこないこと」[71]を挙げている。とはいえ少なくとも、正にこの時期にどちらも大逆事件に直面したことになる。

一九一〇（明治四十三）年五月から八月にかけて、幸徳秋水ら社会主義者が天皇暗殺を企てたとして多数逮捕され、大逆罪という罪により翌年一月には二十四名に死刑判決が下る。うち十二名は、後日恩赦により無期懲役に減刑。秋水ら十二名がその月のうちに死刑に処された。当時の新聞は、秋水らを「逆徒」「逆賊」と称して非難した。[72] 第二次大戦後の研究で、天皇に危害を加える目的で爆発物の製造に関わったのは実際には逮捕者のうちの五名で、秋水などは直接関与していなかったことが判明している。[73]

井上が当時事件の思想的背景に陽明学があると講演で主張し、陽明学研究者の間で波紋を呼んだことは先述した通りである。一方で鷗外が直接大逆事件について述べた文章は、現在確認されていない。意図的に残さなかったことは間違いないと思われるが、その作品の一部に事件の影響が感じられる箇所があると、これまでの研究によって指摘されている。特に『大塩平八郎』という大塩の乱を題材にした作品には、大逆事件との関連が見られるという指摘が多い。

また同作品中に大塩が奉じていた陽明学の話題が出てくることから、鷗外の陽明学観が反映されているという研究もある。これまでの『大塩平八郎』における陽明学の影響の考察は、大逆事件との関係を整理して考えていない。これまでも述べたように、事件の前後において大塩という存在のために両者を関連づけて述べることは、当然のようにおこなわれていた。井上や高瀬も、そのひとりである。

本節では、大逆事件と陽明学との関連についての両者の見解を明らかにする。具体的にはまず、大逆事件を陽明学との関連で見て批判した井上の言説を再び確認する。次に鷗外の『大塩平八郎』と、大逆事件または陽明学との関係を説いた各々の先行研究をまとめる。その上で同作品と鷗外自身がそれに附した解説などの検討を通して、鷗外が陽明学と大逆事件の関係をどのように見ていたのかを述べる。それによって、両者の陽明学と大逆事件の関係についての見解の相違を明らかにできる。

井上は困窮した民を率いて蜂起した大塩の行為を「暴挙」と称し、社会主義に通じるとして陽明学が社会主義につながる危険性を見ている。[74] そのことは先述した。よって体制秩序に反抗する大塩の行為は、井上にとって認めることができないものであろう。井上の陽明学批判は、陽明学が周囲を顧みない反乱に転化する可能性を根拠としている。

また井上は大塩の行為を非難の対象としながらも、貧困にあえぐ民衆を救済しようとした心情には共感を示している。(75) 以下で述べるように、大塩の内面を理解しながら謀反という行為を批判する姿勢は、奇しくも鷗外と共通するように見える。ここでは井上にとって陽明学が社会主義に通じると同時に、反乱に通じる思想であったことを改めて確認しておく。

2・森鷗外と大逆事件――『大塩平八郎』を中心として

一方で鷗外が大逆事件に触発されて書いた作品といえば、一九一〇（明治四十三）年十一月に発表された『沈黙の塔』が有名である。(76)『沈黙の塔』は「パアシイ族」という民族の間で起こった思想弾圧のさまを描き、同時代の思想についての鷗外の見解を述べたといわれる作品である。物語は「パアシイ族」の内部に爆裂弾を持つ無政府主義者が現れたことをきっかけにして「社会主義」に関する出版物が禁止となり、またひいては「自然主義」に関する書物も禁止されるという内容である。鷗外は同作品で、「自然主義」などの新たな「文芸上の運動」は擁護するべきことを述べている。渡辺善雄は鷗外が同作品を書いたことと、井上が大逆事件後に「自然主義」を攻撃したこととを対比させている。(77) 重要な点は鷗外が新たな「文芸上の運動」は擁護していても、「社会主義」の禁止については非難を加えていないことである。(78)

一九一一（明治四十四）年に発表した「文芸の主義」（原題「文芸談片」）と題する評論でも、鷗外は同様の主張を述べる。

無政府主義と、それと一しょに芽ざした社会主義との排斥をする為めに、個人主義と云う漠然たる名を付けて、芸術に迫害を加えるのは、国家のために惜むべき事である。学問の自由研究と芸術の自由発展とを妨げる国は栄える筈がない。(79)

鷗外は特定の思想への弾圧というより、「芸術」や「学問」の自由が阻害されることに危惧を表明している。山﨑國紀が述べたように、「『芸術』、『学問』を擁護するという強い意志に貫かれている」(80)と見る評価が適切であろう。

なお山﨑はこの小文のほかに『評伝森鷗外』の中で、大逆事件が影響を与えて執筆を促した作品として『ファスチエス』、『食堂』を挙げている。(81)『ファスチエス』は事件が明るみに出てから、数カ月後に執筆された作品である。(82)本編は官吏が「風俗を壊乱する」著作物について、処罰の対象となる基準を記者に説明するところからはじまる。官吏と記者の会話が交互に記された後、文士が登場して官吏の意見に反論するという内容である。官吏は、書物が処罰される基準について「社会一般を標準とする」、すなわち社会通念に従うとしている。それに対して文士は、そのような基準は「極めて不確実な、極めて動き易い」ものであることを指摘して、役人ひとりひとりの思想や感情も異なると述べる。山﨑國紀は、このような記述がある点で同作品には大逆事件との関連が指摘できるという。(83)たしかに右記のような内容は、鷗外が権力による思想弾圧を批判したともいえよう。しかし、鷗外はあくまで社会主義には否定的であった。

本書で言及するのはそれから少し時期は遅れるが、江戸期の大塩の乱を題材にした小説『大塩平八郎』(84)である。鷗外は同作を、一九一三(大正二)年の十二月に脱稿した。内容は大塩の乱の一日から翌日の大塩父子の死、その後の事情までを創作を交えて時系列に記してある。資料として主に活用したのは、幸田露伴の弟にして史学者の幸田成友が一九一〇（明治四十三）年に著した『大塩平八郎』（東亜書房刊）であった。そのことは、鷗外が自ら執筆の背景について記した『附録』[85]の中で述懐している。幸田は同書の中で大塩のことを中立的な立場で記述しようと意識しているが[86]、全体として大塩に好意的に書いている。今日では、「幕府時代から叛逆者扱いを受けていた平八郎を復権する方向で執筆されたものである[87]」と評価されている。出版当時は大逆事件の渦中で、大塩が「謀反人」との評価を受けていることに異を唱える意図があったのであろう。庶民の間での人気とは異なり、体制側の知識人には井上のように大塩に批判的な目を向ける者も多かった中で、幸田の姿勢は興味深い。

それに対して鷗外の作品は、必ずしも大塩への肯定的な見方に貫かれている訳ではない。鷗外は資料を参考にしつつ、自らの大塩観を構築していたといえる。それは同作が、鷗外の思想的反映であることを意味する。まず、大逆事件との関連について考えてみる。

山崎一穎は鷗外が「大塩平八郎に執着する背景には、大逆事件がある」と考察している[88]。また尾形仂は、鷗外が『附録』の中で「大塩の思想は未だ醒覚せざる社会主義[89]」であると述べたことに着目して、次のように述べる。

「未だ醒覚せざる社会主義」とは、大塩事件に対する鷗外の解釈であるとともに、大逆事件に対する解釈とも重なっていたのである[90]。

こうした解釈の元になったのが、小田切英雄である。小田切は鷗外が同作品を執筆した背景について、「明治四三―四年にかけての大逆事件をめぐっての一箇のインテリゲンチャとしてのニヒリスティックな実感である」と述べた[91]。いずれも、鷗外が大逆事件に触発されて『大塩平八郎』を書いたことを説いている。その上で、作品の意義を考察することをおこなっている[92]。

また時代背景からいえば、大逆事件から大塩を連想する言説があった。天皇暗殺の計画が明るみになった当時、大塩が謀反人かどうかという議論が生じたことは先述した。井上は大塩の行為が社会主義に通じるとみなしたが、それ以前に三宅雪嶺が大塩の救民の行為を社会主義と結びつけて称賛している。明治期において大塩の評価は揺れていた。大逆事件という大きな謀反が生じた時、大塩との関係は自然に思い起こされるものであった。まして大塩の行為が、社会主義とも結びつけて語られていたのであればなおさらである。

一方で『大塩平八郎』を、「陽明学」という角度から考察をしている研究もある。第四「宇津木と岡田と」の章に、彦根藩士の宇津木が自分の弟子に大塩への批判を語る場面がある。作品中で宇津木は、大塩の弟子でありながら乱の計画に参加を躊躇して大塩の指示によって乱の前に殺された人物として描かれている。[93] 鷗外は、大塩が裏切り者を抹殺したこともはっきりと描写している。以下は、宇津木が大塩について語った言葉である。

> 先生はざっとこんなことを説かれた。我々は平生良知の学を攻《おさ》めている。あれは根本の教だ。然るに今の天下の形勢は枝葉を病んでいる。民の疲弊は窮まっている。草妨礙あらば、理亦宜しく去るべしである。天下のために残賊を除かんではならぬと云うのだ。そこでその残賊だがな。[94]

「良知の学」とは、陽明学のことである。尾形仂は「草妨礙あらば、理亦宜しく去るべし」の注として、『伝習録』の王陽明の発言である「艸有二妨礙一、理亦宜レ去」を挙げ、「花に対する草を心に対する妨礙者に譬え、妨礙者を去るにあたっては、理としてこれを去るべきなら去ってもよいと教えたもの[95]」と書く。すなわち鷗外は花を邪魔する草を除くのが「理」であるように、残賊を除くのも「理」であると大塩に語らせている。なお尾形は先述のように『大塩平八郎』の背景に大逆事件があるとも述べているが、大逆事件と陽明学を特に結びつけて考えている訳ではない。

また山﨑國紀も、鷗外が構築した大塩平八郎像における陽明学の意味を考察している。山﨑は、鷗外が前述の宇津木を「現実主義者」と考えたのに対して、大塩を「理想主義者」とみなしたとした上で次のように評した。

> 鷗外が言いたいことは、陽明学の「知行合一」を信奉していても結局、大塩平八郎は、熟慮を重ねた本当の意味での「行」をともなわない理想主義者であったということである。(96)

山﨑は、鷗外が陽明学の「行」を「熟慮を重ねた本当の意味での『行』」であるとして、大塩の反乱とは区別しているとみなす。本来の陽明学は、反乱には結びつかないという評価である。

また同作品に含まれる陽明の思想を、大塩による民衆救済と関連させて読みとく論考もある。鷗外は『附録』において、大塩の乱の動機が「簡単に云えば飢饉である。外に種種の説があっても、大抵揣摩である」(97)と記した。鷗外は、大塩が反乱を起こした要因を「飢饉」であったと明言している。その事実を踏まえて北川伊男が着目したのは、同『附録』中の以下の記述である。

> 貧民の身方《〔ママ〕》になって、官吏と富豪とに反抗したのである。そうして見れば、此事件は社会問題と関係している。(98)

北川は陽明学について「良知を致すことは万物一体の仁を実現することである」と表現して、大塩が救民を目指したのもこの思想に由来するという。そして、鷗外がこの作品を執筆した背景には同時代への鷗外の「現実的な関心」があると指摘している[99]。すなわち山崎とは対照的に、大塩の行動を陽明学ゆえのことと見て鷗外の社会問題への関心と通底しているという意見である。ここでは大塩の救民の行動が陽明学と関係が深いため、鷗外は陽明学に言及したとされている[100]。

しかし右記の『附録』の文章で、鷗外は大塩の行動を貧民が飢饉に苦しんでいるためとしており、陽明学が関係しているとは述べていない。そこには、むしろ大逆事件との関連が考えられる。先に言及した鷗外の『食堂』[101]と比較してみる。同作品は役所の食堂で大逆事件とおぼしき出来事について、男たちが話している会話を中心とした掌編である。男のひとり犬塚は、事件の犯人に極めて批判的である。「あの連中の目には神もなけりゃあ国家もない。それだから刺客になっても、人を殺しても、なんの為めに殺すなんという理屈はいらないのだ[102]」と非難している。また木村という社会主義の歴史に詳しい人物は、このような犯人がこれから増えるか、と質問されて次のように述べる。

先ずお国柄だから、当局が巧に舵を取って行けば、殖えずに済むだろう。併し遣りようでは、激成するというような傾きを生じ兼ねない。その候補者はどんな人間かと云うと、あらゆる不遇な人間だね[103]。

鷗外は大逆事件について、「不遇な人間」が今後そのようなことを起こすと書いている。これは大塩の行動の動機が、貧民のためであると認識していたことに通じている。不遇であるために直接的な行動を起こすという点で、鷗外にとって謀反に走る人物と乱に参加した人々の意識は共通していた。よって鷗外は、大塩の反乱は飢饉が原因であると考えていたことを示す。鷗外は、大塩の行動を陽明学に由来すると考えていた訳ではない。

鷗外が大塩の行為と陽明学の関係についてどのように考えていたか、読み解く手がかりはいくつかある。鷗外は『大塩平八郎』の中で「残賊」という言葉について、宇津木に次のように語らせている。以下は、本節で先に引用した注の宇津木の発言（注94）の続きである。

先ず町奉行所衆位の所らしい。それがなんになる。我々は実に先生を見損っておったのだ。先生の眼中には将軍家もなければ、朝廷もない。先生はそこまでは考えておられぬらしい。[104]

ここで鷗外は宇津木の口を借りて、大塩の行為が奉行所に対する抗議であり、体制への反抗や革命までを視野に入れているものではないと難じている。鷗外は大塩の行為が、極めて限定的であると感じていた。鷗外が大塩の行為に限界を認めていた点は、『附録』の文章を読むとより一層明確になる。

平八郎は哲学者である。併しその良知の哲学からは、頼もしい社会政策も生れず、恐ろしい社会主義も出なかったのである。[105]

大塩を陽明学者とした鷗外であるが、社会政策及び社会主義との間には一線を引いている。もし大塩の思想が社会に対してよい影響を与えるとすれば、「頼もしい社会政策」になるし、社会秩序の破壊に結びつくのであれば「恐ろしい社会主義」になるという考えである。しかし、そうはならなかったと鷗外はみなした。鷗外は大塩の陽明学が、社会的な視点を欠いていると同時に社会主義ともつながらないと述べている。この点は、鷗外の陽明学観を読み解くのに重要な点である。なぜならそこに、鷗外の『大塩平八郎』における陽明学と大逆事件との関係を読み解くことができるためである。

先述のように、井上哲次郎の教え子である高瀬武次郎は大逆事件の当時、雑誌『陽明学』において陽明学は「国家社会における善良なる人」を育てる思想であると擁護論を展開していた。その中で高瀬は、大塩や西郷のために陽明学が「謀反学という妄評を蒙っている」と述べている[106]。その行為のために有名であった大塩が陽明学を修めていたことで、大逆事件という大きな謀反に際して陽明学にまで批判が向くようになった。このように大逆事件を契機として、陽明学に対する論争が生じた。その論点は、陽明学が謀反に結びつくのかどうかという問題にあった。そのことを論じるのに、大塩は格好の題材であった。

さらに高瀬が積極的に関わったのが、「大阪陽明学会」である。その機関誌は当初『小陽明』（頼山陽が、大塩を称した言葉）という題で刊行されたが、大逆事件に際して主幹の石崎東国の「例の危険思想なんテ《ママ》痛くない腹を探られて秘密出版同様に見られるよりはという理由もあるが、第一には広く伝道の目的である」という意識の下、『陽明』に改称されて頒布された[107]。当時は大塩が謀反人であるという評判が、陽明学の評価をも左右していた。

また事件が起こる以前にも、大隈重信が講演で幕末の陽明学をめぐる状況について「朱子が大嫌いである結果として陽明を学ぶ心も起るのであるが、尚お其当時陽明学を学ぶ者は何か謀反でも学ぶべきものの如く人が怖がる」と語っている。そして、次のように述べた。

> 人間に一のエネルギーが発奮して飛出すと非常なもので恰も噴火山の破裂したようなものである、其様な或る一物が我身のどこかに潜んでおる、それを圧えるのも学であるが圧えるのもいかぬ、或は大塩平八郎とか西郷隆盛とか皆それが破裂したものであって、其他枚挙するに遑あらず[108]。

以上のように大逆事件前後における陽明学をめぐる思潮は、大塩の行為とともに語られた。同時代人にとって、陽明学と謀反のように過激な行為は大塩を媒介にして比較的容易に結びついた。よって大逆事件の後に大塩の小説を書くにあたって、鷗外が陽明学と謀反との思想的関連について、全く考えていなかったとするのは不自然である。

ちなみに北川伊男は鷗外自身の陽明学への関心に着目して「陽明学の思想は鷗外にとって歴史的な遺産ではない。小倉の苦しい境遇に対処する安心立命の道をそこに求めたことがある」[109]と述べている。鷗外にとって大塩が奉じていた陽明学は、精神面の問題とつながっていた。北川は鷗外がその心情のために、大塩の民衆救済の姿に注目したとする見解をとっている。[110]

これまで確認した点を踏まえると、鷗外の『大塩平八郎』について次のようなことがいえる。先行研究では鷗外による『大塩平八郎』執筆の動機として、これまで主に二方面からの考察がなされてきた。一つは、大逆事件に触発されて書かれたという態度。もう一つは、陽明学との関連を見る態度である。このうち大逆事件に関する論考では、鷗外が『附録』において社会主義に言及していることが根拠とされていた。その上で近い時期に書かれた『食堂』の文章と比較すると、不遇であっても暴挙に走ることは非難に値するという大塩の乱と大逆事件に通底している鷗外の態度が浮き彫りになる。

一方で陽明学については、同作品における意義の評価は比較的定まっていない。もし陽明学が貧民救済の行動を促す思想ならば、大逆事件との関連で語ることもできなくはない。しかし上記の『附録』の文章で見たように、鷗外は大塩の陽明学が社会的な視点を持たず、また社会主義につながることもなかったと明言している。このことから、同作品における陽明学を貧民救済の視点から考えることはできない。これまでの『大塩平八郎』における陽明学の影響の考察は、この点をきちんと踏まえて考えていない。以降では鷗外の『大塩平八郎』から両者の関係性に対しての見解を検討した上で、井上との違いを明らかにする。

鷗外の思想は、ある面で井上に似ている。鷗外が大逆事件の被告らに否定的であったことは、確かである[111]。鷗外は井上のように、反乱行為を非難していた。事件に影響を受けて執筆した作品の中でも、鷗外は社会主義の弾圧に異を唱えているわけではない。『大塩平八郎』においても、大塩の行動を称賛してはいなかった。

一方で前述のように、鷗外は大塩の行動の動機を飢饉に苦しむ貧民のためであったと考えていた。山﨑國紀は、陽明学が「生活の困苦」を吾が身のことのように引き受ける思想であったと述べる[112]。鷗外の陽明学観をこのように見るならば、井上が大塩の行為を批判しつつ、その「救民」という心情に理解を寄せたことと通底する感がある。しかし鷗外は、大塩の思想には「社会政策」や「社会主義」につながらないところに限度があると考えていた。その点で、鷗外は井上と異なる。

このうち「社会政策」とは、鷗外によって次のように語られている。

> 若し平八郎が、国家なり、自治団体なりにたよって、当時の秩序を維持していながら、救済の方法を講ずることが出来たら、彼は一種の社会政策を立てただろう[113]。

国家や政治に頼ることができなかったために、大塩は乱を起こしたと述べる。この点は、謀反が「不遇な人間」によって起こされるとした鷗外の考え方を示している。

では「社会主義」の方はといえば、鷗外は大塩の思想を「未だ醒覚せざる社会主義」と分析していた。尾形仂はこの点に同作と大逆事件とのつながりを見るのであるが、「未だ醒覚せざる社会主義」とはどのような意味であろうか。この言葉は『附録』の中で、もう一度使われている。

次いで天保の飢饉になっても、天保七年五月十二日に大阪の貧民が米屋と富豪とを襲撃し、同月十八日には江戸の貧民も同じ暴動をした。此等の貧民の頭の中には、皆未だ醒覚せざる社会主義があったのである。彼等は食うべき米を得ることが出来ない。そして富豪と米商とが皆資本を運転して、買占其他の策を施し、貧民の膏血を涸らして自ら肥えるのを見ている。彼等はこれに処するにどう云う方法を以てして好いか知らない。彼等は未だ醒覚していない。唯盲目な暴力を以て富豪と米商に反抗するのである。平八郎は極限すれば、米屋こわしの雄である。(114)

暴動を起こした貧民に対して、「未だ醒覚せざる社会主義があった」と述べている。ここで大塩は「米屋こわしの雄」と評されている。鷗外は、大塩の行為を「盲目な暴力」と認識していた。また「醒覚」しても「社会主義」である点で、鷗外にとっては否定されるべき行動であった。山﨑一穎は同作執筆の要因として、明治末期に起きた「米騒動」を挙げている。(115)「米騒動」とは一般的に、一九一八（大正七）年の米の高騰に反発して富山県で起きた米屋の襲撃に端を発し、全国に波及した騒乱の総称である。しかし一八九〇（明治二十三）年には富山県で三〇〇人規模、一八九七（明治三十）年には長野県で二〇〇〇人規模の同様の暴動が起きている。(116)鷗外は、大塩を中心とした貧民の暴挙が「社会主義」を導きうると考えていた。

鷗外が大塩の行動を「暴力」と見ていたことの意味は、既に指摘されている。小泉浩一郎は、作品と『附録』を検討した上で次のような結論を導いている。

作品に仮託された〈現代〉への作者の対応は、明治末年から大正初年にかけて露呈し来たった政府支配権力の反動的施策に対する批判であると共に、大逆事件の一部被告によるテロリズム――「未だ醒覚せざる社会主義」＝無政府主義に由来する「盲目な暴力」に対する批判でもある、と云わなければならないだろう。[117]

鷗外が「暴力」のために、大塩らの行動及び無政府主義を批判しているという見解である。この見方は、当を得ているであろう。鷗外にとって、批判すべき社会主義は「暴力」と結びついている。

鷗外は、大逆事件の弁護人として選出された平出修を通じて、「訴訟記録」の一部分を入手していたという事実がある。[118] さらにその平出は、鷗外の下に弁護論を教えてもらいに来ていたようである。[119] このように鷗外は、大逆事件の裁判に一方ならぬ関心を示していた形跡がある。それにも関わらず、鷗外が事件や裁判に対して明確に言及した作品は確認されていない。立場上の配慮であろうが、『大塩平八郎』の文章には関連が見られる。それが大塩の行動に社会主義への萌芽を見て、暴力的な行為を批判している点である。この点は、井上とも通じている。

しかし重要な点は、鷗外がそうした暴力と陽明学を関連づけてはいないことである。鷗外は大塩の乱が陽明学の思想に起因するといいながら、大塩の指示で殺されることになる宇津木にその行為を批判させている。また『附録』では大塩の思想が「未だ醒覚せざる社会主義」であり、そこからは「社会政策」が生じなかったと述べている。鷗外は『大塩平八郎』において陽明学そのものを批判の対象とはしておらず、暴力にとどまった大塩の行為を問題視していた。

この点で、鷗外と井上の見解は異なる。井上は、大塩の「暴挙」が社会主義と通底すると考えて陽明学を批判した。そのために陽明学と社会主義の親和性を説いて、大逆事件の思想的背景を語った。一方で鷗外は醒覚したところで「社会主義」につながる暴挙であるゆえに大塩の行為を非難しているのであり、陽明学そのものとは区別している。両者の相違は、大塩の行為における陽明学の影響への見解の差ともいえる。

鷗外の『大塩平八郎』における陽明学、あるいは同作品における大逆事件という視点が先行研究では検討されてきた。そもそも同時代の人間にとって、両者は決して無関係ではなかった。井上はその大塩の乱という行動をとり上げて、秩序破壊の行為と陽明学を結びつけて理解した。明治末から大正期を生きた知識人にとって、大塩こそ陽明学と謀反を結びつける人物であった。

鷗外は、社会主義と大逆事件に批判的であった点では井上と変わらない。しかし『大塩平八郎』では、陽明学そのものと大塩の企てた謀反という行為との間に一線を引いていた。鷗外は大塩の一件を単なる「暴力」と規定して、大逆事件のような謀反に通じるとした。それは鷗外が両者をともに大義がないものであり、「社会政策」を生じえない不遇な人物たちが起こす暴挙であると考えたことからも分かる。鷗外は、大塩の行動に陽明学の思想の影響を見ていない。すなわち鷗外は事実上、陽明学と大逆事件は無関係であると語っていたことになる。

『附録』では大塩の行為が、飢饉にあえぐ民衆に起因するという鷗外の見解が明言されている。その上で、陽明学からは「社会政策」も「社会主義」も生じないと認識した。鷗外が宇津木に語らせていたことも、陽明学の思想への批判ではなかった。そうであるならば鷗外による大塩への批判は、大逆事件の無政府主義とも通じる「暴挙」のみに向けられており、大塩の奉じていた陽明学には向いていないことが分かる。

井上と鷗外はどちらも大塩の謀反の企ては非難しても、その「救民」という心情には理解を示している。両者の背景には、陽明学が謀反に通じるという風潮があった。大逆事件を契機として謀反との関連で陽明学を批判したのが井上で、両者の関係性を否定したのが鷗外であった。その裏には、陽明学から大逆事件を起こすような反逆思想は出てこないという鷗外の意識が感じとれる。

第三節　昭和期の陽明学理解

1・三島由紀夫と陽明学

ここまで明治期から大正期にかけて、陽明学を研究あるいは陽明学に関心を寄せた人物を対象として論じてきた。最後に、近代日本の陽明学理解の帰結を象徴する人物のひとりとして三島由紀夫と安岡正篤に言及する。

まず三島由紀夫を取り上げる。その理由は、三島が晩年に陽明学への見解を述べた文章「革命哲学としての陽明学」[120]にある。三島が陽明学への傾倒を標榜するのは、晩年になってからである。最後の長編小説となった『豊穣の海』四部作の第二巻『奔馬』にも、主人公が陽明学の思想に関心を寄せている描写が見られる。[121]

「革命哲学としての陽明学」は一九七〇（昭和四十五）年九月、死の二か月前に『諸君！』誌上に発表された。この中で三島が参照している文献こそ、井上哲次郎の所論と鷗外の『大塩平八郎』である。しかも三島は、井上の論から大塩の文章を複数回引用している。三島が、大塩の一次資料にあたった形跡はない。その上この文章は、彼が話した内容を記者が口述筆記した原稿を元にしている。あくまで、井上の文章からの「孫引き」と考えてよい。すなわち三島が参考にしたのは、井上と鷗外というフィルターを通した大塩像を示す文献にほかならない。

三島は井上の『日本陽明学派之哲学』から、大塩の文章を引用して次のように書く。

> 心がすでに太虚に帰すれば、肉体は死んでも滅びないものがある。だから、肉体の死ぬのを恐れず心の死ぬのを恐れるのである。心が本当に死なないことを知っているならば、この世に恐ろしいものは何一つない。決心が動揺することは絶対ない。そのときわれわれは天命を知るのだ、と大塩は言った。これは大塩の思想

のきわめて重要な部分であるから引用をしておく。

常人天地を視て無窮となし、吾れを視て暫となす。故に欲を血気壮時に逞うするを以て務となすのみ。而して聖賢は則ち独り天地を視て無窮となすのみならず。吾れを視て亦た以て天地となす。故に身の死するを恨みずして心の死するを恨む。〔中略、引用者〕而して其心を動かして以て趨避するものは、則ち百歳の老人と雖も、実に夢生のみ、云々。（『日本陽明学派之哲学』第三篇、第一章—第四《ママ》）

われわれは平八郎の学説を検討していくとこの辺りからだんだんと現代との共通点へ入っていく。われわれは心の死にやすい時代に生きている。しかも平均年齢は年々延びていき、ともすると日本には、平八郎とは反対に、「心の死するを恐れず、ただただ身の死するを恐れる」という人が無数にふえていくことが想像される。[122]

このように三島は大塩の行動そのものより、そこに至る精神を高く評価している。三島は、決死の行動を図った大塩の精神性に着目している。[123]大塩が「心」を重視するという意味での「心即理」は、井上哲次郎にとって内面における道徳の修養を意味していた。それに対して三島は、大塩が実際の行動を起こしたときの精神に着目している。そこには井上と異なり、大塩の行為への非難は見られない。

三島が大塩の行動に特別な感情を抱いていることは、同じく鷗外の『大塩平八郎』について言及した箇所を見れば、より明確になる。

陽明学を革命の哲学だというのは、それが革命に必要な行動性の極地をある狂熱的認識を通して把握しようというものだからである。私がこう言うのは、学問によってではなく行動によって今日までもっとも有名になっている大塩平八郎のことをいま思いうかべるからだ。大塩平八郎については、森鷗外に『大塩平八郎』という作品があるが、このすばらしい文章で書かれた中編の傑作にも、隙間風が吹いていることは否定できない。これは当然の話で、あくまでもアポロン的な鷗外は、大塩平八郎のディオニュソス的な行動に対しては十分な感情移入をなしえず、むしろ一揆鎮圧に当った有能な与力坂本鉉之助《げんのすけ》のほうに視点をおいているのである。[124]

「学問によってではなく行動によって今日までもっとも有名になっている大塩平八郎」に対して、三島は鷗外の解釈に距離を置いている。鷗外が大塩の行動に否定的であったことは既に見たが、三島はそれを鷗外と大塩の気質の違いに帰している。では三島は、大塩の行動をどのような点で評価していたのであろうか。それは少なくとも、大正期までに見られたような「救民」の姿勢ではないと思われる。

陽明学はまた心学ともいわれるように、主観的唯心論に認めた道徳的真理を直ちに行動にうつさなければその認識自体が無効になるのである。行動がなければ認識すらない、そして行動に移さなければ認識は完成しない、ここに陽明学のもっともラディカルな思想の拠点がある。[125]

「知行合一」の思想に対して、三島は認識にとどまらず行動を重んじる姿勢を陽明学の眼目と見ていた。前述したように、「知行合一」を解釈して陽明学が実行を重視する思想と考えることは、井上や高瀬がおこなっていた。

三島は、井上の陽明学観の行動を重視する部分を受け継いだ形になる。

また三島は「革命哲学としての陽明学」を発表する二年前の一九六八（昭和四十三）年に、後に取り上げる陽明学者の安岡正篤に宛てて短い書簡を書いている。封書で届けられたこの書簡の日付は、五月二十六日。そこでは安岡から著作を送られたことのお礼が丁重に述べられた後、次のように書かれている。

このごろ若手評論家のうちでも、江藤淳の如き、ハーバード大学で突然朱子学の本をよみ、それから狐に憑かれた如く朱子学朱子学とさわぎ廻っている醜態を見るにつけ、どうせ朱子学は江藤のような書斎派の哲学に適当であろうと見切りをつけ、小生のほうは、先生の御著書を手はじめとして、ゆっくり時間をかけて勉強いたし、ずっと先になって、知行合一の陽明学の何たるかを証明したい、などと大それた野心を抱いております。

左翼学者でも、丸山眞男の如き、自ら荻生徂徠を気取って、徂徠学ばかり祖述し、近世日本の政治思想の中でも、陽明学は半頁のCommentaryで片附けているかの如きは、もっとも「非科学的」態度と存じます。[126]

多少三島のリップサービスも加わっている可能性はあるが、彼はここで陽明学を称揚する態度を明らかにしている。その際、朱子学という「書斎派の哲学」に対して「知行合一の陽明学」に与することを述べている。三島の考える陽明学が、単なる学問としてではなく実行を重視する思想であることが示唆されている。この点は先述したように、三島が大塩を「学問によってではなく行動によって」有名であると評価していたことに通じる。三島における陽明学は行動の重視、より正確にいえば行動をする決心を促す思想として価値が認められた。[127]

三島は、同書簡で丸山眞男を批判している。三島の批判は、丸山が陽明学をほとんど等閑視している点にあった。[128] 三島は少なくとも、この時点で陽明学へ相当な親近感を示していたといえる。三島が陽明学に関心を向けていたことは確かであるが、どの程度まで安岡自身に共感を示していたかはこの書簡からは判断できない。

三島にとって陽明学の本質的な部分は、陽明学の精神を実行に移したり陽明学による改革に着手したりすることではなく、改革の行動を起こすための志気を涵養することであった。この点で小島毅が、三島と新渡戸稲造の陽明学観を評した次の言葉は示唆的である。

> では、なぜ新渡戸や三島は、朱子学でなく陽明学を尊重したのだろうか。それは「朱子学＝体制擁護派」という思い込みが彼らにあったからだった。実のところ、新渡戸も三島も学歴エリートであり、その意味で体制側の恩恵をおおいに受けているのだが、彼らは体制側主流と自分との間に距離をおき、みずからを改革もしくは革命の立場においてみたいという心性の持ち主であった。[129]

先述したように、新渡戸も『武士道』の中で陽明学が精神修養に資する点を説いていた。特に三島にとって陽明学は、体制に対抗するような決死の行動を起こさせるための心情を養う思想であった。ただし三島の陽明学についての文章を読む限り、陽明学が体制に異を唱える思想であると考えていた可能性は低い。むしろ、行動のための精神修養に資すると理解していた。三島が大塩を称賛していたことも、それとつながっている。

なお安岡への書簡に引用した箇所のすぐ後で、三島は「却って大衆作家の司馬遼太郎などにまじめな研究態度が見え、心強く思っております[130]」と述べている。素直に読めば、ここで三島は司馬を称賛していることになる。司馬を「大衆作家」と称したのは、丸山のような専門の学者ではないにも関わらず、彼が陽明学について一家言あったことを強調したいためであろう。

では司馬の陽明学理解とは、どのようなものであろうか。司馬は一九六七（昭和四十二）年に、小説『殉死』を刊行する。同作は乃木希典が崩御した明治天皇に殉じて自決した出来事を中心にして、周囲の人々の様子もあわせて描いている。その中で司馬は、日露戦争で参謀長を務めた児玉源太郎の述懐として次のように書いている。

乃木の半生をながめるに、乃木ほどその性格が軍人らしい男はなく、同時に乃木ほど軍人の才能の乏しい男もめずらしい。それに乃木ほど勝負運のわるい男もめずらしいであろう[131]。

司馬は必ずしも、乃木に対して好意的に描写している訳ではない。むしろ失敗した軍人として書いている。その乃木について司馬は、陽明学の思想の影響があると述べる。司馬によれば、乃木は吉田松陰の叔父である玉木文之進から教えを受け、また司馬が陽明学者と考える山鹿素行をよく学んでいたために、陽明学を体得したとする[132]。
同書では、陽明学の思想について次のように書かれている。

自分を自分の精神の演者たらしめ、それ以外の行動はとらない、という考え方は明治以前までうけつがれてきたごく特殊の思想のひとつであった。希典はその系譜の末端にいた。いわゆる陽明学派というものであり、江戸幕府はこれを危険思想とし、それを異学とし、学ぶことをよろこばなかった。この思想は江戸期の官学である朱子学のように物事に客観的態度をとり、ときに主観をもあわせつつ物事を合理的に格物致知してゆこうという立場のものではない。陽明学派にあってはおのれが是と感じ真実と信じたことこそ絶対真理であり、それをそのようにおのれが知った以上、精神に火を点じなければならず、行動をおこさねばならず。行動をおこすことによって思想は完結するのである[133]。

司馬も陽明学が体制側の朱子学に対立し、行動を重視する思想であると認識していた。しかし司馬は、このような特徴を持つ陽明学を支持しているわけではない。藤樹・蕃山だけでなく山鹿素行も陽明学によって自身の思想を完成したと述べ、それが赤穂義士の行動につながったとする。大塩の乱もまた陽明学によって起こされたとして、「だれが見ても反乱をおこして勝てるような時代でなく、成算なども万に一つもなかった。それでもおこすというのがこの学派の徒であった。この学派にあっては動機の至純さを尊び、結果の成否を問題にしない」[134]と書く。大塩の行動が無謀であったとして、実行を重んじる陽明学の思想を有していたために起こしたという。司馬は大塩が、陽明学によって乱という行動に至ったとする。

その上で乃木が日露戦争時に多くの犠牲を出したことに対して、次のように評する。

旅順のときも大石橋のときも、死は美であるとしか希典には考えられなかったのであろう。そのことは、陽明学的な純粋発想からすれば正しいであろう。動機が美でさえあれば結果をさほどに重視せずともよい――成敗（結果的な成功不成功）を問わず――ということであろう。[135]

大塩の例のように陽明学は結果の如何を顧みず行動に走る思想であり、司馬は乃木の欠点もそこにあると分析する。すなわち乃木が陽明学の影響を受けた点は、思想と行動をただちに一致させて、ときには無謀もいとわずにおこなう点であると司馬はみなす。そのために、乃木は軍人として失敗したとしている。たしかに司馬は陽明学が実行を促す思想であるとみなしてはいたが、むしろその思想は人を害すると批判的に見ている。[136]

また一九六八（昭和四十三）年刊行の『峠』は、幕末の長岡藩の幕臣である河井継之助を主人公にした長編小説である。司馬は本書の冒頭の場面で、陽明学について次のように書く。

陽明学とは、人を狂人にする。つねに人を行動へと駆りたてている。この思想にあっては、つねに自分の主題を燃やしつづけていなければならない。この人間の世で、自分のいのちをどう使用するか、それを考えるのが陽明学的思考法であり、考えにたどりつけばそれをつねに燃やしつづけ、つねに行動し、世の危難をみれば断乎として行動しなければならぬという、つねに激しい電磁性を帯びたおそるべき思想であった。[137]

右で書かれている陽明学観は、『殉死』における態度と同様である。むしろ、陽明学への批判をより明確に書いている。ここで主人公である河井は大塩の行動を思い起こし、「自分以外に、人の世を救えぬという孤独さと悲壮感が、この陽明主義にとりつかれた者の特徴であった」と述べられている。河井も、陽明学の徒であることが示唆されている。

やがて話が進むと、このような文章が出てくる。

継之助が学んだ儒教というものは、結局は政治と社会を改善しようという思想である。孔子も孟子も王侯に説くための方便としてそれを露骨に表には出さなかったが、しかし儒教のエネルギーにはそういうものが根底にある。変えようというのは薬物のごとく一面の毒をふくんでいる。その解毒のために儒教では仁とか義とかをやかましくいう。[138]

ここで言及されている儒教とは、陽明学のことといえる。「政治と社会を改善しよう」とする思想であり、そのために「一面の毒」を含むという。ここで指摘された「毒」とは、大塩のような過激な行動を意味しているであろう。その証拠に、ここで再び河井は大塩のことを考える。

継之助は大塩に賛成しない。その粗末な頭脳を、ひそかに憫《あわ》れんでいる。しかし事をなそうとすれば一面の害をおそれてはならぬという考えの好例だとおもい、その意味では大塩〔ママ〕ノ乱というものに関心が深い。(139)

司馬は儒学が行動を促し、その「害」を表に表したのが陽明学であるとみなす。司馬はその体現者としての大塩に、河井が惹かれていく様を描く。司馬は陽明学が実行を重視する思想であるとした上で、それがよくない事態を招くと分かっていても行動せざるを得なくなるとしている。司馬が陽明学を批判的に見ているのは、正確にいえば陽明学に憑かれたものの悲劇的な生き方を小説の道具立てとしているためであろう。三島は司馬が陽明学を批判的に見ているという一面は無視して、右のような小説の道具立てとしての陽明学観に惹かれていたと推測できる。(140)すなわち、陽明学に傾倒して決死の行動に邁進するものの生き方に、三島は憧れていたと推測できる。

以上のように近代日本における陽明学理解は三島に至るまで、実際の「行動」を重視するという意識、及びそのための精神修養をおこなう思想という観点に貫かれた。最後にこれまで触れることができなかった幸田露伴の文章に言及しつつ、明治期からの陽明学理解がどのような帰結をもたらしたのか、今一度見てみる。

幸田露伴の『努力論』は題名の通り、努力の意義や方法について述べた著作である。露伴は、同書の附録に「立志に関する王陽明の教訓」という小文を掲載している。(141)内容は「志」を立てることの重要性を、王陽明を引き合いに出しながら論じている。露伴はその中で、「志」を立てれば周囲に怠惰な者がいても流されないで済むと述べた上で、次のように書く。

ただ能く志を立つれば、気は自ら旺盛なるべし。志の気に於るは、将師の兵卒に於けるが如し。将勇なれば、軍に弱卒無し。大志まことに立たば、其気豈萎靡せん。(142)

「志」を立てれば精神は強靭になるということを、軍隊の強さになぞらえている。露伴がここで重視しているのは、「志」が精神の強さに結びつくという点である。そして末尾近くで、次のように説いている。

欲の制し難く、誘惑の斥け難く、己の克ち難く、気の治め難き所以は、実は皆其志の卑小にして威力無きに因る。故に陽明先生は学者に教えて、先ず必ず聖人たらんことを求むるの大志を立てしむ。志にして至大至高なれば、区々たる人欲を去り、諸雑念の非なる者を制するが如きは、実に「烈火の毛を焼くが如く、太陽一たび出でて魍魎潜消するが如く」ならんのみ。(143)

「志」さえ偉大であれば、人欲を去らせることができるという。この議論は、陽明学を含めた宋学全般に見られる。露伴が陽明を主題として取り上げたのは、彼が陽明の思想に対して精神を修養するものであると考えたことによる。ここで「志」と呼ばれて語られている内容は、自らを厳しく律していく姿勢にほかならない。(144) このように陽明の思想は、修養の意義の主張のために援用されていた。

幕末における「実学」重視の風潮に影響を受けた井上の陽明学は、「知行合一」において実行に着目する発想をもたらした。井上の陽明学理解を参照した三島由紀夫も、「行動」を重視する態度をとった。三島の陽明学理解は井上の著作から引用しているように、当時としてはいささか旧聞に属する研究によって陽明学を解釈していた。三島は「陽明学を無視して明治維新を語ることはできない」と述べた上で、次のように書いた。

また、これと並行して、中江藤樹以来の陽明学は明治維新的思想行動のはるか先駆といわれる大塩平八郎の乱の背景をなし、大塩の著書『洗心洞箚記』は明治維新後の最後のナショナルな反乱ともいうべき西南戦争の首領西郷隆盛が、死に至るまで愛読した本であった。また、吉田松陰の行動哲学の裏にも陽明学の思想は脈々と波打っており、一度アカデミックなくびきをはずされた朱子学は、もとの朱子学が体制擁護の体系を完成するとともに、一方は異端のなまなましい血のざわめきの中へおりていき、まさに維新の志士の心情そのものの思想的形成にあずかるのである。[145]

右の文章の中で語られていることは、一、陽明学が明治維新を成し遂げた志士達の精神的背景になったこと。二、大塩平八郎の反乱が維新の先駆になったこと。三、江戸期の朱子学が体制側の思想であり、それを変革したのが陽明学であること、である。これまで見てきたように、以上の三つの陽明学観はいずれも明治期に生じた見方である。すなわち三島は井上が中心となって展開された近代日本における陽明学のステレオタイプを、忠実に踏襲していたといえる。[146]

しかし三島は、井上が必ずしも称賛していなかった大塩を顕彰する。三島が唱えたことも一種の改革論ではあったが、三島の主張からはそのための具体的な方策は見えてこない。その態度は、石崎東国に似ている。両者の共通点はどちらも陽明学と大塩に傾倒したばかりではなく、陽明学が改革を断行する精神を養う思想であるとした点である。両者は陽明学において、行動をおこす精神を涵養することを重視していた。

とはいえ、三島が石崎に影響を受けたわけではない。大正期には、社会問題の顕在化にともなって大塩が改革者として注目された。その時流の中で石崎は、大塩の陽明学こそ改革を起こす精神を養うと考えた。一見、個人の内省と社会を結ぶ高瀬武次郎のような視点であるが、内面の修養の重視という側面もあったといえる。陽明学を国民道徳に援用しようとした井上から続く近代日本の陽明学は、むしろ内省重視の方向に進展していったといえる。以降では安岡正篤が、陽明学を内面の精神のための思想であると位置づけたことを述べる。

三島より二十七歳年上の安岡は、陽明学による社会改革を明確に主張してはいなかった。昭和期の陽明学理解は既に維新を導いた改革の思想としての意義を終えて、精神を鍛える学問へと集中していった。その意味で三島の陽明学観は、改革の行動を促すための精神修養を重んじた大正期への「回帰」であった。ちなみに、三島が生まれた翌年に、大正時代が終わりを告げている。

また三島の陽明学観は、井上らが展開した近代日本における理解を踏襲したことで生じた。その意味で三島が書き残した陽明学の記述は、明治・大正期の陽明学の総まとめである。三島がなぜ、安岡に親近感を懐いたのかは定かでない。しかし、陽明学が明治維新を促したとする見方、「行動」を重視するという陽明学観、そして高瀬や石崎も重んじた精神修養としての陽明学の援用がいずれも三島に見られるとしたら、三島は近代日本の陽明学理解の帰結であったといえる。

2・安岡正篤の陽明学

安岡正篤は一八九八（明治三十一）年、高瀬武次郎が初の陽明学研究の著作である『日本之陽明学』を出版した年に、大阪府で生まれた。幼い頃より、『大学』など漢籍の素読を学ぶ。しばらくして陽明学者の岡村閑翁（一八二七〈文政十〉年—一九一九〈大正八〉年）を知り、師事はしなかったものの陽明学に興味を持つ。東京帝国大学に入学し、政治学科で西洋思想や東洋思想などを学ぶ。特に陽明学に深い関心を寄せたため、「自分の密かな学問の記念」として王陽明の伝記を書いたという[147]。それが、卒業の年に『王陽明研究』と題して出版される（玄黄社、一九二二年）。同書は一九四二（昭和十七）年までの二十年間で、十版を重ねた。安岡は卒業後に文部省に奉職するも、すぐに辞して東洋思想研究所を設立する。ほどなくして、陽明学研究会も発足させる。『日本精神の研究』

など日本と東洋の思想に関する著作を数多く刊行しながら、いくつもの団体の設立に携わった。

金雞学院は一九二六（昭和元）年、青少年の育成を目的にして小石川区の酒井忠正伯爵邸に開いた私塾である。院長は酒井であり、安岡は学監を務めた。この頃から、安岡は財界人との交流を図る。日本農士学校は一九三一（昭和六）年、埼玉県に七万坪の敷地を有して開設された農業学校である。当時は全国的な農業恐慌が問題化しており、農村の指導者となる人物を養成することを目的としていた。

翌一九三二（昭和七）年の一月には、国維会という組織を立ち上げる。反共産主義を掲げ、貴族と官僚を成員とした交流会である。命名の由来は、『列子』の「礼儀廉恥は国の維《つな》である」とのことである。また神渡良平によれば、安岡はつねづね「天皇は直接政治にタッチするわけではないから、国民と天皇をつなぐ立場にある役人・官僚がしっかりしなければいけないと強調していた[148]」という。その立場から、国維会を立ち上げたと神渡は述べる。会長は近衛文麿。理事には広田弘毅、吉田茂らがいた。この頃から安岡は積極的に、政治との関わりを持つようになる。昭和天皇が発した「終戦の詔勅」の起草に携わったことは、人口に膾炙している逸話であるが、疑問視する向きもある[149]。

戦後の一九四九（昭和二十四）年には、師友会を発足させる。『論語』『孟子』の講義のほかに、専門家による時局に関する講演会を開催した。安岡は当初は顧問、後に会長に就任する。運営に官・財・学の各界の人物が携わり、一九五四（昭和二十九）年には全国師友協会に発展する。その後、晩年まで政治家との交流や講演活動に尽力した安岡は、一九八三（昭和五十八）年に没した[150]。

安岡の陽明学の特徴を本書のこれまでの議論に関係する点にしぼってまとめると、次の三点に要約できる。

一、近代日本の陽明学理解の継承。

二、陽明学の擁護。
三、陽明学の普及。

まず「一、近代日本の陽明学理解の継承」について。前述のように、安岡が『王陽明研究』を出版したのは大正の末期である。同書からは、これまで本書で言及した近代日本における陽明学理解が、安岡に受け継がれていることがわかる。安岡自身は同書の中で、明治期以降に出版された書籍の中では以下の文献を参考にしたと明記している。

王陽明　三宅雄二郎
王陽明詳伝　高瀬武次郎
陽明学新論　同
達磨と陽明　忽滑谷快天
王陽明研究　桑原天泉
王陽明　亘理章三郎(151)

三宅のほかに、高瀬の著作が二点挙げられている点は興味深い。
安岡は『王陽明研究』で、「知行合一」の解説としてこのように述べる。

しかるに孝行せねばならぬということを知ってはいるが、なかなか実際に行うことはできないからとて、知行を截然二つに区別するのは、それはまだ知が空虚な見聞に留まり、真の人格活動になっておらぬからで、苟も真の知になれば、その活動的本質上、必然に自発自展して情意の実行を伴わねばならない。(152)

実行を伴わない「知」は、「空虚」であるとしている。陽明の思想を実行の重視と捉えている点で、井上哲次郎の陽明学解釈と同様の理解を示している。ただし右に挙げたように安岡は高瀬武次郎の著作を参考にしていたと書いており、井上の著作には言及していない。安岡における井上の影響があるにしても、それは高瀬を通した理解である可能性が指摘できる。

また、小島毅は安岡が陽明学において重視していた「人格」の語が井上の訳語であったとして、井上の『人格と修養』が安岡に影響を与えた可能性を指摘する。(153)しかし第一章で言及したように、「人格」という言葉の創出が井上であるにしても、(154)陽明の思想を学ぶことで「人格」の修養に役立たせることができると説いたのは、安岡が参考文献に挙げている亘理章三郎の『王陽明』である。亘理も、陽明学を人格の修養に用いることができると説いていた。(155)安岡の『王陽明研究』に直接影響を与えたのは高瀬や亘理の著作であり、井上の影響は間接的であるといってよい。少なくとも安岡自身の意識では、右の参考文献の著者から陽明学の思想を学んだと自覚していた。

また、『王陽明研究』には次のような記述も見られる。

学問は残された六経などに対して、傍看的〔ママ〕に驚いたり弄んだりすることではない。その経書を契機として、進んで真理を探究する「行」を尊ぶのである。(156)

実行の重視といっても、そこには右のような学問における主体性の重視という意味も含まれている。安岡は、個人の学問に取り組む態度という内面を重んじていた。この点からもいえるように、安岡は近代日本の陽明学理解の流れの中で、陽明学を精神の修養に援用しようとした系譜に属している。安岡は『王陽明研究』の執筆にあたって、主に参考にした文献として高瀬の『王陽明詳伝』と『陽明学新論』を挙げていた。安岡が具体的な引用をしているわけではないが、『王陽明研究』における内面の修養の重視という姿勢は、高瀬の影響を受けていると見てよい(157)。

ただし、安岡が同書執筆にあたって参考にした近代以降の資料は右に挙げただけではないであろう。推測になるが、三宅や高瀬の著作を参考にしていた安岡が、井上の著書を読んでいなかったとするのは不自然といえる。安岡にとって井上の陽明学観はあまり受け入れられないものであったために、参考文献として言及することを避けた可能性がある。これは、今後の研究で明らかにすべき課題である。

高瀬が陽明学を内面の修養に資すると強調したように、安岡でも個人の内面に対する点が強調された(158)。既に見たように、戦後の安岡は政治への関心を表明するようになるが、この時点では内面を鍛える思想という面に着目していたといえる。また安岡は同書で儒教の本質について、「天命」としての「内面的至上命令」に従うことと評している(159)。安岡にとって陽明学は、内面を重視する思想であった。

右のような点は、安岡の陽明学理解の基礎を形作っている。安岡は一九二四（大正十三）年に初版を刊行した『日本精神の研究』において、大塩の伝記に多くの頁数を裂いている。同書中で安岡は、佐藤一斎宛の大塩の書簡を自ら現代語訳して掲載しているが、その大塩の書簡の中に以下のような文言がある。

かくて私（引用者注・大塩）の目的は要するに意志の純粋自由に在り、その手段として、偏に純真なる内面的必然の要求を拡充してゆくべきことを悟りました。[160]

この文中で安岡は、二か所の脚注をつけている。ひとつは、「意志の純粋自由に在り」の直後である。この注では「中斎は同書に在以誠意為的と述べて居る。私はこの誠意を厳正なる意義に於て意志の純粋自由と解して差支無かろうと思う」と書く。もう一か所は、「内面的必然の要求を拡充してゆくべきことを悟りました」の一文に付されている。そこでは「同書に所謂良知である。良知を素朴的に直覚と解するのは断じて取らない」と述べている。[161]安岡が大塩の文章を解釈するにあたり、自身の内面を何より重視すべきと考えていた姿勢が見える。また安岡は大塩が中江藤樹の影響を受けて「良知の奥旨に深く参じた」とした上で、「陽明良知の学は醇乎として醇なる自己内面の道至上命令に生きんとするものである」[162]と述べた。安岡の陽明学理解は過去の思想家から内面の重視という態度を読み解き、その基礎としている。[163]

安岡は一九七一（昭和四十六）年に明徳出版社より刊行された陽明学大系（全十二巻）の監修者を、中国思想研究者の宇野哲人とともに務めている。[164]編集委員には、荒木見悟・岡田武彦・山下龍二・山井湧といった本書でも著作を引用した研究者たちが名前を連ねる。その第一巻である『陽明学入門』の巻頭に、安岡は序文を書いている。それによって、当時の安岡が陽明学に対してどのような意識を有していたのか伺い知ることができる。安岡は、次のように書く。

本来人間は創造の能力を具えている。しかし大多数の人々はただ日常生活の中に没頭して瑣事に捕われ、その因習に支配され、自己の内なる一切の創造力を窒息させている。これに対して不屈の自由高邁な人格を具え、無理想無理解な世俗に屈せず、人間を根本的に自覚革新させようとする理想の光を四方に放射するような人々が出現すれば、茲に人間精神の活動はまた新たに始まり、社会に清新な醒覚を喚起することができる。真理より発する精神の力は偉大である。この力を養うことさえできれば人類の将来も期待できるというのが諸先学の結論として大過ないであろう。しかしこれは古来内容の相違こそあれ、その根本的性質に至っては、人間の歴史的運命的共通性の存するところである。この時、時義・時用において、徹底した身心の学であり、維新創造の経世済民を旨とする陽明学或は陸王学がまた新たに想起されて来たことは当然と謂うことができる。[165]

雅文であるが、要点は陽明学によって人間の精神を鍛えることを期待することにある。安岡は、人間が内面の陶冶によって社会によい影響を及ぼすことを主張する。この点で安岡は、幕末から近代まで続いてきた陽明学による精神修養を求める人物たちの極北に位置するといってよい。さらに安岡の理解では、社会への関わりに比べて個人の気持ちの在り方に関する面に、より力点が置かれている。

本書の刊行と同時期におこなわれた講演会で、安岡は次のように述べている。

陽明学とは今日の人間が考えるような単なる知識・議論の学ではありません。最も大事なことは、身心の学問、われわれの身、われわれの心をいかに修めるか、根本の学「身心の学」というべき活学なのであります。よそ行き学問、単なる知識とか理論の問題じゃない。自分の体、自分の心、心が体であり、体が心ですから、そういう身心の学問であります。[166]

「身心」という言葉を使っているものの、安岡の関心は陽明学が内面を重視するという意味で「心をいかに修めるか」にあったことが分かる。その根拠は、安岡による陽明学の「良知」という言葉への理解からもいえる。次の文章における「彼」は王陽明のことである。

彼は初めて真理というものは我が外に在るものではなく、我に内在するものである。それこそが「良知」だと悟った。[167]

「良知」という言葉は人間の優れた知能知覚のことと考えられやすいのですが、そうではなく、「良」はアプリオリ、つまり先天的に備わっているという意味であります。先天的に備わっておるところの実に意義深い知能、それを「良知良能」という。[168]

陽明学が、朱子学に対して外在の経書などに知を求めすぎると批判した思想であるというのは、よくいわれている見方である。右の文章はそうした理解に近く、「良知」の位置づけを内面に求めている。このことは、安岡の陽明理解の第二の点とも通じているであろう。なぜなら次に述べるように安岡は陽明学が内面の修養を図るとすることで、体制批判の思想であるという解釈をはねのけようとしたためである。

次に、安岡の陽明学理解の特徴、第二の点の、「陽明学の擁護」について考える。井上哲次郎などに見られたように明治後半期から大正期にかけて、特に大逆事件を契機として陽明学を危険視する状況が生じた。その際に連想されたのが、大塩の反逆行為であった。その状況を理解していたと思われる森鷗外は、陽明学が謀反を起こす思想ではないと考えていた。そして安岡は次のように説いている。

陽明学によってその真骨頂を養うた人物が、すべて卓然として富貴も淫する能わず、貧賤も移す能わず、威武も屈する能わざる底の大丈夫的風格に富んでいるのは誠に必然の理由がある。これを権力者の側より見ればまさに叛逆的精神というべく、したがって陽明学は常に当局の忌憚迫害を蒙らざるを得なかった。ただ陽明学的精神が何か社会の耳目を驚かすような叛逆的事業を遂行するにあるように考えるはもとより明白な誤解である。(169)

陽明学を修めた人物の精神的な強さは権力者からは反逆的と受け取られるが、そのような見方は誤解であるとする。

続けて安岡は、陽明が唱える「豪傑」が反抗や破壊を企てる人物を意味するのではなく、「自己内心の至上要求に率うて、内面的にも外面的にも一切の盲目的他律的圧迫を排脱せんとする精神的勇気の謂である」と述べる。その上で、次のように指摘した。

陽明学派の人物として有名な、そしてまた所謂叛逆者として名高い大塩中斎のごときもその洗心洞箚記の中に喝破している。古来聖賢は事功を語る事が少い。何となれば、私の情欲上からやったのでは、たといかなる大業も畢竟夢中の欺瞞にすぎないからであると。最後の審判に臨んで、この心光明また何をか言わん（弟子達が陽明の臨終の言葉として伝うる語）の心境を養い得たものこそ真の英雄豪傑である。(170)

大塩が「叛逆者」と称されていることを指摘した上で、大塩の文章を紹介している。その文章の主旨はやや分かりにくいが、聖賢が自らの事績を語らないのは私欲から起こしたことではないためであるという意味である。この場合安岡は大塩も私欲から行動したわけではなく「豪傑」に属するとみなしており、大塩の擁護となっている。
また安岡は、先述した陽明学大系第一巻『陽明学入門』の序文で、大塩について次のように評している。

日本において陽明学に対する誤解は主として中斎大塩平八郎に因るものであるが、これも誤解の甚だしいものの一例にすぎない。彼も元来身心の真剣な実践者であり、至誠有能な役人で、功名というようなことには寧ろ超越した心情識見を抱いていた人物であるが、愚劣な町奉行の無理解と迫害のために窮余激発したにすぎない。(171)

大塩を強く弁護している文章であるが、安岡のいう大塩に対する「誤解」とは、どのようなものであろうか。これまで本書でおこなってきた考察からある程度予想は立てられるものの、安岡の講演から再び見てみる。

大塩中斎はたしかに陽明学の真剣な求道者でありました。それ故に陽明学派は危険な学問で、動機としては純真かもしれないが、結果は赤軍派とか革マル派と同じことだと知ったようなことを言う輩がいるけれど、中斎はそんな単純な人ではありません。(172)

そんな暴徒のボスとはまるで違うのであります。それが天保の大飢饉に、京洛の民だけでも三十万のうち、五万六千人が餓死したといわれる非常の危機に、身を挺してその救済に肝胆を砕いた彼を、感激の反対に憎悪して、愚劣きわまる妨害のかぎりを尽くした奉行・跡部山城守についに堪忍袋の緒を切った彼が、民衆に訴えて奉行誅戮に決起したのであって、元来は何の野心もない廉直の士であります。(173)

安岡は大塩の民衆救済の行動を高く評価しており、大塩が暴力的でその奉じた陽明学も「危険な学問」であるという主張に真っ向から反論する。(174) 安岡が考える大塩像は反逆者ではなく、民衆の救済者である。安岡は大塩の弁護を通して、陽明学の擁護もおこなっている。鷗外も同様の視点で作品を書き、大塩の行為の動機を飢饉のためとした点で右の安岡の見解と似ている。鷗外は陽明学と大塩の行為に直接の関連を見出してはいなかったが、安岡は両者を結びつけている。

鷗外の『大塩平八郎』、安岡の『王陽明研究』のほかに石崎の執筆活動も大正期を中心になされている。前章で述べたように、大逆事件の前後では大塩と陽明学に対する批判が猖獗を極めたが、しばらくすると両者への非難から擁護へと揺り戻しが起こっていた。先述した高瀬や石崎の主張も、その一環である。大塩と陽明学擁護の動きは大正期から盛んになり、安岡に継承されたといえるであろう。

安岡が大塩への「誤解」に言及した『陽明学入門』の書籍が出版されたのは、一九七一（昭和四十六）年である。むしろ安岡が言及しているような大塩・陽明学批判が第二次世界大戦後まで続いていたことに驚かされるが、実は安岡の意識には裏がある。それが、前節で見た三島由紀夫と陽明学との関係である。前年には、三島の衝撃的な死があった。安岡は講演会でこう述べている。

昨今、新たに陽明学というものが、至る所で話題に上るようになり、あるいは一つの流行にすらなりかねない情勢にあります。そのきっかけの大きな一つは、おそらく三島由紀夫氏の自決でありましょう。「三島氏の自決には陽明学が大いに影響を与えている」と、堂々たる天下の大新聞が論説を取り上げて、「動機の純真を重んじて結果の如何を問わない陽明学の影響の一例である」といったことが書いてありました。しかし、私から言いますと、これなどは最も間違った、最も浅薄、かつ最も危険な文章であります。動機の純真を尊んで、結果の如何を問わないなんていう、そんな学問や真理などはどこにもありません。[175]
三島が安岡に好意的な書簡を送っていたことは、前節で述べた。しかし例の三島の自決後において、安岡は彼の行動と陽明学を結びつけることを徹底的に批判している。当時の安岡が大塩の行為を暴力と捉える見解に積極的に反発したのは、三島の一件によって陽明学に負のイメージがつくことを懸念していたためである。[176]
『陽明学入門』に付された月報の冒頭には、海音寺潮五郎（一九〇一〈明治三十四〉年―一九七七〈昭和五十二〉年）による「推薦のことば」が掲載されている。この文章は興味深いので、全文を掲載する。

明治中期以後の日本人は陽明学が大好きなようであるが、実は何にも知らない人が多い。多分、朱子学は徳川家の御用学問だったから、それと対立的に見られている陽明学は革命の学問であると考えて、好きになったのだろう。そして、維新志士などで自分の好きな人間は皆陽明学派にしてしまっている。滑稽である。一般の人だけならだが、作家や評論家といわれている人までそうだ。ついこの前は高名な作家が陽明学を実行に移すと称して自殺した事件まであった。
今や陽明学の名において、弊害ばかりが多いようである。知らないためである。こんな時、陽明学大系が出ることになった。うれしいことである。最も意義のあることである。世の人よ、ぜひ読んで下さい。読んでから陽明学を論じて下さい。[177]

ここでは、明治期における陽明学観に言及がなされている。朱子学が体制側の学問であったために陽明学がそれに対立する点で革命と関連すると考えられたこと、また維新の志士たちが陽明学を修めた人物であるとみなされたことである。これらは井上も述べており、近代日本における陽明学で広く見られた意見である（第一章を参照）。

海音寺は、そうした見解を「滑稽である」と批判している。そして名前は伏せているが、三島の行動が陽明学と関連するとされていることに言及して、すぐ後で「弊害」と断じている。海音寺は、陽明学のことをよく知りもしないで論じるのがよくないと述べる。(178) 同時代の三島の行為のために陽明学が誤解を受けたという認識は、共有されていた。

また安岡は陽明学の思想を一般社会に広めるためにも、反社会的行為とのつながりはできるだけ絶っておきたかったと思われる。それは第三の点、「陽明学の普及」と関わる。安岡は一九七一（昭和四十六）年八月、「第十四回全国師道研究会」でおこなった講演会の冒頭で、次のように述べている。

> 人間の意識というのは面白いもので、我われの意識の深層―普通、意識と思っているのはそのほとんどが大脳皮質という頭の天辺のごく薄い層のことで、脳幹部というところから意識の深層がある――この層は永遠につながっている。自分および自分の父母・先祖代々の体験と真理の、これは無限の倉庫であり、秘密の庫である。この大脳の働きからいうと、これが無意識層を形成している。その意味において、確かに我われは永遠につながっているのです。このことを近代の医学・心理学がようやく究明するようになってきた。陽明先生のいわゆる「良知」というのはこのことをいう。(179)

陽明学の説明に大脳生理学を引き合いに出し、なおかつ医学・心理学ともつなげている。安岡は近代的なあらゆる学問を持ち出して、陽明学への聴衆の興味を喚起しようとした。

この点は明治期に、陽明学が西洋思想と比較されて論じられたことに似ている。陽明学と西洋思想を同列に論じたことには、東洋思想が劣るものではないという意識もはたらいていたが、(180) 同時代の最新の学問との類似点を述べることで陽明学の有用性を強調する意図もあったであろう。それによって、陽明学を社会に普及させるのに役立たせることもできる。安岡の時代にあって、その比較対象は科学であった。安岡はこの点でも、近代日本における陽明学の特色を引き継いでいたといえる。

たしかに、日本における陽明学の理解は必ずしも政治を志向するものではなかった（序章を参照）。陽明学による精神修養の重視は、そうした流れに位置づけられる。しかし同時期の安岡が陽明学の普及において意識するようになったのは、政治的な要素であった。無論陽明学が儒教の一派である以上、政治と関わるのは必然である。とはいえ、必ずしも政治を意識するように展開してこなかった日本の陽明学において、中年期の安岡が陽明学思想における政治性を意識していたことは特徴的である。[181]

それを陽明学との関連で述べるとすると、安岡の「万物一体の仁」についての考え方に象徴される。「万物一体の仁」とは、王陽明も唱えていた思想である。[182] 島田虔次の説明によれば、「仁」を「万物一体」という意味で解釈したのは、中国北宋時代の程明道（一〇三二年―一〇八五年）であるという。陽明が影響を受けた明道による「万物一体の仁」の思想を、島田は次のように説明する。

明道はつねに、仁とは万物一体であること、と強調する。もちろん生意を根拠として万物一体がいわれるかぎり、その万物とはつまり、生物、主として草木鳥獣が中心的に意識せられたであろうし、それが仁と結びつけられるときには、その中心的な局面として、万物とはおそらく万民を意味したであろう。[183]

「万民」としての「万物」が自らと一体であるという感覚。そこに「万物一体の仁」が、政治性を帯びる根拠がある。島田は、明道による「万物一体の仁」が中国思想史において再び高潮を見せたのは陽明の時であるとする。

その上で、陽明の最晩年の著作である『大学問』について言及する。

それはまず、大学とは「大人《たいじん》の学」を意味する、大人の学は「明徳を明らかにする」ものである、と述べ、大人とは天地万物を一体とするもの、「天下を視ること一家のごとく、中国を視ること一人のごとくなるもの」である。[184]

陽明の「万物一体の仁」は、天下を自らと一体と考えるという意味で治世とつながっている。安岡もまた、陽明の「万物一体」という考え方を解説している。

「それ人は天地の心にして、天地万物は本吾が一体の者なり。」だから突き詰めれば真理も生の理も皆同じということになる。それを会得するのが、すなわち人間の「良知」というものである。その良知を把握したというか、体で会得したのが「致良知」という陽明のあの有名な体験である。したがって「生民の困苦荼毒は、孰か疾痛の吾が身に切なる者にあらざらんや」と。だから生きとし生ける民衆の苦しみ、悩み、荼も毒も同じ。これは荼という字とよく間違えるが、毒と同じ意味である。生民の悩みは皆心ある識者の悩みである。[184]

安岡はこうした思想を、孔子も唱えていたとする。[186] 安岡の陽明学理解が政治と関連するのは、このような意識による。「天地万物」としての民衆の困苦を自らのものとして引き受けて悩む姿勢が、現実の政治を求めていく。島田によれば「万物一体の仁」は「宇宙的・哲学的意味を本来含意していた」[187]が、安岡は意識して政治的な意味に着目しているように思われる。安岡は陽明学の普及のために、意識的に政治的な援用を試みたのであろうが、陽明学理解の基本には内面の修養があった。

終章　近代日本における陽明学の系譜

第一節　本書の課題について

本章ではこれまでの本書での議論を要約するとともに、改めて近代日本における陽明学受容は、どのような流れをたどっていったのか記述する。その際に意識するのは明治期の陽明学観が前近代からどのような影響を受け、また陽明学にどのような新しい意義が生じ、それらのうちの何が大正・昭和期に受け継がれていったかという点である。

日本における儒学研究において、これまで主要な関心の一つであったことは儒学の内発的な展開のうちに近代性の萌芽を見出すかどうかということである。その議論は丸山眞男に代表されるように、反朱子学としての日本独自の儒学の展開が近代を準備したとするものであった。そのような議論は、反朱子学としての陽明学が明治維新に貢献したとする明治期に生じた言説と同様の発想である。

たしかに中国における陽明学が本来、朱子学への批判から生じたことは間違いない。とはいえ、その構図が日本に当てはまるわけではない。荻生茂博の言にあったように、陽明学が幕藩体制側の朱子学や既存の体制に反発したとする見解は、明治期以降に生じたと考えられる。これらを考慮しつつ、幕末から近代にかけての陽明学への認識について、反朱子学や反体制といったこれまでの意義とは異なる角度からの接近が必要になる。その意味で、日本近代における陽明学の意義はいまだ充分に議論されているとはいい難い。

日本近代における陽明学を考察する上で、留意しなければならない点が何点かある。一点目は先述のような近代の発想を基準とした発展史観ではなく、前近代から近代への変遷として論じることである。陽明学に近代日本の原型があるわけではなく、幕末に近い時期から近代にかけての思想の影響を受けて陽明学が変容をきたしたといえる。そのため、日本における陽明学自体に近代思想の萌芽を無理に見出す必要はない。近代的な発想を有した人物たちが、同時代と過去の思想との間に接点を見出したのが実情である。そのことを明らかにするために、近代における大塩平八郎の受容に着目した。特に大逆事件をめぐって大塩が問題視されたことは、その後の陽明学観にも影響をもたらしている。

次に、近代における伝統思想の在り方を扱うからといって、必ずしも西洋思想との関係を基軸にする必要はないということである。本書では、近代日本における陽明学が前近代の思想の影響をどのような点で受けているか明らかにした。小島毅は明治期の陽明学と水戸学との関連に言及しているが、具体的な論証にやや乏しい。そこで本書では井上哲次郎を例にして、明治期における陽明学理解がどのような点で水戸学の影響を受けているのか述べた。たしかに日本における儒学研究では、一国のみに視点を限定する点を批判する意見も提出された。例えば澤井啓一は、儒教がほかの思想を取り込んで変容したために東アジアに普遍化したと説く。しかし東アジア規模の思想史を構想する前段階において、一国の思想の変遷の実情を明らかにする作業は必要である。

序章では、日本の近世から近代にかけての陽明学受容の特徴を挙げた。まず一点は中国において朱子学は宋代、陽明学は明代に生じた学派であるが、日本においては両者の典籍が混在して流入した点である。中国本土における陽明学は、それまで多大な蓄積があった朱子学への反発を原動力にして生まれた。それに対して日本では、そのような歴史的展開を直接経験せずに両者を受容した。この朱子学と陽明学が対立していない状況は、江戸期の学者だけではなく近代にまで影響を及ぼしている。儒教が歴史的経緯と深く関わらずに学ばれた中で、朱子学とは異なり体制教学とはされなかった陽明学は、明治維新を導いた思想、精神修養のための学と認識された部分が大きい。

以上の点から、本書では井上哲次郎と高瀬武次郎、そして大塩平八郎に心酔した石崎東国を中心に論を展開した。近代日本における陽明学理解には、いくつかの立場が見られる。一つは井上のように、陽明学に対して国家の秩序と矛盾しない道徳を見る点。井上は大塩の「暴挙」を例に挙げて、陽明学を批判することもあった。それと異なるのが、陽明学は社会改革のための思想であるとする石崎の立場である。よって石崎は、貧民救済のために動いたとする大塩を称賛することになる。一方で高瀬のように、陽明学が個人の修養に用いる思想であるとする立場がある。高瀬は社会的な視点を重んじていたために、後に帝国主義を擁護するような発想に傾くものの、精神修養のための陽明学という発想は安岡正篤まで命脈を保っている。

明治維新と陽明学が関連するという先述のような見方は、右の井上と石崎のような見解に影響を与えている。現体制を導いたのが陽明学であるとするならば、それは明治期の体制を擁護する思想という意味を有する井上のような立場に通じる。一方で陽明学が体制の改革に貢献したとする意識は、石崎のように社会改革を求める意見に結びつく。一見相反するように見られる両者の見解は、一つの流れとしてつながっている。その点で、高瀬の主張は注目に値する。高瀬は井上の教え子でありながら、石崎とも親密な交流をおこなっていた人物である。高瀬は両者と少しずつ、意見を異にしていた。そして結局のところ近代日本における陽明学理解は、高瀬が考えていたような観点が生き残ることになる。そのため本書の考察を通して、陽明学に新たな意義を付与した高瀬の議論に着目したい。

第二節　井上哲次郎の陽明学観について

山下龍二は井上の陽明学観を「国家主義的倫理観」による理解と定義して、内村鑑三らと対比させた。荻生茂博はその議論を摂取して、「反官学・野党的」である大塩平八郎や石崎東国に着目した。しかし前節で確認したように、石崎の視点は井上と同じく陽明学が明治維新に貢献したとする理解に淵源があると考えられる。井上と石崎はともに、幕末の志士たちが陽明学を奉じており、また水戸学と陽明学が関連するという見解に言及していた。井上と石崎はその陽明学への心酔の度合いは違うものの、明治期の体制と陽明学に関係があると考えていた点では同じである。

井上が『日本陽明学派之哲学』を出版する以前に、三宅雪嶺は『王陽明』を執筆している。三宅は陽明学の思想を「知行合一」「心即理」など辞書的な項目立てをして記述し、西洋思想と比較した。それには陽明学を西洋の知の体系と同じ土俵に上げることで、東洋思想の地位を向上させようとする意図があった。三宅の作業は、陽明学を含む従来の儒学への見方が変更を迫られていることを示すものであった。井上もその流れに位置する。

井上における「国家主義」とは天皇を頂点とする国家の体制を護持し、その観念を国民の間にいきわたらせることを重視する思想である。そのため井上は陽明学が客観的な知識を軽視して、主観的に走り過ぎる面を問題視した。同時に、大塩による行為への批判にも結びつく。井上は体制の秩序を乱されることに、強い危機感を感じていた。

また井上と同時代でも、陽明学と国家との関係を説く意見が散見される。吉本襄は日露戦争の勝利において、国民の精神の鍛錬に陽明学を用いることを主張していた。また東正堂が創刊した『王学雑誌』には、当初より陽明学と神道との関連を述べた論述がある。陽明学は明治期において、国家とのつながりを求められる思想へと変化した。

井上は「知」を「学問」、「行」をその実践であるとして、陽明学が実行を重視する思想であると説いた。これには、幕末に知識の実践を重視した水戸学による「実学」の傾向が根を下ろしている。会沢は儒学によって、日本の体制を外国の勢力から守ることを主張していた。井上も同様の意識に基づき、陽明学を国体に援用しうる思想とみなしていた。

なお井上は陽明学の日本化について、神道との合一にその特徴があるとした。井上が陽明学と国家をつなぐ線を想定する場合、神道が媒介として用いられた。井上は国家主義の立場から、神道と同様に陽明学も体制護持の思想であると認識していた。

井上は内村鑑三が「教育勅語」の奉戴式で最敬礼をしなかった問題で、キリスト教批判の急先鋒になった。この「不敬事件」に際して、井上はキリスト教が「非国家的」であると断じている。井上のキリスト教への危機感は主にそれが日本に流入することで「民心が分離」し、「民心の統合一致」が崩れることに基づいている。井上のキリスト教批判の眼目は、国民の秩序が精神的な面から混乱することを懸念していた点にある。日本に流入するキリスト教が、国家の秩序を破壊する可能性を危惧していた。そのために井上は個別の「歴史的宗教」から、倫理的な面だけを折衷させた「倫理的宗教」の出現を期待する。井上は儒教を「実践倫理」と捉えており、その先に「倫理的宗教」も位置づける。

以上のような井上の陽明学に対する見方は、「民心の統一」を求める見解と通じている。井上はキリスト教の流入が国民の精神面の統合を乱すことを危惧して、国内の「民心の統一」のために儒教の徳目を援用することを主張した。その上で、陽明学にも道徳としての役割を期待したといえる。井上は陽明学に対して個人を内面から律する道徳の面を期待しており、社会の秩序を維持する目的のために用いようとした。井上の陽明学への解釈は、その点で合目的的である。

井上は、「忠」よりも「愛国」を重視する姿勢を示している。明治期に生じた新たな国家の体制にとって、どのような倫理が有用なのかを考えていた。井上は新たな体制に見合うように、国民の精神を統一する方法を模索していたといえる。第二章ではそうした井上の思想を陽明学に特化して、より詳細に分析した。その際に重視した点は、主に二つある。まず井上の陽明学理解が一見近代的に思われるものの、水戸学や大塩の乱の影響を多分に受けている点である。井上の陽明学観は、陽明学だけからは生じ得なかった。その点で井上は、前近代との関連を密接に保っている。そして二つ目は井上が後に陽明学に対して、むしろ国の秩序を乱す可能性の方を重く見るようになったという点である。

井上は神道と儒教のつながりを指摘したが、同様のことを水戸学の代表ともいえる会沢正志斎も認識していた。会沢は、神道と儒教をともに尊崇の対象にしていた。同時にキリスト教に対して、日本の秩序を破壊する可能性があると危険視している。井上は不敬事件に際して、キリスト教が「民心の統合一致」を破る可能性があることを指摘した。会沢もキリスト教を国内への侵略の象徴とみなして、それに対抗するために「民志を一にする」ことを求めていた。会沢と井上の論理は、共通している。

また藤田東湖は『弘道館記述義』の中で「学問事業、其の効を殊にせず」の解説として、「実践」を軽んじて「学問」と「事業」が一致しなくなることを戒めている。幕藩体制の変革と関わると認識されたと同時に、実践を重んじる思想とされた点で明治期における陽明学と水戸学の意味は似ていた。

水戸学によって対外的な危機感に由来して民の心を一つにするという意識が、国内の統一を図る意図のもとに形成された。その点で井上は、会沢の課題を引き継いでいる。井上のキリスト教批判もまた国内の民心が乱れてしまうことを恐れており、幕末の問題意識を脱していない。井上にとって「民心」を統一するのは、キリスト教の流入による国内の混乱を防ぐためであった。その点で井上は、前近代と同じ意識を保っている。

以上のように、近代特有の国家主義を唱道したと見られていた井上の対外意識は、幕末の水戸学の論理を受け継いでいる。井上の目的は、国家の秩序を維持することにある。キリスト教流入への反発から、国民の精神的な統一を志向していた。それに援用するために、陽明学に関心を寄せていたといえる。会沢の水戸学の系譜は、西洋のキリスト教に対抗するために国民の精神的な統合を求める点で井上につながったといえる。

ただし井上は、陽明学と水戸学の両者を明確に区別していた。井上は藤田幽谷と東湖父子が朱子学に距離を置いていたことは認めるものの、そこに陽明学の影響を見ることを否定している。むしろ井上は水戸学が朱子学から派生したと認識していた。井上は水戸学の国体を重視する考え方が、朱子学と近いことを認める。この点で井上は、反朱子学としての明治維新という構図をそれほど重視していなかったことが分かる。朱子学にせよ陽明学にせよ、あらゆる思想の影響によって井上は明治維新を説明しようとする。井上は、水戸学とともに陽明学もまた国を意識して行動を起こすための思想であると考える。井上にとって、水戸学と陽明学の明治の社会における意義は似ていたといえる。幕末の問題意識を引き継ぎつつ、新たな体制における陽明学の意義を主張した。

井上がこれまで見たような水戸学の記述に直接言及した箇所は確認できないものの、自ら編纂した『武士道叢書』に会沢正志斎の『及門遺範』を採録している。そこでは藤田幽谷による儒教的な教授の内容が書かれており、水戸「徳行」と「事業」を合すると述べられている。先述のように井上の「知行合一」の解釈と共通しており、水戸学の実践を重んじる論理が、井上の陽明学解釈に影響を与えたといえる。

また井上は「心即理」の説明として、「心さえ明かにすれば、理は自ら分かるもの」と述べ、主観を重視するという陽明学観を述べている。井上は、書の内容や知識に通底するばかりで「精神」に対する修養をおこなわないことを批判したのが、陽明学であると認識していた。「心即理」は、井上にとって内面における道徳の修養を意味する。それは知識だけでなく道徳の実行をしなければならないという意味での、「合一」につながる。すなわち井上は、道徳を主眼に置いた「心」の修養の重視と「実行」の重視を説いていた。

一方で井上は大塩平八郎の行動を社会主義に通じるとみなして、陽明学が秩序を乱す可能性を指摘した。たしかに井上は、旧体制が奉じていた朱子学に対抗して改革に寄与したのが陽明学であるとみなした。とはいえ、あくまで陽明学が現体制に資する意義を重んじていた。そのために、大塩の乱のように陽明学の思想が秩序に反する部分は批判している。井上が社会主義との親和性を陽明学に見て批判したことは、大逆事件を契機として問題視されることになる。

井上は犯人たちの処刑が行われた直後の講演で、主犯とされた秋水、奥宮健之らの社会主義者と陽明学の思想との関連を語った。これを契機にして陽明学を奉じる人物、あるいは陽明学研究者からの反論が巻き起こる。井上は当日、登壇する予定ではなかった。しかし三宅雪嶺による犯人を擁護する趣旨の講演が元で、会場が混乱する。その最中に井上は、「傍聴に来たら飛入を頼まれた」として講演をおこなった。混乱を収めるまでの間、ひとまず場つなぎを頼まれたと考えられる。井上は、この時期から陽明学に対して積極的な発言をしなくなる。それは講演の内容を契機とするというよりも、以前より抱いていた陽明学に対する否定的な見解が、「国民道徳論」を展開する井上に陽明学との距離を取らせたのが実態であろう。

大塩を通して陽明学に異を唱える考え方は、大塩の乱が起きた直後から既に佐久間象山などの論に見られる。

また一九一〇（明治四十三）年に出版された幸田成友の『大塩平八郎』を見ると、明治末期においても大塩への評価は揺れており、「逆賊」という見方もできたことが分かる。井上の陽明学批判は、体制の秩序を混乱させる思想という側面を大塩に見るという前近代から続く議論の枠組みを出ていない。

ただし大塩の乱後の陽明学への問題意識が、そのまま井上に受け継がれたのではない。西周は一八七四（明治七）年に出版した『百一新論』で、陽明学が「専ら心を師とする」として他を顧みない態度に批判を加えている。同じく西は大塩の乱を挙げて、陽明学を危険視する意見を述べた。大塩の乱を契機として、陽明学が政治的秩序を乱すという立場は近代まで連続していた。それが井上において、陽明学と社会主義に共通性を見て批判するという態度に結実した。

さらに井上は中江藤樹が「忠孝」を結びつけたとして、家における父への態度が国における天皇への態度に通じるとする「家族国家観」を述べる。そのすぐ後で、「良知」の説を精神修養として語っている。井上が唱える陽明学による精神修養は個人の国家に対する態度を養うものであり、その点で国民における道徳としての意味合いを持つ。幕末における水戸学の吸収と大塩への批判、そして明治期の国家体制を前提とする井上の陽明学理解は、天皇中心の政体を重視する国家主義へと集約されていく過程が見られる。

井上は「反朱子学」としての陽明学というよりも、むしろ「実学」の一環として現実の社会の秩序維持に援用されうる思想という面を強調した。その内容が、道徳としての陽明学理解である。三宅や井上以降、陽明学は社会主義との距離感も含めて現実の社会にどのような意義を有するかという意識によって近代日本に受け入れられていく。

第三節　高瀬武次郎の陽明学観について

続いて第三章では、井上の教え子である高瀬武次郎の陽明学理解について考察した。高瀬は陽明学研究の初の著作である『日本之陽明学』に、井上による序文を掲載している。この時期の高瀬の著作の陽明学理解は、井上が二年後に出版した『日本陽明学派之哲学』との類似点が見られる。出版は高瀬の方が先であるが、事実上井上との共同研究の成果とみなした方がよいであろう。このこともあり、荻生茂博によって高瀬は「井上的イデオロギー」を継承する人物とみなされた。たしかに高瀬は、大正後期には評論などで「君臣一体」による「忠君愛国」を積極的に主張するようになる。

また、高瀬は先述した石崎東国が立ち上げた大阪陽明学会において、積極的に講師を務めていた。荻生は、その高瀬と石崎が対立していたことに言及している。荻生は「国家主義的」であった高瀬の主張が帝国主義に与するものであり、それに対立した石崎が「個人主義的」であったと考えている。このような対置の構図は当時の陽明学理解の整理として一定の妥当性を有すると思われるが、やや図式的な感も否めない。

高瀬は従来、井上の陽明学観を忠実に踏襲したとされ、井上のように国家主義的に陽明学を解釈したとみなされた。しかしその陽明学観を詳しく検討すると、必ずしも全て井上の枠組みを踏まえているわけではないことが分かる。たしかに高瀬は日本の中国進出に際して、帝国主義的な侵略を容認する態度を見せた。とはいえ高瀬がそうした意見を表明するのは、彼が積極的に陽明学に関する論を発表していた時期の後である。高瀬の陽明学理解は、井上の亜流とはいえない。

それに加えて、高瀬と石崎の間に亀裂が入るまでの十数年間に、高瀬は陽明学を精神の修養に用いるべきことを何度も説く。高瀬は初の陽明学研究書である『日本之陽明学』の「例言」で、「青年の心術を涵養する」ことを陽明学の研究書を世に問う動機としている。またその翌年に刊行した『陽明学階梯――精神教育』では、陽明学の思想によって精神を涵養することを主張した。同様に、明治維新の志士たちの精神修養に陽明学が役立ったとする。そうした点は、井上も述べている。しかし井上の主眼が国民道徳の問題にあったのに対して、高瀬は精神の修養に陽明学を援用すべきことを主に論じている。

また高瀬は大塩を取り上げて、大塩の陽明学理解が内省を重視している点で「唯心的」であるとした。それと同時に、大塩が乱を起こしたことに対して「社会的道徳心」がさせたこととして、社会主義とも通底すると評している。大塩の行為は困窮する民衆を救うために起こされたことであり、陽明学に由来すると考えていた。井上が大塩の行為を非難したのに対して、高瀬は称賛を送っていた。

井上は個人の内面と社会との結びつきを考える時、あくまで国家を中心とした道徳の方へ関心を向けていた。それに対して高瀬は陽明学観に基づいて、個人と社会の関係を論じる構図を踏襲した。両者の間には、若干の相違が認められる。高瀬は井上ほどには、陽明学と国家の関係に敏感だったわけではない。さらに井上が次第に秩序を乱す可能性から陽明学に距離を置いたのに対して、高瀬はその後も陽明学を重視する。

先述したように大逆事件に際して井上は、講演で陽明学が社会主義につながると述べて問題視した。その前年、事件に関係したと思われる人物が逮捕される中で、高瀬は陽明学が国家体制に反する思想ではないと主張している。当時石崎の学会を吸収した東京の陽明学会は、大塩を題材にして陽明学が謀叛の学かどうかという議論を展開していた。学会としては、その関係性を否定する意見が大勢であった。井上の講演はこれに冷や水を浴びせるものであり、学会から反発を受ける。高瀬は陽明学を謀反とつなげることに異を唱えており、陽明学を擁護した。高瀬が具体的に井上への反論を想定していたわけではないが、両者の意見は事実上対立している。

高瀬は、陽明学が謀反を引き起こす思想ではないと考えていた。その高瀬は井上の講演の後で、陽明学の修養を有力であると考えている井上がそんなことを述べることはないだろうと語っている。高瀬が井上を信頼していた根拠は、陽明学の修養という点にある。高瀬は陽明学の修養の目的を、「社会に活動する」ことと認識していた。陽明学の修養によって人格的に高潔となった人物が、社会に有益な事業をなすことを期待している。高瀬は経営や社会貢献などの社会的な事業と、陽明学を結びつけた。よって高瀬が陽明学による修養を重んじると考えた井上は、陽明学と謀反との関連を語るはずがないことになる。

高瀬は、社会によい影響を及ぼすために陽明学を用いて人格を陶冶することを主張している。その点で、井上が陽明学を国民道徳に援用しようとした姿勢に比べて、より広範に陽明学の社会的な意義を考えている。その根本は陽明学による精神修養を重んじる立場であり、同時に陽明学を一般社会に調和させようとする発想であった。そこには、陽明学を精神修養の思想とみなす江戸期以来の伝統の上に、近代における新たな意義を構築しようとする態度が見える。また、幕末から井上にまで続く「実学」重視の姿勢に貫かれているといえるであろう。

こうした高瀬の考え方は、近代日本における陽明学理解の転換点である。というのも、昭和の時代に活躍した安岡正篤にまで受けつがれたためである。安岡は陽明学研究において高瀬の著作を参考にしており、陽明学を内面の修養のための思想とみなした。石崎東国や三島由紀夫も陽明学に与したものの、結局は広がることもなく陽明学を精神修養の学問とする見方が、昭和期に受け入れられた。

高瀬の対中国観も、同様の観点から読み解ける。高瀬は中国への日本の関与を、適切な方法でおこなえば正しいことであると考えた。その典型が、辛亥革命後の中国が混乱する中で、「孔子教」としての儒教を国教に定めるという提案である。それによって高瀬は民衆の精神を安定させ、中国の社会をよい方向に導くことを期した。精神修養によって社会を利するという高瀬の陽明学観と同じ構図である。しかし石崎は「信教の自由」を重んじる立場から、高瀬に反論した。注目すべき点は、石崎も日本の中国本土への進出には異を唱えていないことである。高瀬と石崎の意見の相違は、植民地支配の容認と反植民地主義の対立ではない。石崎はかつて、高瀬の陽明学理解を「学究的」に過ぎると批判した。高瀬が陽明学の援用において関心を寄せていたのは、内面に向けた修養が主体である。石崎が高瀬の陽明学への態度を「学究的」に過ぎると批判したのは、社会問題への具体的な言及が少ないためであった。大正期に入ると高瀬は儒学思想と現実の社会との関係に興味が移り、帝国主義的な侵略を擁護するようになる。精神面での修養によって社会に有益な影響を及ぼす主張が、現実の社会を具体的に変えていく発想に深化した。

高瀬の陽明学観は、個人の精神面と社会の関係を重んじる点で井上より汎用性が高かったといえる。ただし、あくまで抽象的な意見にとどまっている。それが具体性を帯びたのは、国外への膨張が唱えられた時代状況の中においてであった。しかし高瀬による精神修養を重視する態度は、その後の陽明学理解の重要な要素となる。

第四節　石崎東国の陽明学観について

第四章では当初高瀬と蜜月関係にあった石崎東国が、後に独自の陽明学理解を展開する様子を中心として、大正期の陽明学観について考察した。石崎が求めていたのは陽明学による社会改革であった。一見井上・高瀬と異なる理解の仕方であるが、そこには同様の精神的基盤がはたらいている。石崎も、大塩の存在と水戸学に強く影響を受けていた。その上で石崎は改革を志向する精神を養い、社会改革に陽明学を援用することを主張する。

石崎は、大塩と藤田東湖の共通性を論じた文章を残している。石崎は東湖の社会改革を断固として実行する精神に、大塩と通底する部分を見る。また江戸初期の朱舜水を通して、陽明学の命脈が幕末の水戸学にまでつながったと述べている。以上のように石崎が考えるのは、陽明学が明治維新を導いたとみなすためである。石崎にとっては大塩の陽明学と東湖の水戸学はいずれも改革の思想であり、明治期の体制構築に寄与したものである。陽明学が改革を導く思想であるとしたのは、陽明学と維新の関連を説く同時代の思潮に影響を受けたためといえる。

石崎は幼少の頃から水戸学を修め、長じて社会主義に傾倒した。また大塩に私淑して研究団体を立ち上げ、大塩の異名にちなんだ雑誌『小陽明』を創刊する。石崎は井上・高瀬と同様に、陽明学が国民道徳に援用できるとして国家体制に矛盾しないという態度をとる。同様に、陽明学と関連する限りにおいて忠君愛国も否定していない。たしかに石崎は陽明学を改革の思想として、「陽明主義」という表現を積極的に用いていた。例えば第一次大戦後の社会において「軍国主義」と「資本主義」が席巻する世の中を、「陽明主義」によって改造すると考える。とはいえ、石崎にとって陽明学は反体制の思想ではない。井上ほどには国家との関係を意識してはいないが、体制の存続を前提とした上での社会の改造を意図していた。

より正確にいえば石崎は、大塩の行為が「人道」のためになされたことであるとして、社会を改革する精神を養う思想として陽明学を想定した。石崎も陽明学と明治維新が関連するという発想に影響を受けたが、それが改革を促すという点に着目していた。そのために、陽明学による現行の社会の改革を唱えた。石崎が重視したのは、維新の変革が成就したからこそ、同じように陽明学による精神修養が同時代においても改革を促すことにほかならない。

すなわち石崎の陽明学観に影響を与えた視点は、主に三つある。一点は、幕末以来続いてきた「実学」としての儒学である。これは水戸学を通じて、石崎の中に生きている。石崎は水戸学と陽明学に対して、いずれも改革の実行に資する思想と認識していた。二点目は、精神修養としての陽明学という観点である。これも前近代から続いており、石崎においては陽明学が大塩の改革を断行する精神を養ったとされた。これには、陽明学が明治維新の改革に貢献したとする意識も作用しているであろう。石崎にとって陽明学の精神修養は、社会改革に通じていた。三点目が、社会主義であった。石崎は大塩の行為を、社会主義と結びつけて理解した。石崎が活動していた時代は米騒動などの社会問題が表面化した時期でもあり、陽明学が世の中の問題を解決しうるとみなしていた。また、明治期から大正期にかけて大塩は庶民の間で英雄視されており、社会問題を陽明学によって解決しようとする石崎が大塩に私淑したことは、同時代的な意義もあった。

石崎は、大塩の思想を貧民救済の点から論じている。ただし、必ずしも社会主義に強い期待を懐いていた訳ではない。石崎は社会主義や共産主義より、「宗教的権威」を有する大塩の陽明学の方が優れていると述べた。同時に、日本の神道と儒教思想を結びつけることに言及している。とはいえ石崎の議論は井上に近づいたわけではなく、二人の間に位置する高瀬武次郎を介している。高瀬は石崎の創設した洗心洞学会に、積極的に関わっていた。石崎は学会の活動を通して、陽明学が社会を改革する精神を養う思想であることを広めようとした。すなわち高瀬と石崎はともに陽明学によって精神を鍛え、社会に資することを求めている。陽明学による精神修養の方に重きを置いたのが高瀬であり、社会改革の方を重んじたのが石崎であった。陽明学によって精神を鍛練するという意味で、両者の陽明学理解は根本的には似通っている。すなわち、陽明学の修養によって社会の改革を求める石崎の意識は、内面の修養を重視する陽明学観の変形といえる。

石崎は少年期に陽明学や水戸学を学んでおり、後に社会問題に関心を寄せる中で再びその価値を見出したと自ら語っている。水戸学や日蓮にも関心があった石崎にとって、重要なことは社会改革の実現である。石崎は、陽明学が改革を実行に移す精神を養う思想であるとして、最も重視した。石崎の陽明学に対する態度は修養と現実の社会への志向という点で、それまでの陽明学理解を踏襲している。特に、社会改革を実行に移す内面の修養を重視していた。石崎の陽明学観は、幕末から井上・高瀬へとつながる流れの先に位置しているといってよい。そこに社会問題に関心を寄せる同時代の思潮が加わって、「陽明主義」の主張につながった。

第五節　そのほかの陽明学理解と昭和の陽明学観について

第五章では近代日本におけるそのほかの主な陽明学観に言及し、補論では、昭和における陽明学観を代表する人物として三島由紀夫と安岡正篤を取り上げて論じた。

内村鑑三が明治天皇の肖像に最敬礼しなかったことに端を発して、井上らが反発を見せた出来事は「不敬事件」と呼ばれる。そのこともあり、内村の陽明学観は井上と相対しているようにも見える。実際に山下龍二は、そのように考えた。しかし内村の陽明学への理解は、井上と対立するわけではない。その点は、ほかのキリスト教徒も同様である。

内村は明治維新を導いた志士たちが、陽明学を奉じていたことに言及した。特に高杉晋作が、陽明学とキリスト教との通底を語った言葉を内村は引用した。内村の意図は、キリスト教の優秀さを説こうとしたことにある。しかし、内村がそこに陽明学を持ちだした理由が考察されなければならない。

内村にとって陽明学は、明治維新の精神的背景を意味していた。そこには朱子学を旧幕府の体制に、陽明学を革命後の現体制に象徴させる意図もあった。また、西郷隆盛にも陽明学の影響が見られるとしている。内村は西郷の「実践的な性格」を陽明学が作り上げたとして、志士たちの行動に陽明学が関連するという点に着目した。この実行を促す陽明学が維新に貢献したという理解は、井上の見方と同様である。内村は陽明学に対して、現体制へ異を唱える思想とは考えていなかった。むしろ、維新を導いて現体制を築いたために有意義な思想とみなしている。

内村は、朱子学を奉じた幕藩体制を倒すことではじまった明治期が、陽明学に象徴されると考えていた。幕末の志士達が、陽明学を学んでいたことを「事実」と捉えている。その点で内村の朱子学嫌い、陽明学好きは徹底している。井上は陽明学が秩序を乱す負の側面も指摘していたが、内村は手ばなして陽明学を賛美している。先述のように明治期の人間にとって陽明学は朱子学に対抗した思想であり、そのために維新を導いたとする発想は一般的であった。このような内村の陽明学観自体は、特段注目すべき点を持たない。

内村が精神の修養に用いるべきと考えたのは、やはりキリスト教である。内村が陽明学に傾倒したのは、明治維新を導いたとするキリスト教への称賛が根底にあった。『代表的日本人』で近代より前の日本の偉人を紹介したことも、キリスト教の精神が既に日本に実現されていたことの証明のためであった。

内村のほかにも、陽明学との関連を指摘できる明治期のキリスト教徒はいる。彼らはおおむね、陽明学が精神を鍛える思想である点に着目している。植村正久や新渡戸稲造は陽明学を「宗教」と捉えて、精神の修養に用いることができると考えた。また松村介石は、儒教・仏教・老荘思想・神道も視野に入れた東西両宗教の融和を図っている。

一方で中江藤樹や熊沢蕃山の思想を学んでいたとされるのは、本多庸一や海老名弾正である。特に海老名は、藤樹の思想の眼目が「大孝」にあるとした。その上で儒教において子が父を敬うのはキリスト教において神（上帝）を敬うことと相通じると考えた。このように明治期のキリスト教徒には儒教への関心が見られるが、これまで言及した人物は内村以下全て士族の家系の出身者であった。彼らは元来、儒教的な教養を修得していた。その上で新しい体制と関連する思想という点で、またキリスト教と同様に精神修養のための思想である点で、陽明学に着目したのであろう。

また日本近代における陽明学に論究する上で、西田幾多郎は外すことができない。西田の主著『善の研究』において、陽明学の影響が指摘されているためである。これまでの研究では、いずれも陽明学の思想と『善の研究』の記述に近しい点があるという印象論にとどまっている感があった。その中において呉光輝は、『善の研究』執筆に至るまでの西田の文章に着目している。例えば『善の研究』において、西田が「知行合一」に言及している点を指摘した。その上で、西田が「西洋思想との比較をおこなう明治期以来の伝統のため」に陽明学との比較を試みたという見解を述べている。もし西田の思想において陽明学の影響が見られるとすれば、これまで見てきたような陽明学に関心を懐く同時代の空気の下に彼がいたと表現すべきである。そもそも西田の思想において陽明学は特別視されているわけではなく、「実行の重視」という実践論においても禅など種々の思想の影響が指摘されている。また西田の陽明学観が、後の時代の陽明学理解に影響を与えたことも確認できない。

次に、若い頃井上と親交のあった森鷗外について取り上げた。鷗外が陽明学の具体的な思想や、大逆事件に直接触れた文章はほぼ皆無であるといってよい。しかし、事件の少し後に書かれた小説『大塩平八郎』が大塩の乱という題材を扱っているため、大逆事件との関連が指摘されている。また同作品の背景に、陽明学の思想があるとする研究もある。ところが同作品に対して、陽明学と大逆事件の双方に視角をあてて三者の関係性を考察した研究は見当たらなかった。そのため、鷗外の『大塩平八郎』における両者とのつながりを明らかにするとともに、井上と対照させて論じた。

井上と鷗外は、ともに大逆事件の犯人に対して否定的な見解を有していた。ゆえに、事件への評価を追っていただけでは違いは見えてこない。事件と陽明学との関連という題材で考えると、鷗外の姿勢が浮き上がってくる。井上は大塩に対して、社会主義や謀反との関連を見て非難していた。井上が大逆事件と陽明学の関係を述べるときは、陽明学の思想を批判している。一方で鷗外が作品の中で大逆事件を意識して書いている箇所では、社会主義には批判的な態度を取っているものの、陽明学に対してはそうしていない。鷗外の『食堂』という作品は大逆事件と思われる出来事に対して、男たちが論評をする話である。その中で、今後は「不遇な人間」がそのような事件を起こすであろうという科白がある。そこでも鷗外は、事件に対しては非難する態度を貫いている。

鷗外は、大塩が乱を起こした動機を貧民の救済のためとしている。それは、「覚醒せざる社会主義」を意味していた。ここに陽明学との関連を見ることも可能であるが、鷗外は大塩の陽明学と「社会主義」との間に一線を引いていた。たしかに事件の前後では井上のように、大塩の謀反を連想させる行動を陽明学とつなげて考える傾向もあった。鷗外が『大塩平八郎』を執筆するにあたり、同時代の大塩と陽明学に対する見方を意識していたことは確かである。しかし鷗外は大塩の奉じた陽明学と、大塩の「暴挙」を明確に区別していた。

鷗外は事件と社会主義に批判的であった点で、井上と似ている。しかし、井上が陽明学とは謀反につながる思想であると考えたのに対して、鷗外はそうではなかった。鷗外は大塩らが決起した行動を「暴力」とみなしており、それが自身が批判する「社会主義」を導きうると考えた。しかし、そうした暴力と陽明学を関連づけてはいない。井上と異なり、鷗外は陽明学が謀反のような暴挙を起こす思想であるとは認識していなかった。鷗外にとって大塩の行動はあくまで貧民の救済のためであったが、単なる「暴動」と表現されるものであった。それは、大塩が奉じていた陽明学から出たものではないというのが鷗外の見解である。大塩の行動と陽明学の間に、距離を置いていた。

以上で比較した井上と鷗外の大塩理解に、後の時代になって影響を受けたのが三島由紀夫である。三島は、最晩年に「革命の哲学としての陽明学」を執筆した。この中で三島が参照している文献が、井上の所論と鷗外の『大塩平八郎』である。三島は井上の『日本陽明学派之哲学』から引用して、大塩の死をも恐れない精神性を高く評価している。たしかに井上も大塩の思想の「心」を重視する姿勢を評価しているが、それはあくまで道徳の修養を重んじる態度のためである。それに対して三島の大塩への評価は、行動を起こす精神の純粋さに着目している。

一方で三島は、鷗外の『大塩平八郎』には批判的な眼を向けている。三島は大塩に対して、「学問によってではなく行動によって今日までもっとも有名になっている」と述べた。その大塩の行動に、鷗外は「十分な感情移入」をしていないと三島は書いている。三島が大塩を称賛しているのは決死の覚悟で行動を起こした精神のためであり、そこに陽明学の影響があると三島は考えた。三島は認識にとどまらず、行動を重んじる姿勢が陽明学の眼目であると見ていた。三島は、大塩が貧民救済に動いたために称えていたわけではない。その点で、井上や鷗外の理解とも異なっている。

三島が鷗外を批判していたのは、大塩の行動を客観的に見ている点である。井上の論を通して大塩に言及した三島は、陽明学が行動を重視する点を重んじた。そのことは三島が安岡正篤に送った書簡で、朱子学を批判して「知行合一の陽明学」に着目していることからも分かる。ただし三島は大塩を学問的に分析しようという気はなく、ひたすら大塩の精神性に親近感を懐いている。また陽明学による行動で、具体的にどのような変化を世の中にもたらすかには言及していない。陽明学を学ぶことで「行動」を起こさせる心情を養うことが、眼目となっている。その点で、陽明学が社会改革を実行する精神を養うとした石崎東国に似ている。三島の陽明学観は、社会の改革者としての大塩への関心が高まった前の世代への回帰と受けとれる。

三島のような陽明学に対する態度は、司馬遼太郎が批判している。司馬は陽明学の実行を重視する精神が、後先を顧みない行動に発展すると考えていた。三島は司馬を評価していたようであるが、三島の陽明学観は司馬に理解されなかったといえる。

最後に近代日本の陽明学理解の帰結を表すもう一人の人物として、安岡正篤に言及した。本書に関わる安岡の陽明学への態度は、近代日本の陽明学の継承、陽明学の擁護、陽明学の普及の三点に要約できた。安岡は『王陽明研究』の参考文献として高瀬の著作を二冊挙げており、井上には言及していない。安岡は陽明学に対して実行を重視する思想と考えており、かつ内面の修養を図る点を重んじていた。そのため、大塩の文章を現代語訳する際にも「誠意」を「意志の純粋自由」、「良知」を「内面的必然の要求」とするなど、内面の精神に従うことを重視している。晩年になっても、安岡が陽明学に対して精神を鍛える思想であると考えていた点は変わらない。安岡は高瀬を通して、近代日本の陽明学の系譜を受け継いでいるといえる。

また安岡は大塩が反逆者といわれていることに反発して、大塩の救民の姿勢を高く評価した。安岡は、大塩を持ちだされて陽明学が危険な思想とされることに異を唱える。また三島の死に際して、三島の行動と陽明学に関連があるとみなされることにも反論した。安岡は、陽明学が危険視されることを強く懸念している。その意味で、大塩への擁護にも心を砕いていた。安岡の陽明学への態度は、近代日本において大塩の行動への評価によって陽明学への評価が分かれたことを意味している。この点は、次節でも述べる。

なお安岡は、同時代の科学への知見も踏まえて陽明学を普及させようと努めた。そこにおいて、陽明学の政治的な要素を重視した。安岡は王陽明が言及した「万物一体の仁」に着目して、民衆の困苦を我が身のこととしてとらえる姿勢を強調した。陽明学の思想を実際の社会に援用する際に、同時代の知識や政治的な要素と関係させることは三宅以来の伝統でもある。その点でも、安岡は近代日本の陽明学の帰結を体現する人物といえる。

第六節　近代日本における陽明学と大塩平八郎

本節では本書でおこなった議論を踏まえて、改めて近代日本における陽明学理解の流れがどのようなものであったのかをまとめる。その際に、二つの点に着目したい。一つは、これまで井上哲次郎の影に隠されて比較的着目されてこなかった高瀬武次郎の陽明学観が、近代日本の陽明学理解の流れにおいて重要である点。もう一つは前近代における大塩平八郎の存在が、いかに近代の陽明学観に影響を与えてきたのかという点である。

近代日本における陽明学研究の出発点を三宅雪嶺の『王陽明』に置くとすると、そこには王陽明の思想を西洋思想と対照させて、同列に論じようとする姿勢が見られた。その後は王陽明や江戸期の陽明学者の事績、ならびに著述を紹介しようとする試みもあった。その中にあって井上哲次郎の『日本陽明学派之哲学』は「知行合一」における実行の重視や維新との関係など、明治期の陽明学理解に特徴的な主張を示す著作であった。むしろ井上の著作が、明治期の陽明学理解の方向性を定めたといってよい。井上の考え方は国民道徳との関連を考えているばかりではなく、水戸学の論理や大塩への問題視といった前近代の影響を受け継いでいる。

井上の陽明学観を踏襲していた高瀬武次郎は、むしろ陽明学の社会的な意義を井上より広範な意味で捉えようとした人物である。国民道徳ばかりではなく陽明学を修めた個人が社会に有益なことをなすことを求める点に、高瀬の陽明学理解の眼目があった。

それだけではなく、高瀬の主張が一つの転換点となってその後の日本における陽明学理解が変容したといえる。高瀬は井上の議論を踏襲しつつ、陽明学を同時代の人間の精神修養に用いる思想として理解している。陽明学が、個人の修養によって社会に資する思想であるとみなした。その後の陽明学理解の展開を見ると、高瀬の考え方の枠内に収まる。幕末にも、陽明学は精神修養に用いられる思想という認識があった。そのために、志士たちの精神を陶冶した思想としての陽明学に着目が集まっていた。高瀬はそうした部分を、近代日本の陽明学理解に引き継いだといえる。

一方で、同時代の陽明学理解に共通している部分もある。井上・高瀬・石崎東国はいずれも陽明学が幕末の志士の精神的支柱になった点で、明治維新の革命に貢献したとする見方を支持していた。それは、内村鑑三などほかの知識人たちにも共有された理解である。そこには、幕藩体制が奉じていた朱子学に対抗したのが陽明学であるとする意識もはたらいていた。明治期の陽明学研究者にとっては、陽明学こそ新しい時代にふさわしい思想として映ったであろう。その点が現体制の擁護に転換すると井上のような態度になり、社会の改革を促す思想という部分を重視すれば、石崎のような視点が強調される。

ただし井上は水戸学が朱子学の亜種であると見ており、必ずしも反朱子学の思想が維新を準備したとは考えていなかった。近代日本の陽明学理解は、旧体制の朱子学に反発した思想とのみ認識されたわけではない。その意味で、反朱子学の思想の内に近代性が内包されていたという史観は、陽明学にはあてはまらない。むしろ明治期になって、「反朱子学としての陽明学が体制転換に貢献した」という「神話」のようなものがはじめて生じた。

それこそが、陽明学が近代に受け入れられた理由といえる。維新の変革に思想的根拠を求める意識が、陽明学への注目をもたらした。陽明学が幕末において、反幕藩体制の思想であったわけではない。明治期に反体制の思想であると考えられたことで、近代に意義のある思想という意味に変容させられて受容された。

そうした点は、陽明学者としての大塩への意識も同様である。大正期には、大塩を改革者として位置づける風潮が一層強まった。石崎の活動も、その点に影響を受けている。同時代には、大塩に対して相反する見方があった。一つは井上のように大塩を反逆者と見て、陽明学が謀反につながるとする点。もう一つは、高瀬のように民衆の救済者とする点である。大衆からの人気もあった大塩の評価は大逆事件の時期には前者に傾いたが、後者の見方が有力であった。前者の理解は陽明学が近代の体制に合わないという見方になるが、後者は陽明学が現代にこそ意義のある思想であるという理解につながる。

また井上・高瀬・石崎のいずれにおいても、「知行合一」が実行を重視する思想であるとされた点は、近代日本における陽明学観の特色である。そこには、水戸学の「学問」と「事業」の一致を求める「実学」の精神が近代に受け継がれていることが見て取れる。石崎に至ると、大塩に着目して改革を実行にうつす精神を養うのが陽明学であると考えた。そこには社会改革の視点もあるが、陽明学が精神修養の思想であるという高瀬の理解の延長線上にある。

時代を隔てて同じ点に着目したのが、三島由紀夫である。三島は石崎に似て、陽明学が改革を断行する精神を鍛えると考えた。しかし同様に、その改革が具体的にどのように実現されるかを想定していなかった点も石崎と共通していた。三島の晩年における陽明学への接近は、前時代の陽明学観への回帰であったともいえる。三島は井上の著作から大塩の部分を参照していたものの、井上による大塩批判の箇所は黙殺している。三島の主張は、近代日本の陽明学理解を恣意的に解釈した結果であった。

それに対して安岡正篤は、三島の行為を陽明学と結びつけることに反対しており、陽明学によって精神の修養を図ることを主張する。安岡にとって陽明学は、精神的な成長のために用いる学問である。その点で安岡が、高瀬の著作を参照して陽明学について学んだことは注目すべきことである。高瀬の陽明学観は、江戸期において陽明学が内面の修養に活かせるとされた伝統、及び現実の社会に援用する「実学」とみなされた流れの先に位置している。安岡は、高瀬の思考の枠組みを受け継いだ。よって安岡は、陽明学による精神の鍛錬とそれを社会に役立てることを強調した。

なお、内村鑑三らキリスト教徒による陽明学理解も、精神修養に資する点が重視されている。ただし内村を含めて彼らが称賛するのはやはりキリスト教の思想であり、そこに陽明学との共通点を見ているに過ぎない。内村は、キリスト教の精神が江戸期に実現されていたと確かめるために、陽明学に言及していたに過ぎない。陽明学に強く関心を向けて、なおかつ精神の修養を説くという主張の中心にいたのは高瀬である。

また昭和の時代において、陽明学が精神の鍛練に有用であることは安岡だけが考えていたわけではない。例えば本書では言及をしなかったが、島田虔次と荒木見悟はともに陽明学の「狂」という部分に関心を寄せていた。三宅雪嶺が書いた、大塩こそ「狂」の精神を体現した見本であるとする文章を島田は引用している。荒木も大塩に対して、「狂」を実現した人物として言及している。[1]両者には、大塩が社会を変えていく「狂」という精神を養ったのが、陽明学であるという認識が伺える。陽明学を学問として歴史的に記述しようと考えていたとはいえ、個人的には陽明学が内面の修養を図り、社会に働きかける思想であるとみなしていた。

山下龍二は明治期以降の陽明学研究について「要するに陽明学を明代期の歴史的産物として把握することなく、儒教的理想人格の一つとして教学的に研究したのである」[2]と述べ、一九四〇年代になってから歴史的な研究が出たとする。しかし右のような状況を見る限り、全体の傾向が一気呵成に変化したわけではない。陽明学を精神修養のための思想とする風潮は、なお根強かった。なおかつ精神を鍛えることによって具体的に社会を変革しようとする姿勢を、陽明学に見ていた。その点に限っていえば、昭和期に陽明学を学んでいた三島、安岡、島田、荒木の意識は共通している。

たしかに高瀬は中国の国教を儒教にすることで、民衆の精神的な統合を求めた。それは井上が、国民道徳による日本人の精神的な統一を志向したことと通底している。その発想の是非については、ここで問うことはしない。ただ高瀬のこうした主張は人々の精神を社会の安定の方向に導くという形で、伝統的な儒学の思想を現実に援用しようとした姿勢の表れである。当時の社会において、その目的は中国の民衆の精神統一のためであった。高瀬の具体案は戦後否定されたものの、陽明学が精神的な成長に資するという発想は安岡らにまで命脈が保たれている。

正確に述べれば、高瀬の陽明学理解がその後に広範な影響をもたらしたわけではない。むしろ高瀬は、陽明学を精神の修養のための思想とする一つの傾向を明確に打ち出した中心人物であった。その意味で、高瀬の理解がその後の陽明学理解の流れにおいて一つの転換点であったと述べたい。また高瀬は、大塩が救民の姿勢を見せて社会を改革しようとした人物であると説いた。その後の大塩評が同様の観点に立っていることは、前述の通りである。その意味でも高瀬の意見は、同時代とその後の陽明学理解を代表していた。

高瀬が井上と異なる点は、陽明学の修養が社会に悪影響を及ぼすとは考えていなかったことである。また高瀬はあくまで儒学を現実に活かす可能性を模索しており、極端に改革実行の精神ばかりを強調してもいなかった。高瀬による陽明学理解は、陽明学への親近感を懐きつつ、現実的な感覚も持ち合わせていた。三島は井上の「知行合一」論を吸収して、近代日本の陽明学のあだ花のように挫折した。それに対して安岡らが陽明学による精神の修養を主張したことを考えるときに、戦後の陽明学受容の在り方の流れの元にいるのは井上ではなくて高瀬である。

以上のように近代日本の陽明学受容の流れを概観してみると、その各要所に大塩平八郎の存在が顔をのぞかせていることが分かる。井上が陽明学を問題視したのは、大塩の乱以降に出てきた論理から発生している。高瀬は大塩に対して、社会を改革しようとした人物と考えた。それは陽明学の修養によって社会に有用な人物になるという、高瀬の陽明学観に沿う行動になる。石崎は大塩に私淑して、陽明学が改革を断行する精神を養う思想であるとみなした。石崎と同様に大正期は社会問題の表面化もあり、大塩を民衆の救済者・社会改革者として位置づける風潮が強まった。

大逆事件に際して、大塩を謀反人とするかどうかという議論が一層喚起された。その中において鷗外は、大塩の乱を題材にした小説を執筆する。鷗外は大塩の行動が、陽明学に由来するものではないと見ていた。陽明学を客観視する鷗外に対して三島は、大塩の奉じた陽明学が精神を鍛えて社会改革を促す思想であると認識していた。しかし、同時代においても三島の陽明学理解を批判する声は多かった。その筆頭が、安岡正篤である。安岡は、大塩をやり玉にあげて陽明学を危険視する傾向を非難している。安岡にとっても大塩は、権力に抵抗して飢饉にあえぐ民衆を救おうとした人物であった。以降近代日本における陽明学理解は、歴史的な研究の進展を含みつつ現在に至っている。すなわち明治期以降の陽明学観の変容は、大塩像の理解の変遷でもある。

本書の作業によって近世日本の儒学に近代の萌芽を探る観点や、西洋思想との関係によって明治期の思想を語る観点に疑問を投げかけることができる。前者については前近代から近代にかけての陽明学理解が、各々の時代状況に影響を受けて陽明学観が変容してきた歴史とみなせる。日本の儒学は近代性を内包していたのではなく、近代に意義のある思想とみなされ、近代的な思考を受容することで変容を見せた。

後者に対しては、水戸学や大塩との関連で明治期の陽明学理解に独特な視点が加えられたことを示すことができる。特に大塩は、三島由紀夫が「学問によってではなく行動によって今日までもっとも有名になっている大塩平八郎」と喝破したように、その思想よりはむしろ窮民のために立ち上がった行動が、肯定的にも否定的にも陽明学との関連で語られた。また井上のように、神道との関係を述べた文章もある。近代日本の陽明学は、前近代や伝統思想との関連を密接に保っている。

すなわち、近代日本の陽明学の歴史の大要をまとめると次のようになる。明治維新が成った後に、陽明学に注目が集まった。それは陽明学が、幕藩体制が奉じた朱子学に対抗した思想とされたこと、及び志士たちの精神的背景になったことを根拠とした。また、実際に西郷や高杉が陽明学を学んでいたことも、その考え方の成立に寄与した。

そのことから、二つの理論が生じる。一つは、陽明学が倒幕後の明治期の国家体制を支えるという論理。もう一つは、陽明学こそ改革の精神を鍛える思想であるという論理である。前者は井上に代表される。井上による陽明学は国民道徳の構築に貢献するという説には、水戸学の論理も入り込んでいるであろう。

石崎は、後者の論を取る。高瀬は井上を踏襲しているが、より精神修養の面を重視している。そこには、幕末の陽明学が内面を重視したことの影響もある。安岡は、特に陽明学が内面を重んじる点に関心を向けた。近代日本の陽明学は、その精神修養の面が強調されていく過程でもあった。

ただし、厄介な問題が大塩であった。右で述べた修養重視の流れが近代日本の陽明学の表の面であったとすれば、乱を起こした大塩は裏の面を体現していた。大塩は貧民救済の英雄であると同時に、秩序の破壊者でもある。そうした負の面を批判するとき、明治期には大塩が陽明学の重要人物とされていたために、陽明学批判へと転じる。大逆事件に際してそれを表明したのが井上であり、ほかの陽明学研究者はそれに反論した。その後に、陽明学は大塩らに改革断行の精神を養わせた思想であり、反体制ではないという理解が石崎らにより強調された。近代日本の陽明学理解の裏の面を白日の下にさらした井上は、自らが主張した表の面によって非難を受けたことになる。

さらに戦後になると、劇的な事件を起こした三島が、陽明学こそ行動を起こす精神を養うという文章を書いた。そのために安岡は、陽明学が謀反に通じるという見方を批判した。安岡は、内面の修養に資する陽明学という表の面を主張する人物であったために、三島に対して批判をせざるを得なかった。三島は大塩を称賛こそしていたものの、陽明学が危険な行動に走らせる思想という評判を広めた点で、裏の面を強調してしまった。よって近代日本の大塩への批判と擁護は、同時代の陽明学の系譜における表の面と裏の面の相剋と表現できる。

最後に、本書では詳しく触れることができなかった点について概観して、今後の研究における課題としたい。一点は、近代日本における歴史学的な意味での陽明学研究について。もう一点は、安岡正篤と現代の陽明学理解についてである。

宇野哲人・狩野直喜・服部卯之吉・遠藤隆吉など、陽明学を含む儒学思想を歴史的に記述した人物たちの考察がおろそかになった感は否めない。彼らは特に中国における陽明学について考察し、陽明学の本質やその後の展開について各々の持論があった。その点が本書で主な考察の対象とした人物たちとどのような関係を持ちうるのかは、今後の課題とすべき事柄である。例えば宇野哲人は、陽明の知行合一説について「すこぶるソクラテスの知徳合一論に類している。ソ氏が詭弁学者のいっさいの知を否定した後に出て、知を重くみたのは、あたかも陽明が宋儒窮理の説の後に出でて、行を重くみたのと似ている。かつ知徳合一と、知行合一と、その語も似ている[3]」と述べ、明治期の三宅や井上と似た説明をしている。主な観点としては、二つある。一点は、本書で言及した人物たちが彼らにどのような影響を与えたかという点である。この点は、戦後の陽明学研究にまで関わってくる。例えば狩野直喜も陽明学について、実行を中心とする思想であると井上と似た見解をとる[4]。もう一点は、井上らが彼らからどのような影響を受けているかという点である。例えば、遠藤隆吉の『支那哲学史』（金港書籍刊、一九〇〇年）は「井上哲次郎閲」となっている。

また補論で触れた安岡正篤については、その行動範囲や著述の分野が多岐にわたっている上に本格的な先行研究が未だ不足している。安岡は没後三十年以上が経過した今日においても、客観的な立場から思索の全容を考察した評伝が刊行されていない。それは政治家との関係など、時に真相が明らかではない噂とともに彼の人物像が語られるためでもあろう。それに加えて本書の性質上、明治・大正期の記述が中心とならざるを得ないため、疎略な記述にとどまってしまったといえる。本書では安岡の陽明学理解の一端に論究したが、その理由は彼が帝国大学を卒業する年にいわば長い著述活動の最初期に、『王陽明研究』を上梓したためでもある。この陽明学研究という観点から安岡の思想の原点を解明することや、そのほかの安岡の言動の根幹にあるものを探求することも可能かも知れない。本書の主題が「近代日本の陽明学」であったために、明治・大正期の記述に紙幅を割いてしまうことは避けられなかった。安岡や右に名前を挙げた人物など、より現代に近い人物たちの詳細な陽明学理解については別稿を期したい。

第七節　現代の陽明学研究における「近代日本の陽明学」

最後に、現代において陽明学の研究をおこなっている人物たちの動向について、本書で言及したような近代日本の陽明学と、どのようにつながっているのかを述べる。その上で、現代における「近代日本の陽明学」研究においてこれまでにどのような考察がなされており、本書ではいかなる点が明らかになったのかについてまとめる。

第一章で述べたように、溝口雄三や岡田武彦は江戸期までの陽明学が「心」の修養を重視していたと考察した。溝口は、中国の陽明学が「理」を重んじた点とは対照的であると語った。岡田は、幕末の陽明学者たちが内省を強調した点を指摘している。日本の陽明学研究において心の修養を重んじるとみなす姿勢は既に多く指摘されているが、近代も含めた考察はほぼなされてこなかった。本書では近代日本の陽明学研究の歴史が、陽明学が内面の修養を求める思想であるという理解に集中していく過程でもあることを明らかにした。安岡正篤のような陽明学理解の命脈は、荒木見悟や島田虔次にとどまることなく現代に連続している。溝口や岡田は、その例といえる。日本における陽明学が修養を中心とすることは、近代以降の陽明学理解によって重視された。江戸期の陽明学者たちにその側面は見られたものの、陽明学が学問の対象とされるようになった近代以降に、研究者たちが修養を重んじる思想であると考えたことは確かである。しかも石崎や三島から、荒木・島田に至るまで、陽明学の修養によって社会を救済するという姿勢が強調された。それは特に大塩の称賛に表されており、現代の研究にまで影響を与えている。(5)

それに対して、近代日本の陽明学を分析的に捉え直そうとする向きも出てきた。荻生茂博や澤井啓一の議論も、そこに含まれる。荻生は、溝口や岡田の先行研究を批判的に摂取して、近代日本の陽明学研究における二種の構図を指摘した。澤井は儒学がほかの思想に受容される状況を考察して、儒学がほかの思想を取り込む「器」になると述べた。ただし前者は近代日本の思想の構図についてやや図式的な感があり、後者は陽明学が維新を導いたという史観を未だ抜け切れていない点が見られた。その点で小島毅の所論は「近代日本の陽明学」そのものを対象化しようとする考察において、できるだけ特定の構図を廃するように努めている。本書にとっても水戸学や社会主義との関係など、多くの示唆を受けた。しかしいずれも、本格的な研究としては端緒についたばかりである。

また、近代日本の陽明学研究者たちの動向を調査する業績も重要である。そこには、吉田公平のような年譜の作成もある。ほかに二松学舎大学が主幹する雑誌『陽明学』や、在野の研究団体である大塩事件研究会においても、近世と近代の陽明学に従事した人物たちの事績の研究が多くおこなわれている。以上の研究成果のいずれにおいても重要な点は、「近代日本の陽明学」に対する研究は「近代日本」という枠組みを一度脱して考える必要があることであろう。

これまで「近代日本の陽明学」研究においては、文字通り「近代日本」と「陽明学」の関係について考察がおこなわれてきた。当然のことではあるが、この「当然のこと」に敢えて注意する必要がある。例えば山下龍二の研究では陽明学が井上哲次郎に代表される「国家主義的」な理解と、それに相対する「個人主義的」な理解に大別されていた。「個人主義的」な理解の代表には、内村鑑三の名が挙げられていた。荻生茂博は「個人主義的」な理解の方に大塩平八郎や中江兆民、石崎東国を含めた。荻生が大塩に対して、民衆を守るために体制に反抗した人物と認識していたためであろう。大塩をそのように見る意識は古くは明治から、現代に近づくと安岡や島田・荒木にも見られた。

本書の考察から、その点は明治維新という歴史的事実と陽明学が関連づけられたために生じた事象であることが指摘できる。大塩の乱が起きた直後はむしろ、反陽明学の姿勢が注目を集めていた。しかし明治に入ると改革者としての大塩像とともに、陽明学が体制の変革に貢献した思想という理解が見られるようになった。大塩が維新の先駆者であるという俗説も、それと関わる。大塩を例として陽明学に体制批判の側面を見ることは、「近代日本」が提示した枠組みである。

言い換えれば、陽明学が体制に異を唱える思想であるという理解は、近代において陽明学を大塩の乱や維新と関係させて考えることで、強調された見方である。それは井上のように陽明学を批判する立場でも、その明治期の体制への意義を説く立場でも変わらない。以上のような観点から近代日本の陽明学を考察する限り、「近代」に作られた枠組みから出ることはない。

また明治期における儒学の意義の考察は、西洋思想との関係を中心に検討されてきた感が否めない。近年では、西洋思想を受容する上で儒学の伝統が大きな役割を果たしたとする研究も散見される。たしかに、その主張は一面では的確である。しかし、その論を構築する際に考察の対象とされる「儒学」は、江戸期における儒学を基本とする。その点は「儒学」が「仏教」や「水戸学」に変わっても、大差は見られない。

その一方で、伝統思想と西洋思想の関係ではなく、伝統思想の側が互いに影響を与えあうことで近代にどのような影響をもたらしたかを考えることが重要である。本書では井上の所論に、水戸学の影響があることを明らかにした。水戸学が、直接井上の陽明学観を変化させたわけではない。井上は会沢正志斎や藤田東湖の説から、反キリスト教のために「民心の統合」を図る論理を受け継いだ。また石崎東国は、水戸学と陽明学の共通点を改革断行の精神に見ていた。近代日本の陽明学理解は、前近代の思想と同時代の思潮の混淆によって、変容してきたことが明らかになった。

最後に言及すべきことは、近代思想における儒学の考察を通して、東アジア規模で議論を展開する向きもあるということである。その点で、中国における近代日本の儒教思想理解の研究も、適宜参照する必要がある。[6] たしかに本書においても、同時代の中国の陽明学理解に井上らの影響が想定できることは指摘した。しかし本書では一国の時代状況を明らかにする作業が先決と考え、ほぼそれに終始した。今後は、その課題にも論究する必要があるであろう。

また、当時の日本の知識人たちは井上や高瀬に限らず、日本だけで活動していたわけではない。漢学者が一時期中国大陸に渡り、日本政府が創設に携わった現地の高等教育機関（京師大学堂など）において教育活動を行っていた。そのことが後の中国観・中国思想観にどのような影響を与えたのか。そのような考察も重要であることは間違いない。[7]

最後に、本書で何度も言及した小島毅が歴史について語った次の言葉を紹介して、この文章を終えることにする。

そもそも人がなぜ歴史というものを考え出したかといえば、昔のことについて書きとめた文献、あるいはオーラルなものを含めて物語、語りがあったからだ。それは語りだから、数字が羅列されているデータではない。ストーリー性を持っている。それによって人々は自分たちの過去を認識し、さきほどの話と関連させせれば、そのときにある日本を過去に投影して、物語をつくるという営みをずっとしてきた(8)。

本書で紹介した人物達が一様に言及していたことは、陽明学が幕末から明治にかけての維新を導いたという認識であった。それは、既に成立してしまったあまりにも大きな体制転換を説明するために、考えられた言説であったと思われる。言い換えれば、人々が社会の変動を自分たちの出来事として納得するために、現在の日本を過去の伝統から続くものとして考えようとした結果である。いわば近代の日本人たちは、陽明学こそが新しい日本作りに貢献したという「物語」を編み出した。その「物語」のために、陽明学は明治の社会に意義深い思想であるとして受け入れられた。

そこには近代化を促した要因が西洋ではなく、日本の内側にあってほしいという願望もあったのであろう。序章では前近代のうちに近代の要素が内包されていたという歴史認識に言及したが、明治期の一定数の人々はそのように考えた。そのために、陽明学を用いることで、日本の近代が江戸期のうちに用意されていたという理解を説明したといえる。

本書でも歴史を一貫したストーリーとして記述したいという思いから、近代ありきの史観ではなく、前時代から近代への変遷を描く姿勢をとった。また西洋思想との対比を重視するのではなく、前近代に目配せするように心掛けた。歴史は時の権力者が自分たちに都合の悪い部分を削除して作る、とは人口に膾炙している言い方ではある。とはいえ、いくら権力者が操作しようとも、同時代の人々がそれを受け入れない限りは後世に伝えられていくものではない。いずれの時代の歴史観も当時の人間の、そうであればいい、そうでなければ困る、といった願望を反映している側面があると思う。

当時の人々の陽明学理解は王陽明の思想から直接生じたものではなく、恣意的な解釈を多分に含んだ「彼らの陽明学」である。しかし彼らが常に、そうであってほしいと思った陽明学観がその変容をもたらしたと考えるとき、その様相を考察することこそ、人間を対象とする思想史学の役割であると認識する。

注

序章

（1）本書では、「儒学」「儒教」の用語をどちらも用いているが、先行研究の本文中での呼称に従っているなどの理由からであり、意味上の差異は特にない。「儒学」と「儒教」との違いに関する最新の研究は、井ノ口哲也『儒教』か『儒学』か、『国教』か『官学』か」『中国哲学研究』二十八号、二〇一五年六月、九―三十一頁を参照。

（2）島田虔次『朱子学と陽明学』岩波書店、一九六七年、一四三頁。

（3）溝口雄三『中国前近代思想の屈折と展開』東大出版会、一九八〇年、三十五頁。

（4）同書、三十六頁。

（5）岩間一雄は陽明学が朱子学の解体を促して、アジアの近代化に貢献したと論じている（岩間一雄「陽明学の歴史的性格」『岡山大学法経学会雑誌』十七巻一号、一九六七年六月、三十一―七十三頁）。

（6）山井湧『明清思想史の研究』東京大学出版会、一九八〇年。

（7）馬淵昌也「明清時代における人性論の展開と許誥」『中国哲学研究』創刊号、一九九〇年三月、三十四―五十七頁。なお、永富青地「陽明学の回顧と展望――近年における中国の動向を中心に」（土田健次郎編『近世儒学研究の方法と課題』汲古書院、二〇〇六年、五十一―六十四頁所収）は近年の中国における陽明学の研究動向をまとめており、興味深い。

（8）土田健次郎は本論で述べたような中国思想の研究史に対して、次のようなことを提言している。「やはり問題なのは、中国的なものであれ西洋的なものであれ近現代を終着駅にしてそこから遡行して近世を位置づけるという視点の可否と、近代化というものが内発的なものだけで考えうるかということである。後者に関しては、日本の場合もそうなのであるが、前近代の思潮がそのまま展開すれば成立してくるというのではなく、西欧の近代思惟を受け入れる思想的土壌の有無が問題なのである。明末においてそれまでと別様の価値観を吸収しうる状況が出来したことと、その別様の価値観が中国思想の内発的展開で生みだされうるということは別の話であろう」（土田健次郎「日本における宋明思想研究の動向」『日本思想史学』三十七号、二〇〇五年九月、八十―九十一頁）。

土田自身も指摘しているように、このような問題は中国思想史だけに当てはめられる訳ではない。右の文章の「中国」を「日本」、「明末」を「幕末」と置き換えればそのまま日本思想史における問題になる。

（9）丸山眞男『日本政治思想史研究』東京大学出版会、一九五二年。

（10）近世儒教史の観点から、最も体系的に批判をしたのは黒住真である。黒住は丸山が朱子学について近代とは関わらないものであるとみなしたとして、主に次の四つの観点から丸山の構図に疑問を呈する。

①近世日本に「近代のメルクマール」が現れたとして、それは何なのか。

②思想自体の構造から近代化を導きだすのは、飛躍があるのではないか。

③朱子学がそこまで「古い固定的」な思想で、古学・国学が「近代的」な思想であったのか。

④朱子学や古学といった「学派的差異」に特別注目することは、正しいのか（以上、黒住真『近世日本社会と儒教』ぺりかん社、二〇〇三年、一六七頁を要約）。

なお野村英登は丸山の徂徠観を批判した上で、次のように述べている。

「というのも、丸山の儒教理解は二重に間違っていて、第一に江戸時代で主流だった儒教は依然朱子学であり、第二に日本の近代化に資した江戸儒学は何より陽明学であったからだ」（野村英登「陽明学の近代化における身体の行方――井上哲次郎の中江藤樹理解を中心に」『「エコ・フィロソフィ」研究』十号、二〇一六年三月、六十七―七十四頁）。

（11）平石直昭「主体・天理・天帝――横井小楠の政治思想」『社会科学研究』二十五巻五―六号、一九七四年三月。

（12）子安宣邦『事件としての徂徠学』青土社、一九九〇年、同『方法としての江戸――日本思想史と批判的視座』ぺりかん社、二〇〇〇年。

（13）尾藤正英『日本封建思想史研究――幕藩体制の原理と朱子学的思惟』青木書店、一九六一年。

（14）尾藤正英『江戸時代とはなにか――日本史上の近世と近代』岩波書店、一九九三年。

（15）渡辺浩『近世日本社会と宋学』（増補新装版）東京大学出版会、二〇一〇年。
（16）丸山眞男「歴史意識の『古層』」（同『忠誠と反逆――転形期日本の精神史的位相』筑摩書房、一九九二年所収）。
（17）儒学は日本的に変えられたからこそ、近代化の萌芽になったという議論がなされてきた。このような流れの中で片岡龍は「近世儒教史研究」と題した論稿の中で、「近世儒教研究の死亡診断書――あるいは『遺産目録』を作成」（片岡龍「近世儒教史研究（七十年代後半～）」『日本思想史学』三十八号、二〇〇六年九月、四十一―五十四頁）すると述べた。片岡は平石の「新しい徳川思想像の可能性――『近代化』と『日本化』の統一を目指して」（平石直昭「新しい徳川思想史像の可能性――『近代化』と『日本化』の統一をめざして」平成六―七年度科学研究費補助金〈総合研究A〉研究成果報告書０６３０１００６『徳川思想史像の総合的構成――「日本化」と「近代化」の統一をめざして』一九九六年）に言及する。平石『荻生徂徠年譜考』（平凡社刊、一九八四年）や渡辺浩の『近世日本社会と宋学』（前掲）の仕事を平石が取り上げたのは、「朱子学中心の視点を『脱構築』しようとする」ためであると評した。日本における儒教史の研究は、近世及び近代の展開を解明しようとした一面を持つといえる。
（18）相良亨『近世の儒教思想――「敬」と「誠」について』塙書房、一九六六年。
（19）前田勉『近世日本の儒学と兵学』ぺりかん社、一九九六年。同『兵学と朱子学・蘭学』平凡社、二〇〇六年。
（20）一例を挙げれば前田勉が提示した、中国とは異なる「日本型華夷秩序」である。その特徴は「武威」の優位や、「皇統の一系性」、「神話に由来」することにあった。その中にあって佐久間象山が「日本型華夷秩序」にはしばられず、外国と比べた日本の国力の弱さに対して客観的認識を有したという。前田は象山が学んだ朱子学が、日本中心の秩序の批判者として一定の機能を果たしたと述べる（前田勉「幕末海防論における華夷観念」高等研報告書〈吉田忠研究者代表〉『十九世紀東アジアにおける国際秩序観の比較研究』国際高等研究所、二〇一〇年、八十五―一〇九頁所収）。
　また日本文化の独自の姿が、近代の成立と関わるという議論も生じた。儒教だけにとどまらない主張として、身分を超えて結集した素読の体験から近代を準備した知の体系が築かれたとする見解がある（中村春作『江戸儒教と近代の「知」』ぺりかん社、二〇〇二年）。さらに漢文の知識自体が、日本の朱子学の影響を受けつつ近代の知に受け継がれたとする意見もここに含まれるであろう（齋藤希史『漢文脈と近代日本』角川学芸出版〈角川ソフィア文庫〉、二〇一四年）。特異な視点としては、坂本多加雄がいる。坂本は日本の市場社会の成立を福沢諭吉の所論に見て、徳富蘇峰や中江兆民がそれに満足しきれず、伝統を受け継ぐ道徳を論じたことに言及する（坂本多加雄『市場・道徳・秩序』創文社、一九九一年）。
（21）藤野雅己「中江兆民の思想形成と儒教的要素」『上智史学』十九号、一九七四年十月、一〇四―一一三頁。宮村治雄『理学者兆

民』みすず書房、一九八九年。宮城公子「一つの兆民像――日本における近代的世界観の形成」（同『幕末期の思想と習俗』ぺりかん社、二〇〇四年所収）。井上厚史「中江兆民と儒教思想――『自由権』の解釈をめぐって」『北東アジア研究』十四・十五号、二〇〇八年三月、一一七―一四〇頁。松田宏一郎「中江兆民における『約』と『法』」『季刊日本思想史』七十九号、二〇一二年、一五二―一八二頁。下川玲子「日本近代における儒教思想の役割――中江兆民のルソー受容をめぐって」『愛知学院大学文学部紀要』四十三号、二〇一三年、一七六―一六二頁。

これだけ多くの兆民と儒学の関係に関する研究がなされた理由は、二つあると思われる。一つは『民約訳解』など兆民の西洋思想に関わる著述の一部が漢文で書かれており、漢学の知識と西洋思想との関連が指摘しやすいことである。中村雄二郎は兆民のルソー理解について、「儒教的教養の媒介なしにはほとんど不可能」であったと述べている（中村雄二郎『近代日本における制度と思想』未來社、一九六七年、一三六頁）。もう一つは、日本の自由民権運動における儒教的伝統の役割を否定的に捉えた丸山眞男などがいるので（丸山眞男「日本における自由意識の形勢と特質」『丸山眞男集』第三巻、岩波書店、一九九五年所収）、民権運動に関わった兆民を例に挙げることで、先行研究への批判を展開させやすいためである。この例の古くは、石田雄『明治政治思想史研究』（未來社刊、一九五四年）がある。また井上克人は「当時の民権論者たちの意識のなかには、やはり宋儒的な発想が根深く生きており、それは一言で言えば『天理』の持つ道徳的規範性への信念に他ならない」と述べている（井上克人「日本の近代化と宋学的伝統――明治の精神と西田幾多郎」実存思想協会編『近代日本思想を読み直す　実存思想論集XVII』〈第二期九号〉理想社、二〇〇二年、五十五―八十一頁所収）。

(22) 丸山眞男は講義録のために書いたノートの中で、井上哲次郎が幕末の志士の多くを「陽明学派」に分類したことに対する違和感を述べている（『丸山眞男講義録　第七冊　日本政治思想史一九六七』東京大学出版会、一九九八年、十一頁）。丸山の考察が、陽明学に深く及ばなかったのは残念である。

(23) 日本近代の漢学・漢文学を体系的に研究した三浦叶は、明治期における漢学について次のように述べる。

「明治時代になって、西洋の学術研究の方法を学ぶに及んで、ここにはじめて支那文学史・支那哲学史などの史的研究が起こったが、わが国における漢学の史的研究も亦西洋文学史の影響をうけて、二十年を過ぎる頃から行なわれ、末年には一応その成果を見るに至った」（三浦叶『明治の漢学』汲古書院、一九九八年、二八一―二八二頁）。また三浦は、当時出版された漢学史（儒学史）を主題とした書籍を、四種に分類している。一、時代史。二、学派別。三、伝記。四、年表。そのうち学派別の書籍には井上哲次郎の『日本陽明学派之哲学』、高瀬武次郎の『日本之陽明学』が含まれている（同書、二五九―二六〇頁）。当時の儒学史については、三浦叶「明治年間における日本漢学史の研究」（同書所収）。並びに、井ノ口哲也「三つの『日本儒学史』――近代日本儒学に関する一考察」（『中国文史論叢』五号、二〇〇九年三月、二四四―二二八頁）も参照。

(24) 陳瑋芬「『日本儒学史』の著述に関する一考察――徳川時代から一九四五年まで」（『中国哲学論集』二十三号、一九九七年十月、六十六―八十六頁）。

(25) 田口卯吉『日本開化小史』岩波書店（岩波文庫）、初版一九三四年、改版一九六四年。なお、岩崎允胤「田口卯吉と『日本開化小史』」（『大阪経済法科大学論集』七十二―七十三号、一九九八年十一月―一九九九年三月）も参照。

(26) 久保は「漢学講習時代」と、「宋学輸入時代」（五山時代・戦国時代）に分けている。

(27) 町田三郎「東京大学『古典講習科』の人々」『哲学年報』五十一号、一九九二年三月、五十九―七十八頁。

(28) 「明治期の著作においては、日本における哲学思想の史的発展を組織的に叙述し評論する意図で、国家主義的発想を帯びながら『日本独自の儒学』として読み出された」（陳瑋芬「『日本儒学史』の著述に関する一考察――徳川時代から一九四五年まで」前掲）。

(29) 三浦叶『明治の漢学』前掲、三十六頁。

(30) 「然ルニ児輩ノ英学ノ業初メノ程ハ進ミタレドモ、進ミ難キ所ニ至ッテ止マレリ。予是ニ於テ漢学ヲ廃セシメタルコトヲ悔ユ。曰ク、恨ムラクハ漢学ニ従事セシメ、少シナリトモソノ魂魄ヲ強カラシメザリシコトヲ。予又幼年ヨリ洋行シテ中年ニ帰朝セシ者ノ一両輩ヲ見タリ。語学ハ上達シタルノミニシテ、亦皆進ミ難キ所ニ至ッテ止マル者ノ如シ、之ヲ漢学ノ基アリテ洋行シタルモノニ比スレバ、タダ肩譲ノ差ノミニ非ラズ」（中村正直「漢学不可廃論」伊藤整編『日本現代文学全集十三　明治思想家集』（増補改訂版）講談社、一九八〇年、一〇三―一一〇頁）。

漢学の教養を身につけていれば、英語やそれを使った学問がより上達すると述べている。また正直は儒学者が「実事」「実用」に対応できないことを批判して、「儒者」は洋学を学ぶべきと主張した（李セボン「中村敬宇における『学者』の本分論――幕末の昌平黌をめぐって」『日本思想史学』四十五号、二〇一三年九月、一一〇―一二九頁）。

(31) 子安宣邦『「アジア」はどう語られてきたか――近代日本のオリエンタリズム』藤原書店、二〇〇三年。また桂島宣弘は、本論で述べたような日本独自の展開を探る研究について次のように述べる。

「それは、徳川時代までの思想全体に、日本の固有性と異質な中国という二つのメスによる外科手術を施し、東アジア・中国から自覚的に日本を摘出する作業として、やがて日本思想史学の『作法』となっていくのだ」（桂島宣弘「日本思想史学の『作法』とその臨界――トランスナショナルな思想史のために」〈黒住真編『「日本」と日本思想』（岩波講座　日本の思想）第一巻、岩波

書店、二〇一三年、一一七―一四九頁所収〉)。

(32) 澤井啓一「土着化する儒教と日本」『現代思想』四十二巻四号、二〇一四年三月、八十六―九十七頁。なお、大澤顯浩編『特別展覧会　東アジアにおける陽明学』(学習院大学東洋文化研究所、二〇〇八年)も参照。

(33) 荻生茂博『近代・アジア・陽明学』ぺりかん社、二〇〇八年、「第Ⅲ章・アジアの近代と陽明学」を参照。

(34) 同書、三三九頁。

(35) 伊東貴之は梁啓超らの「清学」が「明学」に対する反動ではないかとする見方に対して、両者の間には「むしろ基本的には『連続性』の流れのほうが基底となっている」(伊東貴之『思想としての中国近世』東京大学出版会、二〇〇五年、一一一頁)と説いている。このような意味でも梁啓超は、儒学と近代との関わりを考える上で注目すべき思想家である。なお大陸との関係は、単に近代において重要な訳ではない。田中久文は、丸山眞男の「鎖国」に対する見方に異を唱える形で次のように述べている。「ただし歴史学においては、八〇年代の頃から、『鎖国』という概念が、西欧に対して国を閉ざしたという意味で、西欧中心主義の産物ではないかという反省が起こってきた。事実、中国朝鮮との交渉は近世においても盛んに行われていた」(田中久文『丸山眞男を読みなおす』講談社、二〇〇九年、二〇四頁)。

田中も言及しているように西欧以外の国と交易はおこなわれていたという意味で、「鎖国」という言葉を問い直す作業は歴史学では既に前提とされているようである(上垣外憲一『「鎖国」の比較文明論――東アジアからの視点』講談社、一九九四年)。同様に、いわゆる「鎖国」が対キリスト教に限定されたものではないかという意見もある。「海外の文物や情報の導入は、いわゆる『鎖国』のもとで強く統制されていましたが、キリシタン禁制に触れない限り開かれており、輸入された書物・文物が、わが近世の学芸・文化の発展に大きな影響を与えたことです」(山口啓二『鎖国と開国』岩波書店〈岩波現代文庫〉、二〇〇六年、一八二頁)。

(36) 狭間直樹「宋教仁にみる伝統と近代――『日記』を中心に」『東方学報』六十二号、一九九〇年三月、四八三―五〇八頁。また、竹内弘行『中国の儒教的近代化論』(研文選書六十三)研文出版、一九九五年、第七章「宋教仁の陽明学」を参照。同書では宋教仁が梁啓超らから影響を受けて、「革命という大目的と道徳的な個人修養の縫合点を陽明学の良知説にみい出していた」(同書、二七六頁)ことが述べられている。この点で、黄俊傑『東アジア思想交流史――中国・日本・台湾を中心として』(岩波書店刊、二〇一三年)も参考になる。また明治維新と中国の革命との関係については、竹内好「明治維新と中国革命――孫文について」思想の科学研究会編『共同研究　明治維新』(徳間書店、一九六七年)、六六三―六七五頁も参照。

(37) 高山大毅『近世日本の「礼楽」と「修辞」――荻生徂徠以後の「接人」の制度構想』東京大学出版会、二〇一六年、十九頁。
(38) 『東アジア儒学史』と銘打つ研究には、特定の地域に対する既存の思想史の枠組の中に、他の地域の儒学を包摂する類のものが、少なからず見られる。確かに、経典と初期言語（古典中国語）を共有する東アジアの『儒学者』たちは、まるで同じ競技会の参加者のように見える。だが、彼らは往々にして同じ駒や札（カード）を使っているだけで、実は別の競技を行っているのではなかろうか」（同書、二十頁）。
(39) 高山大毅「コメント――問い方の弁別」（『日本思想史学』四十八号、二〇一六年九月、二十二―二十八頁）を参照。
(40) 王家驊『日本の近代化と儒学』（農山漁村文化協会、一九九八年）。及び、小林敏男『明治という時代――歴史・人・思潮』（雄山閣、二〇一三年）など江戸期の思想と明治維新の関係性を考察するような議論は散見される。本論文はこれらの先行研究の重要性を認識しつつ、江戸期に学ばれた陽明学の思想自体に近代思想の萌芽を見出すことには距離を置きたい。
(41) 一九〇〇（明治三十三）年に出版された『日本陽明学派之哲学』は、近代日本の陽明学研究における大部の著作である。同書で井上が中江藤樹や熊沢蕃山らを「陽明学者」とした区分が、現在に至るまで影響を保っている。それに対して小島毅は、藤樹らが必ずしも自身を「陽明学者」として認識していた訳ではないことを指摘している（小島毅『近代日本の陽明学』講談社、二〇〇六年、一一三頁。及び同『朱子学と陽明学』筑摩書房〈ちくま学芸文庫〉、二〇一三年、二十頁）。ただし、井上が彼らを「陽明学者」として記述する前（一八九三〈明治二十六〉年）に、三宅雪嶺が『王陽明』の中で既に藤樹・蕃山のほか三輪執斎、佐藤一斎、大塩平八郎の名を挙げている（三宅雄二郎〈雪嶺〉『王陽明』政教社、一八九三年、一二九頁）。よってこれらの区分は井上の創見ではなく、井上が定着させた認識である。
(42) 国府種徳（犀東）『大塩平八郎』東京裳華堂、一八九六年、「序」、二頁。
(43) 同書、「序」、五―六頁。
(44) 同書、「序」、六頁。
(45) 堀江英一『明治維新の社会構造』（有斐閣、一九五四年）などを参照。
(46) 既に見たように、中江兆民研究にそうした例が見られる。
(47) 例えば佐久間象山について、西洋思想を受容する上で朱子学の果たした役割を消極的に見る立場と、積極的に見る立場がある。前者は象山が西洋の学術を吸収する上で朱子学の「格物窮理」において倫理面を引き離し、物理の面を重視したとする（植手通有『日本近代思想の形成』（岩波書店刊、一九七四年）所収の「東洋道徳・西洋芸術論の展開」、及び「佐久間象山における儒学・武士精神・洋学――横井小楠との比較において」を参照)。また源了円「幕末の二つの窮理観――佐久間象山と大橋訥庵」(同『徳川合理思想の系譜』中央公論社、一九七二年所収)。及び同「佐久間象山における儒学と洋学」(伊東俊太郎編『日本の科学と文明――縄文から現代まで』同成社、二〇〇〇年、一四二―一六二頁所収)。対して後者は象山による西洋の受容が、朱子学の維持の上に成立したと考えている(栗原孝「佐久間象山における『東洋道徳、西洋芸術』論――『格物窮理』概念を中心に」〈明治維新史学会編『明治維新の人物と思想』吉川弘文館、一九九五年、三―三十七頁所収〉。内藤辰郎「幕末儒学における佐久間象山の思想」〈衣笠安喜編『近世思想史研究の現在』思文閣出版、一九九五年、一八九―二〇八頁所収〉)。

一方で象山は若い頃、佐藤一斎に師事していた。一斎は弟子に朱子学を伝授し、その内で見込みのある者だけに陽明学(王学)を教えており「陽朱陰王」と称されていたという。

(48) 例えば小島は水戸学の祖になった水戸光圀と交流した朱舜水が陽明学を伝えたとして、明治期に再評価がおこなわれたことに言及する(小島毅『近代日本の陽明学』前掲、一一八頁)。

(49) 山下龍二「陽明学と三島由紀夫と丸山眞男」(『正論』一九九六年十二月号〈通巻二九二号〉、二七四―二八七頁)。及び、小島毅『近代日本の陽明学』前掲、一八一―一八三頁を参照。

(50) それならばなぜ、朱子学とほぼ同時に陽明学を知っていた江戸期の日本で、朱子学が体制を支える論理として受け入れられたかという疑問が生じる。しかし、事態はむしろ逆である。吉田公平が指摘するのは林羅山が陳清瀾の『学蔀通弁』を用いて、王陽明の儒学理解が誤りであることを師の藤原惺窩に確認したことである。この『学蔀通弁』は、陽明学の台頭に対して明代末期に編纂された朱子学を擁護する書物である。すなわち日本の近世初期に朱子学を受容した二人の学者は、反陽明学の思潮を同時に吸収することになった。吉田公平は、次のように述べている。

「つまり陽明学は、日本では『誤謬の思想体系である』という理解が先行した。これを跳ね返したのが、中江藤樹である。その門下に淵岡山・熊澤蕃山などが輩出して、十七世紀後半は第一次陽明学ブームの時代を迎える」(吉田公平『日本における陽明学』ぺりかん社、一九九九年、六頁)。

また小島毅は、十六世紀の李氏朝鮮の朱子学者である李滉(一五〇一―一五七〇)が陽明学を批判していたことに言及した上で、次のように述べている。

「藤原惺窩・林羅山・山崎闇斎といった江戸時代初期の儒者が学んだのは、李滉の系譜を引く朱子学であった」(小島毅『朱子学と陽明学』前掲、一九四頁)。

ちなみに吉田は、日本における「陽明学ブーム」が計五回あったという見解を示している。一、十七世紀後半の中江藤樹らによるもの。二、三輪執斎らが朱子学から転向した十八世紀。三、幕末維新期。四、明治三十年代。五、戦後に「教養」として学ばれた（同書、六―九頁）。本書では四の時期を中心にして、明治・大正期の知識人による三・四への視点、及び五への影響を考察する。なお、それ以前の明治二十年代における陽明学への関心については、水野博太「明治期陽明学研究の勃興――井上哲次郎『日本陽明学派之哲学』に至る過程」（『思想史研究』二十四号、二〇一七年十二月、六十八―八十五頁）を参照。

(51)「日本においては、明治以来、朱子学と陽明学とを、近世儒教を代表する二大流派として並列的に捉えるのが普通であった。両者が発生時期を異にするのはもちろん知られていたが、その歴史性について議論されることはほとんどなく、両者の思惟構造の相違に着目した分析が行われてきた」（小島毅『朱子学と陽明学』前掲、二十―二十一頁）。

(52)「たしかに彼（引用者注・藤樹）は王守仁の教説に引かれたようだが、体制教学としての朱子学と対抗する意味で陽明学を自任していたわけではない」（小島毅『朱子学と陽明学』前掲、七十五頁）との指摘は重要である。

(53)「科挙制度のなかった日本においては、朱子学が制度の思想であったわけではない。日本では朱子学も陽明学も『学者』が生き方の原理（実践倫理学）として選択する対象であった」（吉田公平『日本における陽明学』前掲、十三頁）。

(54) 小島毅『朱子学と陽明学』前掲、八十頁。なお荒木見悟は日本における陽明学が中国と比べて穏健な思想であった理由を、以下のように分析している。

「日本の陽明学は、良知説のもつ非朱子学的もち味には関心をよせたが、反朱子学ないし体制批判的なムードをもり上げるまでの態勢をもち得なかったように思われる」（荒木見悟『世界の名著続四　朱子　王陽明』中央公論社、一九七四年、六十四頁）。またその理由について、日本の陽明学者が「時代や人間の危機を荷う局面に立たされていなかったであろう」と述べている。荒木の見方を論証するように、日本の陽明学は対外的な危機が勃興した幕末に変容することになる。

(55) 小島毅『朱子学と陽明学』前掲、二十二頁。

(56) 丸山眞男著、松沢弘陽編『福沢諭吉の哲学　他六篇』岩波書店（岩波文庫）、二〇〇一年。

(57) 井上厚史は中江兆民の漢学への関心について、先行研究では「否定的評価」がなされていたとする。その視点が丸山に由来することを前提として、兆民と儒学との関係を語っている（井上厚史「中江兆民と儒教思想――『自由権』の解釈をめぐって」前掲）。

(58) この点で、子安宣邦の次のような疑問は傾聴に値するであろう。

「脱亜入欧といった文化的、あるいは政治的な志向対象の変換、価値意識の転換にしたがって、儒教はまさに脱すべき旧套であると。

だが彼らにとっての儒教思想あるいは儒学とは、文化的、政治的な志向対象の転換とともに、それほど簡単に脱ぎ替えることが可能な古い衣装だったのだろうか」（子安宣邦「儒教にとっての近代――日本の場合」『季刊日本思想史』四十一号、一九九三年五月、三―十五頁）。

日本近代の思想的文脈において、儒教は近年まで「脱すべき旧套」としての役割を一身に引き受けてきたような感がある。近代における儒教の意義を考える上で、例えば渡辺浩の次のような記述は参考になるであろう。

「江戸時代後期から明治前半の日本、即ち儒学的教養が最も浸透した時期の日本の知識人の眼に、同時代の西洋は、儒学の最も基本的な価値である『仁』や『公』を実現したものと映ることが、実は往々あったようである」（渡辺浩『東アジアの王権と思想』東京大学出版会、一九九七年、一九六―一九七頁）。

第一章

（1）例えば西村茂樹は「日本道徳論」と題する講演の中で、日本における道徳を儒教にすべきと主張する。その場合儒教にも現状と合わない部分があるので、新しい道徳には西洋思想も採りいれるとする折衷案を説く（西村茂樹「日本道徳論」日本弘道会編『西村茂樹全集　第一巻（著作一）』〈思文閣出版、二〇〇四年〉所収）。

（2）土田健次郎は「教育勅語」に見られる「一君万民思想」などの出現は、「朱子学的教養」に由来するとしている（土田健次郎『江戸の朱子学』筑摩書房、二〇一四年、二二九頁）。

また、井ノ口哲也「朱子学と教育勅語」（『中央大学文学部　紀要』二五七号、二〇一五年二月、三十七―六十一頁）も参照。ほかに、小倉紀蔵『朱子学化する日本近代』（藤原書店、二〇一二年）、宮城公子「日本の近代化と儒教的主体」（同『幕末期の思想と習俗』ぺりかん社、二〇〇四年、一七一―二〇二頁所収）、など。明治より前の時代を生きた人物に近代に通じる思想を見る向きは、以前よりあった。ただかつては個別の人物を取り上げて、彼らが近代的な物の見方をしており明治以降の思想に影響を与えたと指摘する例が主であった。植手通有『日本近代思想の形成』（前掲）は、横井小楠と佐久間象山を議論の中心としている。竹内整一「幕末の天」（『現代思想』十巻十二号、一九八二年九月、四一〇―四二二頁）では、佐藤一斎の「自己が『天』をそのうちにのみこむことによって肥大化する」あり方が、福沢諭吉・中江兆民・植木枝盛に受け継がれた点に着目する。これに対して近年は儒教一般や朱子学といった思想全体にわたって、近代との接点を見出そうとする議論が目立つようになった。これらは広い意味で、荻生徂徠の儒学観に日本の近代的な思惟の祖型を見た丸山眞男（『日本政治思想史研究』前掲）の延長線上にある。

井上厚史は中江兆民についての先行研究を評価する上で、伊藤仁斎や徂徠の影響が肯定される一方で宋学の影響が否定的に語られる状況を指摘して、「前近代思想である朱子学的思惟は解体されるべきであり、朱子学的思惟を批判・解体した伊藤仁斎や荻生徂徠こそ評価されるべき」という丸山の構図からの脱却を提言している（井上厚史「中江兆民と儒教思想――『自由権』の解釈をめぐって」前掲）。

（3）正直は「尤モ余桃の三不朽ヲ具スヲ重ンズ」（中村正直「自叙千字文」西周ほか『明治文学全集三　明治啓蒙思想家集』筑摩書房、一九六七年、三四三頁、原漢文）と述べたこともある。源了円はこの言葉を根拠にして、正直の師である佐藤一斎からの影響を見る。「敬宇は師と違って実質的には朱子学者であったが、陽明学を通じて心法の工夫ということを重んじたようだ」と論じている（源了円「明六社の思想――幕末・維新期における中村敬宇の儒教思想」『季刊日本思想史』二十六号、一九八六年五月、六十九―九十七頁）。

（4）井上は自身の研究を「東洋哲学」と認識していたが、これは井上が留学の経験から西洋哲学への対抗を考えていたためである。本論では井上の言葉を引用する場合を除いて、「東洋思想」の呼称で統一する。

（5）小島毅『近代日本の陽明学』前掲。荻生茂博『近代・アジア・陽明学』前掲。大橋健二『良心と至誠の精神史――日本陽明学の近現代』勉誠出版、一九九九年。吉田公平『日本における陽明学』前掲。論文については、後の注においてその都度言及していく。

（6）三宅雪嶺は、一八八八（明治二十一）年、政教社を結成する。同志には評論家で地理学者でもあった志賀重昂や、昭和天皇の教育係を務めた杉浦重剛、哲学者の井上円了らがいた。雑誌『日本人』を創刊して国粋主義を広めたといわれ、徳富蘇峰の民友社と併称された。政教社の特徴をよくまとめた岡利郎の文章がある。

「先に挙げたような政教社に結集した人々は、非藩閥系の小藩士族出身、世代的には一八六〇年前後の生まれ、そして幼少期に漢学を学びのち貢進生制度などによって明治政府に徴募され、新設の帝国大学等で西洋最新の専門的学問を学び、帝国大学・札幌農学校等の官立高等教育機関の最初又はごく初期の卒業生であるという共通性をもっていた。かれらはいわば明治政府の欧化政策の申し子とでも云うべき存在であった。しかし同時にかれらは白紙の状態で西洋の学問を受容したわけではない。幼少年期の共通の教養として漢学を身につけていた。この西洋最先端の学問と伝統的漢学との独特の組み合わせこそがかれらの共通の教養目録であった」（岡利郎「『文明批評家』三宅雪嶺」同『山路愛山――史論家と政論家のあいだ』研文出版、一九九八年、二三四―二三五頁所収）。

三宅の『王陽明』における陽明学の記述は、正に「西洋最先端の学問と伝統的漢学との独特の組み合わせ」の産物といえる。なお岡による右の評論は、簡にして要を得た三宅の評伝となっている。

（7）三宅雄二郎（雪嶺）『王陽明』前掲、八十二頁。

（8）同書、五十六頁。

（9）『哲学雑誌』九巻三十八号、一八九三年一月、五十―六十二頁。ちなみに木村自身も、後に『王陽明人物要請譚』（大学館刊、一九〇二年）という著作を執筆している。

（10）福沢諭吉ほか『日本現代文学全集2　福沢諭吉・中江兆民・岡倉天心・徳富蘇峰・三宅雪嶺集』講談社、一九六九年、四〇一頁。

（11）澤井啓一「土着化する儒教と日本」前掲。

（12）また土田健次郎は日本化された儒教について、親の喪に服する「三年の喪」が日本では一年に短縮されたことを例に挙げて、そこに同じ儒教の枠組みが維持されていることを「類型の共有」、個別に変化していくことを「内容の分岐」と称した。（土田健次郎「儒教」苅部直ほか編『日本思想史講座五――方法』ぺりかん社、二〇一五年、四三三―四四五頁所収）。

（13）中村春作「思想史の脱構築と『知識人』論の発生」『江戸の思想 十号 方法としての江戸』ぺりかん社、一九九九年、三十一―四十五頁所収。

（14）明治期においては「維新」よりも社会の刷新を表す「御一新」という言葉の方が、当時の庶民の意識に近かったと提起したのは前田愛（「『維新』か『御一新』か――明治維新と近代文学」同『幻景の明治』朝日新聞社、一九七八年所収）である。ここでは明治を境にして、社会体制とそれを支える知の体系が変化したということをより明確に表現するためにこの語を用いた。また「御一新」と陽明学の関係であるが、後に述べるように陽明学が明治維新という革命の精神を支えたとして、既存の権威への反抗を示す思想として受容されるという状況が生じた。

（15）内村鑑三著　鈴木範久訳『代表的日本人』岩波書店（岩波文庫）、一九九五年、十九頁。

（16）井上哲次郎『日本陽明学派之哲学』冨山房、一九〇〇年、六一二頁。

（17）小島毅『近代日本の陽明学』前掲、八十六頁。

（18）井上哲次郎『日本陽明学派之哲学』前掲、「第九章　西郷南州」及び、「第十章　吉田松陰」の項を参照。また。三宅雪嶺も『王陽明』の中で西郷や高杉が陽明学を修めていたと述べている（三宅雄二郎『王陽明』前掲、一二九―一三〇頁）。

(19) 徳富蘇峰「吉田松陰」隅谷三喜男編『日本の名著四十　徳富蘇峰　山路愛山』中央公論社、一九七一年、一八五—三二九頁所収。なお隅谷によれば蘇峰による同書は、内容から事実上「明治維新試論」(同書九頁) としての性格を有していた。

(20) 色川大吉編『日本の名著三十九　岡倉天心』中央公論社、一九七〇年、二一八—二二五頁。また、井上の次のような文章も残されている。「横井小楠、佐久間象山、西郷南洲、及び吉田松陰の如きは、直に陽明学派と称すべからざるも、亦陽明学より得来たる所あるは疑なし。果して然らば陽明学の近く維新の大革新に関係あること決して偉大ならずとせず」(井上哲次郎『日本陽明学派之哲学』前掲、五三五頁)。

(21) 高瀬武次郎『日本之陽明学』鉄華書院、一八九八年、序文 (井上哲次郎による寄稿)。

(22) 両者の思想の差異性を考察する論と同時に、陽明学が朱子学の発展であるとして本質的には異ならないとする見解もある。あまりにも多くの所論があり、煩を避けるためにここには記述しないが一点のみ、溝口雄三ほか編『中国という視座』(平凡社、一九九五年) を挙げておく。同書には、陽明学を「朱子学つまり道徳の学の民衆化」(同書、九十四頁) と捉える溝口の論 (「中国近世の思想世界」同書、九—一三八頁所収) 及び、それを受けて伊東貴之が右の問題をまとめた論 (「中国近世思想史における同一性と差異性——『主体』『自由』『欲望』とその統御」同書、一三九—二一四頁所収) が収録されている。

(23) 澤井啓一「土着化する儒教と日本」前掲。

(24) 小島毅『近代日本の陽明学』前掲、一二〇頁。

(25) 三浦叶『明治の漢学』前掲、四十二—四十三頁を参照。なお漢学を見直す動きは、それ以前からあった。例えば東京大学文学部に和漢文学科ができたのは、一八七七 (明治十) 年のことである。さらに一八八三 (明治十六) 年から翌年にかけて、従来あった古典講習課に国書科と漢書科の別が設けられた。その翌年には和漢文学科を、和文学科と漢文学科に分離する (東京大学百年史編集委員会『東京大学百年史　通史一』東京大学、一九八四年、四五一—四六八頁を参照)。なお同書は、これらの動きが西欧化の行き過ぎに対する儒学、徳育の重視がなされた時期と一致することを認めつつ次のように書いている。

「しかし、少なくとも大学の側からすれば、この付属講習科の設置理由の中心は、『和書』『漢書』の学習者と研究者が、維新以後しだいにアカデミックな位置付けを失い、文字通り後継者難になっていくことを防ぐ点に求められるのではあるまいか」(同書、四六六頁)。

(26) 鵜沼裕子「国民道徳論をめぐる論争」(今井淳、小澤富夫編『日本思想論争史』ぺりかん社、一九八二年、三五六—三七九頁所収)。また、井ノ口哲也「朱子学と教育勅語」『中央大学文学部紀要』前掲も参照。

(27) 荻生茂博『近代・アジア・陽明学』前掲、四〇一頁を参照。雲井龍雄(一八四四〈天保十五〉年―一八七一〈明治三〉年)は、幕末の米沢藩士である。杉原の『新訳王陽明伝習録』(荻生は『雲井龍雄手抄伝習録』と呼称)には序文として、井上哲次郎、三宅雪嶺、服部宇之吉、高瀬武次郎、遠藤隆吉、宮内鹿川(『王陽明先生伝』などの著作がある)が名前を連ねている。高瀬は、雲井が『伝習録』を新たに撰していたことを杉原の著作で初めて知ったと述べている(杉原夷山標註『新訳王陽明伝習録』千代田書房、一九一一年、「序」、十頁)。

(28) 杉原三省(夷山)『吉田松陰精神修養談』大学館、一九〇九年、三十頁。

(29) 薩摩藩士で陽明学者の伊東猛右衛門(祐之)のこと。幕末~明治の著述家である伊東茂右衛門とは別人。

(30) 杉原夷山『西郷南洲精神修養談』大学館、一九〇九年、十六―十七頁。

(31) 杉原夷山『陽明学神髄』大学館、一九〇九年、一二一―一二六頁。

(32) 山下龍二「明代思想史研究はどのように進められてきたか」『名古屋大学文学部研究論集三十六　哲学』十二号、一九六四年五月、五十九―九十二頁。

(33) 荻生茂博『近代・アジア・陽明学』前掲、四三五頁。ほかに内村が陽明学に傾倒していたことについては、澁谷浩が「良知」の思想に基づいて内村が一種の社会改良論を述べたことに触れている(澁谷浩『近代思想史における内村鑑三　政治・民族・無教会論』新地書房、一九八八年、一二八―一三〇頁)。

(34) 宮城公子「一つの兆民像――日本における近代的世界観の形成」前掲。ちなみに宮城は兆民の「心神の自由」や「精神心思の自由」という概念に対して、「陽明学的な発想が非常に強い」と評している(宮城公子「大塩中斎の思想とその周辺」同編『日本の名著二十七　大塩中斎』中央公論社、一九七八年、附録)。

(35) 荻生茂博『近代・アジア・陽明学』前掲、四〇五頁。なお呉震は井上哲次郎らを「御用陽明学」、石崎東国を「民間陽明学」としている(呉震『「二つの陽明学」再論――近代日本陽明学の問題についての省察」王小林・町泉寿郎編『日本漢文学の射程――その方法、達成と可能性』〈汲古書院、二〇一九年〉一七九―二一一頁所収)。

(36) 岡田武彦「日本人と陽明学」同編『陽明学の世界』明徳出版社、一九八六年、四三〇―四五六頁所収。

(37) 井上哲次郎『日本陽明学派之哲学』前掲、「日本陽明学派之哲学序」二―三頁。以下は「教育勅語」の思想への、井上による認識である。

「夫の勅語と申し奉る者は、全く日本固有の道徳を文章にしたる者にて、其道徳の立て方ハ、一家の中に行うべき孝悌の道に始まり、之を広めて、一郷一郡に及び、遂に忠君愛国と云ふを以て、最後の徳と為せし者にて、一言に之を名づくれバ、全く国家主義なり」（井上哲次郎「宗教と教育との関係に就て井上哲次郎氏の談話」関皐作編『井上博士と基督教徒　正・続　一名「教育と宗教の衝突」顛末及評論』みすず書房、一九八八年、一―九頁所収）

ここで「日本固有の道徳」とは、儒教的徳目から忠君愛国に至る国家主義であることが明らかにされている。すなわち井上にとって儒教思想による道徳は天皇を中心とする国の秩序を護持するために援用されるべき思想であり、陽明学にもそうした点を期待していた。なお、黒住真は丸山が「表面的には敵対者」であった井上の著作によるところが少なくなかったとして、「両者は、同じく、西洋的基準も援用しながら、否定的に見られる儒教を乗り越える道を探していた」とする（黒住真『近世日本社会と儒教』前掲、一六九頁）。井上の国民道徳論については、山田洸『近代日本道徳思想史研究――天皇制イデオロギー論批判』（未來社刊、一九七二年）所収の「井上哲次郎と国民道徳論」がよくまとめられている。

（38）森川輝紀「大正期国民教育論に関する一考察――井上哲次郎の国体論を中心に」『日本歴史』四六三号、一九八六年十二月、六十―七十八頁。

（39）三谷博『明治維新を考える』岩波書店（岩波現代文庫）、二〇一二年、三十五頁。

（40）三谷博『明治維新とナショナリズム――幕末の外交と政治変動』山川出版社、一九九七年、六―七頁。

（41）隅谷三喜男『近代日本の形成とキリスト教』新教出版社、一九五〇年、二十五頁。

（42）同書、二十七頁。

（43）溝口雄三「二つの陽明学」『理想』五七二号、一九八一年一月、六十八―八十頁。岡田武彦「日本人と陽明学」前掲。

（44）ただし荻生は溝口の説に対して、日本の「主観的な心の純粋性を重んじる『心本主義』」の陽明学に言及し、それもまた、「近代に国民国家建設のために作為された言説」であると批判している（荻生茂博『近代・アジア・陽明学』前掲、四三二頁）。

（45）溝口雄三・相良亨「異と同の瀬踏み――日本・中国の概念比較」溝口雄三編『中国思想のエッセンスI―異と同のあいだ』岩波書店、二〇一一年、一―三十頁。

（46）溝口雄三「二つの陽明学」王陽明著　溝口雄三訳『伝習録　王陽明』中央公論新社、二〇〇五年、一―二十四頁。また栗原剛は、江戸後期に陽明学を学んだとされる佐藤一斎が自らの「心」を天と同一視することで、「心」を修めることを重視したとする（栗原剛『佐藤一斎――克己の思想』講談社〈講談社学術文庫〉、二〇一六年、五十五頁）。また同書に収録された補論「西郷南洲と佐藤一斎」は、西郷隆盛の「敬天愛人」の思想と佐藤一斎における修養の思想との関連を説いており注目に値する論考である。

（47）岡田武彦「総論」同監修『復刻陽明学』（鉄華書院刊本）木耳社、一九八四年、一―十七頁。

（48）宮城公子「一つの兆民像――日本における近代的世界観の形成」前掲。同「大塩中斎の思想とその周辺」前掲。なお陽明学が「心」を重視する思想であるとした理解は、山井湧（『明清思想史の研究』前掲）や、島田虔次（『朱子学と陽明学』前掲）らが表明してきた。伊東貴之はこのように、陽明学がことさら「心」や「内面」に結びつけられて「唯心論」と区分されるような構図に対して、「もはや破綻があり、維持し難いものと言わざるを得ない」（伊東貴之「『心』と『身体』、『人間の本性』に関する試論――新儒教における哲学的概念の再検討を通じて」伊東貴之編『「心身／身心」と環境の哲学――東アジアの伝統思想を媒介に考える』汲古書院、二〇一六年、三二七―三五二頁所収）と述べた上で、以下のように「身体論」への還元を考えるべきことを提起している。

「総じて、陽明学が『心』の哲学や『唯心論』と捉えられた背景としては、日本の陽明学や西洋哲学との対比から、中国の陽明学を理解する姿勢など、さまざまな要因にも助長されつつ、実態はともかく、時にこれと対抗的なものと理解された朱子学を含めて、こうした思想が元来、有していたはずの『身体』性の次元を等閑視したことに起因していると結論づけられよう」。（伊東貴之、同論文）

（49）管見の範囲では、石崎が「陽明宗」という言葉を用いたのは一九一四年以降であるが、その四年前の雑誌発刊前後から既に、「陽明学は学問ではなく、宗教である」と同志に語ったという証言があったり、高杉晋作らに対して「陽明信者」という呼称をあてたりしていた（『陽明』五号、大阪陽明学会版、一九一〇年）。

（50）吉田公平は、本論でも後に言及する石崎東国がその著作『陽明学派之人物』の中で取り上げた人物（日蓮・藤田東湖・由井小雪・生田萬・中江兆民）について「既存の体制に対する反逆者群像」と評した（吉田公平「石崎東国と大阪陽明学会の創設の頃――大阪における大塩平八郎」大塩事件研究会編『大塩平八郎の総合研究』和泉書院、二〇一一年、二九三―三二五頁所収）。

（51）高瀬については、吉田公平が動向を詳細な年譜にまとめている（吉田公平「高瀬武次郎年譜稿――東洋大学の漢学者たち（その一）」『井上円了センター年報』十五号、二〇〇六年、一六一―三二四頁。高瀬は、本論文の第三章で詳しく取り上げる。

（52）『明治文化』五巻七号、一九二九年七月、四十七―四十九頁。

（53）「廃刊の辞」『陽明学』七十九・八十合併号、一九〇〇年五月、一―二頁。

（54）「発刊の辞」『陽明学』一巻一号、一八九六年七月、一頁。

（55）『岡田武彦全集二十一巻　江戸期の儒学』明徳出版社、二〇一〇年、三五八頁。

（56）吉田公平『日本における陽明学』前掲、十一頁。各雑誌の沿革については、岡田武彦『江戸期の儒学』前掲、三二七―三六五頁も参照。
（57）吉田公平『日本における陽明学』前掲、十一頁。
（58）以上は、吉田公平「東正堂年譜初稿」（『白山中国学』十一号、二〇〇四年十二月、五十一―一二六頁）を参照。また、正堂が創刊した『王学雑誌』については『岡田武彦全集二十一巻　江戸期の儒学』前掲、三六六―三八五頁も参照。
（59）『陽明学』四巻六十号、一八九八年。
（60）『王学雑誌』一巻七号、一九〇六年。
（61）同一巻四号、一九〇六年
（62）「発刊の辞」『陽明学』一号、一九〇八年十一月、一―二頁。
（63）「今や我邦は列強の斑に入り、世界の大国民たると同時に、益々其根柢を培養し、士気を卓励し、人格を崇厚にする、必ず之れを心性の修養に待たざる可からざるものある、更に従前に比し、層一層必要なるを感ず。是れ陽明学の鼓吹、実に一日も忽にすべからざる所以なり」（東正堂「発刊の辞」前掲）。また、吉田公平「東敬治と『王学雑誌』について」（『東洋大学中国哲学文学科紀要』十六号、二〇〇八年三月、十七―三十四頁）も参照。
（64）亘理が著した『王陽明』（丙午出版社刊、一九一一年）には、次のような記述が見られる。
「殊に陽明の教が、近江聖人中江藤樹に依って我が国に宣伝せられてからは幾多の英霊漢を養成する所の英雄教となった。そうして断えず官学から排斥せらるる傾きがあったにも拘らず、隠然として思想界の奥深き処に一大勢力を有し、国民に不滅の感化を及ぼしたのである」（同書、二頁）。

陽明学が国民を「英雄漢」にするための教えになったと認識している点で、井上の陽明学理解と同種のものであろう。なお亘理はその後、『国民道徳序論』（金港堂書籍刊、一九一五年）、『国民道徳三講』（金港堂書籍刊、一九一八年）、『国民道徳論概要』（大成書院刊、一九三二年）といった著作を公刊した。
（65）亘理章三郎『王陽明』前掲、三頁。
（66）佐古純一郎『近代日本思想史における人格観念の成立』朝文社、一九九五年、第二章、及び第三章を参照。なお、小島毅は「王陽明を直接この語（引用者注・人格）によって語る書物としては、亘理のこの著作が最初ではあるまいか」と述べている（小島毅「明治後半期の陽明学発掘作業」『日本儒教学会』二号、二〇一八年一月、五十五―七十頁）。

（67）亘理章三郎『王陽明』前掲、「凡例」、二頁。
（68）井上哲次郎『日本陽明学派之哲学』前掲、四十五頁。
（69）松田存「吉田松陰と三島中洲」『陽明学』七号、一九九五年三月、九十九―一〇九頁。
（70）海老田輝巳は、漱石の小説『こころ』や「則天去私」の思想に、陽明学的な発想が見られるとしており、興味深い（海老田輝巳「夏目漱石と儒学思想」『九州女子大学紀要』三十六巻三号、二〇〇〇年二月、八十九―一〇九頁）。また、佐古純一郎「夏目漱石の文学と陽明学」（同『漱石論究』朝文社、一九九〇年所収）、姚欣欣「夏目漱石と陽明学――『坊ちゃん』から『こころ』へ」（『京都橘大学大学院研究論集』十四号、二〇一六年三月、一―十七頁）も参照。以上のように漱石の作品を陽明学の観点から読み解く論考は複数あるが、漱石自身が小説や随筆において陽明学に言及した箇所はほぼない。一点挙げるとすれば、『それから』の中で主人公の代介が父親を批判する際に「論語だの、王陽明だのという、金の延金を呑んでいらっしゃる」と述べる場面がある（『それから』新潮社〈新潮文庫〉、一九四八年初版、二〇一〇年改版、四十三頁）。
（71）小島毅『近代日本の陽明学』前掲、六十六頁。
（72）三島中洲の生涯の動向については、三島正明『最後の儒者――三島中洲』（明徳出版社、一九九八年）のほか、石川梅次郎「三島中洲」（『叢書日本の思想家四十一　山田方谷・三島中洲』明徳出版社、一九七七年、一八七―二七六頁所収）や、『陽明学』第四号（三島中洲特集号）（一九九二年三月）、菊地誠一「三島中洲の陽明学自得時期について」（『陽明学』八号、一九九六年三月、三十八―五十八頁）が参考になる。松川健二『山田方谷から三島中洲へ』（明徳出版社、二〇〇八年）は、方谷と中洲の著述活動を丹念に追っている。二松学舎大学近世近代日本漢文班編『三島中洲研究――二松学舎大学21世紀COEプログラム「日本漢文学研究の世界的拠点の構築」研究成果報告 vol. 3』（二松学舎大学21世紀COEプログラム事務局、二〇〇八年）はあまり知られていない中洲の文章や、東正堂など交流のあった人物についての紹介に尽力している。
（73）町泉寿郎は、中洲の学生の回想、及び明治十年代の二松学舎の課程に陽明学関係の書物がないことから、私塾でも二松学舎でも学生に陽明学を説くことはほとんどなかったとしている。二松学舎の課程に『伝習録』が採用されたのは、一八九〇（明治二十三）年のことである（町泉寿郎「幕末明治期における学術・教学の形成と漢学」『日本漢文学研究』十一号、二〇一六年三月、一三三―一五四頁）。
（74）福島正夫「三島中洲と中江兆民――兆民の新発見資料をめぐって」『思潮』六四一号、一九七七年十一月、一六三六―一六五二頁。なお中洲の師である山田方谷は、「義先利後説」を唱えたとされる（林田明大『山田方谷の思想を巡って』〈明徳出版社、二〇一〇年〉、及び松川健二『山田方谷から三島中洲へ』前掲を参照)。
(75) 二松学舎『二松学舎舎則』二松学舎、一八七九年、四頁。
(76) 三島復『哲人山田方谷――附・陽明学講話』文華堂、一九一〇年、二五六頁。
(77) 最近の渋沢栄一研究では渋沢の儒学観の分析の進展のほかに、中国経済との関わりに日中双方で注目が集まっている(周見著、西川博史訳『渋沢栄一と近代中国』現代史料出版、二〇一六年、第九章「渋沢栄一研究の回顧と現状」)。また、町泉寿郎「『二松学舎』と陽明学」(見城悌治ほか編『渋沢栄一は漢学とどう関わったか』ミネルヴァ書房、二〇一七年、一七一―二〇三頁所収)は、渋沢と二松学舎の関係を考察している点が興味深い。
(78) 青淵先生(渋沢栄一)「修養談」『竜門雑誌』二四一号、一九〇八年六月、十五―十六頁。
(79) 青淵先生(渋沢栄一)「修養談」前掲。
(80) 三島毅起草「題論語算盤図画渋沢男古稀」渋沢青淵記念財団竜門社編『渋沢栄一伝記資料』四十一巻、渋沢栄一伝記資料刊行会、一九六二年、三九七頁所収、原漢文。
(81) 渋沢栄一『論語と算盤』忠誠堂、一九二七年、二頁。
(82) 渋沢栄一「論語と算盤」『二松』一号、十五―二十二頁、一九二八年。
(83) 青淵先生「青淵先生の戦後経営及成功談」(『竜門雑誌』二一二号、一九〇六年一月、一―六頁。同「処世ノ要訣」『竜門雑誌』二一七号、一九〇六年六月、一―九頁)など。また渋沢の生涯における「義利」観の発展は、于臣『渋沢栄一と〈義利〉思想』ぺりかん社、二〇〇八年、十三―十八頁を参照。
(84) 東敬治「渋沢翁と陽明学の関係」『竜門雑誌』四八一号、一九二八年十月、二八七―二九〇頁。
(85) 「元来王学は仁義道徳を修めることを主としてありますけれ共、其仁義道徳は事業を為しつつ修めるものである」(渋沢栄一「仁義道徳と事業功名」『陽明学』二十五号、一九一〇年十一月、三―七頁)。「陽明の学問は、学ぶと行うとを一致させるのであるから、吾々実業に処する者には最も効果を得るだろうと正堂君にも御話したことがあります」(渋沢栄一「三月十三日大会講演筆記の一」『陽明学』一四三号、一九二二年五月、一―三頁)。
(86) 「孔子の教は唯唯仁義道徳ばかりで無く、生産殖益のことが強く論じてあったということを考えるのでございます」(渋沢栄一「仁義道徳と事業功名」前掲)。
(87) 渋沢栄一『青淵百話　乾』同文館、一九一二年、四六九頁。

（88）「而して此仁義道徳を高調にすると云ふに付いての宋朝学者の説は、唯理論にのみ傾いて実行に伴わぬ嫌いがあるように思う。元来孔孟の学問は理論のみを説くのでなく切実に其実行を努めたのである」（渋沢栄一「三月十三日大会講演筆記の一」前掲）。

（89）渋沢の次の発言も参考になる。

「但し其学は浅いが知行合一致良知抔と云ふ主義を奉ずる事は諸君に負けない積りである。而して私も一種の謀反気とも言われる程の蛮行を施そうと思うた事のある一人である。故に熊澤なり、山鹿なり、大塩なりの往時を追想すると、其頃は陽明学は奉じなかったが四十年の後に陽明学を奉ずる人になるのは、文久・慶應の昔に其萌芽があったと東君から言われるであろうと思うのであります」（渋沢栄一「陽明学と身上話」『陽明学』四十号、一九一二年二月、六十頁）。

懇親会での演説であるため、やや冗談めかしてはいるが、渋沢は陽明学が維新の変革を実行に移したという当時の認識に同意していたといってよい。

（90）坂本慎一は渋沢の『論語講義』を読み解き、晩年の渋沢の思想が陽明学とは異なり、「忠孝一致」「尊王攘夷に基づく維新の成業」「キリスト教と伝統思想の峻別」などがあり、水戸学との親近性を述べる（坂本慎一「渋沢栄一『論語講義』の儒学的分析――晩年渋沢の儒学思想と朱子学・陽明学・徂徠学・水戸学との比較」『経済学雑誌』一〇〇巻二号、一九九九年九月、六十六―九十頁）。しかし後の書誌学的研究で、この『論語講義』は渋沢の親類である二松学舎理事長の尾立維孝が執筆したものを渋沢が校閲しただけであり、理由は不明ながら渋沢は途中からその校閲すら放棄していたことを明らかにしている。よって、「大きく渋沢の道徳経済思想から逸脱することはないだろうが、渋沢を論ずる場合、特に経学関係からの考察においては、『論語講義』の取扱には十分注意をすべきである」と結論づけられている（笹倉一弘「渋沢栄一『論語講義』の書誌学的考察」『言語文化』四十八巻、二〇一一年十二月、一二七―一四五頁）。本書もこの研究を支持し、同書については取り上げることを控えた。

（91）『陽明学』八号（山田済斎特集号）一九九六年三月も参照。

（92）山田準『陸象山王陽明』前掲、一五一頁。

（93）同書、一八〇頁。

（94）同書、一八一―一八二頁。

（95）同書、一八四頁。

（96）吉田公平「二松学舎の陽明学――山田方谷・三島毅・三島復・山田準」（『陽明学』十七号、二〇〇五年三月、三―三十二頁）も参照。

(97) 松川健二によると、三島中洲は「国体」に儒学の徳目を合致させようと考えていた点で、元田永孚に近いと述べている（松川健二「三島中洲と教育勅語」『陽明学』十三号、二〇〇一年三月、一五二―一五九頁）。実際に中洲は明治二十年代の講演で皇室への尊崇を「孝」や「仁」であると捉えて（三島中洲『中洲講話』文華堂、一九〇九年、一四七頁）、人民においては勤労や父母への孝養が勤王を意味すると説いている（同書、一九二頁）。

(98) 山下龍二「明代思想史研究はどのように進められてきたか」前掲。

(99) 井上は藤樹が陽明学において「孝」を重視していたとして、「父母を敬愛するは即ち天地神明を敬愛するなり。藤樹此に至りて一種深遠なる祖先教を建設するものと謂ふべきなり」（井上哲次郎『日本陽明学派之哲学』前掲、一一七頁）と書いた。また、後に神道についても「神道の信仰は祖先崇拝に在る」（井上哲次郎『哲学と宗教』弘道館、一九一五年、六五〇頁）と明言しており、関連性が伺える。

(100) 山下龍二「明代思想史研究はどのように進められてきたか」前掲。ただし藤樹を「陽明学派」と明確に区分したのは井上の創案であり、藤樹の「孝」の思想を陽明学とするのに異を唱える意見は、和辻哲郎らによって出されている（和辻哲郎『日本倫理思想史』下巻、岩波書店、一九五二年、四〇二頁）。

(101) 井上哲次郎『日本陽明学派之哲学』前掲、六二五―六二六頁。

(102) 磯前順一『近代日本の宗教言説とその系譜――宗教・国家・神道』岩波書店、二〇〇三年、第一部付論「国家神道をめぐる覚書」、一〇一頁。

(103) 磯前順一は、「国家神道と天皇制イデオロギーを同一視」するような戦後の宗教史研究を批判的に摂取して「むしろ国家神道を政府の神社政策として限定的に定義づけたうえで、それを天皇制国家を支えるイデオロギー装置の一部として位置づけ直す必要があろう」（磯前順一『近代日本の宗教言説とその系譜』前掲、第一部付論「国家神道をめぐる覚書」、九九頁）と述べている。この解釈に沿えば、井上の陽明学理解もその一部となる。また桂島宣弘は、日本近代における「神道」が「外教」への対抗や『信教自由』論」との関係の中から自己規定をしていったと述べている（桂島宣弘『思想史の一九世紀――「他者」としての徳川日本』ぺりかん社、一九九九年、二三六頁）。しかし序章でも提案したように、儒教などの伝統思想との関連が近代における「国家神道」に及ぼした影響も重要である。その点で、国家神道の確立過程における水戸学や国学の影響を考察した宮地正人の議論も参考になる（宮地正人「国家神道の確立過程」国学院大学日本文化研究所編『近代天皇制と宗教的権威』同朋舎出版、一九九二年、一一九―一四八頁所収）。

(104)島薗進「一九世紀日本の宗教構造の変容」島薗進ほか編『岩波講座　近代日本の文化史二　コスモロジーの「近世」』岩波書店、二〇〇一年、二十四頁。

(105)李亜「幕末の陽明学と梁啓超」『お茶の水女子大学比較日本学教育研究センター研究年報』十号、二〇一四年三月、一〇八―一一四頁。

(106)末岡宏「梁啓超と日本の中国哲学研究」同『梁啓超――西洋近代思想受容と日本』みすず書房、一九九九年所収。

(107)李は梁啓超が陽明学に対して「尚武」の精神を見たことで、幕末の志士との関連を意識したと考察している（李亜「梁啓超の『幕末の陽明学』観と明治陽明学」伊東貴之編『「心身／身心」と環境の哲学――東アジアの伝統思想を媒介に考える』前掲、六三三―六五〇頁所収）。また荻生茂博は、梁啓超が井上の陽明学に影響を受けて横浜の出版社から『節本明儒学案』を公刊し、宋教仁もそれを読んだと指摘する（荻生茂博『近代・アジア・陽明学』前掲、三八四頁）。

なお宣教師であったお雇い外国人のグリフィス（一八四三―一九二八）は、次のように書き残している。

「彼等はみな王陽明哲学の信徒であった。その上に外人教師ヴァーベック（引用者注・宣教師フルベッキの英語読み）博士という利益を持って居た。王陽明哲学は余り進歩的であるために支那では深く根を下した事はないが、日本では私の所謂『五十五人の明治創設者』の悉くがその信奉者であったと思う」（ウィリアム・エリオット・グリフィス「明治大帝の印象」大日本雄弁会講談社編『明治大帝』大日本雄弁会講談社、一九二七年、五二四―五四〇頁所収）。

明治維新と陽明学の関係を説く話題が、外国人の間にも流布していたことは興味深い。

(108)井上哲次郎「耶蘇弁惑序」『東洋学芸雑誌』十八号、一八八三年三月、四八二―四八六頁（島薗進、磯前順一編『シリーズ日本の宗教学二　井上哲次郎集』第九巻、クレス出版、二〇〇三年、十―十二頁所収）。

(109)この一連の出来事について、小島毅は次のような見解を示している。

「それが天皇の命令だからだとか、内容が非民主的だからという理由で、彼は『不敬事件』を起こしたわけではない。それは単に、前例がまったくない儀式において、前の二人が大仰に最敬礼するのを見てとまどった人物が、もう一〇年以上もしたことがない最敬礼という身体所作を咄嗟にはできなかったという一事に尽きる。内村は確信犯ではなかった」（小島毅『近代日本の陽明学』前掲、八十八頁）。

(110)「宗教と教育との関係に就て井上哲次郎氏の談話」（前掲）。なお、井上のキリスト教批判については、磯前順一『近代日本の宗教言説とその系譜――宗教・国家・神道』前掲、七十九頁も参照。

(111) このような井上の批判を、時代に逆行した頑迷固陋な見方として一概に斥けることはできない。明治元年三月十五日「五箇条の御誓文」発布の翌日に、同じく五つの項目を定めた高札が全国に出された。いわゆる「五榜の掲示」である。その内容を、以下に抜粋してみる。

「第一札に曰く、一、人たるもの五倫之道を正しくすべき事、一、鰥寡孤独廃疾のものを憫むべき事、一、人を殺し家を焼き財を盗む等之悪行あるまじく事」。第二札は、強訴・土地から逃げる逃散の禁止。「第三札に曰く、きりしたん邪宗門之儀は堅く御禁制たり若不審のなるもの有之ば其筋の役所へ申出べし御ほうび下さる事」。第四札は、万国公法に則ることによる外国人への傷害の禁止。第五札は、士の本国からの脱走の禁止と、太政官への建言の容認をおのおの定めている。

第四札、及び五札の記述から開明的な訓示との評価を受けることもある（坂本多加雄『日本の近代二　明治国家の建設一八七一―一八九〇年』中央公論社、一九九九年、一一四―一一七頁）。しかし、やはり幕藩体制の論理を基本的に踏襲しているといえよう。実際に「五箇条の御誓文」と比べた時、「五榜の掲示」は「江戸幕府の対民衆政策をそのまま引き継いだものとする評価」が多いことが三宅紹宣によって指摘されている（三宅紹宣「五箇条の誓文・宸翰と五榜の掲示」『明治維新史研究』第九号、二〇一三年三月、一―十五頁）。

さらに付記として「第一札・第二札・第三札は定書にして、永年之れを掲示し、第四札・第五札は覚書にして、臨機の事項若しくは布令を公示するものなり」（以上抜粋は、宮内庁編『明治天皇紀　第一』吉川弘文館、一九六八年、六五五―六五六頁より）と書かれていることも、政府にとっての重要度の違いを示唆する。

(112) 斎藤昭はこの事件を主題にして、井上の反キリスト教と国家主義の立場の根柢には『内地雑居』の脅威」があったと断じている（斎藤昭「『内村鑑三不敬事件』と井上哲次郎」『内村鑑三研究』八号、一九七七年四月、四十三―六十七頁）。

(113) 井上哲次郎「教育と宗教の衝突に関する余論」『東洋学芸雑誌』一三九号、一八九三年四月、一九九―二〇七頁。

(114) 井上哲次郎「井上哲次郎氏の宗教論」『国教』二号、一八九〇年、四十一―四十二頁（島薗進、磯前順一編『シリーズ日本の宗教学二　井上哲次郎集』第九巻、前掲、二十三―二十四頁所収）。

(115) 井上哲次郎「宗教変動の徴」『太陽』七巻七号、一九〇一年六月、六―十四頁。

(116) 井上哲次郎「内地雑居ノ結果如何」『天則』三巻十号、一八九一年四月、一―十六頁。

(117) 井上哲次郎「井上哲次郎氏の宗教論」前掲。

(118) 井上哲次郎『教育と修養』弘道館、一九一〇年、五十三頁。

(119)なお井上が内地雑居に反対する論を唱えたのは明治前半期であるが、後半期には状況が変わってくる。そのことが分かるのが、山路愛山の次の文章である。

「彼の明治初年博士井上哲次郎氏は基督教は国体に有害であるとし、又非内地雑居論を唱えて其為に是等を記述された書籍もあるが、今になって見れば基督教も左したる弊害を国体に与えず、又内地雑居とてもそれが始まってから外国人が日本へ多数入込んで来もしないので、博士の論は全く杞憂に終わってしまった」(山路愛山「国体と基督教」三二二号、一九〇七年十月、七〇一―七〇五頁〈『復刻版　六合雑誌』第三十七巻、不二出版、一九八七年、二八七―二九一頁所収〉)。

(120)井上哲次郎『倫理と宗教との関係』冨山房、一九〇二年、八十五頁。

(121)井上がこのような意見を発表した直接の要因として、三浦節夫は次のように述べる。「一〇年に満たない状況の変化によって、教育勅語＝天皇制思想教育がさまざまなところで不適合になりつつあったからである。それは修身科廃止論や当時の西園寺文相の教育勅語改定論などに見られる」(三浦節夫「明治後期における井上哲次郎と井上円了の思想対立」『比較思想研究』三十四号、二〇〇七年三月、一二一―一三一頁)。しかし本文で述べたように、井上に「理想的宗教」への期待を抱かせたより直接の要因は、キリスト教など既存の宗教の弊害への批判であると思われる。

(122)井上哲次郎、『倫理と宗教との関係』前掲、八十七頁。なお伊藤友信は、井上の本文のような主張が出てきた時期が、内村鑑三の「不敬事件」の発生した頃であることに意義を見出す(伊藤友信「井上哲次郎の宗教観」比較思想史研究会編『人間と宗教――近代日本人の宗教観』東洋文化出版、一九八二年、二九〇―二九一頁)。

(123)井上哲次郎『倫理新説』酒井清造ほか、一八八三年、「緒言」。

(124)井上哲次郎「倫理と宗教との異同いかん」『哲学雑誌』一九七号、一九〇三年、一―四十九頁。

(125)井上哲次郎「倫理と宗教との異同いかん」前掲。

(126)井上哲次郎「井上哲次郎氏の宗教論」前掲。

(127)井上哲次郎「倫理と宗教との異同いかん」前掲。

(128)近代における国家と宗教の問題では、国学も注目される。藤田大誠は、国学の流れを組む「近代神道学」を考察している。「国学(皇学)から分科した『国史学』『国文学』の流れの神道研究」と、西洋に由来する「哲学系の学問としての『宗教学』の流れの神道研究を止揚」したところに、東大の神道研究室が構想されたという。そして、その設立に大きく関わった人物こそ井上哲次郎であることを藤田は明らかにしている(藤田大誠『近代国学の研究』〈久伊豆神社小教院叢書　五〉弘文堂、二〇〇七年、三六九頁）。

(129) 井上哲次郎『倫理新説』前掲、四十二頁。

(130)「スペンサーは、宗教制度が生み出す道徳的利点は、産業型社会に移ると共に、次第に減少すると考える。何となれば、産業型社会では、神学的基盤から独立した倫理体系が芽生えてくるとかれは考えるからである」（赤塚徳郎「スペンサーにおける宗教と科学と教育」『岐阜大学教育学部研究報告』〈人文科学〉二十一号、一九七二年十二月、八十三―九十二頁）。

(131) 井上哲次郎『懐旧録』春秋社松柏館、一九四三年、二〇一頁。また井上は留学当時、イギリスに赴いた際に老齢のスペンサーを訪問して哲学上の話を交わしたという（『井上哲次郎自伝』富山房、一九七三年、二十八―二十九頁〈島薗進、磯前順一編『井上哲次郎集（シリーズ日本の宗教学二）』第八巻、クレス出版、二〇〇三年所収〉）。

(132) アーネスト・フェノロサ（井上哲次郎、和田垣謙三、木場貞夫訳）「世態開進論」『学芸志林』明治十三年七、八、十月号所収、一八九〇年（山口静一編『フェノロサ社会論集』思文閣出版、二〇〇〇年、一一五―一四九頁所収）。

(133) アーネスト・フェノロサ（訳者不明）「東京大学文学部教授フェネ《ママ》ロサ先生ガ浅草須賀町江木学校ニ於テ講演セラレタル宗教ノ原因及ビ沿革論傍聴記」『芸術叢誌』二十六号（明治十一年十二月十四日号）―同四十号（同十二年三月二十八日号）一八七九年（山口静一編『フェノロサ社会論集』前掲、七十三―八十九頁所収）。

(134) 井上には「倫理的宗教」の主張を展開しはじめた明治後半期以降も、神道の重視が見られる。しかし井上が仏教やキリスト教に距離を置くのに対して、儒教はそれらと区別する。

「此儒教と云うものは仏教だの基督教に較ぶれば余程世間的のものである。一体宗教は次第に世間的になって来た。昔は出世間的であったのが、次第次第に世間的となって人間界に近づいて来たのである」（井上哲次郎「我邦宗教の将来」『東亜之光』五巻一号、一九一〇年一月、一―十七頁）。

井上は「世間的」な儒教に親近感を懐いている。また、次のようにも述べる。

「神道を本位とし仏教でも基督教でも何でも其中に摂取し、消化してそうして世界統一の精神を鼓吹する必要がある（拍手起る）」（井上哲次郎「神道と世界宗教」『東亜之光』十巻八号、一九一五年八月、一―十四頁）。

ここで神道に摂取する対象として儒教に言及がされていない点は、偶然かも知れないが興味深い。

(135) 井上哲次郎「宗教の本体に就いて」『巽軒講話集　初編』博文館、一九〇二年所収。

(136) 井上哲次郎「近時の倫理問題に対する意見」『巽軒講話集　二編』博文館、一九〇三年所収。

(137) 井上哲次郎「王陽明の学を論ず」横井時雄編『本郷会堂学術講演集』警醒社、一八九二年、四十五―五十九頁所収。
(138) 井上哲次郎「独立自尊主義の道徳を論ず」『哲学雑誌』一六〇号、一九〇〇年六月、四七九―五〇一頁。
(139) 実際に沖田行司は先述の「倫理的宗教」への志向を「世界道徳」としながらも、こう評している。「結局その世界道徳も、国家統合の一手段となり、個別主義の規定から逃れられなかったのである」(沖田行司『日本近代教育の思想史研究――国際化の思想系』〈新訂版〉日本図書センター、二〇〇七年、二四〇頁)。本書は本論に述べたような理由から、井上の「倫理的宗教」の主張は国民の秩序維持に基づく国家統合という目的意識に支えられた発想であったと考える。
(140) 井上哲次郎「王陽明の学を論ず」前掲。
(141) 繁田真爾「一九〇〇年前後日本における国民道徳論のイデオロギー構造(下)――井上哲次郎と二つの『教育と宗教』論争にみる」(早稲田大学大学院文学研究科編『早稲田大学大学院文学研究科紀要　第三分冊』早稲田大学大学院文学研究科、二〇〇八年、一七三―一八四頁所収)。
(142) 井上哲次郎「倫理と宗教との異同いかん」前掲。
(143) 井上と陽明学の関係を探った比較的最近の研究としては、徐滔「明治陽明学の作成――国民道徳とのかかわりをめぐって」(『思想史研究』六号、二〇〇六年五月、六十三―七十五頁)。呉光輝「日本陽明学の『読み替え』――明治期の知識人を中心に」『北東アジア研究』十七号、二〇〇九年三月、一〇五―一一六頁。瓜谷直樹「井上哲次郎の儒学研究の再検討―陽明学を中心に―」(『教育文化』二十号、二〇一一年三月、一〇七―八十一頁)などがある。
(144) 井上哲次郎著　中村正直閲『教育勅語衍義(上)』敬業社、一八九一年、「叙」。
(145) 日本では中国と異なり王朝の交代がなかったという意味で、儒教が易姓革命を想定しない形で受容された。尾藤正英は藤田幽谷にこうした意識が見られるとして、明治以降の国家主義政策とのつながりを見ている(尾藤正英『日本の国家主義――「国体」思想の形成』岩波書店、二〇一四年、二五四―二六〇頁)。
(146)「大日本」という言葉について、『神皇正統記』にも次のような記述がある。
「大日本とも大倭とも書ことは、此国に漢字伝て後、国の名をかくに字を大日本と定てしかも耶麻土とよませたるなり。大日孁のしろしめす御国なれば、其義をもとれるか、はた日のいづる所〔に〕ちかければしかいえるか。義はかかれども字のまま日のもととはよまず。耶麻土と訓ぜり。我国の漢字を訓ずることおおく如此。おのずから日の本などいえるは文字によれるなり。国の名とせるにあらず」(岩佐正校注『神皇正統記』岩波書店〈岩波文庫〉、一九七五年、十六頁)。

また本文のような事情で日本には革命という言葉はふさわしくなく、そのために明治期の体制転換を「維新」と呼びならわしたという研究もある（野口武彦『王道と革命の間――日本思想と孟子問題』筑摩書房、一九八六年）。

（147）井上哲次郎「社会ニ対スル徳義」（『日本大家論集』四巻九号、一八九二年九月、十九―三十四頁所収）。井上が「教育勅語」を国のための倫理を中心とすると考えていたことの由来は、これまでも論じられてきた。その解釈は例えば、『教育勅語衍義』における次の文言についての解釈で端的に説明できる。

「国民ノ臣民ニ於ケル、猶オ父母ノ子孫ニ於ケルガ如シ、即チ一国ハ一家ヲ拡充セルモノニテ、一国ノ君主ノ臣民ヲ指揮命令スルハ、一家ノ父母ノ慈心ヲ以テ子孫ニ吩咐スルト、以テ相異ナルコトナシ」（井上哲次郎『教育勅語衍義（上）』前掲、十六頁）。

一つは井上が七年間のドイツ留学を始めとして、ドイツの思想に親しんでいたことから見る解説である。最近でも井上の「教育勅語」理解において、国家の下に国民が結合する思想をそのように解説した記述が見られる（宮地正人『二十一世紀歴史学の創造二　国民国家と天皇制』有志舎、二〇一二年、一六〇頁）。

もう一方の解釈は、儒教的伝統との関連を指摘している。松本三之介は『教育勅語衍義』の文章を「『家』イメージを基盤とした国家像の形象化が試みられている」としており、『大学』、『孟子』などを引用して、君主を「民の父母」とみなす儒教文献の実例から説明している（松本三之介『明治思想における伝統と近代』東京大学出版会、一九九六年）。

（148）尾藤正英「水戸学の特質」（今井宇三郎ほか校注『日本思想大系五十三　水戸学』岩波書店、一九七三年、五五六―五八二頁所収）など。

（149）前田勉『江戸後期の思想空間』ぺりかん社、二〇〇九年、第七章「水戸学の『国体論』」。苅部直「日本思想史の名著を読む九『教育勅語』」（『ちくま』五三四号、二〇一五年九月、二十八―三十一頁）など。

（150）今井宇三郎「水戸学における儒教の受容――藤田幽谷・会沢正志斎を主として」（今井宇三郎ほか校注『日本思想大系五十三　水戸学』前掲、五二五―五五五頁所収）。吉田俊純『水戸学と明治維新』（吉川弘文館、二〇〇三年）など。

第二章

（1）家永三郎「明治哲学史の一考察」（同『日本近代思想史研究』東京大学出版会、一九五三年所収）。

（2）井上哲次郎「儒教の長所短所」『哲学雑誌』二六三号、一九〇九年一月、一―三十六頁。

なお井上が儒教を指した「徳教」という言葉であるが、磯前順一は明治初期の知識人が頻繁に用いている「宗教的なものと倫理的なもの」を含む概念であったが、時代が下るにつれて「宗教」と「道徳」という言葉に分化していくことを考察している（磯前順一『近代日本の宗教言説とその系譜』前掲、第一部第一章「近代における『宗教』概念の形成過程——開国から宗教学の登場まで」）。

（3）坂本多加雄『日本の近代二　明治国家の建設　一八七一—一八九〇』前掲、三七〇—三七四頁。

（4）「教育勅語」成立の具体的な経緯は、海後宗臣『教育勅語成立史の研究』（厚徳社、一九六五年）、稲田正次編『教育勅語成立過程の研究』（講談社、一九七一年）及び、ヨゼフ・ピタウ『井上毅と近代日本の形成』（時事通信社、一九六七年）に詳しい。また井上哲次郎の「教育勅語」解釈の変遷を追った論考として、籠谷次郎『近代日本における教育と国家の思想』阿吽社、一九九四年、第四章「井上哲次郎の教育勅語解釈の変遷」を参照。

（5）井上哲次郎『日本陽明学派之哲学』前掲、「叙論」、三頁。

（6）井上哲次郎『教育勅語衍義（上）』前掲、「叙」。

（7）第五章でも取り上げる安岡正篤は、戦前に出版した『日本精神の研究』の中で次のように述べている。

「学問はいずれ宗教的境地にまで進まなければならぬ。と云って別段道徳や政治以外に独立宗教が存在するのでは無い。道徳や政治に即して宗教が発展するのである。是の如き意味に於て、私は日本神道に深遠な価値があると思う」（安岡正篤『日本精神の研究』〈初版〉玄黄社、一九二四年、一一〇頁）。

井上の「倫理的宗教」の主張にも通じる点があるが、むしろ安岡の意図は宗教としての「日本神道」の称揚にあったといえる。

（8）尾藤正英『日本の国家主義——「国体」思想の形成』前掲、二五〇頁。

（9）会沢安著　塚本勝義訳註『新論・迪彝篇』岩波書店（岩波文庫）、一九三一年、四十三頁。

（10）井上哲次郎「宗教と教育との関係に就て井上哲次郎氏の談話」前掲。なお磯前順一は井上のキリスト教批判について、二つの点に集約されると述べている。一つは内村への批判を例とした「現世の秩序の相対化」により「国体の根源が危機にさらされ」る点。もう一つは「哲学的な合理性をもたない」キリスト教が蒙昧であり、「哲学や道徳へと解消されるという精神的進化論」に基づく議論だという（磯前順一『近代日本の宗教言説とその系譜』前掲、第一部第二章「明治二〇年代の宗教・哲学論——井上哲次郎の『比較宗教及東洋哲学』講義」、七十九頁）。後者が、「倫理的宗教」へと結びつくのであろう。

（11）会沢安『新論・迪彝篇』前掲、二十一—二十三頁。

（12）会沢安『新論・迪彝篇』前掲、七十一頁。

(13) 中村春作『江戸儒教と近代の知』ぺりかん社、二〇〇二年、一七六頁。また大川真は、会沢が「活物」としての人心による統一的国家の形成に期待する一方、人心の不安定さも危惧していたとする。このような状況で会沢がキリスト教への危機感、並びに天皇を中心とした祭祀が民心に一定の方向性を示すことを説いたと考える（大川真「後期水戸学における思想的転回――会沢正志斎の思想を中心に」『日本思想史学』三十九号、二〇〇七年九月、一二一―一二八頁）。

(14) 芳賀登『幕末国学の展開』塙書房、一九六三年、二〇三頁。

(15) 会沢安『新論・迪彝篇』前掲、四十九頁。

(16) 安丸良夫『神々の明治維新―神仏分離と廃仏毀釈―』岩波書店（岩波新書）、一九七九年、三十四頁。

(17) これに対して同じ水戸学の系譜の藤田東湖は、儒教と日本の神道の間に明確な上下関係を見ていた点で、会沢の理解と異なる。

「抑既ニ神ヲ敬ストイイ、又儒ヲ尊ブトイウ。然ラバ則チ神ト儒トハ固ヨリ尊卑アルナク、唐虞三代ノ君ヲ敬スルコト、必ズ我ガ神祇ニ事ウルガ如クニシテ、而ル後偏党ナシトナスカ。曰ク、是レ徒其ノ文ニ泥ミテ其ノ意ニ本ヅカザルナリ。神州ハ自ラ神州、西土ハ自ラ西土、彼ハ我ヲ指シテ外トナシ、我ハ亦彼ヲ斥ケテ下トナス。西土ノ教ハ尤モ内外ノ分ヲ厳ニス。我資リテ之ヲ用イレバ、亦上下別ヲ正サザルベカラズ。単ニ西土ノ教ニ就イテ之ヲ論ズルモ猶オ且ツ然リ。況ンヤ国体ヲ尊ビ名分ヲ慎ムハ、固ヨリ皇朝ノ尤モ重ンズル所ナルヲヤ」（藤田東湖著、塚本勝義訳註『弘道館記述義』岩波書店〈岩波文庫〉、一九四〇年、一八六―一八九頁）。

なお会沢と藤田の神道理解、及び水戸学の近代天皇制との関わりについて、吉田俊純『水戸学と明治維新』（前掲）、同『水戸学の研究――明治維新史の再検討』（明石書店、二〇一六年）から多くの教示を得た。

(18) 安丸良夫は、次のようにも述べている。

「キリスト教を邪悪な『敵』とみて、それに対抗するためにあらゆる階層の意識を統合することは、近世後期の国体論のモチーフであり、このモチーフは明治初年の神道国教主義にも受けつがれて、近代化してゆく日本社会の精神史的な状況を規定する重要な要因となった」（安丸良夫、宮地正人校注『日本近代思想大系五　宗教と国家』岩波書店、一九八八年、五一三―五一四頁）。

(19) 尾藤正英『日本の国家主義――「国体」思想の形成』前掲、二六四頁。

(20) 源了円は、次のように述べている。

「白色人種対有色人種という対立概念が井上の国家主義の発想の底にあり、日本がその白色人種の侵略を守るべき唯一の防塞であると考えられている。そしてそこに要求されるのは何よりもまず『民心の結合』である」（源了円「教育勅語の国家的解釈」坂田吉雄編『明治前半期のナショナリズム』未來社、一九五八年、一六五―二一二頁所収)。

(21) 井上哲次郎『日本陽明学派之哲学』前掲、六二四―六二五頁。

(22) 井上哲次郎『教育と修養』前掲、五十一頁。

(23) 同書、五十二―五十三頁。

(24) 井上哲次郎『日本朱子学派之哲学』冨山房、一九〇五年、五九八―五九九頁。

(25) 井上哲次郎『教育と修養』前掲、四四〇頁。

(26) 同書、六十五頁。

(27) 井上哲次郎『日本陽明学派之哲学』前掲、四四五頁。

(28) 大島晃「井上哲次郎の「東洋哲学史研究」」『ソフィア』四十五巻三号、一九九六年、三二八―三四四頁、及び、同「井上哲次郎の「東洋哲学史研究」と『日本陽明学派之哲学』」『陽明学』九号、一九九七年三月、二十八―四十三頁に詳しい。また井上の生涯に亘る動向については、井上哲次郎『井上哲次郎自伝』(前掲)。平井法ほか「井上哲次郎」(昭和女子大学近代文学研究室編『近代文学研究叢書　第五十四巻』昭和女子大学近代文化研究所、一九八三年、一七三―三〇九頁所収)。大島康生「井上哲次郎――知識と思索の分離」朝日ジャーナル編集部編『日本の思想家二』(朝日新聞社、一九六三年、九十四―一〇九頁所収)などが参考になる。

(29) 井ノ口哲也「井上哲次郎の江戸儒学三部作について」『東京学芸大学紀要　人文社会科学系二』六十号、二〇〇九年一月、二二七―二三九頁。

(30) 井上哲次郎『日本陽明学派之哲学』前掲、「日本陽明学派之哲学序」三―四頁。

(31) 「王陽明の学問全体を評しますと云うと、先ず支那一般の哲学者と同様に倫理学と云うのが重《(ママ)》もなるものでありまして」(井上哲次郎「王陽明の学を論ず」前掲)。

(32) 井上哲次郎『日本陽明学派之哲学』前掲、「叙論」、三頁。

(33) 町田三郎は、『日本陽明学派之哲学』と『教育勅語衍義』執筆の際の井上の意識の共通性を、「道徳」に見ている。「つまり井上の著作のねらいは現今の道徳の頽廃をみて、往時のわが国民の道徳の何たるかを探りその顕著なものとして陽明学派の人々、とりわけ中江藤樹を中心としてその思想を闡明することにあった。いわば道徳のモデルの呈示である」(町田三郎「井上哲次郎ノート」(中村璋八博士古稀記念論集編集委員会編『東洋学論集――中村璋八博士古稀記念』汲古書院、一九九六年、九四九―九六四頁)。
(34) 塩田庄兵衛・渡辺順三編『秘録大逆事件』(上) 春秋社、六十八頁。
(35)「大逆事件に関する立国大本講演会」と題された大会の席上においてである(小島毅『近代日本の陽明学』前掲、一二四頁)。
(36) この時に陽明学会を代表して井上に抗議した人物の一人が、第一章でも言及した渋沢栄一であった。渋沢は、國學院大学での講演会にも登壇していた。そこで井上の演説の内容を不快に思い、二、三名の会員とともに井上に苦情を申し入れたと自ら述べている(渋沢栄一「陽明学と身上話」前掲)。また、この数年後に井上は伝統的な儒学が必ずしも経済活動を排斥している訳ではないとして、渋沢に異議を唱えている(井上哲次郎「経済・道徳及び教育に関する疑問」『帰一協会会報』六号、一九一五年十一月、一―二十三頁)。井上と渋沢は儒学観において今ひとつ、そりが合わなかったようである。
(37)『東京朝日新聞』一九一一年二月六日付所載記事。井上の講演をめぐる詳細は、拙稿「明治期の陽明学理解――社会主義と明治維新との関係から」『東洋文化研究』十八号、学習院大学東洋文化研究所、二〇一六年三月、九十九―一一八頁を参照。
(38) 徳富蘆花「謀叛論」(徳富健次郎、中野好夫編『謀叛論　他六篇・日記』岩波書店〈岩波文庫〉、一九七六年所収)。なお佐藤嗣男はこの岩波文庫版によらずに、草稿や当時いた人々の回想を元にして、講演の再現を試みている(佐藤嗣男「蘆花講演『謀叛論』考」『明治大学人文科学研究所紀要』四十二号、一九九七年十二月、二四九―二七九頁)。佐藤によると蘆花は死刑囚の助命のため兄の蘇峰を通じて当時の桂太郎首相に嘆願しようとしたものの、蘇峰の協力を得られず失敗したという。
(39) 河上丈太郎「蘆花事件」『文藝春秋』昭和二十六年十月号、文藝春秋社、一九五一年、二十八―三十頁。
(40) 当時の新聞は「近時に起れる忌むべき不吉の事件を題材とし、約二時間に亘り学生の思潮上或る不穏の演説をなし、大学生その他数百の一般学生をしてこれを聴かしめし事なり」と、否定的な論調で伝えた。(『毎日電報』明治四十四年二月四日付所載記事)。
(41)『時事』明治四十四年二月九日付所載記事。
(42) その後荒川が無理に登壇すると、会場は騒然となる。荒川は三宅の演説を猛烈に非難。三宅は笑顔でそれを聞いており、やがて反論しようとしたが会場は混乱の中そのまま閉会する(田中伸尚『大逆事件――生と死の群像』岩波書店、二〇一〇年、一五二頁)。
(43) 田中伸尚『大逆事件――生と死の群像』岩波書店、二〇一〇年、一五二頁。
(44) 大野雲譚「洗心論」『陽明学』二十六号、一九一〇年十二月、九―十一頁。

(45) 里見無声「大塩平八郎に就て」『陽明学』二十六号、前掲、三十九頁。なお同号には、小久保喜七による「維新改革と陽明学」と題する論説が掲載されている(四―七頁)。その中で小久保は、維新を成功に導いた要因として「水戸学」「本居宣長らの国学」「時勢の圧迫」「朱子学」の四つを挙げている。そこに「陽明学」も加えるべきであるとして、熊澤蕃山、荻生徂徠、林子平の文章に維新との関係を読み取ろうとしている。陽明学が国の体制に反するものではないという意識がはたらいていたのであろうが、その点を除いても全体的に今日でもなお傾聴に値する主張である。

(46) 先述のように渋沢栄一は井上に抗議をおこなったけれども、大塩の行動については「随分過激」であったとして、「井上博士の陽明学は謀叛心が生じ易いと云う事を言われたのは、多少無根拠の論ではなかったかも知れませぬ」(渋沢栄一「陽明学と身上話」前掲)と述べている。

(47)「本多伯楙に与うる書」(天保八年四月)(信濃教育会編『象山全集』第一巻 信濃毎日新聞社、一九三四年、八十六頁〔象山浄稿書〕。以下、〔〕内は、同全集の付した題名による)。なお、本多伯楙(一七八一〈天明元〉年―一八四一〈天保十二〉年)は佐藤一斎の門人で、山城国淀藩の儒者であった。

(48)「山寺源太夫に贈る」天保九年六月二十八日(信濃教育会編『象山全集』第三巻、信濃毎日新聞社、一九三五年、五十九頁〔書簡浦町時代二四〕)。

(49) 林田明大『財務の教科書』(三五館、二〇〇六年)、八十七頁。及び、大平喜間多『佐久間象山伝』(宮帯出版社、二〇一三年)、三十九頁を参照。

(50) 林田明大『財務の教科書』前掲、八十七頁。

(51) 松田宏一郎『江戸の知識から明治の政治へ』ぺりかん社、二〇〇八年、五十五頁。

(52) 同書、五十五頁。

(53) 幸田成友『大塩平八郎』東亜書房、一九一〇年、序文。

(54) 西周『百一新論』(大久保利謙編『明治文学全集三 明治啓蒙思想集』筑摩書房、一九六七年、十八―十九頁)。

(55) 西周『百学連環』(大久保利謙編『明治文学全集三 明治啓蒙思想集』前掲、五十三―五十四頁)。

(56) 大久保利謙は『百学連環』の記述に対して、「伝統的な朱子学的思惟様式」(大久保利謙編『西周全集』第四巻、宗高書房、一九八一年、五九三頁)による儒学観の解体が見られると述べている。源了円も、象山と西が朱子学から「天理」の思想を引き離したと考えた(源了円「幕末の二つの窮理観――佐久間象山と大橋訥庵」前掲、及び同「理の観念の転回――西周における徳川思想と明治思想の連続・非連続」〈同『徳川合理思想の系譜』前掲〉を参照)。

しかし井上厚史はそうした先行研究を批判して、西に漢学の影響を見ている(井上厚史「中江兆民と儒教思想――『自由権』の解釈をめぐって」前掲)。また、西への儒教の影響については、李暁東「西周における儒教の『読み替え』――梁啓超との比較を兼ねて」『北東アジア研究』十四・十五号、前掲、一六九―一七九頁も参照。
(57) また西は『百学連環』の中で「知行」を実行重視の思想であると紹介しているが、「知」と「行」を明確に区別している点で、むしろ朱子学の思惟構造に近いであろう(山本貴光『「百学連環」を読む』〈三省堂、二〇一六年〉、一五二―一五六頁も参照)。
(58) 三宅雄二郎〈雪嶺〉『王陽明』前掲、九十九―一〇〇頁。
(59) 三宅雄二郎『王陽明』(第二版) 哲学書院、一八九五年、一二八頁。
(60) 同書、一三〇頁。
(61) 大塩と明治期のつながりであるが、荻生茂博は「幕末陽明学の代表を中斎とすれば、現代でも中斎の思想を尊王攘夷の先駆とする見方があるが、中斎の思想にはかかるナショナリズムはない」(荻生茂博『近代・アジア・陽明学』前掲、三八二頁)として、必ずしも近代思想の系譜の先学として捉えている訳ではない。しかし荻生がここで述べるナショナリズムとは、次のような現象における用語である。
「彼らが接した明治期日本の陽明学は、明治初年以来の政府の欧化政策に反対して興った明治二十年代の日本の近代ナショナリズムの中で新たに出発した日本のひとつの『近代』思想であり、また、それは時代的な主張を含んで作為された政治言説であった。」(荻生茂博『近代・アジア・陽明学』前掲、三五四―三五五頁)。

したがって、ここで荻生が明治期との関係を否定している政治的な言説としてのナショナリズムと大塩における「反体制」性、少なくとも明治期に陽明学を受容した人物達が陽明学に認めた「反体制」性とは別個の問題である。なので、この点に関して前近代と近代の断絶は必ずしも成立しない。荻生は、堀江英一が『明治維新の社会構造』(前掲)の中で大塩の乱を維新の起点とする説に異を唱えている。その見方は妥当であるが、大塩の行為は本文のような点で明治期の言説にも確実に影響を与えている。
(62) 林田明大『財務の教科書』前掲、九十三頁。
(63) 大塩事件研究会編『大塩研究別冊　大塩平八郎を解く――二十五話』(耕文社、一九九五年)、九十二―九十五頁を参照。荻生茂博が挙げている例は、以下の通りである「一八七九年『洗心洞詩文』(中尾捨吉編、船井政太郎刊)、一八八二年『古今実録　大塩平八郎伝記』内題『天満水滸伝大塩平八郎実記』(編者不詳、栄泉社刊)、八七年『絵本実録　大塩平八郎実記』(牧金之助編、

金寿堂刊)、同年『(大塩平八郎)浪花水滸伝』(編者不詳、誾花堂刊)、同年『青天霹靂史』(島本仲道著、今橋巌刊)一九〇一年『(英雄文庫)大塩平八郎』(松林白猿ほか著、萩原新陽館刊)、同年『少年読本　大塩平八郎』(堀成之著、博文館刊)、〇八年『(偉人研究)大塩平八郎言行録』(後述)、十二年『(講談文庫)大塩平八郎』(六花園主人著、堀徳次郎ほか刊)」(『近代・アジア・陽明学』前掲、四一三頁。ただし、著者名と出版社名のみ、引用者が追加。このほかに、一八八六年『大塩平八郎伝記　今古実録』(編者不詳、栄泉社刊)、八八年『警世矯俗大塩平八郎伝』(河村与一郎著、赤志忠雅堂刊)などがある。多くは大逆事件の以前であるが、庶民の間での大塩への思慕が伺える。

(64) 大岡欽治「大塩事件劇化上演の記録」(『大塩研究』五―七号、一九七八年三月―一九七九年三月)。また、大塩事件研究会編『大塩研究別冊　大塩平八郎を解く――二十五話』前掲、九十二―九十五頁も参照。

(65) 大塩事件研究会編『大塩研究別冊　大塩平八郎を解く―二十五話―』前掲、八十八―九十一頁を参照。また、佐藤一斎に学んだ小笠原東陽(一八三〇〈文政十三〉年―一八八七〈明治二十〉年)の門下からは、民権活動家が複数輩出されている。

(66) 井上哲次郎『日本陽明学派之哲学』前掲、四四三―四四四頁。

(67) この用語の根拠は、主として源了円『実学思想の系譜』(講談社、一九八六年)による。本書で「実学」とは、「有用性」という考え方が基調にあったとされている(同書　四十六頁)。

(68) 李亜「梁啓超の『幕末の陽明学』観と明治陽明学」前掲。

(69) 内村鑑三『代表的日本人』前掲、十九頁。

(70) 新渡戸稲造著、矢内原忠雄訳『武士道』岩波書店(岩波文庫)一九三八年、一九七四年改版、三十六頁。

(71) 色川大吉編『岡倉天心』前掲、二二〇―二二三頁。

(72) 同書、二一八頁。

(73) 井上哲次郎『日本陽明学派之哲学』前掲、「叙論」、四―五頁。

(74) 同書、「叙論」五頁。

(75) 同書、六二七頁。

(76) 崔在穆も「心学の東アジア的展開」の中で、陽明学が明治の日本にもたらしたのは、革命と関わる実践性であるという見解を示している(崔在穆「心学の東アジア的展開」〈苅部直ほか編『日本思想史講座三――近世』ぺりかん社　二〇一二年、二六九―二九六頁所収〉)。

（77）「されば吾人にして陽明の伝記を読むなれば活動をすることが何処となく教えらるるのである。斯様な解で昔から陽明学に志す人は学問と事業とを相一致せしめ、一方に学んだことを他方で直ちに実行すると云う風である」（高瀬武次郎「陽明学と安心立命」『六号雑誌』三二四号、一九〇七年十二月、八一三―八二〇頁〈『復刻版　六合雑誌』第三十七巻、不二出版、一九八七年、四一一―四二〇頁所収〉）。

（78）吉田公平『日本における陽明学』前掲、十五頁。

（79）既に荒木見悟が「知行合一論は、陽明学の実践的性格を端的に示すものだとしばしばいわれるが、朱子学とてもそれなりに十分実践的性格をもつものであり、こうしたあいまいな表現で両者の優劣を論ずることは適切ではあるまい」（荒木見悟編『世界の名著　続四　朱子　王陽明』中央公論社、一九七四年、四十三頁）と述べている。では「知行合一論」の本旨はどこにあるかといえば、「徹頭徹尾、本心の自己発展・自己充足としてのそれでなければならない。従来、知行合一を解するのに、とかく知行の二字のみに注目し、その背後に隠された『本心』（心の本体）を軽視したがために、陽明の真意を十分にとらえ得なかったうらみがある」（同書、四十三頁）という。

島田虔次は「知行合一」について、次のように述べる。

「要するに、陽明のいうところによれば、心の本体であるところの天理、それをあらゆる場合、あらゆる事象のうえに実現する、ということである。すなわち、致知ということは知識を磨くということではなくて、知（良知）を実現する、という意味なのである。陽明学が『知行合一』と称せられるのはまさにこの点に由来する。『大学』には真の知行を、『好色ヲ好ムガゴトク、悪臭ヲ悪ムガゴトク』と教えているが。美しい色を見るのは『知』の範疇に属し、美しい色を好むのは『好』の範疇に属す、と一応考えられるのであろう。しかし実際は、色を見るときには、すでに好んでいる」（島田虔次『朱子学と陽明学』前掲、一三〇頁）。

本来の陽明学における「知行合一」で重要な点は、実践としての「行」ではなく、「知」と「行」を統一するための心を正しく保つことにあるといえよう。なお小島毅は、陽明学が朱子学を「先知後行」と批判したことで陽明学の知行合一が誕生したに過ぎないと述べ、「何よりも重要なのは〈心〉の主体性の確立」と考察している（小島毅『朱子学と陽明学』前掲、一一六頁）。

（80）また黒住真は、日本の儒学の特徴について、次のように述べている。「とくに『理』の重んじ方、理を物事にどう連関させるかには違いがある。人間としての自分が世のなかを治める、そう考えそう自分を位置づける中華・朝鮮では、『天理』それ自体として捉えこれを見出す傾向が強い。しかし科挙がなく、政治的には不自由でも、表立たない運動としては自由な近世日本思想史家にとっては、用語の傾向として、理（天理）よりも、心また道、さらに活物（気）など、具体的な身心の在り方と結び付く」（黒住真「日本思想史の方法――物事の形態と把握の歴史」〈苅部直ほか編『日本思想史講座五――方法』前掲、十七―七十二頁所収〉)。

(81)源了円『近世初期実学思想の研究』創文社、二〇〇四年、六十三頁。

(82)福沢諭吉『学問のすすめ』岩波書店(岩波文庫)、一九七八年、十二頁。

(83)福沢が明治期の思想における儒教の価値を否定したことを、丸山眞男は折に触れて述べている。ただし近年の研究では福沢は必ずしも同時代における儒教の意義を、全面的に斥けていた訳ではないという意見も提出されている。

「福沢諭吉は『儒神仏三教の本来は純粋無垢の教義』と言明するように儒教の教義を批判することではなく、『文明の退歩』と関連する徳川時代の陳腐固陋説を批判したのである」(徐興慶『東アジアの覚醒――近代日中知識人の自他認識』研文出版、二〇一四年、一七二頁)。

徐は福沢が孔子の学説に対して「政治七分、道徳三分」とすれば「外国交際」に適用できると考えていたとする(同書、一七三頁)。一方で明治の体制変革における儒教の意義を否定的に見ることをしない見解は、その後を追う形で生じている。松浦玲は儒教という万民の平準を求める思想が武家政権打倒の理想を醸成したとして、「儒教型理想主義」と称した(松浦玲「日本における儒教型理想主義の終焉・三　文明の衝突と儒者の立場」『思想』五九二号、一九七三年十月、四十四―六十五頁)。

また渡辺浩は、儒者とは現状が道理に合わなければ、変革を要求する者であるとみなし、「儒学が、明治維新にある種の一般的理念を供給し、それによって現状変革を正当化した」(渡辺浩「アンシャン・レジームと明治革命――トクヴィルを手がかりに」『思想』九七九号、二〇〇五年十一月、五十一―七十頁)としている。

本論では陽明学が志士たちの精神的支柱になったという明治期の見方を紹介したが、こうした近代における儒教の役割を積極的に評価する意識が、近年には復活してきたともいえよう。

(84)丸山眞男著、松沢弘陽編『福沢諭吉の哲学　他六篇』前掲、四十九頁。

(85)同書、五十七頁。

(86)井上は講演で、次のように述べている。

「儒教の種々なる学派の中で、最も鋭い意育を唱道したのは陽明学派である。固より彼等は意育という名称を掲げて来た訳ではないけれども、其知行一致の精神は今日から言えば意育であったのである。それで陽明学派の人は、数に於ては比較的少いが、有力なる活動的の人物が輩出して、立派なる事業を成し遂げた事は実に目覚ましいもので、維新の際に働いた人などを考えると能く分かるのである」(井上哲次郎『教育と修養』前掲、三六一―三六二頁)。

「意育」とは、知識の詰め込みに対するような言葉で、意志を養うという程の意味である。陽明学が実践を重視する思想であるとした念頭には、陽明学を修めた者たちが維新に貢献したことがあった。

(87) 井上哲次郎『日本陽明学派之哲学』前掲、「叙論」、二頁。この点で安丸良夫が近代日本における「宗教」について、国家や社会的秩序の構築に有効であったか否かで価値が図られたことと相似をなす（安丸良夫『神々の明治維新――神仏分離と廃仏毀釈』前掲、九頁）。

(88) テツオ・ナジタは維新を導いた思想の内容が、「理想主義的実践と制度の有用性」であり、後期水戸学に代表されるという（テツオ・ナジタ著、坂野潤治訳『明治維新の遺産』講談社〈講談社学術文庫〉、二〇一三年、八十五頁）。その意味で、陽明学も「行動倫理としての理想主義」と称している（同書、九十五頁）。

(89) 藤田東湖著　塚本勝義訳註『弘道館記述義』前掲、六頁。

(90) 同書、一八一頁。

(91) 橋川文三編『日本の名著二十九　藤田東湖』中央公論社、一九七四年、二八二―二八三頁。

(92) 藤田東湖著　塚本勝義訳註『弘道館記述義』前掲、一八三頁。

(93) 同書、一八三頁。

(94) 同時代人として、久保天随が『近世儒学史』（前掲）の中で、水戸学と陽明学がともに革命を促す思想であると言及している。

(95) 井上哲次郎『日本陽明学派之哲学』前掲、二十三頁。

(96) 同書、一二七頁。

(97) 植手通有『日本近代思想の形成』前掲、序章、十頁。

(98) 同書、十一―十一頁。

(99) 井上が陽明学と武士道の間に関連性を見出すのは、両者がともに「実行」を重んじる点においてであり、思想的に影響関係にある訳ではないと考えていた（井上哲次郎『日本古学派之哲学』冨山房、一九〇二年、一二六頁）。また井上は、新渡戸稲造が『武士道』の中で、陽明学と武士道が通底すると書いていることに異を唱えている（同書、一二五―一二六頁）。

(100) 井上哲次郎・有馬祐政『武士道叢書』下巻、博文館、一九〇九年、二七五頁。なお、書き下しに際して、雄山閣編『日本学叢書』第八巻（雄山閣、一九四四年）を参考にした。

(101) 山下龍二「王陽明研究の原型――三宅雄二郎『王陽明』をめぐって」（同『陽明学の終焉』研文社、一九九一年所収）。

(102) 井上哲次郎『日本陽明学派之哲学』前掲、六二七―六二八頁。
(103) 同書、六二八頁。
(104) 同書、六二九頁。
(105) なお小泉仰は、西の陽明学の批判について、「陽明学や朱子学が主張するような良心を否定した」という徂徠の影響を認めている(小泉仰『西周と欧米思想との出会い』三嶺書房、一九八九年、八十九頁)。
(106) 小路口聡「西周と陽明学――『生性箚記』における『当下便是』説批判をめぐって」(吉田公平ほか編『近代化と伝統の間――明治期の人間観と世界観』〈教育評論社、二〇一六〉、二十六―五十四頁所収)。なお、「現象即実在論」を井上も唱えていたことは、有名である(井上哲次郎「現象即実在論の要領」『哲学雑誌』十三巻一二三号、一八九七年五月、三七七―三九六頁〈島薗進、磯前順一編『シリーズ日本の宗教学二　井上哲次郎集』第九巻、前掲、二十三―二十四頁所収〉)。船山信一の所論を筆頭として(船山信一『日本の観念論者』英宝社、一九五六年。同『明治哲学史研究』ミネルヴァ書房、一九五九年)、小坂国継『明治哲学の研究――西周と大西祝』〈岩波書店、二〇一三年、第三部「現象即実在論の系譜」〉。末木文美士「倫理化される宗教――井上哲次郎」(同『近代日本の思想・再考Ⅰ　明治思想家論』トランスビュー、二〇〇四年所収)など多くの論考がある。
(107) 小路口聡「西周と陽明学――『生性箚記』における『当下便是』説批判をめぐって」前掲。
(108) 井上哲次郎『日本陽明学派之哲学』前掲、「叙論」、四頁。
(109) 岡田武彦「日本人と陽明学」前掲。
(110) 新渡戸稲造著、矢内原忠雄訳『武士道』改版(岩波文庫)前掲、三十六頁。
(111) 井上哲次郎『日本陽明学派之哲学』前掲、四九二頁。
(112) 同書、五一〇―五一一頁。
(113) 同書、四八七頁。
(114) 同書、九十三頁。
(115) 同書、七十三―七十四頁。
(116) 同書、七十四頁。
(117) 同書、一五〇―一五一頁。
(118) 同書、一五五―一五六頁。

（119）同書、一五六―一五七頁。
（120）「家族国家観」という言葉の提唱は、石田雄にはじまる（石田雄『明治政治思想史研究』前掲）。次章で取り上げる高瀬武次郎も昭和期に「教育勅語」の解説書を出版し、「日本国体と家族制度とは重大且つ緊密なる関係」にあることを説いた（高瀬武次郎『教育勅語謹解』教化振興会、一九三八年、三十七頁）。
（121）井上哲次郎『教育勅語衍義（上）』前掲、十六頁。
（122）「（井上は）ドイツ流の国家こそが社会の最高形態とする社会有機体説を以て説明していく」（宮地正人『二一世紀歴史学の創造二　国民国家と天皇制』前掲、一六〇頁）。
（123）井上哲次郎、『日本陽明学派之哲学』前掲、一五七頁。
（124）井上哲次郎『教育勅語衍義（上）』前掲、「叙」。
（125）同書、「叙」。
（126）井上哲次郎「宗教と教育との関係につき井上哲次郎氏の談話」前掲。
（127）井上哲次郎「社会ニ対スル徳義」前掲。
（128）溝口雄三「日本的陽明学をめぐって」『現代思想』十巻十二号、一九八二年九月、三四二―三五六頁。
（129）小倉紀蔵『朱子学化する日本近代』前掲を参照。
（130）尾藤正英『日本の国家主義――「国体」思想の形成』前掲、九十六頁。

第三章

（1）荻生茂博『近代・アジア・陽明学』前掲、四〇五頁。荻生は内村鑑三に対して、「〝ふたつのＪ〟すなわちイエスと『日本』を敬っていた」点を認めて、この時期の陽明学を「国民道徳としての〈陽明学〉」であるとしている（同書、四〇四頁）。
（2）吉田公平「石崎東国と大阪陽明学会の創設の頃――大阪における大塩平八郎」（大塩事件研究会編『大塩平八郎の総合研究』〈和泉書院、二〇一一年〉、二九三―三一五頁所収）。吉田は石崎が著作『陽明学派之人物』の中で取り上げた人物（日蓮・藤田東湖・由井小雪・生田萬・中江兆民）について、このように評した。吉田は直接山下や荻生の唱える「ふたつの陽明学」に言及している訳ではないが、石崎が着目した人物への本文のような理解を考えた時に、石崎や兆民に対して「個人主義的」陽明学の認識と軌を一にしているといってよい。

（3）高瀬武次郎「教育勅語の十徳」（『陽明』六十五号丁未六月号、一九一七年、五頁）、同「国民道徳」（同七十二号、一九一八年一月、七頁）、同「我が国民道徳の基礎」（『陽明主義』新年号〈通巻九十六号〉—三月号〈通巻九十八号〉、一九二〇年）。なおこれらの論稿がいずれも、石崎が主催した雑誌に掲載されたことは考慮されてよいであろう。
（4）一八九七（明治三十）年の京都帝国大学創立にともない、東京帝国大学に改称。
（5）吉田公平「高瀬武次郎年譜稿——東洋大学の漢学者たち（その一）」前掲。
（6）陽明学に対して「簡易直截を旨として、叢脞繁衍を避け、迂遠なる学理を避けて、実事実行を主とするに在り」（高瀬武次郎『日本之陽明学』前掲、十五頁）、「藤樹は其資性と境遇に於て、孝の全徳を成せり」（同、七十九頁）、「若し博物窮理の学を外にして、静坐黙考に傾かんか、是れ即ち所謂枯禅の流に伍するなり」（同、二〇四頁）などとする説は井上の『日本陽明学派之哲学』と同様である。
（7）荻生茂博『近代・アジア・陽明学』前掲、四〇四頁。
（8）高瀬武次郎『日本之陽明学』前掲、八十一頁。
（9）同書、一九二頁。
（10）溝口雄三「二つの陽明学」前掲。
（11）荻生茂博『近代・アジア・陽明学』前掲、四三二頁。
（12）溝口雄三「二つの陽明学」前掲。
（13）『小陽明』は創刊当初、会員に頒布するための小冊子に過ぎなかった。大逆事件に際して、「例の危険思想なんテ痛くない腹を探ぐられて秘密出版同様に見られるよりはという理由もあるが、第一には広く伝道の目的である」（石崎東国「編集雑記」『陽明』七号、一九一一年一月、八頁）という石崎の意識の下、一九一〇（明治四十三）年発行の四号から、『陽明』への改題と同時に販売もするようになった。以上のような事情のため、三号まで出た『小陽明』は、現存が確認できない。
（14）『陽明学』三号、一九〇九年。
（15）『陽明』二巻八号、一九一二年。副題は「高瀬博士留学記念号」。
（16）井上哲次郎「王陽明の学を論ず」前掲。
（17）高瀬武次郎『日本之陽明学』前掲、「例言」、五頁。
（18）高瀬武次郎『陽明学階梯——精神教育』鉄華書院、一八九九年、二頁。

(19) 同書、三頁。
(20) 同書、四頁。
(21) 井上哲次郎『日本陽明学派之哲学』前掲、「日本陽明学派之哲学序」、三―四頁。
(22) 高瀬武次郎『日本之陽明学』前掲、一九四頁。
(23) 高瀬武次郎『陽明学階梯――精神教育』前掲、四十二―四十三頁。
(24) 同書、「緒言」。
(25) 井上哲次郎『日本陽明学派之哲学』前掲、四四三―四四四。
(26) この点について高瀬は、次のように大塩を称賛している。
「謂うことを休めよ学措は中道に非ずと、賊と為し狂と為すは他評に任す、亦或は取り難きも意は取るべし、軽学惜むらくは後世の争を招く、王政復古に先鞭を着く、他年大業は序を以て成る、姚江の学派為めに光彩を添う、好哉人は小陽明と称す」（高瀬武次郎「大塩中斎先生を詠ず」一九〇九年作〈木村秀吉編『陽明学研究』東亜学芸協会、一九三八年、三十九―四十一頁所収〉）
また荻生は先述の「個人主義的」陽明学の系譜の筆頭に、宮城公子の研究も参考にしながら、大塩を位置付けている。宮城は大塩を、国家的視点より個人の内面の改良を重視していた「主観唯心論」と評価した（宮城公子「儒教の自己変革と民衆」『史林』四十九巻六号、一九六六年十一月、一―四十頁）。
(27) 大橋健二『良心と至誠の精神史――日本陽明学の近現代』前掲、八十四―八十五頁。
(28) 井上哲次郎『日本陽明学派之哲学』前掲、「日本陽明学派之哲学序」、二―三頁。
(29) 高瀬武次郎『陽明学階梯――精神教育』前掲、二頁。
(30) 井上哲次郎・蟹江義丸編『日本陽明学』全三冊、大鐙閣、一九二二年。
(31) 東正堂「教育の実行に就て」『陽明学』二十九号、一九一一年、一頁。
(32) 井上哲次郎『日本陽明学派之哲学』前掲、六二七―六二九頁を参照。
(33) 高瀬武次郎「陽明学の利病」『陽明学』二十六号、前掲、七―八頁。
(34) 大野雲譚「洗心論」前掲、里見無声「大塩平八郎に就て」、前掲。
(35) 福沢諭吉は大塩の乱の当時、数え年で三歳であった。中江兆民は、乱の十年後に生を受けている。
(36) イタリアの革命家マッツィーニ（一八〇五―一八七二）のこと。

（37）徳富蘇峰『吉田松陰』（新版）民友社、一九〇八年、三八七頁。
（38）同書、三八八頁。
（39）『陽明学』二十九号、一九一一年、五十一頁。
（40）前掲、『陽明学』二十九号、一九一一年、五十一頁。本文で言及した、井上による弁明の私信が掲載されている。
（41）「高瀬博士来翰」『陽明学』三十一号、一九一一年、五十一頁。
（42）王成「近代日本における〈修養〉概念の成立」『日本研究』二十九号、二〇〇四年十二月、一一七―一四五頁。
（43）王は同論文の中で、近代日本における「修養」という概念を儒教的な価値観とは一線を画するものと捉え、辞書や翻訳語からその起源を探っている。そこではやはり、修養は「自らの心や精神を高めることを重視している」という。王は様々な具体的事例を挙げて考察しているが、内村鑑三らのキリスト教徒、清沢満之といった宗教的な観点からの修養論にも言及している。また「修養」という語が日本で普及していく過程については、田嶋一『〈少年〉と〈青年〉の近代日本―人間形成と教育の社会史―』（東京大学出版会、二〇一六年）第三章「〈修養〉の成立と展開」が参考になる。この中では伝統的な修身論が心身一元の考え方に立脚していたのに対して、中村正直が訳出した「修養」の語が「今でいう精神活動の領域に特化して限定的に使われていた」（同書、一九六頁）と論じている。
（44）沢柳政太郎『沢柳政太郎全集』第二巻、国土社、一九七七年、五〇二頁。
（45）鈴木貞美『入門日本近現代文芸史』平凡社、二〇一三年、一二一頁。
（46）同書、一二七頁。及び、王成「近代日本における〈修養〉概念の成立」前掲。なお吉田公平は、前出の吉本譲が『陽明学』の「廃刊の辞」（前出）で『修養報』という雑誌を創刊する計画を持っていたことを挙げている。ただし吉田も指摘しているように、それが実現した形跡は見られない（吉田公平「日本近代――明治大正期の陽明学運動」『国際哲学研究』七号、二〇一八年三月、一八一―一八八頁）。
（47）原本の現存は確認できないが、一巻一号から同三号までは製本されて、京都市の国際日本文化研究センター附属図書館に所蔵されている。
（48）「発刊の辞」『修養界』一巻一号、参天閣、一九〇七年六月、一―四頁。
（49）黒岩涙香（同「少年哲学者を弔ず」『万朝報』明治三十六年五月二十七日号〈伊藤整ほか編『日本現代文学全集　明治思想家集』講談社、一九六八年、二八五―二八六頁所収〉）同「藤村操の死に就いて」（同書、二八七―二九〇頁所収）、長谷川如是閑

（同『ある心の自叙伝』朝日新聞社、一九五〇年）なども直接藤村の死を論じて、その背景について考察を加えている。また、夏目漱石の『草枕』（一九〇六〈明治三十九〉年発表。夏目漱石『草枕』〈改版〉新潮社〈新潮文庫〉、一九八七年）、田山花袋の『田舎教師』（一九〇九〈明治四十二〉年発表。田山花袋『田舎教師』〈改版〉新潮社〈新潮文庫〉、二〇一三年）といった一九〇〇年代初頭の作品にも、藤村の行為について言及した箇所が見られる。一方で一般社会にも、衝撃をもって迎えられた。「巌頭之感」が『煩悶記』という書名で出版され、ベストセラーになると、発売禁止の処分を受けた（平石典子「明治の『煩悶青年』たち」『文藝言語研究――文藝編』四十一号、二〇〇二年三月、十五―四十九頁）。

（50）平石典子は、一九〇六（明治三十九）年に雑誌『新公論』が「厭世と煩悶の救済策」と題した二か月に渡る特集を組み、三十三名に上る識者が批評を寄せた事例を紹介している。一方で「煩悶」という言葉は藤村の死の以前より国木田独歩などに取り上げられており、「藤村の事件を契機に、独歩などが表明していた積極的な煩悶と、時代の閉塞状況下の消極的な煩悶が重なって『煩悶流行』という大きなうねりをうみだしたのではないだろうか」と考察している（平石典子「明治の『煩悶青年』たち」前掲。また、同『煩悶青年と女学生の文学誌――「西洋」を読み替えて』新曜社、二〇一二年を参照）。また、平岩昭三『検証　藤村操――華厳の滝投身自殺事件』（不二出版、二〇〇三年）も参照。

（51）赤澤史朗によれば、明治末期における「煩悶」青年の出現が「教養主義」を成立させる要因となり、それに対抗する形で同時期に出たのが「修養主義」であるという。その違いは前者が「高学歴の知識人」による「西欧文化への憧れ」を基調としていたのに対して、後者は初等・中等教育を受けた人々が受容し、「伝統的な倫理・道徳の探究や再発見」によるものであるとする（赤澤史朗「大正・昭和前期の社会思想」〈宮地正人ほか編『新大系日本史四　政治社会思想史』山川出版社、二〇一〇年、三九八―四一八頁所収〉）。赤沢は「修養主義」には多様なタイプがあったとしながらも「その多くは、国家主義のタテマエや立身出世主義を否定しないもので、その意味では国家公認の道徳に合致するタイプのものだった」と述べている（同書、四〇一頁）。後述する高瀬における修養の重視も、社会との関係を重んじる点でそれに沿うものであろう。

（52）高瀬武次郎「陽明学と安心立命」前掲。

（53）同右。

（54）高瀬武次郎「修養と福楽」『修養界』一巻三号、一九〇七年八月、一―四頁。

（55）高瀬武次郎「陽明学と安心立命」前掲。

（56）なお前出の杉原夷山による『陽明学神髄』にも、陽明学が「実践躬行に重きを置」く思想であり、「陽明の学は、学問事業打って一丸となす」と書いてある（杉原夷山『陽明学神髄』前掲、二十四頁）。杉原は同じ箇所で陽明が学問を「事業に活用」した例として反乱を鎮定したことを挙げており、必ずしも高瀬のいう「事業」の意味と一致してはいないかもしれない。しかし杉原が、井上や高瀬の著作から影響を受けていることはまず間違いないであろう。

（57）高瀬武次郎『日本之陽明学』前掲、三十二頁。

（58）高瀬は明末のいわゆる「陽明学左派」とされる人物について、「枯禅」であると評して批判的な目を向けている。「陽明学左派」の説明もあわせて、第四章を参照。

（59）高瀬武次郎『陽明学新論』前掲、二九〇―二九一頁。

（60）同書、三十四頁。

（61）高瀬武次郎『陽明学階梯――精神教育』前掲、二頁。

（62）『太陽』二十三巻十号、一九一七年九月、一七七―一九一頁。

（63）孔子教については、高瀬だけが論じていたわけではない。服部宇之吉は一九一七（大正六）年に『孔子及孔子教』と題する書籍を刊行した。その中で服部は「天下統一されて孔子の道が行われ、孔子の道行われて一統を保って来た。今日の支那の情態は一統を危うくするような傾きが有る。そこで自分は孔子の一統主義を闡明することは支那否東洋の為めであり、又延て世界の為めであると信ずるのである」と語っている。さらに、孔子教（儒教）について「其の所説の実践倫理説は勿論、其他の部分も世間的方面に限れば他の諸宗教と衝突する点は極て少し」と価値を認めている（服部宇之吉『孔子及孔子教』明治出版、一九一七年、一二六頁）。

（64）荻生茂博『近代・アジア・陽明学』前掲、四〇七―四〇八頁。

（65）一九一八（大正七）年に、石崎は雑誌『陽明』を『陽明主義』と改称する。その後一旦廃刊され『復活陽明学』として復刊したものの、一九二二（大正十一）年には発行母体が、石崎自ら立ち上げた「洗心洞学団」に移る。その年末には、大阪陽明学会が解散。この間の事情について吉田は「とりわけ理事会から石崎東国の、〈陽明主義〉に立脚する言動が、危険思想視されて〈陽明主義〉を掲げる陽明学会が、活動しにくくなった」と分析している（吉田公平「石崎東国年譜稿」『白山中国学』十三号、二〇〇七年一月、四十一―一二一頁）。

（66）「実行委員の府庁訪問記」『陽明主義』十月第四号（通巻一二三号）、一九二二年、九頁。

（67）イエスの間違いか？

(68)石崎東国「陽明主義の考え方」『陽明主義』七月復活第一号(通巻一二〇号)、一九二三年、二頁。
(69)この点で石崎の思想に、「実学」という意識を見ることもできるかも知れない。「実学」とは、「有用性」という考え方が基調にあったとされていたことは既に見た。石崎は一八七五(明治八)年頃に水戸の近郊で生まれたために、当然の如く少年期に水戸学を修めていた。丸山眞男は日本の儒学の傾向である「学問の実用性」「学問と日常生活との結合」が、古学より陽明学、水戸学に至り、福沢諭吉の中にも流れていることを指摘した(丸山眞男著、松沢弘陽編『福沢諭吉の哲学　他六篇』前掲、四十二―四十四頁)日本近代の陽明学における水戸学の位置については、小島毅『近代日本の陽明学』前掲、三十八―六十二頁も参照。
(70)宮城公子『幕末期の思想と習俗』前掲、五十一―五十二頁。
(71)石崎東国「支那の孔子国教問題」『陽明』五巻十号、一九一六年四月、一頁。
(72)以上、高見澤磨ほか『現代中国法入門』(第七版)有斐閣、二〇一六年、十一―十五頁。及び、坂元ひろ子『中国近代の思想文化史』岩波書店(岩波新書)、二〇一六年、八十六―九十八頁を参照。
(73)田中仁ほか『新・図説中国近現代史――日中新時代の見取図』法律文化社、二〇一二年、六十八頁。
(74)石崎東国「支那の孔子国教問題」前掲。
(75)高瀬武次郎「孔子国教論」『陽明』六十三号、一九一七年四月、十六頁。
(76)高瀬武次郎、同論文。
(77)こう書くと、高瀬が国家主義のイデオローグであったことの証左のように見えるが、一概にはいい切れない。例えば福沢諭吉でさえ、国家の民心の結集点としての皇室の意義を注視していたとする最近の研究がある(松田宏一郎「福沢諭吉と明治国家」末木文美士ほか編『日本思想史講座四　近代』〈ぺりかん社、二〇一三年〉、六十七―一〇七頁。また、竹内真澄『諭吉の愉快と漱石の憂鬱』〈祥伝社、二〇一三年〉、一七二―一七五頁を参照)。高瀬が国家主義的であったことは否めないが、日本近代において皇室の役割を重視したからといって即座に帝国主義的な主張と結びつけられないことは確認しておく必要がある。
(78)高瀬武次郎「孔子国教論」前掲。
(79)高瀬は中国の民度を低く見ると同時に、中国思想の意義を称揚している。金山泰志は高瀬らも寄稿していた当時の著名な雑誌『太陽』の言説を分析して、知識人たちの間で「同時代の中国へ否定観《ママ》と古典世界の中国への肯定観《ママ》が並列で語られていた」と述べる(金山泰志『明治期日本における民衆の中国観――教科書・雑誌・地方新聞・講談・演劇に注目して』芙蓉書房出版、二〇一四年、二二四頁)。

（80）後に東正堂は「陽明学と日本精神」（木村秀吉編『陽明学研究』前掲、八十五―九十七頁所収）で「君臣の義と父子の情」のある日本においてこそ陽明学を実現すべきであり、陽明学によって「日本の世道人心に貢献し、追ては全世界の大平和を図る」と述べている。大正期から戦中にかけて道徳的な日本が中国を教導するという意識が思想界にあり、陽明学も例外ではなかった。
（81）三浦叶『明治の漢学』前掲。
（82）吉田公平『日本における陽明学』前掲、十一頁。
（83）小川原正道編『近代日本の仏教者――アジア体験とその思想の変容』慶應義塾大学出版会、二〇一〇年、十頁。
（84）小川原正道『日本の戦争と宗教　一八九九―一九四五』講談社、二〇一四年、六十頁。
（85）六十五頁。
（86）石崎は米騒動に対して「陽明主義の立場から」という論評を発表して、「国家社会主義を実施すること」を提言している（『陽明』八十号、一九一八年九月、一頁）。
（87）石崎東国「世界戦争の終りを見て――思想の力は武力に勝てり」『陽明』八十三号、一九一八年十二月、一頁。
（88）石崎東国「陽明主義の創造観（春季皇霊祭の日）」『陽明主義』四月号（通巻九十九号）、一九二〇年、一頁。
（89）石崎東国「陽明主義宣言」『陽明主義』新年号（通巻八十四号）、一九一九年一月、表紙表下部。
（90）石崎東国「兆民先生十周忌」『陽明』二巻六号、一九一一年十一月、三頁。ちなみに石崎がこの文章を書いたのは、大逆事件の直後である。この中で石崎は井上が陽明学を社会主義的とみなした論に触れて、同会が危険視されたことは「頗る怪訝に耐えざる所なりき」と述べ、中江兆民に対して秋水の師であることを明言した上で「明治に於ての陽明学派出身の傑物」とまで称賛している（石崎東国、同論文）。
（91）荻生茂博『近代・アジア・陽明学』前掲、四〇七頁。荻生はこのことについて本文中で詳しくは言及していないので詳しい論の対象とすることは控えるが、この一文における荻生の意図を推察してみる。恐らく荻生は、日本が世界規模の戦争に巻き込まれた時期に主要な参戦国に身を置いたが故の高瀬の危機感と、それに起因する国家主義の肯定のことをいいたいのではないかと思う。井上が陽明学研究の初期において、西洋思想の流入への危機感を本来的に有していたことは既に論じた。さらに高瀬の留学の最中に、第一次世界大戦が勃発する。荻生の主張は自国が戦場となった国の中に身を置いて、日本と比べて進んだ武力による争いへの危機を肌身で感じた高瀬が、井上のような国家主義的な思想に近い発想に発展したのではないかということを意味している。そう考えるならば、高瀬の国家主義を擁護する主張が盛んになる時期が、留学を経て数年後、日本の大陸への侵攻とそれを巡る他国との攻防が激しくなる頃であったことは偶然ではないであろう。
（92）石崎は「資本主義」への対抗や平和を実現するために「陽明主義」の全世界への普及を唱えたが、どのようにしてそれを実現するのか、また「陽明主義」のどういう点が現実を改良するのか具体的な方策はほぼなかったといってよい。
（93）日本の近代において陽明学にもたらされた変容を考究するためには、こうした近代的な視点そのものをどのように捉え直すかという意識が重要である。というのも伝統的な思想が近代における特殊な理解のされ方をする中で、東洋思想対西洋の進んだ思想という近代的な構図が構築されていったということもできるためである。そうして作られた構図が、再び思想を変化させる契機となったことが想定できる。このようなことを問題として取り上げるためには、陽明学だけでなく当時一定の支持者を集めたほかの近接する思想にも注意を払う必要がある。それは例えば、明治期における朱子学（小倉紀蔵『朱子学化する日本近代』前掲。また、土田健次郎『江戸の朱子学』前掲、第十章「朱子学と近代化」の項を参照）や武士道（菅野覚明『武士道の逆襲』講談社〈講談社現代新書〉、二〇〇四年を参照）の援用にも及ぶであろう。

第四章

（1）吉田公平「石崎東国年譜稿」前掲。同「石崎東国と大阪陽明学会の創設の頃——大阪における大塩平八郎」前掲。在野の研究では、井形正寿「石崎東国の足跡を追う」『大塩研究』（四十八号、二〇〇三年二月、二一—三十一頁）が最も丹念に石崎の動向をまとめてある。
（2）石崎東国「予が王学に入りし経路」（石崎東国『陽明学派之人物』前川書店、一九一二年、所収）。この自伝が書かれたのは、一九一〇（明治四十三）年である。この中で石崎は、「茲年予は三十八」と記している（石崎東国、同書、一七六頁）。この記述から吉田公平は、石崎の生年を数え年で一八七三（明治六）年と推定している（吉田公平「石崎東国年譜稿」前掲）。井形正寿も、成正寺過去帳の記述がその年になっていることを確認している（井形正寿「石崎東国の足跡を追う」前掲）。ただし過去帳は一般的に本人の死後に書かれるものであり、生年に関しては、特に昭和初期までの場合必ずしも信頼できないこともある。一方で一九三一（昭和六）年に新聞に掲載された石崎の訃報記事には、「享年六十」と書いてある（『大阪毎日新聞』昭和六年三月二六日付所載記事）。これが正しいとすれば満年齢、数え年のどちらを採用しても生年が一八七三年では計算が合わない。ただしこの記事の記述が数え年に基づいており、石崎が自らの年齢を満年齢で数えていたとすれば、ともに生年は一八七二（明治五）年で一致する。ここで注目すべきは石井研堂の『明治事物起原』における、明治六年二月五日太政官第三十六号布達により「民間に、数え年幾つ、満幾つと、二種の年齢をいうこととはなれり」（石井研堂『明治事物起原』橋南堂、一九〇八年、二十三頁）という記述である。さらに、一九五〇年一月一日施行の「年齢のとなえ方に関する法律」（昭和二十四年五月二十四日法律第九十六号）の第一項に、「国民は、年齢を数え年によって言い表す従来のならわしを改めて」とある。昭和二十年代になっても相変わらず民間では、数え年での計算方法が使用されていたことが分かる。すなわち、石崎が明治四十三年の時点で満年齢を使用して計算しており、かつ死亡時には旧来の数え方が採用されていたとしても不自然ではない。

（3）石崎東国『陽明学派之人物』前掲、一七一頁。ここで石崎が言及している著作は、正確には『皇明大儒王陽明先生出身靖乱録』という。明末の文人、馮夢竜（ふう・ぼうりゅう、またはふう・むりゅう、一五七四―一六四六）が書いたとされる王陽明の史伝である。日本でも、墨憨子（ぼくかんし、馮夢竜の号）『王陽明出身靖乱録』として刊行された。

（4）同書、一七五―一七六頁。

（5）吉田公平「石崎東国と大阪陽明学会の創設の頃――大阪における大塩平八郎」前掲。

（6）大塩事件研究会編『大塩平八郎の総合研究』前掲、二九七頁。

（7）石崎東国「陽明主義宣言」前掲

（8）石崎東国「財団法人洗心洞文庫定款」『陽明主義』十月号（通巻九十三号）、一九一九年、一頁。

（9）石崎西之允「吾等の主張は王道に在り」『陽明主義』十月号（通巻九十三号）、前掲、一頁。

（10）大阪陽明学会「大阪陽明学会附属・洗心洞文庫設立趣旨、明治四十一年十二月」『陽明』六号、一九一〇年十二月、五頁。

（11）石崎東国「人道主義」『陽明』十号、一九一一年四月、一頁。

（12）石崎東国『陽明学派之人物』前掲、五十一頁。

（13）同書、五十五頁。

（14）同書、五十三頁。

（15）なお後年ではあるが、高瀬武次郎も水戸学についての著作の中で、陽明学と関連することに触れている（高瀬武次郎『水戸学』皇教会、一九四四年、八十一―八十三頁）

（16）小島毅『近代日本の陽明学』前掲、一一八―一一九頁。

（17）石東国「水戸学と陽明学」『陽明』十号、前掲、三十二頁。

（18）石崎東国『陽明学派之人物』前掲、一〇六―一〇七頁。

(19) 鄧紅は陽明学が維新の原動力であるという説が、三宅雪嶺の『王陽明』、高瀬武次郎の『日本之陽明学』、井上哲次郎の『日本陽明学派之哲学』によって肉づけされたものであるとする（鄧紅「梁啓超と『日本陽明学』」『社会システム研究』十五号、二〇一七年三月、三十五―四十八頁）。
(20) 石崎東国『陽明学派之人物』前掲、六十―六十一頁。
(21) 旭荘の日記『日間瑣事備忘』の天保八年（大塩の乱の年）三月十日の条には大塩の乱の記録が見えるが、特に大塩に批判的な記述はない（広瀬旭荘全集編集委員会編『広瀬旭荘全集』第一巻、思文閣出版、一九八二年、二〇五頁）。
(22) 石崎東国「大塩中斎先生の経済思想に就て」『陽明』七十八号、一九一八年七月、一頁。
(23) 石崎東国、同論文。
(24)「大逆事件に関する立国大本講演会」前掲を参照。
(25) 荻生茂博『近代・アジア・陽明学』前掲、四〇七頁。
(26) 吉田公平「高瀬武次郎年譜稿――東洋大学の漢学者たち（その一）」前掲に詳しい。
(27) 高瀬武次郎「陽明学の利病」前掲。
(28) 吉田公平「石崎東国の中江兆民・ルソー論――『陽明』『陽明主義』の基調」（東洋大学東洋学研究所編『明治期における近代化と〈東洋的なもの〉』東洋大学東洋学研究所、二〇〇七年、二十三―三十五頁所収）。
(29)『陽明』五号、一九一〇年十一月。
(30) 石崎東国『陽明学派之人物』前掲、一七五―一七六頁。なお日蓮については内村鑑三も『代表的日本人』の中で取り上げており、激しい迫害の中でも法華経の信仰を保ったことを評価する（内村鑑三『代表的日本人』前掲、第五章）。
(31) 森田康夫『日本史研究叢刊十九　大塩平八郎と陽明学』（和泉書院、二〇〇八年）、第十章「大塩思想の継承者・三宅雪嶺」、及び同『日本史研究叢刊二十二　大塩思想の可能性』（和泉書院、二〇一一年）、第二章「大塩陽明学の近代思想への可能性」を参照。
(32) 森田康夫『日本史研究叢刊二十二　大塩思想の可能性』前掲、五十六頁。
(33) 森田康夫『日本史研究叢刊二十八　大塩思想の射程』和泉書院、二〇一四年、第十二章「石崎東国と大正デモクラシー」。
(34) 国府種徳（犀東）『大塩平八郎』前掲、「序」（三宅雪嶺による寄稿）、六頁。
(35) 高安月郊『大塩平八郎』金港堂、一九〇二年、五頁。

(36) 勝水瓊泉編『偉人研究　大塩平八郎言行録』内外出版協会、一九〇八年、一四八頁。
(37) 同書、一六七頁。
(38) 中野正剛『魂を吐く』(金星社、一九三八年)所収(執筆は一九一八〈大正七〉年八月)。
(39) 同書、九十一頁。
(40) 同書、一〇五頁。
(41) 同書、九十七頁。
(42) 井上哲次郎『日本陽明学派之哲学』前掲、「叙論」、四―五頁。
(43) 中野正剛『魂を吐く』前掲、一〇六頁。
(44) 石崎東国『大塩平八郎伝』大鐙閣、一九二〇年、「自序」、八頁。
(45)『新小説』一九二一(大正十)年七月号初出。中村吉蔵『大塩平八郎――史劇』(天祐社、一九二一年)所収。なお同作は、一九二五(大正十五)年には小山内薫の演出で上演された(大塩事件研究会編『大塩研究別冊　大塩平八郎を解く――二十五話』前掲、九十四頁)。
(46)『真山青果全集』第十四巻(講談社、一九七六年)所収。『中央公論』一九二五(大正十四)年七月―十二月号初出。
(47) 同書、八頁。
(48) 中村吉蔵『大塩平八郎――史劇』前掲、二九〇頁。
(49) 同書、三〇五―三〇六頁。
(50) 同書、三〇六頁。
(51) 三浦周行『国史上の社会問題』(日本文化名著選)創元社、一九三八年、一八八頁。初版は、大鐙閣、一九二〇年。
(52) 社会主義運動家の堺利彦は、一九二八年の『愛国新聞』(日本農民組合三重県連合会、及び三重水平社による合同機関誌)に「講演大塩騒動」を連載した。この中に登場する民衆は大塩を手ばなしで称賛し、金持ちを非難している。社会主義の喧伝のために、大塩の人物像と自らの主張を結びつけたといえる(川口武彦編『堺利彦全集』第五巻〈法律文化社、一九七一年〉所収。また、西尾治郎平「『愛国新聞』と堺利彦の『大塩騒動』」『大塩研究』九号〈一九八〇年三月、四十三―四十七頁〉も参照)。その中で、大塩が奉じていた陽明学に行動を促した思想的根拠が求められた。そして現代においても、先述の森田康夫などの文章に結びつくのであろう。

(53) 石崎東国『大塩平八郎伝』前掲。なお同日に同じ出版社から、同じ内容の和綴本『中斎大塩先生年譜』が刊行されている。
(54) 同書、「自序」、六―七頁。
(55) 研究史においても、貴司山治「明治維新の原型としての大塩乱――小説作法の感想として」（『歴史科学』二巻七―八号、一九三三年）。及び、堀江英一『明治維新の社会構造』（前掲）などで同様の説が唱えられているが、ここでは区別しておく。
(56) 石崎東国『陽明学派之人物』前掲、九十四頁。
(57) 同書、九十四―九十五頁。
(58) 井上哲次郎『日本陽明学派之哲学』前掲、六二六頁。
(59) 石崎東国、『陽明学派之人物』前掲、九十八頁。
(60) 同書、一〇二頁。
(61) 貧民の問題を論じた河上肇の『貧乏物語』（一九一七〈大正六〉年刊）は、経済の問題を論じていると同時に道徳の問題を論じている。
「人間としての理想的生活とは、これを分析して言わばわれわれが自分の肉体的生活、知能的生活（メンタルライフ）及び道徳的生活（モーラルライフ）の向上発展を計り――換言すれば、われわれ自身がその肉体、その知能（マインド）及びその霊魂（スピリット）の健康を維持しその発育を助長し――進んでは自分以外の他の人々の肉体的生活、知能的生活及び道徳的生活の向上発展を計るがための生活がすなわちそれである。さらにこれをば教育勅語中にあることばを拝借して申さば、われわれがこの肉体の健康を維持し、『知能を啓発し、徳器を成就し』、進んでは『公益を弘め、世務を開く』ための生活、それがすなわちわれわれの理想的生活というものである」（河上肇『貧乏物語』岩波書店〈岩波文庫〉、一九四七年初版、一九六五年改版、一三八―一三九頁）。

「私は先に消費者としてまた生産者としての各個人の責任を述べ、ひいて経済と道徳との一致を説いたが、これにつけて思い出さるるは、中庸の『道は須臾も離る可からず、離る可きは道に非ざる也』の一句である」（同書、一五六頁）。

なお大内兵衛によれば、同書の原稿は「大正五年九月十一日から同年十二月二十六日までに、断続して『大阪朝日新聞』にのせられ、数十万の読者の絶賛を博した」（同書、一八二頁）という。当時大阪陽明学会の主幹として活動していた石崎が、読んだ可能性は充分に考えられる。
(62) 石崎東国『陽明学派之人物』前掲、九頁。
(63) 同書、三十三―三十四頁。

(64) 同書、四十三頁。
(65) 同書、四十三頁。
(66) 同書、四十四頁。
(67) 岡田武彦「日本人と陽明学」前掲、一一三頁。
(68) その理由を、岡田は次のように説明している。「当時は尊王攘夷を標榜し、国体の護持を力説して国事に狂奔するものが多かったが、右の学者たちは、このような行動も静深な心術、真切な実功を用いない限り、外、道義に名を仮り、内、権詐功利に陥るを免れず、その結果、国家の元気を傷い世の綱紀を敗り、却って生民を塗炭の苦しみに陥れるに至ると考えた。彼らが講学明道をもって時弊救済、艱難克服の第一義となす理由はここにあったのである」(岡田武彦、同論文、一一三頁)。
(69) 東林学派の記述については、日原利国編『中国思想辞典』(研文出版、一九八四年、三三五頁)を参照した。また小野和子『明季党社考――東林党と復社』(東洋史研究叢刊)〈同朋舎出版、一九九六年〉も参照。
(70) 岡田武彦『江戸期の儒学』前掲、一一二頁。また岡田の東林学派についての見解は、岡田武彦「東林学の精神――顧憲成・高忠憲を中心として」(『岡田武彦全集十八巻　宋明哲学の本質　下』明徳出版社、二〇〇九年所収)も参照。
(71)『岡田武彦全集十巻　王陽明と明末の儒学　上』明徳出版社、二〇〇四年、一六三頁。
(72) 同書、一六四頁。
(73) 同書、一六四頁。
(74) 同書、一六五頁。
(75) ただし「右派」「左派」という呼び方は、後藤基巳「清初政治思想の成立過程」(『漢学会雑誌』十巻二号、一九四二年十月、六十九―一〇二頁)が採用した用語である。また荻生茂博は、先述の島田虔次による『中国における近代思惟の挫折』が、嵆文甫『左派王学』に影響を受けたことを指摘する(荻生茂博『近代・アジア・陽明学』前掲、三九六頁)。この流れを荻生は、陽明後の学問の展開の中で特に李卓吾を称賛する見方とする。ちなみに陸羯南は三宅の『王陽明』初版に附した跋文の中で、李卓吾を「其の学説の異を以て罪を得、遂に獄中に自殺すと伝う、豈に冤ならずや」と擁護している(陸羯南「王陽明の後に題す」三宅雪嶺『王陽明』前掲、跋文)。
　ただし羯南は、李卓吾を陽明学の正当とはみていない。それにも関わらず『王陽明』と題した書中で彼を称賛しているのは、異端の説を展開した点にある。

「陽明は百代の偉人なり、卓吾を以て其の統を継ぐ者と為すべからず、然れども、儒徒と為りて事例に拘らざるの所は之を唐の柳宗元宋の陸九淵に比して譲るあるを見ず」（同書、跋文）。

羯南は李卓吾の思想面よりも、人格的な面に着目している。また高瀬武次郎は『陽明学新論』の中で、王心斎、王龍渓（ともに、岡田の区分による「現成派」の代表的人物）の陽明学について「枯禅に流れしを奈何せん」と批判している（高瀬武次郎『陽明学新論』前掲、二九〇頁）。

(76) さらに三者の学統についての詳しい所論は、『岡田武彦全集十巻　王陽明と明末の儒学　上』前掲、及び同十一巻『王陽明と明末の儒学　下』明徳出版社、二〇〇四年、同十八巻『宋明哲学の本質　下』前掲、所収の論考を参照。

(77)「中斎にとって陽明学とは、東林派に代表される国の難局に死生を越えて節義を貫く政治的実践者、『士』の心術に他ならなかった」（荻生茂博『近代・アジア・陽明学』前掲、三三八頁）。

(78) 岡田武彦『江戸期の儒学』前掲、四十六頁。

(79) 岡田武彦『日本人と陽明学』前掲。

(80) 以上の陽明学者たちの経歴については、岡田武彦『江戸期の儒学』前掲、一一三―一二四頁。及び二一八―二八二頁。宮崎十三八・安岡昭男編『幕末維新人名事典』（新人物往来社、一九九四年発行版）。上田正昭ほか編『講談社日本人名大辞典』（講談社、二〇〇一年発行版）。荒木龍太郎「日本における陽明学の系譜（下）――幕末明治前期を中心に」（岡田武彦編『陽明学の世界』前掲、四〇六―四二二頁所収）。吉田公平「東敬治編『澤瀉先生逸話籠』の特色」『東洋大学中国哲学文学科紀要』十八号（二〇一〇年三月、一―十五頁）を参照した。

(81) 岡田武彦『江戸期の儒学』前掲、一六五頁。

第五章

(1) 土田健次郎「儒教の聖書批判」（小山宙丸編『聖書をめぐる九の冒険』ネスコ、一九九五年、二二九―二五五頁所収）を参照。

(2) 内村鑑三著、鈴木俊郎訳『余は如何にして基督信徒となりし乎』岩波書店（岩波文庫）、一九三八年初版、一九五八年改版、十四―十五頁。

(3) 内村鑑三著、鈴木範久訳『代表的日本人』前掲、十九頁。

(4) 内村鑑三著、鈴木範久訳『代表的日本人』前掲、十八頁。なお、儒学における天帝の観念を「一種の造物主」と考えて、キリスト教との関連が当時考えられた可能性を指摘するのは、篠田一人である（篠田一人「日本近代思想史における熊本バンドの意義」〈篠田一人ほか著『同志社大学人文科学研究所研究叢書Ⅶ　熊本バンド研究――日本プロテスタンティズムの一源流と展開』新装版、みすず書房、一九九七年所収〉、九頁）。また、宮川透も同様の意見を述べている（宮川透『日本精神史の課題』紀伊国屋書店、一九八〇年、九十二頁）。

（5）内村鑑三著、鈴木範久訳『代表的日本人』前掲、十九頁。また井上の漢学の師でもある中村敬宇（正直）の思想は、「造物主」という観念と儒教と双方の影響によって論じられている（荻原隆『中村敬宇研究――明治啓蒙思想と理想主義』早稲田大学出版部、一九九〇年、第六章「宗教――儒者のキリスト教受容」を参照）。

（6）源了圓「幕末・維新期における『豪傑』的人間像の形成」『日本文化研究所研究報告　第十九集』一九八三年三月、五十三―七十八頁。

（7）同論文。また堤克彦『横井小楠の実学思想――基盤・形成・転回の軌跡』（ぺりかん社、二〇一一年）は、小楠の藩政改革の事績を丹念に追っている。

（8）岡利郎『山路愛山――史論家と政論家のあいだ』前掲、二五七頁。

（9）同書、二五七頁。

（10）丸山眞男『日本政治思想史研究』東京大学出版会、一九五二年初版、一九八三年新装版、三五〇頁。

（11）同書、三五二頁。

（12）湯浅泰雄は、内村の陽明学観における維新との関係を「一種の『宗教的』情熱が維新の変革をもたらした、という見解」と述べている（湯浅泰雄『日本人の宗教意識』講談社〈講談社学術文庫〉、一九九九年、三四六頁）。湯浅はその「宗教的情熱」が「近代的な体制変革のイデオロギーにみちびかれた」ものではないとしており、西郷や松陰にも認めている（同書、三五二頁）。

（13）内村鑑三著、鈴木範久訳『代表的日本人』前掲、一三三頁。

（14）澁谷浩『近代思想史における内村鑑三――政治・民族・無教会論』新地書房、一九八八年。

（15）内村鑑三著、鈴木範久訳『代表的日本人』前掲、一三七頁。

（16）鵜沼裕子は内村における「天然」という概念を考察して「万物一体の仁」との関連を指摘し、自然を対象とした汎神論的な見方を有していたことを提示する（鵜沼裕子「内村鑑三における神と天然」『内村鑑三研究』十一号、一九七八年十月、七十二―九十頁）。

また荒木見悟によれば、「万物一体の仁」を説く姿勢が天下の人を我が親と同様に見るような感覚とも通じるとされる（荒木見悟『陽明学の位相』研文出版、一九九二年、二六一—二六二頁）。さらに小島毅は、内村が父の宜之をキリスト教に回心させようとした時に用いたのが『マルコによる福音書』であったことを指摘して、次のようにいう。「『隣人愛』は儒教徒であった内村宜之・鑑三父子には、まずは陽明学が強調する『万物一体の仁』として受け止められたのではなかろうか」（小島毅『近代日本の陽明学』前掲、九十頁）。

(17) 内村は「シナ道徳」について、「親の横暴と圧制さえも柔和に耐えるべきであった」（内村鑑三『余は如何にして基督信徒となりし乎』前掲、十五頁）とか、「最大の欠点は性道徳を論ずる時のその無力さである」（同書、十六頁）と書いている。

(18) 河上徹太郎は、内村における東洋思想を次のように述べる。

「それは生来いわば武士道的儒教主義で育てられた少年が、この教義を否定することなく、その延長の上にそれよりもっと完璧な体系で『義』というものが存在することを知った喜びなのである」（河上徹太郎「解題」『明治文学全集三十九　内村鑑三集』筑摩書房、一九八九年所収）。

しかし内村には本格的に東洋思想を学ぶ機会がなかったことを考慮に入れれば、右の議論はやや結果論に近いといえる。実態はキリスト教を学んだ内村が、陽明学という東洋思想の意義を再発見したものであろう。

山田謙次は「陽明学がキリスト教受容基盤の一つとして受け止められていた」ことが明治期から指摘されてきたことに言及しているが（山田謙次「北村透谷における陽明学」『近代文学試論』十六号、一九七七年十一月、一—九頁）、実態は右と同様であろうと思われる。

(19) 内村の理解が反体制に見えるのは、「無教会主義」ともいわれる彼の身上のためではないか。ローマカトリックの教会組織や形式的な教義を否定し、聖書を重視したのが内村であった。小島毅はその立場と儒学の関係について、次のように述べている。「内村をはじめ、一九世紀後半の日本の知識人たちの間に拡がったキリスト教とは、カトリックではなく、プロテスタンティズムのほうであった。それは彼らがもともと持っていた儒学的素養が、プロテスタンティズムに親和的だったからなのである」（小島毅『近代日本の陽明学』前掲、八十三頁）。

なお内村は決して社会改革に積極的であった訳ではない。内村は「社会改良」を「善事」としつつも、本来天国に意識を向けるべきキリスト教徒にとって、それは「道楽の一つ」に過ぎないとして距離を置く（内村鑑三「基督信徒と社会改良」〈内田芳明編『近代日本思想大系六　内村鑑三集』筑摩書房、一九七五年〉所収）。そうだとすれば内村の陽明学への関心もまた、社会改良よりは精神の修養に重きを置いたものであることが推測できる。

(20) 内村鑑三「なぜ『クリスチャン』の一語を加えるか」(原題「Why "Christian"?」) 道家弘一郎訳『内村鑑三英文論説 翻訳編』下巻、岩波書店、一九八五年、二八九—二九〇頁。なお英語の原文は、『内村鑑三全集』二十九巻、岩波書店、一九八三年、四二四—四二六頁に収録されている。なお、文中の「本誌」は、The Japan Christian Intelligencer である。

(21) その意味で次の日本近代のキリスト教徒をさした言葉は、内村の姿勢を的確に示しているであろう。

「キリスト教信仰を自分なりに了解しようと苦心していた日本人が、在来の伝統や宗教経験とのあいだに相通じる立場や連続性を捜し求めたのは、ごく自然のなりゆきだった。過去をあがない、西洋人宣教師が来日するまでの日本の歴史と文化において、神がいかにはたらいていたかを考える必要を、日本人信者は感じていた」(マーク・R・マリンズ著、高崎恵訳『メイド・イン・ジャパンのキリスト教』トランスビュー、二〇〇五年、八十五頁)。

(22) 道家弘一郎訳『内村鑑三英文論説 翻訳編』下巻、前掲、二九〇頁。

(23)『福音新報』一六七号、明治二十七年五月二十五日付初出。『植村正久著作集 二』(新教出版社、一九六六年) 所収。

(24) 新渡戸稲造「沈黙の時間」(新渡戸稲造全集編集委員会編『新渡戸稲造全集 二十一巻』〈教文館、一九八六年〉所収)。新渡戸は陽明学が精神面を陶冶する思想である面に着目したといえる。正堂の陽明学会に依頼されて行った講演では、自身の信じるクエーカーの教義と陽明学はいずれも、形式を廃して良心に従う点があるとする (新渡戸稲造「陽明学の素人観」『陽明学』九—十号、一九〇九年)。

(25) 鈴木貞美『入門日本近現代文芸史』前掲、一二一頁。

(26) 同書、一二二頁。鈴木はほかに「立志」を重視した中村正直、またキリスト教徒ではないが植木枝盛や加藤弘之が共和政治を志向した点に、陽明学的な発想の影響を見ている (同書、四十九—五十四頁)。

(27) 松村介石『道と宗教』天心社、一九〇九年。

(28) なお、キリスト教の研究者からは次のような見解が提出されている。「松村とその継承者たちの観点には、王陽明の新儒学の影響が明らかである。そこには神的なものに対する強い信仰と、『心の良知』の陶冶の重視が認められる」(マーク・R・マリンズ『メイド・イン・ジャパンのキリスト教』前掲、一〇五頁)。しかし「神的なものに対する強い信仰」はやはりキリスト教への傾倒に由来するものであろうし、「良知」の思想を持ち出さなくとも、精神面の陶冶の重視は朱子学や禅仏教にも共通の理解である。結果、松村に陽明学の影響が明白に認められるとまではいえない。

（29）井上順孝編『近代日本の宗教家一〇一人』新書館、二〇〇七年、三十二頁。また嶋田順好「本多庸一における陽明学的なるものの影響について」『キリスト教と文化』二十七号（二〇一一年三月、三十一―五十八頁）を参照。
（30）山路愛山『基督教評論・日本人民史』岩波書店（岩波文庫）、一九六六年、二十三頁。
（31）渡瀬常吉『海老名弾正先生』竜吟社、一九三八年、四六〇頁。
海老名弾正「中江藤樹の宗教思想」『六合雑誌』二一七号、一八九九年一月、三十九―四十四頁、『復刻版　六合雑誌』第二十巻、不二出版、一九八六年、四十一―四十六頁。なお、『六合雑誌』は一八八〇（明治十三）年に、植村正久や小崎弘道らが東京キリスト教青年会を発足させ、その機関誌として発行された雑誌である。誌名の「六合」とは、天地と四方を合わせた世界全体を意味する言葉である。その名の通りキリスト教に限らず、時事問題や日本に流入されて間もない社会主義についてなど、幅広い分野の論文を掲載した。本誌に掲載された所論には、東洋思想に関する論説も散見される。足立栗園「近世の儒教を論ず」一三一号、一八九二年五月、二十四―三十頁（『復刻版　六合雑誌』二十巻、前掲、三八〇―三八六頁）。林公一「老子の所謂道」一四一号、一八九二年九月、二十五―三十五頁（『復刻版　六合雑誌』第十二巻、不二出版、一九八六年、五二五―五三五頁）。また、井上哲次郎の「王陽明の学を論ず」前掲の初出は、同誌の一三四号、一八九二年二月、二十九―四十三頁〈『復刻版　六合雑誌』第十二巻、前掲、一三九―一五三頁〉である。
（32）海老名弾正「中江藤樹の宗教思想」『六合雑誌』二一七号、一八九九年一月、三十九―四十四頁〈『復刻版　六合雑誌』第二十巻、前掲、四十一―四十六頁〉。
（33）同論文。
（34）工藤英一『日本キリスト教社会経済史研究』教育出版社、一九八〇年、四十一―四十四頁。
（35）「朱子学の煩瑣な教理と形式化した論理にあきたりない者は、陽明学に走らざるをえなかった。朱子学が当時の正統派であったがゆえに、陽明学は異端視され、その点においてキリスト教に類似する位置づけを与えられたのである」（工藤英一『日本キリスト教社会経済史研究』前掲、四十六頁）。
（36）倉田和四生『山田方谷の陽明学と教育実践』大学教育出版、二〇一五年、第三章「陽明学とキリスト教」を参照。
（37）伊吹岩五郎『山田方谷』（復刻版）山田方谷顕彰会、二〇〇五年、二七四頁。
（38）井上哲次郎『日本陽明学派之哲学』前掲、一五〇頁
（39）鈴木範久『「代表的日本人」を読む』大明堂、一九八八年、一〇二―一〇三頁。

(40)「然れども藤樹の学問は決して耶蘇教と混同すべからず。藤樹の学問は能く洙泗の精神を得たるものにして、其主眼は人倫の秩序を正うするにあり。仮令い人類の同等を主張するも、君臣父子等の関係を蔑如するものにあらず。否、君臣親子等の関係を正確にせんと欲するものなり。之れを要するに、藤樹の学問は畢竟世間的なり、現実的なり」(井上哲次郎『日本陽明学派之哲学』前掲、一五二頁)。

(41) 井上哲次郎『倫理と宗教との関係』前掲、八十五頁。

(42)「然るに日本民族は同一の古伝説より其遥遠なる系統を引き、建国以来他の民族の為めに攪乱せられしことなく、同一の言語、風俗、習慣、歴史等を有せるが故に、一大血族の形を成し、国家は一の家族制を成せり。日本民族は此の如くにして他の民族の如く、過去の歴史に乱調を呈することなく、古今一貫の系統を有し、現在の国民は祖先を継承し、子孫は又現在の国民を継承し、益々発展せんとするものなり。是故に孝の教は日本民族の運命上に重大の関係を有するものなり。此れに由りて之れを観れば、藤樹の孝を重んずる故なきにあらざるなり。忠は孝を拡充したるものなり。殊に日本にありては、孝を言えば、忠は自ら其中にあり、日本の国家は一の家族制を成せるが故に、家にありて父に対するが如く、国にありては君に対するなり。国は家を拡充したるものにて、家は国を縮小したるものなり」(井上哲次郎『日本陽明学派之哲学』前掲、一五六頁)。

(43) 井上哲次郎『日本陽明学派之哲学』前掲、一四六頁。なお『神道大義』は、一九四二(昭和十七)年刊の正宗敦夫編『蕃山全集』第五冊(蕃山全集刊行会刊)に収録されている。同書は一九七八年に名著出版が復刻。なお、井上が参考にした『神道大義』が収められていたのは「藤樹全書」であり(井上哲次郎『日本陽明学派之哲学』〈第十六版〉冨山房、一九三二年、一三〇頁)、おそらく志村巳之助編、北山政雄ほか校訂『藤樹全書』巻之六(点林堂刊、一八九三年)のことであろう。

(44) 井上哲次郎『日本陽明学派之哲学』前掲、六二五—六二六頁。

(45) また、「藤樹は王学の立脚点より神道を解釈し、能く其肯綮を得たり。蓋し神明を以て我良知の本体とし、神明を内容的に考察するものなり」(井上哲次郎『日本陽明学派之哲学』前掲、一四九頁)と同書で述べている。井上が陽明学と神道の関係を強調する理由は、天皇制の重視、及び「国民道徳」に陽明学を援用しようとするためである。それは同書執筆の動機でもある。

(46) 山下龍二「儒教の宗教的性格——日本」〈小野泰博ほか編『日本宗教事典』弘文堂、一九八五年、四九九—五〇〇頁所収〉)。

また田尻祐一郎も藤樹の陽明学の本領を「孝」によって、「太虚」としての「宇宙的な生命」と一体化することであるとした。その上で、次のように述べた。「藤樹は道半ばとはいえ、明代の思想動向(陽明学を主軸とする心学)から存分のものを受け取り、独自の深みを湛えた宗教哲学を作りつつあった」(田尻祐一郎『江戸の思想史——人物・方法・連環』中央公論新社〈中公新書〉、二〇一一年、六十六頁)。
(47) 岡田武彦『江戸期の儒学』前掲、一七二頁を参照。
(48) 竹内良知『西田幾多郎』(東京大学出版会、一九七〇年)を参照。
(49) 狩野直喜は、一九四五年の西田幾多郎の死に際して書いた追悼文の中で、次のように書いている。
「西田哲学というものは難しいものだそうだが、西洋のものを理解する丈でなく、自分で哲学を編み出したのは、西洋哲学を基礎としこれに儒学や諸子学の知識を加えた事が西田哲学を編むに大いに役だったのではあるまいかと私は思う。ある私の友人が君の『善の研究』を読み『あれは陽明学だ』と言ったことがある、そう簡単には片づけられぬと思うが、君は又禅もやった人である」(狩野直喜『読書纂餘』弘文堂書房、一九四七年、二六三頁)。
(50) 小坂国継「『善の研究』と陽明学」(西田幾多郎著、小坂国継注『善の研究』講談社〈講談社学術文庫〉、二〇〇六年、補論第二章)。同「西田哲学と陽明学」(同『近代日本哲学のなかの西田哲学——比較思想的考察』ミネルヴァ書房、二〇一六年、第五章)。及び、湯浅泰雄『日本人の宗教意識』前掲、第四章-三「陽明学と西田哲学」。
(51) 例えば湯浅泰雄は、陽明学の骨子が「心即理」と「致良知」の二つで示されるとした上で、「西田の場合と対比すれば、純粋経験論がほぼ前者に当り、良心論は後者に当るといえよう」(湯浅泰雄『日本人の宗教意識』、三五五頁)と述べている。
(52) 小坂国継『近代日本哲学のなかの西田哲学——比較思想的考察』前掲、一五八頁。なお、小島毅は『西田幾多郎全集』二十四巻の「書名索引」で『伝習録』を引くと、計七か所に登場し「そのうち六例が『善の研究』執筆準備期、一つが刊行直後にある」と指摘した上で、『善の研究』に所収の論文の一部に「王陽明の詩や『伝習録』にいう致良知が心に響いていたのであろうと推察することができよう」と述べている(小島毅「明治後半期の陽明学発掘作業」前掲)。
(53) 呉光輝「西田哲学と陽明学の比較研究——西田幾多郎における陽明学受容の問題」『東瀛求索』十一号、二〇〇〇年四月、八十一—九十三頁。
(54) 安倍能成ほか編『西田幾多郎全集』十六巻、岩波書店、一九六六年、三二九頁。
(55) 安倍能成ほか編『西田幾多郎全集』一巻、岩波書店、一九四七年、一〇六頁。
(56) 安倍能成ほか編『西田幾多郎全集』十六巻、前掲、四一九頁。
(57) 呉光輝「西田哲学と陽明学の比較研究——西田幾多郎における陽明学受容の問題」前掲。
(58) 井上克人「明治期における西田幾多郎の倫理的課題——西田の思惟に見る宋学的伝統」『関西大学文学論集』五十巻三号、関西

大学文学会、二〇〇一年三月、一〇五―一二六頁。

(59)「要するに彼ら（引用者注・陸象山、羅欽順、王陽明。いずれも、朱子の説に異を唱えたとされる人物）は朱子学の『理』の形而上学に対して、現象を重んじる『気』の哲学を唱えたのである。日本の徳川期の官学であった朱子学も、朱子学とはいえ、最初から超越的な究極的原理を認めない点で、むしろこの後者の理念に則っていることは注視されてよい。日本人的発想の特質として挙げられる『即物主義』も、そして本稿のテーマである『現象即実在論』もこうした発想と同類である」（井上克人『西田幾多郎と明治の精神』〈関西大学東西学術研究所研究叢刊　三十九〉関西大学出版部、二〇一一年、九十七頁）。

(60) 吉田公平「西田幾多郎の『修養』と『研究』、夏目漱石の『こころ』の苦悩」『近代化と伝統の間』教育評論社、二〇一六年、十二―二十五頁。

(61) 第三章では藤村操の例に触れたが、和崎光太郎によると、当時既存の教育への不満が知識人から噴出しており、「修養」にはそうした教育を批判する時の「殺し文句」の意味があったとする（和崎光太郎「青年期自己形成概念としての〈修養〉論の誕生」『日本の教育史学――教育史学会紀要』五十号、二〇〇七年、三十二―四十四頁。及び同「世紀転換期における〈修養〉の変容」『教育史フォーラム』五号、二〇一〇年三月、二十一―三十六頁。

　また栗田英彦は、前出の王成やこの和崎の論を引いて「この時期の『修養』は、形式主義・知識教育・処世教育などに対置される、内面的な道徳の向上を意味するものとして用いられた」（栗田英彦「明治三十年代における『修養』概念と将来の宗教の構想」『宗教研究』八十九巻三号、五十一―七十四頁）とする。

(62) 当時の交流の様子は、鷗外の『独逸日記』（木下杢太郎編『鷗外全集』三十五巻〈岩波書店、一九七五年〉所収）に記録されている。並びに、宮本盛太郎「森鷗外・井上哲次郎・乃木希典――三者の関係」『社会システム研究』四号、二〇〇一年二月、十九―三十頁にも詳しい。

(63) 小堀桂一郎『森鷗外――日本はまだ普請中だ』ミネルヴァ書房、二〇一三年、一三四頁。

(64) 海老田輝巳「森鷗外の作品における陽明学」『語学と文学』二十六号、一九九六年三月、一―二十二頁。

(65) 木下杢太郎編『鷗外全集』三十六巻、岩波書店、一九七五年、一三三―一三四頁、書簡二六八、月不詳二十四日、森峰子宛。なお海老田はこの左遷により精神的な苦痛を味わったことを契機のひとつとして、鷗外は『大塩平八郎』を書いたとしている（海老田輝巳「森鷗外の作品における陽明学」前掲）。

(66) 唯一の例外は、「倫理学説の岐路」と題された小文である（木下杢太郎編『鷗外全集』二十五巻〈岩波書店、一九七三年〉所収）。

その中で鷗外は、陽明学を朱子学と同種の思想と見ている（同書、二四四頁）。

(67) 小堀桂一郎『森鷗外――日本はまだ普請中だ』前掲、七〇四頁。

(68) 中村文雄『大逆事件と知識人』三一書房、一九八一年、一八一頁。

(69) 一九〇六（明治三十九）年三月から一九一三（大正二）年にかけて、井上が著作者として名を冠して発行された修身用の教科書は『修身教科書』、『女子修身教科書』、『教育勅語要義』など八編になる（文部省『小学校師範学校中学校高等女学校検定済教科書図書表』（明治三十九年二月―四十五年三月）文部省、一九一二年。及び、文部省図書局『師範学校中学校高等女学校小学校検定済教科書図書表』（自明治四十五年三月至大正三年二月）文部省図書局、一九二六年。

(70) 森於莵『父親としての森鷗外』筑摩書房（ちくま文庫）、一九九三年、三二七頁。同じく賀古に宛てた書簡の中で鷗外は、樗牛と井上を並べて「彼レハ金ノ威光此レハ上ノ威光」と非難している（木下杢太郎編『鷗外全集』三十六巻、前掲、七十一頁、明治三十二年二月二十一日、賀古鶴所宛）。もっとも、同じ箇所にある於莵の記述には鷗外が文学上の論戦をする上で「樗牛などには特に態度がきびしかったように見える」とある。よって鷗外の態度は、樗牛への批判のため単に東大文科の権力の象徴として井上の名を出したに過ぎないともいえる。ちなみに樗牛と鷗外の論戦の内容は、谷沢永一「鷗外樗牛対立期」『樟蔭国文学』十七号（一九七九年十月、一―十頁）。及び山口謡司『日本語を作った男――上田万年とその時代』（集英社インターナショナル、二〇一六年）、三四六―三七六頁に詳しい。なお井上が留学時代の鷗外との交遊について回想した文章に、次のような話が見える。帝大の文科大学で美学の教授になりたいという鷗外の「熱心な希望」を叶えるため、井上は斡旋を図ったが、鷗外が医学専攻であったために実現できなかったという（井上哲次郎・塩田良平「余と明治文学及び文学者――新体詩抄・鷗外・フロレンツ・樗牛其他」『国語と国文学』十一巻八号、一九三四年八月、四十三―五十四頁）。まさか鷗外がこの時のことを根に持っており、同じく美学を志望していた樗牛に嫉妬した訳ではないであろうが、当時の二人の親密ぶりがうかがえる逸話である。

(71) 小堀桂一郎『森鷗外――日本はまだ普請中だ』前掲、一三六頁。

(72) 塩田庄兵衛・渡辺順三編『秘録大逆事件』（上）春秋社、一九五九年、六十八頁。

(73) 近年になって刊行された実証的な文献は、こうした認識を示している点においてほぼ共通している。中村文雄『大逆事件と知識人――無罪の構図』論創社、二〇〇九年（中村文雄『大逆事件と知識人』〈前掲〉の改訂版）。田中伸尚『大逆事件――生と死の群像』前掲。神崎清著、大逆事件の真実をあきらかにする会監修『革命伝説大逆事件』（全四巻、子どもの未來社、二〇一〇年）などを参照。

(74)井上哲次郎『日本陽明学派之哲学』前掲、四四五頁。
(75)同書、四四三—四四四頁。
(76)『三田文学』第一巻七号、十一月号(自由劇特別号)一九一〇(明治四十三)年、初出(木下杢太郎編『鷗外全集』七巻、岩波書店、一九七二年)。
(77)渡辺善雄「西洋思想の擁護と排斥——大逆事件後の森鷗外と井上哲次郎」『文芸研究』第一〇〇集、一九八二年五月、一二一—一三四頁。
(78)「此時禁止された出版物の中に、小説が交じっていた。それは実際社会主義の思想で書いたものであって、自然主義の作品とは全く違っていたのである」(木下杢太郎編『鷗外全集』七巻、前掲、三八七頁)。
(79)木下杢太郎編『鷗外全集』二十六巻、岩波書店、一九七三年。『東洋』四月号、一九一一年、初出。
(80)山崎國紀『評伝　森鷗外』大修館書店、二〇〇七年、四五二頁。
(81)同書、四四七—四五四頁。
(82)『三田文学』一巻五号、一九一〇年九月、初出。木下杢太郎編『鷗外全集』七巻、前掲、所収。
(83)山崎國紀『評伝森鷗外』前掲、四四八頁。
(84)『中央公論』二十九巻一号、一九一四年一月、初出(木下杢太郎編『鷗外全集』十五巻、前掲所収)。
(85)『三田文学』第五巻一号、一九一四年一月初出。木下杢太郎編『鷗外全集』十五巻、岩波書店、一九七三年所収。雑誌掲載時の題名は「大塩平八郎(評論)」。同年五月発行の『天保物語』(鳳鳴社刊)に、『大塩平八郎』とともに収録された。
(86)「また、後世の編纂にかかる伝記は、編纂者自身が書中の主人公に対し、予め敬慕の念を持って居るのが通例で、時としては憎悪の念を懐いて居ることもあるが、孰れにせよ一方を捨てて一方を採る弊があり、従来の伝記中この弊に陥って居るものが多いように思われる」(幸田成友『大塩平八郎』前掲、序文)。
(87)山崎國紀『評伝森鷗外』前掲、五九八頁。
(88)山崎一穎『森鷗外　国家と作家の狭間で』新日本出版社、二〇一二年、一二八頁。
(89)木下杢太郎編『鷗外全集』十五巻、前掲、七十二頁。
(90)尾形仂『森鷗外の歴史小説——史料と方法』筑摩書房、一九七九年、一六九頁。
(91)小田切英雄『近代日本の作家たち』厚文社、一九五四年、一〇三頁。

（92）鷗外の『大塩平八郎』やほかの作品に大逆事件の影響を見てまとめているのは、ほかに武藤功『国家という難題——東湖と鷗外の大塩事件』（田畑書店、一九九七年）がある。また宮澤誠一は、一連の鷗外の態度を「天皇制国家の支配に対して内心では疑義や憤りを感じても、表面的には終始、傍観者として臨んできた」（宮澤誠一『明治維新の再創造——近代日本の〈起源神話〉』青木書店、二〇〇五年、六十二頁）と評している。
（93）宇津木矩之允は、実在の人物である。大塩と宇津木の関係については、宮城公子『大塩平八郎』（ぺりかん社　二〇〇五年）、六十六—七十一頁を参照。
（94）木下杢太郎編『鷗外全集』十五巻、前掲、十八—十九頁。
（95）重松泰雄ほか編『日本近代文学大系　第十二巻　森鷗外集Ⅱ』角川書店　一九七四年、三五六頁。
（96）山﨑國紀「鷗外『大塩平八郎』の考察——初期歴史小説に貫流する思想性」（大塩事件研究会編『大塩平八郎の総合研究』前掲、三一七—三四六頁所収）。
（97）木下杢太郎編『鷗外全集』十五巻、前掲、七十頁。
（98）同書、七十二頁。
（99）北川伊男「森鷗外の『大塩平八郎』と陽明学」『皇学館大学紀要』八号、一九七〇年三月、三三七—三六〇頁。
（100）大塩の思想における陽明学の位置は、宮城公子「大塩中斎の思想」（同編『日本の名著二十七　大塩中斎』前掲、五—五十二頁）を参照。また、同じく宮城の『大塩平八郎』（前掲）は陽明学に関してだけでなく、大塩の伝記の労作でもある。
（101）『三田文学』一巻八号、一九一〇年十二月初出（木下杢太郎編『鷗外全集』七巻、前掲所収）。
（102）木下杢太郎編『鷗外全集』七巻、前掲、四一五頁。
（103）同書、四一九頁。
（104）木下杢太郎編『鷗外全集』十五巻、前掲、十九頁。
（105）同書、七十三頁。
（106）高瀬武次郎「陽明学の利病」前掲。
（107）石崎東国『編集雑記』前掲。
（108）大隈重信「演題審らかならず、但是が演題」『陽明学』十二—十三号、一九〇九年。
（109）北川伊男「森鷗外の『大塩平八郎』と陽明学」前掲。

(110) また小堀桂一郎は、鷗外が大塩を関心の対象としたのは、大塩が「陽明学という良知の哲学を奉じ、『知行合一』の格率を標榜する故に、むしろ己の学説に縛られて蹶起せざるを得なくなった」ためであると評している(小堀桂一郎『森鷗外――日本はまだ普請中だ』前掲、五五〇頁)。
(111) 鷗外は友人の禅僧、玉水俊虠に宛てた一九一〇(明治四十三)年十一月の手紙で、幸徳秋水ら無政府主義者を暴動や殺人を犯す者という意味の「匪徒」と呼称している(山﨑國紀『評伝森鷗外』前掲、四五三頁)。
(112) 山﨑國紀『評伝　森鷗外』前掲、五九九頁。
(113) 木下杢太郎編『鷗外全集』十五巻、前掲、七十二頁。
(114) 同書、七十三頁。
(115) 山﨑一穎『鷗外・歴史文学研究』おうふう、二〇〇二年、二四四―二四八頁。
(116) 一九一二(明治四十五)年の『東京朝日新聞』は、米の価格への不満からくる騒動が、東京や大阪にも波及していることを伝えている(『東京朝日新聞』明治四十五年五月一五日付所載記事)。
(117) 小泉浩一郎『森鷗外論　実証と批評』明治書院、一九八一年、二二八頁。
(118) 尾形仂『森鷗外の歴史小説――史料と方法』前掲、一六九頁。この時平出は、鷗外に「思想上」のことについて矜持を受けたとする複数の証言が残っている(山﨑一穎『詳伝森鷗外』前掲、一一二―一一三頁)。
(119) 中村文雄『森鷗外と明治国家』三一書房、一九九二年、一八六頁。関係者の証言によると平出は、法律的には犯人に弁護の余地はなく思想論で弁護するしかないと思い、社会主義を学ぶため一週間も毎晩、鷗外宅に足を運んだとのことである(塩田・渡辺編『秘録大逆事件』前掲、七十頁)。ただし鷗外は、犯人たちに同情していたわけではない。山﨑國紀が述べるように「この励む平出の熱心さに共感」(山﨑國紀『評伝森鷗外』前掲、四四九頁)したためとするのが適切であろう。
(120) 三島由紀夫「革命哲学としての陽明学」、同『行動学入門』(文藝春秋〈文春文庫〉一九七四年所収。
(121) 三島由紀夫『奔馬――豊饒の海・第二巻』新潮社(新潮文庫)、一九七七年、二〇〇二年改版。
(122) 三島由紀夫『行動学入門』前掲、二一三―二一四頁。
(123) 溝口雄三は、三島を「心情的陽明学徒」と評している(溝口雄三ほか編『中国という視座』前掲、一〇〇頁)。
(124) 三島由紀夫『行動学入門』前掲、二〇三―二〇四頁。
(125) 同書、二〇一―二〇二頁。

(126) 佐藤秀明ほか編『決定版三島由紀夫全集』補巻、新潮社、二〇〇五年、二三八頁。

(127) 小島毅は三島の「革命哲学としての陽明学」の「主人公」が大塩であるとして、次のように論じている。

「中斎の『決起』、すなわち大塩『事件』（俗に『大塩平八郎の乱』と、反乱扱いで呼ばれるもの）において、中斎は革命の成功を信じていたわけではない。むしろ自分の武装蜂起がすぐに鎮圧されるだろうことを、充分に予測していた。しかし、そのことは彼の決意をにぶらせるどころか、むしろ固めさせるものでもあった。やむにやまれぬ心情によって、陽明学者として正直に生きるためには、彼は『決起』せざるをえなかったのである。そうして死ぬことが、彼にとって清く正しく美しく生きることであったから。それを、ただ『どうするか』を議論するばかりで実践がともなわないその他大勢の知識人たちと比較してみるならば、革命哲学としての陽明学の本領が明瞭に見えるであろう。三島の論文はそういうことを説こうとしている。つまり、彼は自分が中斎の後継者として死のうとしていることを、表明していたことになる」（小島毅『義経の東アジア』トランスビュー、二〇一〇年、一四〇―一四一頁）。

(128) 山下龍二は丸山と三島の思考の構図が、実は「朱子学を理性主義・主知主義と理解し、その対立物としての陽明学を主情主義・行動主義とみるのはかなり西欧的な図式」である点で似ているとして、両者をともに批判的な眼で見ている（山下龍二「陽明学と三島由紀夫と丸山真男」前掲）。

(129) 小島毅『義経の東アジア』前掲、一四六頁。

(130) 三島由紀夫『決定版三島由紀夫全集』補巻、前掲、二三八頁。

(131) 司馬遼太郎『司馬遼太郎全集』二十三巻、一九七二年、文藝春秋、四六〇頁。

(132) 同書、四七九頁。司馬が何故、山鹿素行を陽明学者と考えたかはよく分からない。ただし井上哲次郎は東郷平八郎が陽明学を修めており、乃木が吉田松陰の叔父である玉木文之進から教えを受け、山鹿流の兵学を学んだと書いている（井上哲次郎『武士道の本質』八光社、一九四二年、二〇一頁）。乃木は、井上の知人でもあった。

(133) 同書、四七七頁。

(134) 同書、四七八頁。

(135) 同書、四八一頁。

(136) 司馬の陽明学観については、松本健一『三島由紀夫と司馬遼太郎――「美しい日本」をめぐる激突』（新潮社〈新潮選書〉、二〇一〇年）、第七章「陽明学――松陰と乃木希典」も参照。

(137)司馬遼太郎『司馬遼太郎全集』十九巻、一九七二年、文藝春秋、十八頁。
(138)同書、三二四頁。
(139)同書、三二四頁。
(140)三島が司馬の陽明学観に沿うような劇的な死を遂げた翌日、新聞紙上に司馬の寄稿文が掲載された。「異常な三島事件に接して」と題された本文は、吉田松陰が思想と現実を結合させるべきと考えた人物であると評する。その上で、松陰について次のように書く。

「『知行一致』という、中国人が書斎で考えた考え方（朱子学・陽明学）を、日本ふうに純粋にうけとり、自分の思想を現実世界のものにしようという、たとえば神のみがかろうじてできる大作業をやろうとした」（司馬遼太郎「異常な三島事件に接して」『毎日新聞』昭和四十五年十一月二十六日付東京朝刊所載記事）。

三島は、司馬が陽明学を批判していた側面を見逃していたといわざるを得ない。
(141)『成功』明治三十六年四月号初出。
(142)幸田露伴『努力論』東亜堂出版、一九一二年、四一九頁。
(143)同書、四二八—四二九頁。
(144)瀬里廣明『幸田露伴と安岡正篤』（白鷗社、一九九八年）、七章「禅と陽明学」も参照。
(145)三島由紀夫『行動学入門』前掲、一九五頁。
(146)三島が「革命哲学としての陽明学」の中で、陽明学の記述の参考にした文献として言及しているのは、井上哲次郎による「王陽明の哲学の心髄骨子」である。これは、木村秀吉編『陽明学研究』（前掲、一—八頁）所収の小文である。この中では「知行合一」が「道徳的の実行」を促す思想であるとされるなど、これまでの井上の陽明学解釈が分かりやすく説かれている。しかし、陽明学について客観的な立場で書かれているとはいい難く、これを参考にした三島の陽明学理解も「認識と行動との一致」を主張するなど、井上の影響を脱していない。
(147)安岡正篤『王陽明——その人と思想』致知出版社、二〇一六年、十頁。
(148)神渡良平『安岡正篤の世界——先賢の風を慕う』同信社、一九九一年、一八三頁。
(149)安岡正篤と戦前の天皇制との関わりについては、小田部雄次「天皇制イデオロギーと親英米派の系譜——安岡正篤を中心に」（『史苑』四十三巻一号、一九八三年六月、二十五—三十八頁）。及び、Ｒｏｇｅｒ Ｈ Ｂｒｏｗｎ「万世ノ為ニ太平ヲ開カント

欲ス――安岡正篤の国体護持思想を中心に」（『埼玉大学紀要：教養学部』五十巻二号、二〇一五年二月、一九九―二三一頁〈本文英語〉）を参照。
（150）安岡の生涯については、安岡正篤先生年譜編纂委員会編『安岡正篤先生年譜』（郷学研究所ほか、一九九七年）。また、林田明大『真説「陽明学」入門――黄金の国の人間学』（増補改訂版、三五館、二〇〇三年）、第三部「日本陽明学派の系譜」第六章の記述を参考にした。
（151）安岡正篤『王陽明研究』（第七版）玄黄社、一九四〇年、二八五頁。
（152）安岡正篤『王陽明研究』（初版）玄黄社、一九二二年、「道徳論」、一七八頁。
（153）小島毅「人格の完成――王陽明の中に安岡正篤が見たもの」『陽明学』二十号、二〇〇八年三月、一六七―一八〇頁。
（154）佐吉純一郎『近代日本思想史における人格概念の成立』前掲。
（155）亘理章三郎『王陽明』前掲。
（156）安岡正篤『王陽明研究』（初版）前掲、「道徳論」、一八〇頁。
（157）小島毅は、安岡が陽明の思想を紹介する上で重視したことが「人格の完成」としての精神的な成長にあるとした。それに対して陽明学を教学ではなく、歴史的な産物として研究しようとしたのが島田虔次であると区別しつつ、島田にも右のような安岡の影響が流れている可能性を指摘する（小島毅「人格の完成――王陽明の中に安岡正篤が見たもの」前掲）。
（158）その点で、山下龍二が安岡の『王陽明研究』を評して「学問とか学人とかを通常の経済生活を営む人々とは別個のもの、あるいは至高のものと考えるのは、陽明学の本旨ではない」（宇野哲人ほか編『陽明学大系第一巻　陽明学入門』明徳出版社、一九七一年、四四八頁）と述べたのは、的確な指摘であろう。
（159）安岡正篤『王陽明研究』（初版）前掲、「東洋精神論」、六頁。
（160）同書、一一九頁。
（161）同書、一二〇頁。
（162）同書、九十四頁。
（163）竹村民郎「二十世紀初頭、安岡正篤の日本主義における直接的行動主義――安岡正篤のベネデット・クローチェ訪問計画に留意して」（伊東貴之編『「心身／身心」と環境の哲学――東アジアの伝統思想を媒介に考える』前掲、七一九―七三八頁所収）も参照。

(164) 安岡は本書を刊行した縁で、同じ出版社による『伝習録』の解説書も執筆した(安岡正篤『伝習録』明徳出版社、一九七三年)。
(165) 宇野哲人ほか編『陽明学大系第一巻　陽明学入門』前掲、四―五頁。
(166) 安岡正篤『王陽明――その人と思想』前掲、七十頁。
(167) 同書、一〇八頁。
(168) 同書、一七〇頁。
(169) 安岡正篤『王陽明研究』(初版) 前掲、「東洋精神論」、二十六―二十七頁。
(170) 同書、二十七―二十八頁。
(171) 宇野哲人ほか編『陽明学大系第一巻　陽明学入門』前掲、六頁。
(172) 安岡正篤『王陽明――その人と思想』前掲、十九頁。
(173) 同書、二一一頁。
(174) 安岡は『陽明学入門』に収録した「王陽明伝」の末尾でも、同様の主張を書いている。「大塩が激しい気性の人であったことは事実であるが、本来敬虔な学問求道の師であり、厳正練達の能吏であった。それが天保の大飢饉に、京洛の民だけでも三十万の中五万六千が餓死した(潜庵遺稿巻一)といわれる非常の危機に、身を挺してその救済に度肝を砕いた彼を、感激の反対に憎悪して愚劣きわまる妨害の限りをつくした奉行に対し堪忍袋の緒を切った彼が、民衆に訴えて奉行誅戮に蹶起したのであって、元来何の野心もない廉直の士である。この異例を以て陽明学を反体制の危険行動理論のように考えるのは問題とするにも足りない」(宇野哲人ほか編『陽明学大系第一巻　陽明学入門』前掲、九十二頁)。
　安岡には、大塩を持ち出して陽明学を非難する声に反発する心情がよほど強かったと見える。安岡の生地が、大塩の乱の舞台と同じ大阪であることも関係しているのであろうか。なお安岡は『東洋時報』第二十八巻十二号(一九二五年十二月)から、第二十九年三号(一九二六年三月)まで『大塩中斎洗心洞箚記抄訳評註』を連載している。
(175) 安岡正篤『王陽明――その人と思想』前掲、十六頁。
(176) ちなみに安岡が三島と知り合ったのは、二人の共通の知人が催した「世評の会」に両者が参加したのがきっかけである。そこで安岡は四書五経などの古典の重要性を説き、それが縁で三島と書簡を交わすようになった。三島の自決後は、彼を惜しむ発言もしていたという(神渡良平『安岡正篤の世界――先賢の風を慕う』前掲、三一六―三一七頁)。

（177）海音寺潮五郎「推薦のことば」（「陽明学大系月報」昭和四十六年九月三十日発行　宇野哲人ほか編『陽明学大系第一巻　陽明学入門』前掲、附録）。

（178）海音寺は多くの歴史小説などを手がけた作家であり、一九三六（昭和十一）年には第三回の直木賞を受賞している。史伝文学を多く書き、特に西郷隆盛の生涯に強い関心を寄せた。本文に述べたような海音寺による明治期の陽明学観への批判を、近代的な見方に対する再考と捉えるのは早計である。海音寺が維新における陽明学の意義を重視していないのは、維新への朱子学の貢献を強調するためである。彼による『西郷隆盛　天命の巻』には、次のような文章が見られる。

「日本人に『正統と不当』、『王と覇』とは厳格に区別すべきものであるということを教えて、『皇室尊重、幕府蔑視』を教えたのは、朱子学なのである。こんな危険なものの内在している学問を、なぜ幕府が奨励保護したかという疑問があるが、江戸初期や江戸中期の幕府は気がつかなかったのである。学問をすれば、人品が高尚になり、平和愛好の心になるというくらいのことしか考えなかったのである。すべて、こういう鋭いものは、時勢が必要とする時代にならなければ、発現して来ないものなのである」（海音寺潮五郎『西郷隆盛　天命の巻』学習研究社、一九六九年、一四八頁）。

（179）安岡正篤『人間学講話　禅と陽明学』（下）プレジデント社、一九九九年、二七三―二七四頁。

（180）山下龍二は高瀬武次郎、山田準、三島復の著作について「第一に西洋哲学に対して東洋哲学を顕示しようという意識と、第二に東洋哲学は倫理的たるところにその特色がある」という点を指摘する（山下龍二『陽明学の研究』（下）現代情報社、一九七一年、九十四頁）。

（181）政治との関わりを踏まえた安岡の研究史については、川井良浩『安岡正篤――民本主義の形成とその展開』（明窓出版、二〇〇六年）を参照。

（182）「明徳とは、わが心の徳のことであり、それはずばり仁である。（程明道が）『仁なる者は（自己を）天地万物と一体に（貫通）させている』（『二程全書』巻二）というとおり、もし一物一件たりともその当を失したものがあるとすれば、それはわが仁に不全のところがあるからに他ならない」（『伝習録』上、八十九、溝口雄三訳〈荒木見悟編『世界の名著　続四　朱子　王陽明』前掲、三七六頁〉）。

（183）島田虔次『朱子学と陽明学』前掲、四十四頁。

（184）同書、一三四頁。

（185）安岡正篤『人間学講話　禅と陽明学』（下）、前掲、三二二頁。

(186)「天下を以て己れの任、己れの憂いとなし、天下の蒼生〈人民〉を思うこと吾が身の如く切なる孔子の大仁、その大きな理想的精神がこれを支えたのである」(安岡正篤、同書、三四六頁)。

(187) 島田虔次『朱子学と陽明学』前掲、四十四頁。

終章

(1) 島田虔次は『朱子学と陽明学』の「あとがき」において、三宅の文章を引用した。そこで島田は、以下のように述懐している。「いわば『狂』的な画家・芸術家たち、それにまで論及してみたいと最初は計画しながらこれまた実現できなかったこと、など、など、残念といえば残念であるが、今はもはや、すべて断念するほかはないのである。ただひとつ、最後に、三宅雪嶺がむかし大塩平八郎を評したことばを、想い出しておきたい」(島田虔次『朱子学と陽明学』前掲、二〇二頁)。

また荒木見悟も日本の陽明学について、中江藤樹に言及した上でこう述べている。「一言にしていうならば、近江聖人に始まった日本陽明学は、こだわりのないおおらかな風格をもつところに、自由のはけ口を求めたに終わり、『狂者』(王陽明の言葉)となって社会の矛盾とたたかう姿勢を喪失してしまったように思われる。大塩中斎のような特例はあるけれども、明代末期のあの目の覚めるようなきびきびした陽明学の発展のあとを追いながら、日本陽明学の伝統を展望する時、そこには明確な落差があることを認めざるを得ない」(荒木見悟編『世界の名著続四　朱子　王陽明』前掲、六十四頁)。

荒木もまた、陽明の思想の「狂」という側面に着目している。荒木は「狂者」を「社会の矛盾とたたかう姿勢」と評して、三宅や島田よりもより一層社会的な意義を強調している。

(2) 山下龍二「明代思想研究はいかに進められてきたか」前掲。

(3) 宇野哲人『中国思想』講談社(講談社学術文庫)、一九七〇年、二九三頁。同書の底本は、同『増訂支那哲学史講話』(大同社、一九三〇年)である。

(4) 狩野直喜『中国哲学史』岩波書店、一九五三年、四六八―四七二頁。

(5) それはまた、学術研究以外の一般書における陽明学のイメージにもいまだ影響を及ぼしている。西郷隆盛や大塩平八郎の行動の背景に陽明学があるとした上で日本の陽明学が、「民衆を救う主体がいかに自己確立すべきかに重きをおいた。その点では確かに知識人の内面修養法であった」（澤村修治『西郷隆盛――滅びの美学』幻冬舎〈幻冬舎新書〉、二〇一七年、一〇四頁）という発言が、現在でもなおなされる淵源となっている。

（6）朱謙之『日本的古学及陽明学』上海人民出版社、一九六二年。同書については鄧紅が、井上の『日本陽明学派之哲学』と比較して、構造と記述が非常に似ていることを論証している（鄧紅「中国における『日本陽明学』の受容――張君勱と朱謙之の場合」『北九州市立大学文学部紀要』八十五号、二〇一六年三月、一〇九―一三一頁）。また、劉岳兵『日本近代儒学研究』（商務印書館、二〇〇三年）、同『明治儒学与近代日本』（上海古籍出版社、二〇〇五年、劉は主編）、同『中日近現代思想与儒学』（三聯書店、二〇〇七年）、呉震『東亜儒学問題新探』（北京大学出版社、二〇一七年）なども参照。

（7）服部宇之吉は、中国大陸に渡って半年ほどで義和団事件に巻き込まれ、日本公使館で九週間の籠城を余儀なくされた（服部宇之吉『北京籠城日記』博文館、一九〇〇年）。その前後の事情については、武藤秀太郎『「抗日」中国の起源――五四運動と日本』（筑摩書房〈筑摩選書〉、二〇一九年）、第四章「中国の日本人教師」に詳しい。

（8）小島毅「books & trends『父が子に語る近現代史』を書いた、小島毅氏に聞く」『週刊東洋経済』六二四一号、二〇一〇年一月、一一四―一一五頁。

文献リスト

（章別に原典・研究に分け、著者・筆者の氏名の五十音順に配した。同名の場合は、参照した文献の刊行・発表の年代順。複数の章で参考にした資料は、初出の章のみ）

序章

〈原典〉

久保天随『日本儒学史』博文館、一九〇四年
国府種徳（犀東）『大塩平八郎』東京裳華堂、一八九六年
スマイルス著、中村正直訳『西国立志編（原名・自助論）』（全十二編）須原屋茂兵衛、一八七〇年
田口卯吉『日本開化小史』（全六巻）出版社不詳、一八七七年（のち岩波書店〈岩波文庫〉刊、初版一九三四年、改版一九六四年）
中村正直「漢学不可廃論」（伊藤整編『日本現代文学全集十三　明治思想家集』（増補改訂版）講談社、一九八〇年、一〇三―一一〇頁）
三宅雄二郎（雪嶺）『王陽明』政教社、一八九三年

〈研究〉

石田雄『明治政治思想史研究』未來社、一九五四年
伊東貴之『思想としての中国近世』東京大学出版会、二〇〇五年、一一一頁
井上厚史「中江兆民と儒教思想――『自由権』の解釈をめぐって」『北東アジア研究』十四・十五号、二〇〇八年三月、一一七―一四〇頁

井上克人「日本の近代化と宋学的伝統――明治の精神と西田幾多郎」（実存思想協会編『近代日本思想を読み直す　実存思想論集XVII』〈第二期九号〉理想社、二〇〇二年、五十五―八十一頁）
井ノ口哲也「三つの『日本儒学史』――近代日本儒学に関する一考察」『中国文史論叢』五号、二〇〇九年三月、二四四―二二八頁
井ノ口哲也「『儒教』か『儒学』か、『国教』か『官学』か」『中国哲学研究』二十八号、二〇一五年六月、九―三十一頁
岩崎允胤「田口卯吉と『日本開化小史』」『大阪経済法科大学論集』七十二―七十三号、一九九八年十一月―一九九九年三月
岩間一雄「陽明学の歴史的性格」『岡山大学法経学会雑誌』十七巻一号、一九六七年六月、三十一―七十三頁
植手通有『日本近代思想の形成』岩波書店、一九七四年
王家驊『日本の近代化と儒学』農山漁村文化協会、一九九八年
大澤顯浩編『特別展覧会　東アジアにおける陽明学』学習院大学東洋文化研究所、二〇〇八年
荻生茂博『近代・アジア・陽明学』ぺりかん社、二〇〇八年
片岡龍「近世儒教史研究（七十年代後半〜）」『日本思想史学』三十八号、二〇〇六年九月、四十一―五十四頁
桂島宣弘「日本思想史学の『作法』とその臨界――トランスナショナルな思想史のために」（黒住真編『「日本」と日本思想』（岩波講座　日本の思想）第一巻、岩波書店、二〇一三年、一一七―一四九頁）
上垣外憲一『「鎖国」の比較文明論――東アジアからの視点』講談社、一九九四年
黒住真『近世日本社会と儒教』ぺりかん社、二〇〇三年
栗原孝「佐久間象山における『東洋道徳、西洋芸術』論――『格物窮理』概念を中心に」（明治維新史学会編『明治維新の人物と思想』吉川弘文館、一九九五年、三―三十七頁）
黄俊傑『東アジア思想交流史――中国・日本・台湾を中心として』岩波書店、二〇一三年
小島毅『近代日本の陽明学』講談社、二〇〇六年
小島毅『朱子学と陽明学』筑摩書房〈ちくま学芸文庫〉、二〇一三年
小林敏男『明治という時代――歴史・人・思潮』雄山閣、二〇一三年
子安宣邦『事件としての徂徠学』青土社、一九九〇年
子安宣邦「儒教にとっての近代――日本の場合」『季刊日本思想史』四十一号、一九九三年五月、三―十五頁
子安宣邦『方法としての江戸――日本思想史と批判的視座』ぺりかん社、二〇〇〇年

子安宣邦『「アジア」はどう語られてきたか——近代日本のオリエンタリズム』藤原書店、二〇〇三年
齋藤希史『漢文脈と近代日本』角川学芸出版（角川ソフィア文庫）、二〇一四年
坂本多加雄『市場・道徳・秩序』創文社、一九九一年
相良亨『近世の儒教思想——「敬」と「誠」について』塙書房、一九六六年
澤井啓一「土着化する儒教と日本」『現代思想』四十二巻四号、二〇一四年三月、八十六—九十七頁
島田虔次『朱子学と陽明学』岩波書店、一九六七年
下川玲子「日本近代における儒教思想の役割——中江兆民のルソー受容をめぐって」『愛知学院大学文学部紀要』四十三号、二〇一三年、一七六—一六二頁
杉山亮「明治期における儒教言説に関する一考察——井上哲次郎『儒学三部作』について（1）」『法学界雑誌』五十八巻一号、二〇一七年七月、一三七—一六五頁
高山大毅『近世日本の「礼楽」と「修辞」——荻生徂徠以後の「接人」の制度構想』東京大学出版会、二〇一六年
高山大毅「コメント——問い方の弁別」『日本思想史学』四十八号、二〇一六年九月、二十二—二十八頁
竹内弘行『中国の儒教的近代化論』（研文選書六十三）研文出版、一九九五年
竹内好「明治維新と中国革命——孫文について」思想の科学研究会編『共同研究　明治維新』徳間書店、一九六七年、六六三—六七五頁
田中久文『丸山眞男を読みなおす』講談社、二〇〇九年、二〇四頁
陳瑋芬「『日本儒学史』の著述に関する一考察——徳川時代から一九四五年まで」『中国哲学論集』二十三号、一九九七年十月、六十六—八十六頁
土田健次郎「日本における宋明思想研究の動向」『日本思想史学』三十七号、二〇〇五年九月、八十—九十一頁
内藤辰郎「幕末儒学における佐久間象山の思想」（衣笠安喜編『近世思想史研究の現在』思文閣出版、一九九五年、一八九—二〇八頁）
永冨青地「陽明学の回顧と展望——近年における中国の動向を中心に」（土田健次郎編『近世儒学研究の方法と課題』汲古書院、二〇〇六年、五十一—六十四頁）
中村春作『江戸儒教と近代の「知」』ぺりかん社、二〇〇二年

中村雄二郎『近代日本における制度と思想』未來社、一九六七年、一三六頁
野村英登「陽明学の近代化における身体の行方――井上哲次郎の中江藤樹理解を中心に」『「エコ・フィロソフィ」研究』十号、二〇一六年三月、六十七―七十四頁
狭間直樹「宋教仁にみる伝統と近代――『日記』を中心に」『東方学報』六十二号、一九九〇年三月、四八三―五〇八頁
尾藤正英『日本封建思想史研究――幕藩体制の原理と朱子学的思惟』青木書店、一九六一年
尾藤正英『江戸時代とはなにか――日本史上の近世と近代』岩波書店、一九九三年
平石直昭「主体・天理・天帝――横井小楠の政治思想」『社会科学研究』二十五巻五―六号、一九七四年三月
平石直昭『荻生徂徠年譜考』平凡社、一九八四年
平石直昭「新しい徳川思想史像の可能性――「近代化」と「日本化」の統一をめざして」平成六‐七年度科学研究費補助金〈総合研究A〉研究成果報告書06301006『徳川思想史像の総合的構成――「日本化」と「近代化」の統一をめざして』一九九六年
藤野雅己「中江兆民の思想形成と儒教的要素」『上智史学』十九号、一九七四年十月、一〇四―一一三頁
堀江英一『明治維新の社会構造』有斐閣、一九五四年
前田勉『近世日本の儒学と兵学』ぺりかん社、一九九六年
前田勉『兵学と朱子学・蘭学』平凡社、二〇〇六年
前田勉「幕末海防論における華夷観念」（高等研報告書〈吉田忠研究者代表〉『十九世紀東アジアにおける国際秩序観の比較研究』国際高等研究所、二〇一〇年、八十五―一〇九頁）
町田三郎「東京大学『古典講習科』の人々」『哲学年報』五十一号、一九九二年三月、五十九―七十八頁
松田宏一郎「中江兆民における『約』と『法』」『季刊日本思想史』七十九号、二〇一二年、一五二―一八二頁
馬淵昌也「明清時代における人性論の展開と許誥」『中国哲学研究』創刊号、一九九〇年三月、三十四―五十七頁
丸山眞男『日本政治思想史研究』東京大学出版会、一九五二年
丸山眞男『丸山眞男講義録　第七冊　日本政治思想史一九六七』東京大学出版会、一九九八年、十一頁
丸山眞男『忠誠と反逆――転形期日本の精神史的位相』筑摩書房、一九九二年
丸山眞男「日本における自由意識の形勢と特質」（『丸山眞男集』第三巻、岩波書店、一九九五年）
丸山眞男著、松沢弘陽編『福沢諭吉の哲学　他六篇』岩波書店（岩波文庫）、二〇〇一年

三浦叶『明治の漢学』汲古書院、一九九八年
水野博太「明治期陽明学研究の勃興――井上哲次郎『日本陽明学派之哲学』に至る過程」『思想史研究』二十四号、二〇一七年十二月、六十八―八十五頁
溝口雄三『中国前近代思想の屈折と展開』東大出版会、一九八〇年
源了円『徳川合理思想の系譜』中央公論社、一九七二年
源了円「佐久間象山における儒学と洋学」（伊東俊太郎編『日本の科学と文明――縄文から現代まで』同成社、二〇〇〇年、一四二―一六二頁）
宮城公子『幕末期の思想と習俗』ぺりかん社、二〇〇四年
宮村治雄『理学者兆民』みすず書房、一九八九年
山下龍二「陽明学と三島由紀夫と丸山眞男」『正論』一九九六年十二月号（通巻二九二号）、二七四―二八七頁
山井湧『明清思想史の研究』東京大学出版会、一九八〇年
山口啓二『鎖国と開国』岩波書店〈岩波現代文庫〉、二〇〇六年、一八二頁
吉田公平『日本における陽明学』ぺりかん社、一九九九年
李セボン「中村敬宇における『学者』の本分論――幕末の昌平黌をめぐって」『日本思想史学』四十五号、二〇一三年、一一〇―一二九頁
渡辺浩『東アジアの王権と思想』東京大学出版会、一九九七年
渡辺浩『近世日本社会と宋学』（増補新装版）東京大学出版会、二〇一〇年

第一章

〈原典〉

アーネスト・フェノロサ、井上哲次郎、和田垣謙三、木場貞夫訳「世態開進論」『学芸志林』明治十三年七、八、十月号所収
アーネスト・フェノロサ（訳者不明）「東京大学文学部教授フェネ《ママ》ロサ先生ガ浅草須賀町江木学校ニ於テ講演セラレタル宗教ノ原因及ビ沿革論傍聴記」『芸術叢誌』二十六号（明治十一年十二月十四日号）―同四十号（同十二年三月二十八日号）所収

石崎東国編『陽明』四―八十三号、大阪陽明学会、一九一〇年―一九一八年
石崎東国編『陽明主義』八十四―一四七号、大阪陽明学会、一九一九―一九二五年
井上哲次郎『倫理新説』酒井清造ほか、一八八三年
井上哲次郎「耶蘇弁惑序」『東洋学芸雑誌』十八号、一八八三年三月、四八二―四八六頁
井上哲次郎『内地雑居論』哲学書院刊、一八八八年
井上哲次郎「井上哲次郎氏の宗教論」『国教』二号、一八九〇年、四十一―四十二頁
井上哲次郎『内地雑居論続』哲学書院刊、一八九一年
井上哲次郎『教育勅語衍義』(上)(下)敬業社、一八九一年
井上哲次郎「内地雑居ノ結果如何」『天則』三巻十号、一八九一年四月、一―十六頁
井上哲次郎「宗教と教育との関係に就て井上哲次郎氏の談話」一八九二年(関皐作編『井上博士と基督教徒　正・続　一名「教育と宗教の衝突」顚末及評論』みすず書房、一九八八年、一―九頁所収)
井上哲次郎「王陽明の学を論ず」横井時雄編『本郷会堂学術講演集』警醒社、一八九二年、四十五―五十九頁所収
井上哲次郎「社会ニ対スル徳義」『日本大家論集』四巻九号、一八九二年九月、十九―三十四頁所収
井上哲次郎「教育と宗教の衝突に関する余論」『東洋学芸雑誌』一三九号、一八九三年四月、一九九―二〇七頁
井上哲次郎『日本陽明学派之哲学』冨山房、一九〇〇年
井上哲次郎「独立自尊主義の道徳を論ず」『哲学雑誌』一六〇号、一九〇〇年六月、四七九―五〇一頁
井上哲次郎「宗教変動の徴」『太陽』七巻七号、一九〇一年六月、六―十四頁
井上哲次郎『倫理と宗教との関係』冨山房、一九〇二年
井上哲次郎「宗教の本体に就いて」『巽軒講話集　初編』博文館、一九〇二年所収
井上哲次郎「倫理と宗教との異同いかん」『哲学雑誌』一九七号、一九〇三年、一―四十九頁
井上哲次郎「近時の倫理問題に対する意見」『巽軒講話集　二編』博文館、一九〇三年所収
井上哲次郎『教育と修養』弘道館、一九一〇年
井上哲次郎「我邦宗教の将来」『東亜之光』五巻一号、一九一〇年一月、一―十七頁
井上哲次郎『国民道徳概論』三省堂書店、一九一二年

井上哲次郎「神道と世界宗教」『東亜之光』十巻八号、一九一五年八月、一―十四頁
井上哲次郎『懐旧録』春秋社松柏館、一九四三年
井上哲次郎『井上哲次郎自伝』富山房、一九七三年
色川大吉編『日本の名著三十九　岡倉天心』中央公論社、一九七〇年
岩佐正校注『神皇正統記』岩波書店（岩波文庫）、一九七五年
ウィリアム・エリオット・グリフィス「明治大帝の印象」（大日本雄弁会講談社編『明治大帝』大日本雄弁会講談社、一九二七年、
五二四―五四〇頁所収）
内村鑑三著　鈴木範久訳『代表的日本人』岩波書店、一九九五年
王陽明原著『伝習録　佐藤一斎欄外書付』啓新書院、一八九七年
勝海舟著　吉本襄撰『氷川清話』日進堂書店、一九一四年
木村鷹太郎「三宅雄二郎氏ノ『王陽明』ヲ評ス」『哲学雑誌』九巻三十八号、一八九三年一月、五十―六十二頁
木村鷹太郎『王陽明人物要請譚』大学館、一九〇二年
渋沢栄一「処世ノ要訣」『竜門雑誌』二一七号、一九〇六年六月、一―九頁
渋沢栄一「仁義道徳と事業功名」『陽明学』二十五号、一九一〇年十一月、三―七頁
渋沢栄一『青淵百話　乾』同文館、一九一二年
渋沢栄一「陽明学と身上話」『陽明学』四十号、一九一二年二月、六十頁
渋沢栄一『論語と算盤』忠誠堂、一九二七年
渋沢栄一「論語と算盤」『二松』一号、十五―二十二頁、一九二八年
渋沢栄一「論語と算盤」『二松』一号、十五―二十二頁、一九二八年
島薗進、磯前順一編『シリーズ日本の宗教学二　井上哲次郎集』第八巻、クレス出版、二〇〇三年
島薗進、磯前順一編『シリーズ日本の宗教学二　井上哲次郎集』第九巻、クレス出版、二〇〇三年
杉原夷山『陽明学精神修養談』大学館、一九〇九年
杉原夷山『陽明学座右銘』大学館、一九〇九年
杉原夷山『陽明学実践躬行録』大学館、一九〇九年

杉原夷山『陽明学神髄』大学館、一九〇九年
杉原夷山『西郷南洲精神修養談』大学館、一九〇九年、
杉原夷山標註『新訳王陽明伝習録』千代田書房、一九一一年
杉原三省（夷山）『吉田松陰精神修養談』大学館、一九〇九年、三十頁。
青淵先生（渋沢栄一）「青淵先生の戦後経営及成功談」『竜門雑誌』二二二号、一九〇六年一月、一―一六頁
青淵先生「修養談」『竜門雑誌』二四一号、一九〇八年六月、十五―十六頁
徳富蘇峰「吉田松陰」（隅谷三喜男編『日本の名著四十　徳富蘇峰　山路愛山』中央公論社、一九七一年、一八五―三二九頁所収）
中村正直「自叙千字文」（西周ほか『明治文学全集三　明治啓蒙思想家集』筑摩書房、一九六七年、三四三頁所収）
夏目漱石『それから』新潮社（新潮文庫）、一九四八年初版、二〇一〇年改版
西村茂樹「日本道徳論」日本弘道会編『西村茂樹全集　第一巻（著作一）』思文閣出版、二〇〇四年所収
東敬治（正堂）編『王学雑誌』一―七号、明善学社、一九〇六年―一九〇八年（岡田武彦監修『王学雑誌：明善学舎本』〈復刻版〉
　文言社、一九九二年所収）
東敬治（正堂）編『陽明学』一―一九六号、陽明学会、一九〇八年―一九二八年
東正堂「王学此より勃興せん」『陽明学』四巻六十号、一八九八年
東正堂「発刊の辞」『陽明学』一号、一九〇八年十一月、一―二頁
東敬治（正堂）「渋沢翁と陽明学の関係」『竜門雑誌』四八一号、一九二八年十月、二八七―二九〇頁
福沢諭吉ほか『日本現代文学全集2　福沢諭吉・中江兆民・岡倉天心・徳富蘇峰・三宅雪嶺集』講談社、一九六九年
『復刻版　六合雑誌』第三十七巻、不二出版、一九八七年、二八七―二九一頁所収
三島毅起草「題論語算盤図画渋沢男古稀」（渋沢青淵記念財団竜門社編『渋沢栄一伝記資料』四十一巻、渋沢栄一伝記資料刊行会、
　一九六二年、三九七頁所収）
三島中洲『中洲講話』文華堂、一九〇九年
三島復『哲人山田方谷――附・陽明学講話』文華堂、一九一〇年
三島復著、山田準校閲『王陽明の哲学』大岡山書店、一九三四年
宮内鹿川『王陽明先生伝』文華堂、一九〇九年

三宅雄二郎（雪嶺）『真善美日本人：附・偽醜悪日本人』天祐社、一九一九年
山路愛山「国体と基督教」三二二号、一九〇七年十月、七〇一―七〇五頁
山田準『陽明学精義』三友社書店、一九三二年
山田準『陸象山王陽明』岩波書店、一九四三年
吉本襄編『陽明学』一―八十号、鉄華書院、一八九六年―一九〇〇年（『陽明学』〈復刻版〉木耳社、一九八四年所収）
吉本襄「発刊の辞」『陽明』一巻一号、一八九六年七月、一頁
吉本襄「廃刊の辞」『陽明学』七十九・八十合併号、一九〇〇年五月、一―二頁
亘理章三郎『王陽明』丙午出版社、一九一一年
亘理章三郎『国民道徳序論』金港堂書籍、一九一五年
亘理章三郎『国民道徳三講』金港堂書籍、一九一八年
亘理章三郎『国民道徳論概要』大成書院、一九三二年

〈研究〉

会沢安著　塚本勝義訳註『新論・迪彝篇』岩波書店（岩波文庫）、一九三一年
青山忠正『日本近世の歴史六　明治維新』吉川弘文館、二〇一二年
赤塚徳郎「スペンサーにおける宗教と科学と教育」『岐阜大学教育学部研究報告』（人文科学）二十一号、一九七二年十二月、八十三―九十二頁
石川梅次郎「三島中洲」（『叢書日本の思想家四十一、山田方谷・三島中洲』明徳出版社、一九七七年、一八七―二七六頁所収）
磯前順一『近代日本の宗教言説とその系譜――宗教・国家・神道』岩波書店、二〇〇三年
伊東貴之「中国近世思想史における同一性と差異性――『主体』『自由』『欲望』とその統御」（溝口雄三ほか編『中国という視座』平凡社、一九九五年、一三九―二一四頁所収）
伊東貴之「『心』と『身体』、『人間の本性』に関する試論――新儒教における哲学的概念の再検討を通じて」（伊東貴之編『「心身／身心」と環境の哲学――東アジアの伝統思想を媒介に考える』汲古書院、二〇一六年、三二七―三五二頁所収）
伊藤友信「井上哲次郎の宗教観」比較思想史研究会編『人間と宗教――近代日本人の宗教観』東洋文化出版、一九八二年所収

井ノ口哲也「朱子学と教育勅語」『中央大学文学部　紀要』二五七号、二〇一五年二月、三十七―六十一頁
今井宇三郎「水戸学における儒教の受容――藤田幽谷・会沢正志斎を主として」（今井宇三郎ほか校注『日本思想大系五十三　水戸学』岩波書店、一九七三年、五二五―五五五頁所収）
于臣『渋沢栄一と〈義利〉思想』ぺりかん社、二〇〇八年
鵜沼裕子「国民道徳論をめぐる論争」（今井淳、小澤富夫編『日本思想論争史』ぺりかん社、一九八二年、三五六―三七九頁所収）
瓜谷直樹「井上哲次郎の儒学研究の再検討――陽明学を中心に」『教育文化』二十号、二〇一一年三月、一〇七―八十一頁
海老田輝巳「夏目漱石と儒学思想」『九州女子大学紀要』三十六巻三号、二〇〇〇年二月、八十九―一〇九頁
大島康生「井上哲次郎――知識と思索の分離」（朝日ジャーナル編集部編『日本の思想家二』朝日新聞社、一九六三年、九十四―一〇九頁所収）
大橋健二『良心と至誠の精神史――日本陽明学の近現代』勉誠出版、一九九九年
沖田行司『日本近代教育の思想史研究――国際化の思想系譜』（新訂版）日本図書センター、二〇〇七年、二四〇頁
岡田武彦「総論」岡田武彦監修『復刻陽明学』（鉄華書院刊本）前掲、一―一七頁
岡田武彦「日本人と陽明学」（岡田武彦編『陽明学の世界』明徳出版社、一九八六年、四三〇―四五六頁所収）
岡田武彦『岡田武彦全集二十一巻　江戸期の儒学』明徳出版社、二〇一〇年
岡利郎「『文明批評家』三宅雪嶺」（岡利郎『山路愛山――史論家と政論家のあいだ』研文出版、一九九八年）
小倉紀蔵『朱子学化する日本近代』藤原書店、二〇一二年
桂島宣弘『思想史の一九世紀――「他者」としての徳川日本』ぺりかん社、一九九九年、二三六頁
苅部直「日本思想史の名著を読む　九『教育勅語』」『ちくま』五三四号、二〇一五年九月、二十八―三十一頁
菊地誠一「三島中洲の陽明学自得時期について」『陽明学』八号、一九九六年三月、三十八―五十八頁
宮内庁編『明治天皇紀　第一』吉川弘文館、一九六八年
栗原剛『佐藤一斎――克己の思想』講談社（講談社学術文庫）、二〇一六年、五十五頁
小島毅「明治後半期の陽明学発掘作業」『日本儒教学会』二号、二〇一八年一月、五十五―七十頁
呉震「『二つの陽明学』再論――近代日本陽明学の問題についての省察」（王小林・町泉寿郎編『日本漢文学の射程――その方法、達成と可能性』汲古書院、二〇一九年、一七九―二一一頁所収）

呉光輝「日本陽明学の『読み替え』――明治期の知識人を中心に」『北東アジア研究』十七号、二〇〇九年三月、一〇五―一一六頁
斎藤昭「『内村鑑三不敬事件』と井上哲次郎」『内村鑑三研究』八号、一九七七年四月、四十三―六十七頁
坂本慎一「渋沢栄一『論語講義』の儒学的分析――晩年渋沢の儒学思想と朱子学・陽明学・徂徠学・水戸学との比較」『経済学雑誌』一〇〇巻二号、一九九九年九月、六十六―九十頁
坂本多加雄『日本の近代二　明治国家の建設　一八七一―一八九〇年』中央公論社、一九九九年
佐古純一郎「夏目漱石の文学と陽明学」（佐古純一郎『漱石論究』朝文社、一九九〇年所収）
佐古純一郎『近代日本思想史における人格観念の成立』朝文社、一九九五年
笹倉一弘「渋沢栄一『論語講義』の書誌学的考察」『言語文化』四十八巻、二〇一一年十二月、一二七―一四五頁
繁田真爾「一九〇〇年前後日本における国民道徳論のイデオロギー構造（下）――井上哲次郎と二つの『教育と宗教』論争にみる」（早稲田大学大学院文学研究科編『早稲田大学大学院文学研究科紀要　第三分冊』早稲田大学大学院文学研究科、二〇〇八年、一七三―一八四頁所収）
澁谷浩『近代思想史における内村鑑三――政治・民族・無教会論』新地書房、一九八八年
島薗進「一九世紀日本の宗教構造の変容」（島薗進ほか編『岩波講座　近代日本の文化史二　コスモロジーの「近世」』、岩波書店、二〇〇一年）
周見著、西川博史訳『渋沢栄一と近代中国』現代史料出版、二〇一六年
小路口聡「日本の近代化と道徳の問題――西村茂樹の道徳会と王陽明後学の講会活動」『国際哲学研究』七号、二〇一八年三月、一六七―一七九頁
小路口聡「三島中洲と近代日本の思想」『陽明学』二十八号、二〇一八年三月、三十九―六十頁
徐滔「明治陽明学の作成――国民道徳とのかかわりをめぐって」『思想史研究』六号、二〇〇六年五月、六十三―七十五頁
末岡宏「梁啓超と日本の中国哲学研究」（末岡宏『梁啓超――西洋近代思想受容と日本』みすず書房、一九九九年）
隅谷三喜男『近代日本の形成とキリスト教』新教出版社、一九五〇年
竹内整一「幕末の天」『現代思想』十巻十二号、一九八二年九月、四一〇―四二二頁
土田健次郎「儒教」苅部直ほか編『日本思想史講座五――方法』ぺりかん社、二〇一五年、四三三―四四五頁所収
土田健次郎『江戸の朱子学』筑摩書房、二〇一四年

東京大学百年史編集委員会『東京大学百年史　通史一』東京大学、一九八四年
姚欣欣「夏目漱石と陽明学――『坊ちゃん』から『こころ』へ」『京都橘大学大学院研究論集』十四号、二〇一六年三月、一―十七頁
中野三敏「近世に於ける李卓吾受容のあらまし」『国語と国文学』八十八巻六号、一―十八頁
中村春作「思想史の脱構築と『知識人』論の発生」『江戸の思想 十号 方法としての江戸』ぺりかん社、一九九九年、三十―四十五頁所収
中村春作『江戸儒教と近代の知』ぺりかん社、二〇〇二年
二松学舎『二松学舎舎則』二松学舎、一八七九年
二松学舎大学近世近代日本漢文班編『三島中洲研究――二松学舎大学21世紀COEプログラム「日本漢文学研究の世界的拠点の構築」研究成果報告vol.3』二松学舎大学21世紀COEプログラム事務局刊、二〇〇八年
二松学舎大学陽明学研究所『陽明学』第四号（三島中洲特集号）二松学舎大学陽明学研究所、一九九二年三月
野口武彦『王道と革命の間――日本思想と孟子問題』筑摩書房、一九八六年
林田明大『山田方谷の思想を巡って』明徳出版社、二〇一〇年
林田明大『渋沢栄一と陽明学――「日本近代化の父」の人生と経営哲学を支えた学問』ワニブックス（ワニブックスPLUS新書）、二〇一九年
尾藤正英「水戸学の特質」（今井宇三郎ほか校注『日本思想大系五十三　水戸学』前掲、五五六―五八二頁所収）
尾藤正英『日本の国家主義――「国体」思想の形成』岩波書店、二〇一四年
福島成行「吉本襄と森田馬太郎」『明治文化』五巻七号、一九二九年七月、四十七―四十九頁
福島正夫「三島中洲と中江兆民――兆民の新発見資料をめぐって」『思潮』六四一号、一九七七年十一月、一六三六―一六五二頁
藤田大誠『近代国学の研究』（久伊豆神社小教院叢書　五）弘文堂、二〇〇七年
前田愛「『維新』か『御一新』か――明治維新と近代文学」（前田愛『幻景の明治』朝日新聞社、一九七八年所収）
前田勉『江戸後期の思想空間』ぺりかん社、二〇〇九年
町泉寿郎「幕末明治期における学術・教学の形成と漢学」『日本漢文学研究』十一号、二〇一六年三月、一三三―一五四頁
町泉寿郎「『二松学舎』と陽明学」（見城悌治ほか編『渋沢栄一は漢学とどう関わったか』ミネルヴァ書房、二〇一七年、一七一―

二〇三頁所収）
松川健二「三島中洲と教育勅語」『陽明学』十三号、二〇〇一年三月、一五二―一五九頁
松川健二『山田方谷から三島中洲へ』明徳出版社刊、二〇〇八年
松田存「吉田松陰と三島中洲」『陽明学』七号、一九九五年三月、九九―一〇九頁
松本三之介『明治思想における伝統と近代』東京大学出版会、一九九六年
三浦節夫「明治後期における井上哲次郎と井上円了の思想対立」『比較思想研究』三十四号、二〇〇七年三月、一二二―一三一頁
三島正明『最後の儒者――三島中洲』明徳出版社、一九九八年
溝口雄三「二つの陽明学」『理想』五七二号、一九八一年一月、六十八―八十頁
溝口雄三「中国近世の思想世界」（溝口雄三ほか編『中国という視座』前掲、九―一三八頁所収）
溝口雄三「二つの陽明学」（王陽明著　溝口雄三訳『伝習録　王陽明』中央公論新社、二〇〇五年、一―二十四頁）
溝口雄三・相良亨「異と同の瀬踏み――日本・中国の概念比較」（溝口雄三編『中国思想のエッセンスⅠ――異と同のあいだ』岩波書店、二〇一一年、一―三十頁）
三谷博『明治維新とナショナリズム――幕末の外交と政治変動』山川出版社、一九九七年
三谷博『明治維新を考える』岩波書店（岩波現代文庫）、二〇一二年
源了円「明六社の思想――幕末・維新期における中村敬宇の儒教思想」『季刊日本思想史』二十六号、一九八六年五月、六十九―九十七頁
宮城公子「大塩中斎の思想とその周辺」（宮城公子編『日本の名著二十七　大塩中斎』中央公論社、一九七八年、附録）
宮城公子「日本の近代化と儒教的主体」（宮城公子『幕末期の思想と習俗』前掲所収）
三宅紹宣「五箇条の誓文・宸翰と五榜の掲示」『明治維新史研究』第九号、二〇一三年三月、一―十五頁
宮地正人「国家神道の確立過程」国学院大学日本文化研究所編『近代天皇制と宗教的権威』同朋舎出版、一九九二年、一一九―一四八頁所収
宮地正人『二十一世紀歴史学の創造二　国民国家と天皇制』有志舎、二〇一二年
森川輝紀「大正期国民教育論に関する一考察――井上哲次郎の国体論を中心に」『日本歴史』四六三号、一九八六年十二月、六十―七十八頁

山口静一編『フェノロサ社会論集』思文閣出版、二〇〇〇年
山下龍二「明代思想史研究はどのように進められてきたか」『名古屋大学文学部研究論集三十六　哲学』十二号、一九六四年五月、五十九―九十二頁
山下龍二「王陽明研究の原型――三宅雄二郎『王陽明』をめぐって」（山下龍二『陽明学の終焉』研文社、一九九一年所収）
山田洸「井上哲次郎と国民道徳論」（山田洸『近代日本道徳思想史研究――天皇制イデオロギー論批判』未來社、一九七二年所収）
山村奨「『宗教』としての近代日本の陽明学」（伊東貴之編『「心身／身心」と環境の哲学――東アジアの伝統思想を媒介に考える』汲古書院、二〇一六年所収）
吉田公平「二松学舎の陽明学――山田方谷・三島毅・三島復・山田準」『陽明学』十七号、二〇〇五年三月、三―三十二頁
吉田公平「高瀬武次郎年譜稿――東洋大学の漢学者たち（その一）」『井上円了センター年報』十五号、二〇〇六年、一六一―三二四頁
吉田公平「東敬治（正堂）と『王学雑誌』について」『東洋大学中国哲学文学科紀要』十六号、二〇〇八年三月、十七―三十四頁
吉田公平「石崎東国と大阪陽明学会の創設の頃――大阪における大塩平八郎」（大塩事件研究会編『大塩平八郎の総合研究』和泉書院、二〇一一年、二九三―三一五頁所収）
吉田俊純『水戸学と明治維新』吉川弘文館、二〇〇三年
李亜「幕末の陽明学と梁啓超」『お茶の水女子大学比較日本学教育研究センター研究年報』十号、二〇一四年三月、一〇八―一一四頁
李亜「梁啓超の『幕末の陽明学』観と明治陽明学」（伊東貴之編『「心身／身心」と環境の哲学――東アジアの伝統思想を媒介に考える』前掲、六三三―六五〇頁所収）
渡辺和靖『明治思想史』ぺりかん社、一九七八年初版、一九八五年増補版
和辻哲郎『日本倫理思想史』下巻、岩波書店、一九五二年

〈原典〉
井上哲次郎「現象即実在論の要領」『哲学雑誌』十三巻一二三号、一八九七年五月、三七七—三九六頁（島薗進、磯前順一編『シリーズ日本の宗教学二　井上哲次郎集』第九巻、前掲、二十三—二十四頁所収）
井上哲次郎『日本朱子学派之哲学』一九〇二年、冨山房
井上哲次郎『日本古学派之哲学』一九〇五年、冨山房
井上哲次郎「儒教の長所短所」『哲学雑誌』二六三号、一九〇九年一月、一—三十六頁
井上哲次郎・有馬祐政『武士道叢書』下巻、博文館、一九〇九年
大久保利謙編『西周全集』第四巻、宗高書房、一九八一年
大野雲譚「洗心論」『陽明学』二十六号、一九一〇年十二月、九—十一頁
河上丈太郎「蘆花事件」『文藝春秋』昭和二十六年十月号、文藝春秋社、一九五一年、二十八—三十頁
幸田成友『大塩平八郎』東亜書房、一九一〇年
里見無声「大塩平八郎に就て」『陽明学』二十六号、一九一〇年十二月、三十九頁
信濃教育会編『象山全集』第一巻　信濃毎日新聞社、一九三四年
信濃教育会編『象山全集』第三巻、信濃毎日新聞社、一九三五年
渋沢栄一「経済・道徳及び教育に関する疑問」『帰一協会会報』六号、一九一五年十一月、一—二十三頁
高瀬武次郎「陽明学と安心立命」『六号雑誌』三二四号、一九〇七年十二月、八一三—八二〇頁（『復刻版　六合雑誌』第三十七巻、不二出版、一九八七年、四一一—四二〇頁所収）
高瀬武次郎『教育勅語謹解』教化振興会、一九三八年
徳富蘆花「謀叛論」（徳富健次郎、中野好夫編『謀叛論　他六篇・日記』岩波書店〈岩波文庫〉、一九七六年所収）
西周『百一新論』（大久保利謙編『明治文学全集三　明治啓蒙思想集』筑摩書房、一九六七年所収）
西周『百学連環』（大久保利謙編『明治文学全集三　明治啓蒙思想集』前掲所収）
新渡戸稲造著、矢内原忠雄訳『武士道』岩波書店（岩波文庫）一九三八年、一九七四年改版

橋川文三編『日本の名著二十九　藤田東湖』中央公論社、一九七四年
福沢諭吉『学問のすすめ』岩波書店（岩波文庫）、一九七八年
藤田東湖著、塚本勝義訳註『弘道館記述義』岩波書店（岩波文庫）、一九四〇年、一八六―一八九頁
三宅雄二郎『王陽明』（第二版）哲学書院、一八九五年
安岡正篤『日本精神の研究』（初版）玄黄社、一九二四年
安丸良夫、宮地正人校注『日本近代思想大系五　宗教と国家』岩波書店、一九八八年、五一三―五一四頁
雄山閣編『日本学叢書』第八巻、雄山閣、一九四四年

〈研究〉
荒木見悟編『世界の名著　続四　朱子　王陽明』中央公論社、一九七四年
家永三郎「明治哲学史の一考察」（家永三郎『日本近代思想史研究』東京大学出版会、一九五三年所収）
稲田正次編『教育勅語成立過程の研究』講談社、一九七一年
井ノ口哲也「井上哲次郎の江戸儒学三部作について」『東京学芸大学紀要　人文社会科学系二』六十号、二〇〇九年一月、二二七―二三九頁
大岡欽治「大塩事件劇化上演の記録」『大塩研究』五―七号、一九七八年三月―一九七九年三月。
大川真「後期水戸学における思想的転回――会沢正志斎の思想を中心に」『日本思想史学』三十九号、二〇〇七年九月、一一二―一二八頁
大塩事件研究会編『大塩研究別冊　大塩平八郎を解く――二十五話』耕文社、一九九五年
大島康生「井上哲次郎――知識と思索の分離」（朝日ジャーナル編集部編『日本の思想家二』朝日新聞社、一九六三年、九十四―一〇九頁所収）
大平喜間多『佐久間象山伝』宮帯出版社、二〇一三年
海後宗臣『教育勅語成立史の研究』厚徳社、一九六五年
籠谷次郎『近代日本における教育と国家の思想』阿吽社、一九九四年
黒住真「日本思想史の方法――物事の形態と把握の歴史」（苅部直ほか編『日本思想史講座五――方法』前掲、十七―七十二頁所収）

小泉仰『西周と欧米思想との出会い』三嶺書房、一九八九年
小坂国継『明治哲学の研究――西周と大西祝』岩波書店、二〇一三年
崔在穆「心学の東アジア的展開」（苅部直ほか編『日本思想史講座三―近世』ぺりかん社　二〇一二年、二六九―二九六頁所収）
佐藤嗣男「蘆花講演『謀叛論』考」『明治大学人文科学研究所紀要』四十二号、一九九七年十二月、二四九―二七九頁
塩田庄兵衛・渡辺順三編『秘録大逆事件』（上）春秋社
小路口聡「西周と陽明学――『生性箚記』における『当下便是』説批判をめぐって」（吉田公平ほか編『近代化と伝統の間――明治期の人間観と世界観』教育評論社、二〇一六年、二十六―五十四頁所収）
徐興慶『東アジアの覚醒――近代日中知識人の自他認識』研文出版、二〇一四年
末木文美士「倫理化される宗教――井上哲次郎」（末木文美士『近代日本の思想・再考Ⅰ　明治思想家論』トランスビュー、二〇〇四年所収）
田中伸尚『大逆事件――生と死の群像』岩波書店、二〇一〇年
テツオ・ナジタ著、坂野潤治訳『明治維新の遺産』講談社（講談社学術文庫）、二〇一三年
中野目徹「三宅雪嶺による『王陽明』の訂正増補」『近代史料研究』十八号、二〇一八年、六十七―八十二頁
芳賀登『幕末国学の展開』塙書房、一九六三年
林田明大『財務の教科書』三五館、二〇〇六年、八十七頁
平井法ほか「井上哲次郎」（昭和女子大学近代文学研究室編『近代文学研究叢書　第五十四巻』昭和女子大学近代文化研究所、一九八三年、一七三―三〇九頁所収）
船山信一『日本の観念論者』英宝社、一九五六年
船山信一『明治哲学史研究』ミネルヴァ書房、一九五九年
町田三郎「井上哲次郎ノート」（中村璋八博士古稀記念論集編集委員会編『東洋学論集――中村璋八博士古稀記念』汲古書院、一九九六年、九四九―九六四頁
松浦玲「日本における儒教型理想主義の終焉・三　文明の衝突と儒者の立場」『思想』五九二号、一九七三年十月、四十四―六十五頁
松田宏一郎『江戸の知識から明治の政治へ』ぺりかん社、二〇〇八年

溝口雄三「日本的陽明学をめぐって」『現代思想』十巻十二号、一九八二年九月、三四二―三五六頁
源了円「教育勅語の国家的解釈」（坂田吉雄編『明治前半期のナショナリズム』未來社、一九五八年、一六五―二一二頁所収）
源了円『実学思想の系譜』講談社、一九八六年
源了円『近世初期実学思想の研究』創文社、二〇〇四年
安丸良夫『神々の明治維新――神仏分離と廃仏毀釈』岩波書店（岩波新書）、一九七九年
山村奨「明治期の陽明学理解――社会主義と明治維新との関係から」『東洋文化研究』十八号、学習院大学東洋文化研究所、二〇一六年三月、九十九―一一八頁
山本貴光『「百学連環」を読む』三省堂、二〇一六年
吉田俊純『水戸学の研究――明治維新史の再検討』明石書店、二〇一六年
ヨゼフ・ピタウ『井上毅と近代日本の形成』時事通信社、一九六七年
李暁東「西周における儒教の『読み替え』――梁啓超との比較を兼ねて」『北東アジア研究』十四・十五号、前掲、一六九―一七九頁
渡辺浩「アンシャン・レジームと明治革命――トクヴィルを手がかりに」『思想』九七九号、二〇〇五年十一月、五十一―七十頁

〈その他〉
『時事』
『東京朝日新聞』
『毎日電報』

第三章

〈原典〉
石崎東国「編集雑記」『陽明』七号、一九一一年一月、八頁
石崎東国「兆民先生十周忌」『陽明』二巻六号、一九一一年十一月、三頁
石崎東国「支那の孔子国教問題」『陽明』五巻十号、一九一六年四月、一頁

石崎東国「陽明主義の立場から」『陽明』八十号、一九一八年九月、一頁
石崎東国「世界戦争の終りを見て――思想の力は武力に勝てり」『陽明』八十三号、一九一八年十二月、一頁
石崎東国「陽明主義宣言」『陽明主義』新年号（通巻八十四号）、一九一九年一月、表紙表下部
石崎東国「陽明主義の創造観（春季皇霊祭の日）」『陽明主義』四月号（通巻九十九号）、一九二〇年、一頁
石崎東国「陽明主義の考え方」『陽明主義』七月復活第一号（通巻一二〇号）、一九二二年、二頁
井上哲次郎・蟹江義丸編『日本陽明学』全三冊、大鐙閣、一九二二年
黒岩涙香「少年哲学者を弔ず」『万朝報』明治三十六年五月二七日号（伊藤整ほか編『日本現代文学全集　明治思想家集』講談社、
　一九六八年、二八五―二八六頁所収
黒岩涙香「藤村操の死に就いて」伊藤整ほか編『日本現代文学全集　明治思想家集』前掲、二八七―二九〇頁所収
「実行委員の府庁訪問記」『陽明主義』十月第四号（通巻一二三号）、一九二二年、九頁
高瀬武次郎『陽明学階梯――精神教育』鉄華書院刊、一八九九年
高瀬武次郎『王陽明詳伝』文明堂刊、一九〇四年
高瀬武次郎『陽明学新論』榊原文盛堂刊、一九〇六年年
高瀬武次郎『日本之陽明学』榊原文盛堂刊、一九〇七年
高瀬武次郎「発刊の辞」『修養界』一巻一号、参天閣、一九〇七年六月、一―四頁
高瀬武次郎「陽明学の利病」『陽明学』二十六号、一九一〇年十二月、七―八頁
高瀬武次郎「孔子国教論」『陽明』六十三号、一九一七年四月、十六頁
高瀬武次郎「我国の徳育と孔子教」『太陽』二十三巻十号、一九一七年九月、一七七―一九一頁
高瀬武次郎「大塩中斎先生を詠ず」（木村秀吉編『陽明学研究』東亜学芸協会、一九三八年、三十九―四十一頁所収）
高瀬武次郎「高瀬博士来翰」『陽明学』三十一号、一九一一年、五十一頁
田山花袋『田舎教師』（改版）新潮社（新潮文庫）、二〇一三年
徳富蘇峰『吉田松陰』（新版）民友社、一九〇八年
服部宇之吉『孔子及孔子教』明治出版、一九一七年
東敬治（正堂）「陽明学と日本精神」（木村秀吉編『陽明学研究』前掲、八十五―九十七頁所収）

東正堂「教育の実行に就て」『陽明学』二十九号、一九一一年、一頁
夏目漱石『草枕』（改版）新潮社（新潮文庫）、一九八七年
長谷川如是閑『ある心の自叙伝』朝日新聞社、一九五〇年

〈研究〉
赤澤史朗「大正・昭和前期の社会思想」（宮地正人ほか編『新大系日本史四　政治社会思想史』山川出版社、二〇一〇年、三九八―四一八頁所収）
王成「近代日本における〈修養〉概念の成立」『日本研究』二十九号、二〇〇四年十二月、一一七―一四五頁
大橋健二『良心と至誠の精神史――日本陽明学の近現代』勉誠出版、一九九九年
小川原正道編『近代日本の仏教者――アジア体験とその思想の変容』慶應義塾大学出版会、二〇一〇年
小川原正道『日本の戦争と宗教　1899-1945』講談社、二〇一四年
金山泰志『明治期日本における民衆の中国観――教科書・雑誌・地方新聞・講談・演劇に注目して』芙蓉書房出版、二〇一四年
菅野覚明『武士道の逆襲』講談社（講談社現代新書）、二〇〇四年
坂元ひろ子『中国近代の思想文化史』岩波書店（岩波新書）、二〇一六年
沢柳政太郎『沢柳政太郎全集』第二巻、国土社、一九七七年
鈴木貞美『入門日本近現代文芸史』平凡社、二〇一三年、一二一頁
高見澤磨ほか『現代中国法入門』（第七版）有斐閣、二〇一六年
竹内真澄『諭吉の愉快と漱石の憂鬱』祥伝社、二〇一三年
田嶋一『〈少年〉と〈青年〉の近代日本――人間形成と教育の社会史』東京大学出版会、二〇一六年
田中仁ほか『新・図説中国近現代史――日中新時代の見取図』法律文化社、二〇一二年
平石典子「明治の『煩悶青年』たち」『文藝言語研究――文藝編』四十一号、二〇〇二年三月、十五―四十九頁
平石典子『煩悶青年と女学生の文学誌――「西洋」を読み替えて』新曜社、二〇一二年
平岩昭三『検証　藤村操――華厳の滝投身自殺事件』不二出版、二〇〇三年
松田宏一郎「福沢諭吉と明治国家」末木文美士ほか編『日本思想史講座四　近代』ぺりかん社、二〇一三年、六十七―一〇七頁

宮城公子「儒教の自己変革と民衆」『史林』四十九巻六号、一九六六年十一月、一―四十頁
山村奨「井上哲次郎と高瀬武次郎の陽明学――近代日本の陽明学における水戸学と大塩平八郎」『日本研究』五十六号、二〇一七年十月、五十五―九十三頁
吉田公平「石崎東国年譜稿」『白山中国学』十三号、二〇〇七年一月、四十一―一二一頁
吉田公平「日本近代――明治大正期の陽明学運動」『国際哲学研究』七号、二〇一八年三月、一八一―一八八頁

第四章

〈原典〉

芥川龍之介『羅生門・鼻・芋粥』角川書店（角川文庫）、一九八九初版、二〇〇七年改版
石井研堂『明治事物起原』橋南堂、一九〇八年
石崎東国「人道主義」『陽明』十号、一九一一年四月、一頁
石（崎）東国「水戸学と陽明学」『陽明』十号、前掲、三十二頁
石崎東国『陽明学派之人物』前川書店、一九一二年
石崎東国「陽明学より太虚主義へ。洗心洞後学」『陽明』五巻三号、一九一六年四月、一頁
石崎東国「大塩中斎先生の経済思想に就て」『陽明』七十八号、一九一八年七月、一頁
石崎東国『大塩平八郎伝』大鐙閣、一九二〇年
石崎東国『中斎大塩先生年譜』大鐙閣刊、一九二〇年
石崎酉之允（東国）「吾等の主張は王道に在り」『陽明主義』十月号（通巻九十三号）、一九一九年、一頁
大阪陽明学会「大阪陽明学会附属・洗心洞文庫設立趣旨、明治四十一年十二月」『陽明』六号、一九一〇年十二月、五頁
大阪陽明学会「財団法人洗心洞文庫定款」『陽明主義』十月号（通巻九十三号）、一九一九年、一頁
勝水瓊泉編『偉人研究　大塩平八郎言行録』内外出版協会、一九〇八年
河上肇『貧乏物語』岩波書店（岩波文庫）、一九四七年初版、一九六五年改版
陸羯南「王陽明の後に題す」（三宅雪嶺『王陽明』前掲、跋文）

幸徳秋水『帝国主義』岩波書店（岩波文庫）、二〇〇四年
堺利彦「講演大塩騒動」（川口武彦編『堺利彦全集』第五巻、法律文化社、一九七一年）
高瀬武次郎『水戸学』皇教会、一九四四年
高安月郊『大塩平八郎』金港堂刊、一九〇二年
中野正剛「大塩平八郎を憶う」中野正剛『魂を吐く』金星社、一九三八年所収（執筆は一九一八年八月）
中村吉蔵「大塩平八郎」『新小説』一九二一（大正十）年七月号、初出。中村吉蔵『大塩平八郎――史劇』天祐社、一九二一年所収
広瀬旭荘全集編集委員会編『広瀬旭荘全集』第一巻、思文閣出版、一九八二年
墨憨子『王陽明出身靖乱録』弘毅館（和本）
真山青果「大塩平八郎」『真山青果全集』第十四巻、講談社、一九七六年、所収。『中央公論』一九二五〈大正十五〉年七月―十二月号、初出
三浦周行『国史上の社会問題』（日本文化名著選）創元社、一九三八年
陽明学会「財団法人洗心洞文庫趣旨」『陽明』八十二号、一九一八年十一月、巻首

〈研究〉
荒木龍太郎「日本における陽明学の系譜（下）――幕末明治前期を中心に」（岡田武彦編『陽明学の世界』前掲、四〇六―四二二頁所収）
井形正寿「石崎東国の足跡を追う」『大塩研究』四十八号、二〇〇三年二月、二―三十一頁上田正昭ほか編『講談社日本人名大辞典』講談社、二〇〇一年発行版
『岡田武彦全集十巻　王陽明と明末の儒学　上』明徳出版社、二〇〇四年
『岡田武彦全集十一巻　王陽明と明末の儒学　下』明徳出版社、二〇〇四年
『岡田武彦全集十八巻　宋明哲学の本質　下』明徳出版社、二〇〇九年所収
小野和子『明季党社考――東林党と復社』（東洋史研究叢刊）同朋舎出版、一九九六年
貴司山治「明治維新の原型としての大塩乱――小説作法の感想として」『歴史科学』二巻七―八号、一九三三年
高坂正顕『高坂正顕著作集第七巻　明治思想史』理想社、一九六九年

後藤基巳「清初政治思想の成立過程」(『漢学会雑誌』十巻二号、一九四二年十月、六十九―一〇二頁
鄧紅「梁啓超と『日本陽明学』」『社会システム研究』十五号、二〇一七年三月、三十五―四十八頁
西尾治郎平「『愛国新聞』と堺利彦の『大塩騒動』」『大塩研究』九号、一九八〇年三月、四十三―四十七頁
日原利国編『中国思想辞典』研文出版、一九八四年
溝口雄三(同『中国前近代思想の屈折と展開』前掲所収)
宮崎十三八・安岡昭男編『幕末維新人名事典』新人物往来社、一九九四年発行版
森田康夫『日本史研究叢刊十九　大塩平八郎と陽明学』和泉書院、二〇〇八年
森田康夫『日本史研究叢刊二十二　大塩思想の可能性』和泉書院、二〇一一年
森田康夫『日本史研究叢刊二十八　大塩思想の射程』和泉書院、二〇一四年
山村奨「近代日本における陽明学観の変遷――大塩平八郎の評価との関連から」『日本儒教学会報』二号、二〇一八年一月、一五三―一六八頁
吉田公平「石崎東国の中江兆民・ルソー論――『陽明』『陽明主義』の基調」(東洋大学東洋学研究所編『明治期における近代化と〈東洋的なもの〉』東洋大学東洋学研究所、二〇〇七年、二十三―三十五頁所収)
吉田公平「東敬治編『澤瀉先生逸話籠』の特色」『東洋大学中国哲学文学科紀要』十八号、二〇一〇年三月、一―十五頁

〈その他〉
『大阪朝日新聞』
『大阪毎日新聞』
「年齢のとなえ方に関する法律」(昭和二十四年五月二十四日法律第九十六号・一九五〇年一月一日施行)

第五章

〈原典〉
足立栗園「近世の儒教を論ず」二二一号、一八九二年五月、二十四―三十頁『復刻版　六合雑誌』第二十巻、不二出版、一九八六年、

三八〇―三八六頁所収
安倍能成ほか編『西田幾多郎全集』一巻、岩波書店、一九四七年
安倍能成ほか編『西田幾多郎全集』十六巻、岩波書店、一九六六年
井上哲次郎・塩田良平「余と明治文学及び文学者――新体詩抄・鷗外・フロレンツ・樗牛其他」『国語と国文学』十一巻八号、一九三四年八月、四十三―五十四頁
井上哲次郎『武士道の本質』八光社、一九四二年
植村正久『植村正久著作集　二』新教出版社、一九六六年
内村鑑三著、鈴木俊郎訳『余は如何にして基督信徒となりし乎』岩波書店（岩波文庫）、一九三八年初版、一九五八年改版
内村鑑三「基督信徒と社会改良」（内田芳明編『近代日本思想大系六　内村鑑三集』筑摩書房、一九七五年所収）
内村鑑三『内村鑑三全集』二十九巻、岩波書店、一九八三年
内村鑑三「なぜ『クリスチャン』の一語を加えるか」（道家弘一郎訳『内村鑑三英文論説　翻訳編』下巻、岩波書店、一九八五年所収）。
海老名弾正「中江藤樹の宗教思想」『六合雑誌』二二七号、一八九九年一月、三十九―四十四頁（『復刻版　六合雑誌』第二十巻、前掲、四十一―四十六頁所収）
大隈重信「演題審らかならず、但是が演題」『陽明学』十二―十三号、一九〇九年
海音寺潮五郎『西郷隆盛　天命の巻』学習研究社、一九六九年
海音寺潮五郎「推薦のことば」（「陽明学大系月報」昭和四十六年九月三十日発行　宇野哲人ほか編『陽明学大系第一巻　陽明学入門』明徳出版社、一九七一年、附録）
木下杢太郎編『鷗外全集』七巻、岩波書店、一九七二年
木下杢太郎編『鷗外全集』十五巻、岩波書店、一九七三年。
木下杢太郎編『鷗外全集』二十五巻、岩波書店、一九七三年
木下杢太郎編『鷗外全集』二十六巻、岩波書店、一九七三年
木下杢太郎編『鷗外全集』三十五巻、岩波書店、一九七五年
木下杢太郎編『鷗外全集』三十六巻、岩波書店、一九七五年

幸田露伴『努力論』東亜堂出版、一九一二年
佐藤秀明ほか編『決定版三島由紀夫全集』補巻、新潮社、二〇〇五年
司馬遼太郎『司馬遼太郎全集』十九巻、一九七二年、文藝春秋
司馬遼太郎『司馬遼太郎全集』二十三巻、一九七二年、文藝春秋
志村巳之助編、北山政雄ほか校訂『藤樹全書』巻之六、点林堂刊、一八九三年
西田幾多郎著、小坂国継注『善の研究』講談社（講談社学術文庫）、二〇〇六年
新渡戸稲造「陽明学の素人観」『陽明学』九―十号、一九〇九年
新渡戸稲造「沈黙の時間」（新渡戸稲造全集編集委員会編『新渡戸稲造全集　二十一巻』教文館、一九八六年所収）
林公一「老子の所謂道」一四一号、一八九二年九月、二十五―三十五頁。『復刻版　六合雑誌』第十二巻、不二出版、一九八六年、五二五―五三五頁所収
正宗敦夫編『蕃山全集』第五冊、名著出版、一九七八年
松村介石『道と宗教』天心社、一九〇九年
三島由紀夫「革命哲学としての陽明学」（同『行動学入門』文藝春秋〈文春文庫〉、一九七四年所収）
三島由紀夫『奔馬――豊饒の海・第二巻』新潮社（新潮文庫）、一九七七年、二〇〇二年改版
森鷗外『天保物語』鳳鳴社刊、一九一四年
森於菟『父親としての森鷗外』筑摩書房（ちくま文庫）、一九九三年
文部省『小学校師範学校中学校高等女学校検定済教科書図書表』（明治三十九年二月―四十五年三月）文部省、一九一二年
文部省図書局『師範学校中学校高等女学校小学校検定済教科書図書表』（自明治四十五年三月至大正三年二月）文部省図書局、一九二六年
安岡正篤『王陽明研究』（初版）玄黄社、一九二二年
安岡正篤『王陽明研究』（第七版）玄黄社、一九四〇年
安岡正篤『伝習録』明徳出版社、一九七三年
安岡正篤『人間学講話　禅と陽明学』（下）プレジデント社、一九九九年
安岡正篤『王陽明――その人と思想』致知出版社、二〇一六年

山路愛山『基督教評論・日本人民史』岩波書店（岩波文庫）、一九六六年

〈研究〉

荒木見悟『陽明学の位相』研文出版、一九九二年
アルピタ・ポール「明治期の精神革命におけるキリスト教と陽明学――北村透谷を中心に」『北村透谷研究』二十九号、二〇一八年五月、三十―三十八頁
井上克人「明治期における西田幾多郎の倫理的課題――西田の思惟に見る宋学的伝統」『関西大学文学論集』五十巻三号、関西大学文学会、二〇〇一年三月、一〇五―一二六頁
井上順孝編『近代日本の宗教家一〇一人』新書館、二〇〇七年
伊吹岩五郎『山田方谷』（復刻版）山田方谷顕彰会、二〇〇五年
鵜沼裕子「内村鑑三における神と天然」『内村鑑三研究』十一号、一九七八年十月、七十二―九十頁
宇野哲人ほか編『陽明学大系第一巻　陽明学入門』前掲、四四八頁
海老田輝巳「森鷗外の作品における陽明学」『語学と文学』二十六号、一九九六年三月、一―二十二頁
尾形仂『森鷗外の歴史小説――史料と方法』筑摩書房、一九七九年
荻原隆『中村敬宇研究――明治啓蒙思想と理想主義』早稲田大学出版部、一九九〇年
小田切英雄『近代日本の作家たち』厚文社、一九五四年
小田部雄次「天皇制イデオロギーと親英米派の系譜――安岡正篤を中心に」『史苑』四十三巻一号、一九八三年六月、二十五―三十八頁
狩野直喜『読書纂餘』弘文堂書房、一九四七年
神渡良平『安岡正篤の世界――先賢の風を慕う』同信社、一九九一年
川井良浩『安岡正篤――民本主義の形成とその展開』明窓出版、二〇〇六年
河上徹太郎「解題」『明治文学全集三十九　内村鑑三集』筑摩書房、一九八九年所収
神崎清著、大逆事件の真実をあきらかにする会監修『革命伝説大逆事件』（全四巻）子どもの未来社、二〇一〇年
北川伊男「森鷗外の『大塩平八郎』と陽明学」『皇学館大学紀要』八号、一九七〇年三月、三三七―三六〇頁

工藤英一『日本キリスト教社会経済史研究』教育出版社、一九八〇年
倉田和四生『山田方谷の陽明学と教育実践』大学教育出版、二〇一五年
栗田英彦「明治三十年代における『修養』概念と将来の宗教の構想」『宗教研究』八十九巻三号、五十一―七十四頁
小泉浩一郎『森鷗外論　実証と批評』明治書院、一九八一年
小坂国継『近代日本哲学の中の西田哲学』ミネルヴァ書房、二〇一六年
小島毅「人格の完成――王陽明の中に安岡正篤が見たもの」『陽明学』二十号、二〇〇八年三月、一六七―一八〇頁
小島毅『義経の東アジア』トランスビュー、二〇一〇年
小堀桂一郎『森鷗外――日本はまだ普請中だ』ミネルヴァ書房、二〇一三年
呉光輝「西田哲学と陽明学の比較研究――西田幾多郎における陽明学受容の問題」『東瀛求索』十一号、二〇〇〇年四月、八十一―九十三頁
塩田庄兵衛・渡辺順三編『秘録大逆事件』（上）春秋社、一九五九年
重松泰雄ほか編『日本近代文学大系　第十二巻　森鷗外集Ⅱ』角川書店　一九七四年
篠田一人「日本近代思想史における熊本バンドの意義」（篠田一人ほか著『同志社大学人文科学研究所研究叢書Ⅶ　熊本バンド研究――日本プロテスタンティズムの一源流と展開』〈新装版〉みすず書房、一九九七年所収）
嶋田順好「本多庸一における陽明学的なるものの影響について」『キリスト教と文化』二十七号、二〇一一年三月、三十一―五十八頁
鈴木範久『「代表的日本人」を読む』大明堂、一九八八年
瀬里廣明『幸田露伴と安岡正篤』白鷗社、一九九八年
竹内良知『西田幾多郎』東京大学出版会、一九七〇年
竹村民郎「二十世紀初頭、安岡正篤の日本主義における直接的行動主義――安岡正篤のベネデット・クローチェ訪問計画に留意して」（伊東貴之編『「心身／身心」と環境の哲学――東アジアの伝統思想を媒介に考える』前掲、七一九―七三八頁所収）
田尻祐一郎『江戸の思想史――人物・方法・連環』中央公論新社（中公新書）、二〇一一年
田中伸尚『大逆事件――生と死の群像』岩波書店　二〇一〇年
谷沢永一「鷗外樗牛対立期」『樟蔭国文学』十七号、一九七九年十月、一―十頁

土田健次郎「儒教の聖書批判」（小山宙丸編『聖書をめぐる九の冒険』ネスコ、一九九五年、二二九―二五五頁所収）
堤克彦『横井小楠の実学思想――基盤・形成・転回の軌跡』ぺりかん社、二〇一一年
中村文雄『大逆事件と知識人』三一書房、一九八一年
中村文雄『森鷗外と明治国家』三一書房、一九九二年
中村文雄『大逆事件と知識人――無罪の構図』論創社、二〇〇九年（中村文雄『大逆事件と知識人』〈前掲〉の改訂版）
林田明大『真説「陽明学」入門――黄金の国の人間学』（増補改訂版）、三五館、二〇〇三年
マーク・R・マリンズ著、高崎恵訳『メイド・イン・ジャパンのキリスト教』トランスビュー、二〇〇五年
松本健一『三島由紀夫と司馬遼太郎――「美しい日本」をめぐる激突』新潮社（新潮選書）、二〇一〇年
丸山眞男『日本政治思想史研究』東京大学出版会、一九五二年初版、一九八三年新装版
源了圓「幕末・維新期における『豪傑』的人間像の形成」『日本文化研究所研究報告　第十九集』一九八三年三月、五十三―七十八頁
宮川透『日本精神史の課題』紀伊国屋書店、一九八〇年
宮城公子『大塩平八郎』ぺりかん社　二〇〇五年
宮澤誠一『明治維新の再創造――近代日本の〈起源神話〉』青木書店、二〇〇五年
宮本盛太郎「森鷗外・井上哲次郎・乃木希典――三者の関係」『社会システム研究』四号、二〇〇一年二月、十九―三十頁
武藤功『国家という難題――東湖と鷗外の大塩事件』田畑書店、一九九七年
山口謠司『日本語を作った男――上田万年とその時代』集英社インターナショナル、二〇一六年
安岡正篤先生年譜編纂委員会編『安岡正篤先生年譜』郷学研究所ほか、一九九七年
山崎一穎『鷗外・歴史文学研究』おうふう、二〇〇二年
山崎一穎『森鷗外　国家と作家の狭間で』新日本出版社、二〇一二年
山崎國紀『評伝　森鷗外』大修館書店、二〇〇七年
山崎國紀「鷗外『大塩平八郎』の考察――初期歴史小説に貫流する思想性」（大塩事件研究会編『大塩平八郎の総合研究』前掲、三一七―三四六頁所収）
山下龍二『陽明学の研究』（下）現代情報社、一九七一年

山下龍二「儒教の宗教的性格――日本」（小野泰博ほか編『日本宗教事典』弘文堂、一九八五年、四九九―五〇〇頁所収）
山田謙次「北村透谷における陽明学」『近代文学試論』十六号、一九七七年十一月、一―九頁
山村奨「森鷗外における大逆事件と陽明学――井上哲次郎との比較による」『総研大文化科学研究』十三号、二〇一七年三月、二六五―二七五頁
湯浅泰雄『日本人の宗教意識』講談社（講談社学術文庫）、一九九九年
Roger H Brown「万世ノ為ニ太平ヲ開カント欲ス――安岡正篤の国体護持思想を中心に」『埼玉大学紀要――教養学部』五十巻二号、二〇一五年二月、一九九―二三一頁（本文英語）
吉田公平「西田幾多郎の『修養』と『研究』、夏目漱石の『こころ』の苦悩」『近代化と伝統の間』前掲、十二―二十五頁。
和崎光太郎「青年期自己形成概念としての〈修養〉論の誕生」『日本の教育史学――教育史学会紀要』五十号、二〇〇七年、三十二―四十四頁
和崎光太郎「世紀転換期における〈修養〉の変容」『教育史フォーラム』五号、二〇一〇年三月、二十一―三十六頁
渡瀬常吉『海老名弾正先生』竜吟社、一九三八年
渡辺善雄「西洋思想の擁護と排斥――大逆事件後の森鷗外と井上哲次郎」『文芸研究』第一〇〇集、一九八二年五月、一二一―一三四頁

〈その他〉
『福音新報』
『毎日新聞』
『東洋時報』

終章

〈原典〉
服部宇之吉『北京籠城日記』博文館、一九〇〇年

〈研究〉

宇野哲人『増訂支那哲学史講話』大同社、一九三〇年
宇野哲人『中国思想』講談社（講談社学術文庫）、一九七〇年
遠藤隆吉『支那哲学史』金港書籍刊、一九〇〇年
狩野直喜『中国哲学史』岩波書店、一九五三年
小島毅「Books & Trends『父が子に語る近現代史』を書いた、小島毅氏に聞く」『週刊東洋経済』六二四一号、二〇一〇年一月、一一四—一一五頁
呉震『東亜儒学問題新探』北京大学出版社、二〇一七年
小林康夫・中島隆博『日本を解き放つ』東京大学出版会、二〇一九年
澤村修治『西郷隆盛——滅びの美学』幻冬舎（幻冬舎新書）、二〇一七年
朱謙之『日本的古学及陽明学』上海人民出版社、一九六二年
鄧紅「中国における『日本陽明学』の受容——張君勱と朱謙之の場合」『北九州市立大学文学部紀要』八十五号、二〇一六年三月、一〇九—一三一頁
武藤秀太郎『「抗日」中国の起源——五四運動と日本』筑摩書房（筑摩選書）、二〇一九年
劉岳兵『日本近代儒学研究』商務印書館、二〇〇三年
劉岳兵編『明治儒学与近代日本』上海古籍出版社、二〇〇五年
劉岳兵『中日近現代思想与儒学』三聯書店、二〇〇七年

あとがき

近代日本において、陽明学に関心を寄せた識者・研究者の何と多いことか。それが著者の偽らざる感想である。本書でも記述したように、その多くは、明治維新に貢献した志士達が陽明学に関心を寄せたという言説から来ている。現在、陽明学が維新の要因になったという説は否定されている。では、彼ら近代の知識人がそのように考えた理由は何だったのか。そうした疑問から本書の研究は出発している。

本書に『近代日本と変容する陽明学』と題名をつけたのは、近代の日本において陽明学が明らかに変貌を遂げたためである。それは、王陽明の思想に基づく本来の陽明学とはもちろん、明治以前の陽明学とも異なっている。例えば、陽明学を国民道徳と結びつけたり、あるいは社会主義との関連を説いたりといった点である。もはや「陽明学」と呼称されるだけで、実態はひとつの近代思想であるといってよい。では、その変容した「陽明学」から見えてくる近代日本とは、どのようなものなのか。それを明らかにすることが本書の大きな目的であった。残念ながら、著者の力量でそれを成し遂げることはできなかった。とはいえ、近代日本思想史においてこれまで明らかにされてこなかった側面に、一条の光を当てる役割だけは果たせたかと愚考する。

本書は、著者が平成三十年（二〇一八年）三月に学位を取得した博士論文「近代日本の陽明学理解の系譜」（総合研究大学院大学）に基づいて、執筆された。それが法政大学出版局の第五回学術図書刊行助成に採択され、刊行することができた。この場を借りて審査をして下さった先生、ならびに出版局の方々に厚く御礼申し上げる。

また、本書の元になった博士論文が成るまでには、とても多くの諸先生、諸先輩方に御世話になり、大変多くの御教示を頂戴した。紙幅の都合でとても全員は書ききれないが、以下に御名前を挙げる。

まず、著者が総合研究大学院大学人文科学研究科に入学する以前より御指導を賜り、論文の完成はもちろん、その他研究生活の面でも幾多の御指導御鞭撻をいただいた伊東貴之先生には、改めてその学識に深く敬意を表するとともに、学恩に深謝申し上げたい。

他に、論文の執筆中も何かと御指導をいただき、論文の審査も御快諾下さった末木文美士先生、磯前順一先生、瀧井一博先生、東京大学の小島毅先生にも、重ねて感謝申し上げる。

加えて、貴重な資料の閲覧に快く応じて下さった京都大学図書館、東京大学総合図書館、同大学院法学政治学研究科附属近代日本法政史料センター、国際日本文化研究センター図書館、国立国会図書館の皆様。著者が近代日本思想における陽明学を研究するきっかけを与えて下さった、学習院大学の新川哲雄先生、馬淵昌也先生、玉川大学の山本眞功先生、ならびに学習院大学大学院人文科学研究科の諸先輩方にも謝意を示したい。

さらに、研究において数々の示唆をいただいた竹村民郎先生、澤井啓一先生と荻生徂徠研究会のメンバーの皆様、東京大学の苅部直先生とゼミ生の皆様、大谷大学の福島栄寿先生と井上哲次郎関係文書研究会の皆様、楊際開先生、関智英先生、西田彰一氏。研究発表の場を与えて下さった日本思想史学会、比較思想学会、広島大学中国思想文化学研究室の皆様。本書の一部を構成する拙論を掲載していただいた学習院大学東洋文化研究所、日本儒教学会、汲古書院、国際日本文化研究センターの皆様方。ともに切磋琢磨した大学院の同志である宇佐美智之氏、小泉友則氏、光平有希氏、李亜氏、宋琦氏にも感謝の意を申し述べる。

そして、初めての単著の出版で右も左も判らなかった著者を、本書の完成まで導いて下さった編集部の前田晃一氏には、一方ならぬ御世話になったことを記したい。

最後になったが、著者を常に温かく見守り、支え続けてくれた両親に本書を捧げる。

こうして書き連ねるにつけ、つくづく返せない、返しきれない恩が多いと感じるが、向後の学究をもって少しでも報いていければと願う次第である。

令和元年（二〇一九年）六月　著者記す。

索引

カ行

サ行

タ行

ナ行

ハ行

マ行

ヤ行

ラ行

ワ行

著　者

山村 奨（やまむら・しょう）

1986年生まれ。専門領域は近代日中思想、儒教思想。総合研究大学院大学文化科学研究科国際日本研究専攻博士後期課程修了。博士（学術）。現在、国際日本文化研究センター共同研究員。主な論文に、「近代日本における陽明学観の変遷――大塩平八郎の評価との関連から」（『日本儒教学会報』2号、2018年）、「井上哲次郎と高瀬武次郎の陽明学――近代日本の陽明学における水戸学と大塩平八郎」（『日本研究』56号、2017年）、「森鷗外における大逆事件と陽明学――井上哲次郎との比較による」（『総研大文化科学研究』13号、2017年）、「明治期の陽明学理解――社会主義と明治維新との関係から」（『東洋文化研究』18号、2016年）などがある。

近代日本と変容する陽明学

2019年9月26日　初版第1刷発行

著　者　山村 奨

発行所　一般財団法人　法政大学出版局

〒102-0071 東京都千代田区富士見 2-17-1

電話03（5214）5540／振替00160-6-95814

組版・印刷：ディグテクノプリント

製本：積信堂

装幀：奥定泰之

ISBN978-4-588-15103-3　Printed in Japan